Assurer la mesure

T0352408

Exploration

Série: Cours et contributions pour les sciences de l'éducation

Collection de la Société Suisse pour la Recherche en Education

Directeurs de la collection	André Giordan Anne-Nelly Perret-Clermont

PETER LANG
Berne · Francfort-s.Main · New York

Jean Cardinet Yvan Tourneur

Assurer la mesure

Guide pour les études de généralisabilité

PETER LANG
Berne · Francfort-s.Main · New York

CIP-Kurztitelaufnahme der Deutschen Bibliothek

Cardinet, Jean · Tourneur, Yvan
Assurer la mesure/Guide pour les études de généralisabilité/
Jean Cardinet/Yvan Tourneur – Berne, Francfort s.Main,
New York: Lang, 1985.
(Exploration: Série Cours et contributions pour les
sciences de l'éducation)
ISBN 3-261-03506-4

Cet ouvrage a été publié avec le concours de la Société Suisse des Sciences Humaines (Académie suisse des sciences humaines) et de la Fondation Universitaire de Belgique.

© Editions Peter Lang SA, Berne 1985
Successeurs des Editions
Herbert Lang & Cie SA, Berne

Tous droits réservés. Réimpression ou reproduction interdite par n'importe quel procédé, notamment par microfilm, xérographie, microfiche, microcarte, offset, etc.

Impression: Lang Druck SA, Liebefeld/Berne

AVANT-PROPOS

D'où vient ce livre ? Il vaut la peine de l'expliquer. Le contexte d'une théorie en laisse sans doute mieux deviner les idées maîtresses qu'un résumé trop schématique.

Son origine lointaine remonte à 1962, et au séjour que l'un des auteurs fit à l'Université d'Illinois, auprès du Professeur Cronbach. Ce dernier avait ouvert tant d'avenues nouvelles qu'il était tentant d'en poursuivre quelques - unes après lui.

Son origine plus directe fut le désir commun des deux auteurs de trouver un modèle approprié pour guider la construction des épreuves pédagogiques. La théorie de la généralisabilité semblait prometteuse.

Leur collaboration sur ce thème commença en 1972. Elle fut l'occasion d'une aventure intellectuelle merveilleuse, où les objections réciproques devenaient le moteur du progrès et où les périodes d'obscurité annonçaient des restructurations lumineuses.

Du modèle statistique lui-même, les auteurs passèrent vite à la discussion des applications possibles, dans leur cadre de travail respectif.

A l'Institut Romand de Recherches et de Documentation Pédagogiques, l'évaluation des curriculums nécessitait des enquêtes par échantillonnage, dont la planification justifiait des études de généralisabilité préalables. L'évaluation des élèves, notamment l'organisation des examens, avait aussi beaucoup à tirer d'une technique centrée sur la réduction des erreurs.

A l'Université de Mons, les recherches sur les méthodes d'apprentissage nécessitaient l'application de schémas expérimentaux, dont il était possible de tester la valeur grâce à ces mêmes démarches. La mise au point, pour les sciences de l'éducation, d'instruments de mesure plus précis répondait aussi au programme de travail que s'étaient donné les professeurs de pédagogie. Le modèle se révélait fructueux enfin, comme support de raisonnements méthodologiques, même en l'absence d'échelles de mesure concrètes.

Grâce à François Duquesne, l'obstacle pratique que représentait la complexité des calculs est désormais écarté, puisqu'un programme est à disposition, adapté même à de petits ordinateurs.

Il est donc temps de s'arrêter pour faire le point, même si le foisonnement des possibilités de recherche ne fait que croître, avec la ramification des résultats déjà acquis. Le moment semble venu, après dix ans d'explorations concentriques, de communiquer à d'autres une vision structurée du domaine parcouru. Les outils sont là, à disposition, pour tous ceux qui voudraient s'en servir. Qui sait ? Peut-être un lecteur y trouvera-t-il l'instrument qu'il cherchait. Peut-être le cercle des initiés, pour l'instant très étroit, pourra-t-il s'agrandir...

Jean Cardinet - Yvan Tourneur

Chapitre 1

LES INTENTIONS DE CE LIVRE

1. A QUI S'ADRESSE CET OUVRAGE ?

La problématique générale abordée dans ce livre est celle de la fidélité de la mesure : une observation effectuée un jour donné, avec un instrument donné, conduit-elle à un résultat différent de celui qu'on aurait obtenu un autre jour, ou avec un autre instrument ?

Il s'adresse donc à tous ceux qui se posent des problèmes de mesure au sens large, qu'ils soient des scientifiques, ou des techniciens dans une spécialité quelconque : on n'imagine pas en effet de science ni de technique sans échelle de mesure, cardinale, ordinale ou nominale.

Les problèmes de marge d'erreur sont bien connus et sont traités de façon satisfaisante dans les sciences de la nature. L'incertitude liée aux instruments de mesure est une petite fraction des grandeurs mesurées, bien inférieure au millimètre, par exemple, si l'on travaille dans l'ordre de grandeur des mètres.

Dans les sciences humaines, par contre, les phénomènes observés sont influencés par tant de facteurs qu'une répétition de l'expérience ou l'emploi d'un autre instrument (questionnaire, test, échelle d'appréciation, etc.) peuvent modifier considérablement le résultat obtenu la première fois. L'attitude scientifique la plus élémentaire oblige donc à se demander si les valeurs observées sont interprétables, ou si elles sont simplement le résultat de fluctuations aléatoires, introduites par la démarche de mesure elle-même.

Cette interrogation est particulièrement nécessaire dans les sciences de l'éducation, où les travaux de docimologie ne cessent de mettre en doute, depuis plus de cinquante ans, la valeur des notes et des examens.

Ce livre a donc été écrit à l'intention des chercheurs en sciences de l'éducation, qui doivent se préoccuper de la fiabilité des données qu'ils recueillent, à l'intention des étudiants qui doivent s'initier à cette même préoccupation, et à l'intention des enseignants qui voudraient connaître les limites de leurs évaluations.

Les auteurs ne peuvent s'empêcher d'espérer que les méthodes très générales qu'ils présentent pour tenir sous contrôle les erreurs de mesure n'aient un jour des applications également dans d'autres sciences où se posent des problèmes de fidélité des observations, comme les sciences économiques ou médicales.

2. A QUOI SERT UNE ETUDE DE FIDELITE ?

Les études de docimologie n'ont pas toujours rendu les services qu'en attendait la pédagogie. Si elles n'ont pas eu plus d'impact sur la pratique des enseignants, c'est qu'elles sont restées souvent purement critiques, sans offrir de solutions de rechange pour améliorer l'objectivité des mesures.

Il importe, avant de lire ce livre nécessairement technique, d'avoir une idée concrète de l'utilité de telles études, des conclusions qu'elles permettent de tirer et des applications qu'elles préparent, en vue d'améliorer les procédures d'évaluation.

Dans la majorité des cas, les objets que l'on s'efforce de mesurer, ou de différencier par un classement, ou par une catégorisation, sont : (1) des personnes, (2) des tâches, (3) des conditions d'apprentissage, ou (4) des étapes d'un développement.

D'autres différenciations sont possibles, mais se ramènent aux précédentes. Comparer des classes ou des écoles, par exemple, c'est comparer des groupes d'élèves; comparer des performances à divers objectifs pédagogiques, ou étudier l'effet de présentations diverses des mêmes questions, c'est différencier des tâches.

Il suffira donc de donner un exemple de chacun de ces quatre types de différenciation pour illustrer les principales directions d'application des études de fidélité. Ces exemples, cependant, ne seront qu'esquissés dans ce premier chapitre : nous nous réservons d'y revenir plus en détail par la suite, et de définir alors plus exactement les termes de fidélité, fiabilité, précision, généralisabilité, cohérence, etc., que nous traitons pour l'instant comme à peu près synonymes.

2.1. Contrôler la différenciation des élèves ou la mesure de leurs traits distinctifs

Dans le champ des recherches expérimentales, le modèle proposé dans ce livre peut être utilisé pour estimer la précision fournie par un plan de mesure, en ce qui concerne la différenciation des personnes examinées et de leurs caractéristiques individuelles.

L'exemple que nous allons présenter maintenant à titre d'illustration, nous est fourni par un mémoire de fin d'études en psychopédagogie de l'Université de Mons. M.F. Gandibleux (1975) a appliqué le test "100 Hue" de Farnsworth pour étudier la discrimination des couleurs chez les élèves de 6 à 13 ans des deux sexes.

Trois hypothèses ont servi de points d'ancrage à la recherche. La première est que la discrimination chromatique s'améliore avec l'âge. Pour vérifier cette hypothèse, l'auteur s'est adressé à trois groupes d'enfants distincts selon l'âge : des sujets de 6,7 ans; de 9,10 ans et de 12,13 ans.

L'observation selon laquelle le sexe exerce une influence importante a suscité la deuxième hypothèse, qui fut contrôlée en prenant 24 sujets pour chaque classe d'âge et chaque sexe.

Enfin, on pouvait s'attendre à ce que la discrimination varie selon la région chromatique : on pouvait aisément tester cette hypothèse puisque le test est composé de 4 boîtes (qui vont du jaune-orange au rouge en passant par le vert et le bleu). Chaque boîte contient au total 85 pions qui correspondent à 85 tonalités colorées différentes. Ces tonalités sont séparées l'une de l'autre par le minimum de sensibilité différentielle que possède l'oeil pour distinguer deux teintes légèrement différentes.

En prenant comme unité statistique le score de chaque sujet pour chaque boîte, le plan expérimental a été conçu de manière à étudier l'effet des trois variables expérimentales évoquées dans les hypothèses précédentes.

Le calcul des variances d'erreur et des coefficients de généralisabilité (qui sera expliqué plus bas aux chapitres 12 et 13) montre que les moyennes observées par âge pour l'ensemble des observations sont plus sûres que les moyennes par sexe et que les moyennes par boîte. Pour les mesures absolues en effet, le coefficient de généralisabilité qui est de 0,98 pour les moyennes d'âge, tombe à 0,22 pour les scores moyens réalisés par les garçons ou les filles et à 0,14 pour les difficultés des boîtes. La fidélité des mesures varie donc considérablement pour un même dispositif selon l'intention du chercheur et l'objet même de la mesure : le plan choisi ne possède donc pas les mêmes qualités de stabilité pour fournir des mesures absolues à propos des trois variables expérimentales.

Par contre, si l'on s'intéresse au classement relatif des mesures (et non plus à leur valeur dans l'absolu), le plan choisi semble convenir beaucoup mieux : les coefficients de généralisabilité sont respectivement de 0,98, 0,89 et 0,79 pour l'âge, le sexe et les boîtes. Le plan expérimental a donc une fidélité satisfaisante uniquement pour la comparaison des performances selon l'âge, le sexe et les boîtes, et non pour la détermination de valeurs généralisables caractérisant la performance de chacun de ces groupes pris pour eux-mêmes.

2.2. Contrôler la différenciation des objectifs et des domaines d'enseignement

Une enquête réalisée en suisse romande va permettre d'illustrer un calcul de marge d'erreur et de montrer son utilité pratique (les détails de l'étude seront fournis au chapitre 16).

Un nouveau curriculum de mathématique a été introduit en 1973 dans toutes les écoles primaires de cette région. On a voulu étudier les effets produits par ce changement de façon aussi scientifique que possible, en mesurant les résultats des élèves. Les données enregistrées ont été structurées selon les quatre domaines du programme de mathématique (ensembles et relations; numération; opérations; découverte de l'espace), mais aussi en fonction des classes, de l'âge des élèves, etc.

Une finalité de l'épreuve visait à comparer les taux de réussite moyens des quatre domaines afin d'identifier les points forts et les zones d'ombre de la rénovation. Pour cela, on a calculé la marge d'erreur sur chacune des quatre valeurs. En examinant les résultats, on s'est aperçu que le dispositif utilisé pour l'étude de généralisabilité fournissait une précision à la limite de l'acceptable pour les comparaisons selon les domaines: les coefficients de généralisabilité calculés n'atteignaient pas 0,80 et il fallait que la différence entre les taux moyens de réussite dépasse 10 % pour qu'on conclue à des différences significatives.

L'analyse des sources d'erreur a montré qu'il était possible d'améliorer la précision de la mesure en multipliant le nombre de classes échantillonnées dans l'étude. Mais on s'est aperçu que la variance d'erreur était due surtout à l'hétérogénéité des questions évaluant la maîtrise de chaque domaine.

Il était donc possible de réduire plus économiquement l'erreur de mesure sur la différenciation des domaines, en échantillonnant davantage de questions par domaine. On peut prévoir l'effet que produirait le doublement du nombre de questions. Les valeurs calculées après introduction dans chaque test de deux questions par domaine au lieu d'une seule indiquent que la marge d'erreur relative, qui était supérieur à 5 %, tomberait alors en deçà du seuil de 5 % que l'on s'était fixé. Cette adaptation permettrait donc d'accroître suffisamment la précision de la mesure, tout en maintenant dans des limites raisonnables le coût de la modification.

2.3. Contrôler la différenciation des conditions d'apprentissage et des facteurs d'enseignement

La théorie de la généralisabilité peut aussi rendre service pour mettre au point des plans d'expérience. C'est ainsi que dans les recherches expérimentales et quasi-expérimentales sur l'enseignement et l'apprentissage, il est possible d'estimer, grâce à la théorie de la généralisabilité, la précision fournie par un plan d'observation donné, en ce qui concerne la différenciation des conditions expérimentales (matériels d'enseignement, procédures didactiques, etc).

Un exemple nous est fourni par la recherche de M. Frydman (1975) dont les données ont été traitées par le modèle de la généralisabilité. L'objectif de cette recherche était de tester l'éducabilité de l'aptitude à exploiter un matériel de référence. A cette fin, trois groupes de 12 classes ont été constitués. Le premier groupe (A) a bénéficié d'épreuves d'entraînement (60 problèmes avec référentiels présentés selon un ordre de difficulté croissant). Les élèves du deuxième groupe (B) ont été soumis à un traitement similaire, mais plus intensif; de plus leur maître (qui avait participé à plusieurs séances de formation) dirigeait la correction collective et renforçait les bonnes réponses. Les élèves du troisième groupe (C) n'ont reçu que les épreuves pré- et post- expérimentales. Une des épreuves proposées en prétest et en post-test avait pour objet l'évaluation de l'aptitude à consulter, de manière efficace, un indicateur de chemin de fer (compétence inscrite au programme, mais que peu d'élèves maîtrisent au terme de l'école primaire).

Plusieurs analyses de généralisabilité ont été pratiquées à partir des données à disposition : on a d'abord étudié la précision, calculable pour chaque groupe expérimental (traitement), de la mesure des différences entre les moyennes au prétest et au post-test; on a ensuite vérifié s'il était possible de comparer l'efficacité relative des trois traitements; enfin, on a testé la fiabilité du plan complet visant à différencier à la fois les moments et les traitements. Dans une étude expérimentale de ce genre, en effet, les conclusions doivent être généralisables à divers échantillons d'élèves et de classes, ainsi qu'à un ensemble important (dont les items du questionnaire constituent un échantillon) de problèmes, relatifs à la consultation de références.

Les détails des calculs qui ont été nécessaires pour conduire ces analyses seront développés ultérieurement. De ces analyses, on a pu tirer les conclusions suivantes : les estimations des marges d'erreurs indiquent que le dispositif fournit pour chaque traitement une précision acceptable pour les comparaisons relatives entre le prétest et le post-test. De cette constatation, on a pu inférer que le traitement B est supérieur aux autres traitements.

En examinant les composantes qui entrent dans les formules pour la variance de l'erreur absolue, on s'est aperçu que les niveaux de difficulté des tâches proposées aux deux moments de l'évaluation varient de manière considérable d'une question à l'autre. Une solution consistait à augmenter le nombre de questions dans le test. Une autre solution, moins aveugle, a été adoptée : elle consiste à trouver un principe de groupement des questions en termes d'objectifs pédagogiques ou de compétences apportées par le traitement. L'idéal était d'opérer un "découpage" des objectifs, de manière que chacun d'eux couvre réellement un espace de difficulté restreint. Après avoir opéré ces regroupements des questions par niveaux d'objectifs, on pouvait analyser les résultats strate par strate. Ceci autorisait une interprétation plus détaillée des résultats en précisant les bénéfices respectifs qu'apportent les divers traitements à la maîtrise de chacune des compétences constitutives du curriculum.

Le traitement de cet exemple au chapitre 17 montre qu'il est parfaitement possible d'appliquer la théorie de la généralisabilité dans le domaine de l'expérimentation pédagogique. Elle permet, entre autres avantages, de tester la précision d'un plan de mesure par rapport à chacune des questions du chercheur, d'identifier les sources possibles d'erreur de généralisation dans un dispositif et d'estimer leurs influences respectives sur les mesures projetées.

2.4. Contrôler la différenciation des niveaux successifs d'un apprentissage

Le cadre proposé dans cet ouvrage s'est révélé particulièrement utile dans la mise au point et la validation des procédures individualisées d'évaluation.

La théorie classique des tests privilégiait la seule différenciation des personnes examinées. Or, cette finalité ne convient pas aux dispositifs destinés à un testing sur mesure, où les sujets sont évalués à l'aide d'items qui diffèrent d'un étudiant à l'autre. Il en est de même dans toutes les situations d'évaluation où les décisions sont relatives à la maîtrise des compétences pédagogiques. Dans cette forme d'évaluation dite "de maîtrise", la performance d'un étudiant n'est pas située par rapport à une performance moyenne d'un groupe qui sert de référence; elle est comparée à un critère absolu de réussite dans un univers de tâches. La décision au sujet de la maîtrise de l'univers est prise à partir d'un seuil ou point de césure qui fixe le niveau minimum à atteindre.

Les tests de maîtrise et les tests classiques étant conçus pour servir des finalités distinctes, il faut leur appliquer des indices de fidélité également distincts. Nous montrerons au chapitre 17 comment jeter un pont entre la psychométrie traditionnelle axée sur la psychologie différentielle et les exigences contemporaines de l'évaluation. Plusieurs possibilités existent.

La première solution, qui implique le minimum d'hypothèses théoriques, est d'estimer l'importance des fluctuations d'échantillonnage qui peuvent affecter le résultat observé. Le choix de certaines questions, d'un examinateur ou d'un correcteur particulier, d'un jour d'examen donné, etc., influencent positivement ou négativement la performance du sujet. Sans connaître explicitement la valeur de la résultante de toutes ces influences, on peut du moins estimer la "fourchette" à l'intérieur de laquelle elle se situera. On peut ainsi joindre à la mesure observée une marge d'erreur appropriée, comme on a l'habitude de le faire dans les sciences de la nature.

Cette solution a l'inconvénient de ne pas fournir une estimation de fidélité a proprement parler, c'est-à-dire une mise en rapport du signal et du bruit, (pour utiliser le vocabulaire de la théorie de la communication) : elle ne considère en effet que le bruit. Si l'on veut estimer parallèlement la variance due au signal, on est obligé de préciser le type de différenciation que l'on envisage d'effectuer à l'aide de la mesure.

La seconde solution consiste alors à comparer, à la variance des erreurs d'échantillonnage, une estimation de la variance des objets à différencier. On peut calculer pour cela l'écart existant entre le stade initial d'ignorance et le stade final de maîtrise, pour les mêmes étudiants et les mêmes questions. On pourrait aussi calculer la variation existant entre les degrés de maîtrise des divers objectifs à un moment unique. On pourrait encore préciser de multiples façons la nature de la mesure envisagée, en indiquant si les objectifs sont déterminés à l'avance ou choisis au hasard au moment de l'examen, si l'on parle d'un élève bien particulier ou d'un élève quelconque choisi au hasard, etc.

Cet exemple relativement complexe a été choisi pour montrer dans quelle direction se développent les applications des calculs d'erreurs et l'importance qu'elles pourront avoir à l'avenir pour fonder des procédures d'évaluation plus cohérentes. Le détail des solutions envisagées apparaîtra à la fin de ce travail.

3. POURQUOI UNE PUBLICATION NOUVELLE SUR CE SUJET ?

3.1. Des développements théoriques plus englobants

Dans les exemples que nous venons de donner, nous avons volontairement utilisé des termes très flous pour parler des divers aspects de la notion de fidélité. C'est qu'en effet il n'existe pas d'accord unanime sur le sens à donner à ce terme, ni sur les plans d'observation qui permettent de l'estimer, ni sur les formules à utiliser pour son calcul.

La théorie de la généralisabilité, que nous allons présenter, a justement été conçue par ses auteurs (Cronbach, L., Rajaratnam,N. et Gleser, G., 1963) dans le but d'unifier les différentes définitions antérieures de la fidélité. Comme Cronbach et ses collaborateurs l'ont démontré, ces définitions ne sont pas contradictoires: chacune d'elles correspond en fait à un aspect partiel d'un modèle plus général qui prend en compte l'ensemble de toutes les sources de variation qui affectent les résultats observés.

Grâce au concept statistique d'échantillonnage de sources de variation multiples, Cronbach et al. ont pu traiter chaque caractéristique de la situation d'observation (par exemple, la forme du test, l'état subjectif du sujet, la personnalité de l'examinateur, etc.) comme une facette d'un plan d'observation systématique. En appliquant les techniques d'analyse de la variance à ces observations, on peut quantifier l'importance de chaque source de variation.

Il est alors possible de définir la note vraie comme l'espérance mathématique de toutes les observations possibles, et l'erreur comme une fluctuation d'échantillonnage correspondant au tirage aléatoire de certains niveaux des facettes considérées (choix de certains correcteurs, de certaines circonstances, de certaines classes,...).

La théorie statistique peut nous dire dans quelle "fourchette" se situe la note vraie quand on emploie cette forme d'échantillonnage, et quels progrès pourraient être obtenus en choisissant autrement les échantillons.

La théorie de la généralisabilité offre ainsi un cadre plus satisfaisant que les conceptions antérieures pour fonder les estimations de fidélité et de marges d'erreurs, parce qu'elle est suffisamment englobante pour s'adapter aux conditions particulières de chaque sujet de mesure.

Ce caractère englobant n'avait d'ailleurs pas été totalement aperçu par les auteurs de cette théorie, qui l'avaient formulée en termes appropriés uniquement au contexte de la psychométrie, dans leur ouvrage de base de 1972, The Dependability of Behavioral Measurement : Theory of Generalizability for Scores and Profiles (Cronbach, L., Gleser, G., Nanda, H., Rajaratnam, N., 1972).

Des extensions successives de leur approche à de nouvelles catégories de problèmes ont pu être proposées par J. Cardinet, Y. Tourneur et L. Allal (1976 et 1981). S'appuyant sur le fait qu'aucun des facteurs inclus dans un plan d'observation n'avait a priori de rôle particulier et que, par exemple, la différenciation des difficultés des opérations pouvait être dans certains cas tout aussi pertinente que celle des performances des sujets, ces auteurs ont pu aborder une série de cas particuliers non envisagés par Cronbach, qui demandent un nouveau cadre conceptuel et des procédures plus générales de calcul.

Le temps semble venu de rassembler dans un même texte, suffisamment élaboré, leurs formulations partielles, publiées au fil des années, et par là dispersées.

3.2. Des procédures de calcul plus uniformes

L'autre ambition de ce texte est de fournir au lecteur une marche à suivre qui lui permette de traiter tous les problèmes de généralisabilité. A cette fin, le texte qui suit donne un poids important aux techniques de calcul. Nous nous efforcerons de détailler toutes les étapes, même celles qui risquent d'être connues de certains lecteurs, (dans l'analyse de variance notamment). Nous choisirons pour chaque étape les formules ou les formulations qui nous paraissent les plus simples à comprendre et à appliquer, même si des raccourcis seraient parfois possibles et si d'autres formules conviendraient mieux à certaines formes de problèmes. La présentation de tels algorithmes se trouve justifiée par le développement des ordinateurs, qui rend possible le traitement de problèmes toujours plus complexes. Or les manuels d'analyse de la variance ne présentent que quelques types de plans expérimentaux alors qu'il en existe une infinité d'autres. Des méthodes de calcul plus souples doivent donc être offertes qui permettent de s'adapter à toutes les possibilités de recueil de données.

Les algorithmes et les formules qui seront développés dans la suite concernent des plans complets, ceci pour des raisons évidentes de simplification de l'exposé. Nous devrons donc exclure les situations avec données manquantes, ainsi que les plans d'observation non-orthogonaux qui ne comportent pas le même nombre d'observations aux différents niveaux d'une même facette. De tels cas devraient d'abord être transformés en plans orthogonaux complets par l'abandon des observations supplémentaires et l'estimation des observations manquantes si l'on voulait leur appliquer nos formules. Il faudra, si l'on souhaite éviter une telle perte d'information, se reporter aux manuels de statistiques traitant de l'analyse de la variance dans ce cas particulier.

Pour mener à son terme cette explicitation des techniques de calcul, nous avons demandé à François Duquesne de rédiger des programmes d'ordinateur très généraux, mais pourtant faciles à appliquer sur un micro-ordinateur, et permettant de traiter tous les types possibles de plans croisés et nichés (jusqu'à huit facettes). Le lecteur les trouvera au chapitre 20.

3.3. Des domaines d'application plus variés

Une des conséquences des développements théoriques auxquels on vient de faire allusion est de révéler des analogies formelles entre situations de mesure à première vue très différentes. De tels parallélismes suggèrent la possibilité d'appliquer des types d'analyse développés pour un certain type de pratique, (l'analyse d'items dans la construction des tests, par exemple) à des domaines d'application tout différents (la recherche des sujets adaptés à une certaine forme d'examen, par exemple).

Nous nous efforcerons d'illustrer les différents chapitres de ce texte par la présentation de cas tirés de domaines aussi variés que possible des sciences de l'éducation.

4. DEMARCHE D'EXPOSITION ENVISAGEE

4.1. Plan de l'ouvrage

C'est cette visée didactique qui a déterminé le plan choisi pour ce livre.

Pour l'essentiel nous avons voulu suivre l'ordre naturel de déroulement des calculs d'une étude de généralisabilité, avec ses quatre grandes phases : calcul des sommes de carrés, calcul des composantes de variance, calcul des paramètres de généralisabilité et détermination d'un plan de mesure optimal pour l'application envisagée. Les chapitres 4 à 14 y sont consacrés.

Avant d'aborder la présentation de ce "guide pratique", deux chapitres ont dû être introduits pour définir et illustrer les concepts de base de la théorie de la généralisabilité, auxquels nous devions faire appel continuellement par la suite. Le chapitre 2 présente les apports théoriques de Cronbach et de ses collaborateurs; le chapitre 3 amorce la présentation d'un nouveau cadre de pensée qui nous est apparu indispensable pour pouvoir dissocier "personnes" et "objets d'études", toujours confondus jusque-là.

Des exemples d'application font suite à la présentation des méthodes de calcul : le chapitre 15 qui vise seulement à illustrer les démarches d'analyse proposées et les chapitres 16 et 17 qui tendent plutôt à montrer la valeur heuristique du cadre conceptuel en lui-même.

En annexe, un glossaire rappelle au lecteur les définitions que nous donnons pour tout un ensemble de termes techniques qu'il était impossible de redéfinir chaque fois qu'ils apparaissaient dans le texte. Nous espérons que cette liste, bien que redondante, allègera la charge de nos lecteurs, qui sont encouragés à s'y reporter chaque fois que la technicité de notre texte risquerait de les arrêter.

4.2. Conseils et voeux des auteurs

Une théorie aussi intimement mêlée à la statistique que l'est celle de la généralisabilité ne peut être d'abord facile. Il n'est pas possible de simplement appliquer des formules et il ne suffit même pas de les comprendre. Chaque application exige de développer soi-même les formules appropriées au cas que l'on considère. Les règles et algorithmes présentés par la suite se situent donc à un niveau d'abstraction supérieur à la moyenne de celui des ouvrages de statistique habituels.

C'est pourquoi nous suggérons aux lecteurs de s'initier d'abord aux concepts de base de l'analyse de la variance dans des ouvrages classiques, traitant des composantes de variance et présentant les trois modèles (fixe, aléatoire et mixte) utilisés avec des plans factoriels. Il ne nous était pas possible de tout expliquer en ce qui concerne l'analyse de la variance.

Nous espérons cependant que les explications ou justifications intuitives que nous donnerons à propos des exemples de ce livre aideront en retour les lecteurs à mieux percevoir les implications pratiques, et donc la pertinence des modèles théoriques développés au départ par les statisticiens.

Chapitre 2

L'ÉLARGISSEMENT PROGRESSIF DE LA NOTION DE FIDÉLITÉ D'UNE MESURE

1. THEORIE CLASSIQUE DE LA FIDELITE : POSTULATS ET FORMULES

La fidélité des mesures dans la littérature est construite sur la théorie de Spearman (1904). Ce dernier étudie la fidélité en partant d'une série de mesures du même attribut : le score observé est obtenu en ajoutant au score vrai l'erreur aléatoire (S.O. = S.V. + e). L'erreur est considérée comme tirée au hasard dans la population commune, pour tous les tests parallèles. Les postulats suivants sont introduits :

1) les erreurs ont une moyenne nulle, une variance uniforme, sont indépendantes les unes des autres et indépendantes du S.V.
2) tous les tests parallèles ont même moyenne et mêmes variances vraie et d'erreur.

Il en résulte (par simple dérivation algébrique) que les corrélations entre les tests parallèles sont égales pour toutes les paires de tests : c'est la fidélité. Ce coefficient représente également le rapport de la variance des S.V. à la variance des S.O. Ce rapport égale le carré de la corrélation des S.O. et des S.V.

On voit facilement que le score vrai est la valeur limite de la moyenne des scores observés lorsque le nombre de tests devient très grand. De ces postulats découle donc la formule de l'amélioration de la fidélité en fonction de l'accroissement du nombre de mesures. On peut y rattacher également la correction pour l'atténuation. Du fait que les corrélations entre les mesures de différentes variables sont réduites par les erreurs d'observation, Spearman propose de corriger les corrélations observées entre tests $(x_1 y_1)$ afin de connaître la relation existant entre les aptitudes sous-jacentes. On y parvient en divisant $\rho(x_1 y_1)$ par $\sqrt{\rho(x_1 x_2) \cdot \rho(y_1 y_2)}$ la moyenne géométrique des fidélités des deux tests.

Le concept de tests parallèles joue un rôle primordial dans la théorie classique. Il inclut, outre le postulat de l'égalité des moyennes, variances et intercorrélations, la similarité des tests aux points de vue contenu, type d'items, consignes aux élèves, etc. (Gulliksen, 1950).

Parallèlement à l'étude de corrélation entre tests dits "parallèles", Spearman élabore une formule de cohérence interne permettant d'estimer la corrélation entre deux séries parallèles de mesures à partir de l'application d'une seule série de mesures. C'est la méthode "split-half" : le test est scindé en deux parties comparables et les scores obtenus à chaque moitié sont corrélés. La corrélation entre les scores, corrigée par la formule ci-dessous (appelée formule de "Spearman-Brown"), estimerait la corrélation d'une série entière avec toute autre série équivalente. La procédure habituelle consiste à diviser le test en items pairs et impairs.

Formule de calcul de la fidélité de Spearman-Brown :

$$r_t = \frac{2r_{\frac{t}{2}}}{1 + r_{\frac{t}{2}}}$$

avec

r_t = coefficient de fidélité du test entier

$r_{\frac{t}{2}}$ = coefficient de fidélité obtenu d'après les moitiés du test

Ceci suppose évidemment que l'équivalence des deux parties soit vérifiée expérimentalement. En pratique, les variances des deux moitiés du test ne sont pas réellement égales, de sorte que la formule de Spearman-Brown calcule la fidélité d'un test qui n'existe pas. C'est pourquoi Guttman (1945) propose une autre formule split-half, qui ne nécessite pas d'obtenir une partition procurant deux groupes équivalents d'items :

$$r_t = 2\left(1 - \frac{\sigma_1^2 + \sigma_2^2}{\sigma_t^2}\right)$$

avec

r_t = coefficient de fidélité

σ_1^2 = variance d'une moitié du test

σ_2^2 = variance de l'autre moitié

σ_t^2 = variance du test entier

Cette formule retrouve la précédente si les variances sont effectivement égales. Elle donne une estimation de la fidélité plus faible lorsque les variances sont différentes.

La proposition de Guttman n'est qu'une transformation algébrique d'une formule plus parlante proposée par Rulon (1939). Ce dernier partait en effet de l'idée de bon sens que la différence entre les deux estimations obtenues pour le même individu correspondait à l'erreur de mesure. Il en tirait le coefficient suivant:

$$r_t = 1 - \frac{\sigma^2 d}{\sigma^2 t}$$

avec

r_t = coefficient de fidélité

$\sigma^2 d = \frac{\sum d^2_p}{N}$

d_p = différence entre les scores de chaque moitié du test pour un individu p

Un certain arbitraire demeurait dans les procédures split-half du fait que le choix des deux sous-groupes de questions pouvait affecter grandement l'estimation de fidélité que l'on obtenait. C'est pourquoi l'idée est venue de fonder cette estimation directement sur les corrélations trouvées entre les items, à l'intérieur du test.

Kuder et Richardson (1937) développent plusieurs formules qui utilisent les statistiques d'items d'un test unique pour estimer la corrélation entre tests équivalents. Les deux formules les plus connues sont KR 20 et KR 21. La première se base sur les proportions de réussites et d'échecs enregistrés à tous les items du test. Elle aboutit à une valeur qui est la moyenne de tous les coefficients split-half que l'on obtiendrait si l'on effectuait toutes les partitions possibles du groupe d'items en deux sous-groupes. La seconde est une approximation de la première qui a surtout un avantage pratique, puisqu'elle évite de calculer des statistiques d'items (elle ne demande que l'estimation de la moyenne et de la variance de la note globale). Elle constitue une borne inférieure de la précédente, qui peut sous estimer largement la fidélité si les difficultés des items sont très différentes.

$$\text{K.R. 20}: r_t = \frac{n}{n-1}\left(\frac{\sigma^2_t - \sum p_i q_i}{\sigma^2_t}\right)$$

$$\text{K.R. 21}: r_t = \frac{n}{n-1}\left(\frac{\sigma^2_t - n\overline{q}\overline{p}}{\sigma^2_t}\right)$$

avec

n = nombre d'items du test

p_i = proportion de réussites à l'item i

q_i = proportion d'échec à l'item i ($= 1-p_i$)

$\overline{p}$ = proportion moyenne de réussites pour les n items du test

$\overline{q}$ = proportion moyenne d'échecs pour les n items du test

Dans ces formules, les items sont nécessairement dichotomiques (cotés 1 ou 0). Les deux formules postulent par ailleurs l'unidimensionalité des items (Cronbach, 1963).

Hoyt (1941) et Cronbach (1951) sous la dénomination de coefficient α remplacent KR 20 par une formule plus générale qui ne se limite pas aux items dichotomiques.

$$\alpha = \frac{n}{n-1}\left(1 - \frac{\sum_i \sigma^2_i}{\sigma^2_t}\right)$$

Le coefficient α équivaut à KR 20 lorsque la cotation de chaque item est dichotomique. Si on prend les moitiés du test au lieu de l'item comme base de calcul, α se ramène alors au r_t de Guttman . Pour mémoire la variance $\sigma^2(i)$ d'un item dichotomique est calculée par pq. La variance totale d'un test égale la somme des variances des items et de leurs covariances.

On peut se demander si la fidélité test-retest et l'homogénéité d'un même test correspondent au même concept et peuvent être estimées par un même coefficient. Traitant cette objection, Jackson et Ferguson (1941) montrent que α donne la corrélation du test étudié avec un test équivalent, en supposant seulement que la covariance moyenne des items à l'intérieur de chaque test est la même pour les deux tests et vaut la moyenne des covariances des items entre les tests (c'est-à-dire $cov_{ij} = cov_{i'j'} = cov_{ij'}$ si les items i, j dans un test correspondent aux items i',j' du second test).

Cette rapide revue des concepts et des formules le plus souvent utilisées dans la théorie classique des tests montre que, de façon générale, la fidélité est définie comme la corrélation entre deux mesures aussi équivalentes que possible. Cette corrélation peut être définie soit à partir de tests strictement parallèles, soit à partir des scores partiels obtenus dans une même mesure. Dans les formules de cohérence interne notamment, les parties (que ce soient les moitiés du test ou même les items) sont considérées a priori comme équivalentes. Les chercheurs n'ont introduit que très lentement des hypothèses moins restrictives.

Dans un tel cadre conceptuel, tous les effets qui influencent une observation sont considérés comme immuables; sinon, ils constituent une erreur. Il devient alors très difficile de généraliser un résultat à d'autres conditions d'observation. Le modèle statistique à la base de la théorie de la fidélité apparaît donc comme trop rigide pour pouvoir s'appliquer utilement aux situations concrètes.

2. L'ANALYSE DE LA VARIANCE DES ERREURS

C'est à partir du moment où les méthodes d'analyse de variance ont pu se développer à la suite des travaux de Fisher (1925) sur les plans expérimentaux que la pluralité des sources de variation a commencé à paraître un objet d'investigation scientifique légitime, et a pu influencer progressivement la théorie des tests.

Jackson (1939), Hoyt (1941), Burt (1945), Alexander (1947) et Ebel (1957) ont été à la base de l'utilisation de l'analyse de variance dans le calcul de la fidélité. La corrélation intraclasse y est étroitement associée. Lindquist (1953) a proposé la meilleure synthèse de l'analyse de variance appliquée aux dispositifs expérimentaux complexes incluant des sources multiples d'erreur (ex. formes de test, moments de prise des mesures, juges, etc.).

La psychométrie a mis cependant très longtemps à intégrer ces apports conceptuels du fait que si les expérimentalistes considèrent les sujets (personnes) comme une source d'erreur parmi d'autres, les psychométriciens s'intéressent essentiellement à la personne testée et, secondairement seulement, aux conditions d'observation (indifférenciation de l'erreur). Or les erreurs de mesure qui peuvent affecter un score sont multiples. Trois grandes catégories d'erreurs sont reconnues depuis longtemps :

1. celles qui tiennent à l'élève et qui peuvent être durables, comme l'anxiété suscitée par la situation d'examen, ou temporaires, comme l'état de fatigue au moment d'une épreuve particulière;
2. celles qui tiennent au thème proposé (item, test) qui ne porte généralement que sur une partie plus ou moins limitée d'un programme scolaire faisant appel à un processus mental particulier (objectif pédagogique) ;
3. celles qui tiennent au correcteur et à l'examinateur qui peuvent aussi être durables (marge des scores utilisée, degré de sévérité par exemple) ou momentanées (fluctuations d'attention ou de sévérité,...).

Ces trois sources d'erreurs sont en outre en interaction: interaction de premier ordre (un correcteur peut être favorablement influencé par tel type d'élève, un élève répond mieux à telle classe d'items plutôt qu'à telle autre, un examinateur évalue plus ou moins sévèrement telle discipline dans laquelle il s'est spécialisé ou qu'il considère comme primordiale), interaction triple correcteurs x thèmes x sujets (tel professeur scorera différemment tel thème en fonction des caractéristiques individuelles de tel élève) etc.

Il était essentiel que la théorie de la fidélité des mesures puisse situer ces sources de variation dans un cadre cohérent et puisse en apprécier l'effet de façon précise, au lieu de fermer les yeux sur leur existence. C'est surtout Cronbach et al.(1963) qui a fait progresser la théorie psychométrique dans cette direction en introduisant le concept de généralisabilité. Cette notion désigne le degré avec lequel on peut généraliser les résultats obtenus dans un contexte, à un contexte différent. Nous allons examiner ci-dessous les concepts-clés que Cronbach introduit, en restant à un niveau très qualitatif, pour réserver l'essentiel de la formulation mathématique correspondante pour les chapitres suivants.

3. PRINCIPAUX CONCEPTS UTILISES DANS LA THEORIE DE LA GENERALISABILITE

3.1. Score observé et score univers

Les notions classiques de score vrai et d'erreur sont remplacées par des concepts plus en harmonie avec les développements statistiques modernes.

Soit $X(pi)$, le score observé de la personne p à l'item i. Imaginons que le sujet p soit coté sur tous les items possibles i qui mesurent la même compétence et que l'on calcule la moyenne des $X(pi)$ obtenus. On obtiendrait un score univers pour le sujet **p**, que nous désignons par $\mu(p)$, qui est un indicateur du degré de maîtrise, chez le sujet, de la compétence évaluée.

Si, au contraire, nous soumettions tous les sujets p d'une même population à un même item i, nous pourrions calculer une moyenne $\mu(i)$ qui constituerait le score univers attaché à l'item i pour toutes les personnes de la population. Autrement dit, nous aurions calculé le score de facilité de cet item à partir des réussites individuelles dans la population. (Dans l'exposé qui va suivre, nous réserverons le terme "population" aux objets de mesure et le terme "univers" aux conditions sous lesquelles ces objets sont mesurés.)

Si, en outre, nous calculions la moyenne pour tous les $\mu(i)$ ou pour tous les $\mu(p)$, nous obtiendrions la moyenne générale μ de tous les items i de l'univers, (mesurant la compétence testée), appliqués à tous les sujets p de la population. Cette moyenne indiquerait le niveau moyen de maîtrise de la compétence dans la population des personnes interrogées.

De façon générale, l'intérêt attaché aux scores observés n'existe que dans la mesure où ces scores sont représentatifs d'un ensemble de scores semblables. Le concept de score univers exprime le fait que celui qui interprète une mesure cherche à estimer, à partir d'un échantillon de données observées, une valeur théorique inobservable. Il cherche à connaître la moyenne de toutes les valeurs que l'on obtiendrait si l'on effectuait les observations dans toutes les conditions possibles. La démarche est celle des statisticiens qui cherchent toujours à estimer une certaine valeur, en la situant dans un intervalle de confiance ou une "fourchette".

3.2. Facette et niveaux

Le terme de facette a été introduit par Cronbach pour désigner chaque caractéristique de la situation de mesure qui est susceptible d'être modifiée d'une observation à l'autre et qui peut faire varier par conséquent la valeur du résultat obtenu. Par exemple, les questions, dans un examen oral, sont habituellement différentes d'un candidat à l'autre, et constituent une source de variation importante. La facette "Questions" est donc définie comme l'ensemble des questions possibles, parmi lesquelles l'examinateur en choisit un certain nombre.

Comme autres conditions d'observation pouvant constituer des facettes, on peut citer les examinateurs, les correcteurs, mais aussi les moments de la journée, les conditions matérielles de passation du test, les conditions psychologiques des sujets examinés, etc., bref toutes les variables de la situation.

D'un point de vue plus général, on peut aussi dire que les personnes qui passent le test sont une des variables de la situation de mesure, de même que leur âge, leur sexe, leur école, leur niveau socio-économique, etc. Comme ces variables constituent des sources de variation des résultats, nous parlerons donc des facettes "Personnes", "Ages" etc., (contrairement à Cronbach qui réservait le terme de facette aux seules sources d'erreur d'observation).

Selon les contextes, on peut substituer à "Facette" d'autres termes qui représentent aussi l'ensemble des valeurs possibles d'une variable.

Dans le cadre de l'analyse de la variance, on parle des "facteurs" ou des "effets principaux" du plan d'observation. A l'origine, il s'agissait des variables expérimentales, dont on voulait apprécier l'effet; mais les variables de contrôle peuvent aussi être considérées comme des facteurs et donc comme des facettes. Par contre l'interaction de deux facteurs est une source de variation différente d'un "effet principal". Elle ne constitue pas une facette.

Le terme de "dimension" est aussi parfois utilisé comme synonyme de facette, en faisant référence au modèle géométrique de l'analyse factorielle, où chaque source de variation est associée à l'une des composantes d'un vecteur.

Chacune des manifestations possibles d'une facette, (chaque question, chaque personne, chaque école, etc.), donc chaque élément de l'ensemble constituant la facette, est désigné comme un "niveau" de la facette. Ainsi l'élève "Ernest" est considéré comme un niveau de la facette Elèves; le moment où intervient le prétest est un niveau particulier de la facette "Moments de l'observation".

Dans le texte, les facettes seront symbolisées par des lettres majuscules droites.

3.3. Généralisabilité

Le score univers d'une personne p, donnée idéale, représente la moyenne des scores de la personne p, calculée sur toutes les observations admissibles. Or l'observateur utilise le score observé, ou une fonction du score observé, pour estimer la valeur du score univers. Il généralise ainsi de l'échantillon à la population. Le problème de la fidélité est donc celui de la précision de cette généralisation (ou de sa "généralisabilité" selon le terme de Cronbach et al.).

La généralisabilité est donc le degré auquel on peut généraliser d'un résultat obtenu dans des conditions particulières à la valeur théorique recherchée.

Le coefficient de généralisabilité cherche à estimer dans quelle mesure on peut généraliser à partir de la moyenne observée dans ces conditions, à la moyenne de toutes les observations possibles. De la même manière, le coefficient de généralisabilité indique la puissance d'un dispositif (de prise de mesure) à nous renseigner sur la valeur théorique que l'on cherche à estimer.

Comme nous le verrons, il existe une multitude de coefficients de généralisabilité selon le plan d'observation, l'objet de la mesure et les univers de généralisation choisis. Mais tous les coefficients sont calculables a priori, dès qu'on connaît la part de variance attribuable aux diverses facettes et à leurs interactions.

3.4. Univers de généralisation

L'univers de généralisation est l'ensemble de conditions auquel on veut généraliser les résultats observés dans des conditions particulières. Il résulte éventuellement du choix d'un sous-ensemble de conditions "admissibles" dans l'ensemble original de toutes les conditions possibles.

Supposons que le 30 septembre 1983, un psychologue demande à un adolescent infirme moteur cérébral d'inventer des récits relatifs aux planches d'un test projectif. Il va de soi que les résultats obtenus peuvent varier en fonction de l'instrument utilisé (T.A.T., C.A.T., Symonds, Patte Noire, O.R.T., etc.), de l'observateur (un psychologue d'un centre de consultation psycho-pédagogique, un psychiatre, un assistant en psychologie,...), du moment (avant ou après l'intervention du médecin, au début ou à la fin de la journée, etc.).

Le psychologue peut se proposer de généraliser à d'autres moyens d'observation, lorsqu'il cherche par exemple un recoupement entre les hypothèses tirées du test thématique et celles tirées d'autres tests et de l'entretien. Il peut maintenir fixées, par contre, les conditions de la facette "Méthodes d'analyse", en ne considérant comme utilisables que les tests dépouillés dans la même optique théorique que la sienne, par ses collaborateurs et lui-même. Il peut enfin vouloir formuler des conclusions indépendantes de la période d'observation et donc laisser varier les conditions de cette facette "Moments".

La précision de son estimation sera plus grande s'il s'en tient à un univers de généralisation étroit, mais en contrepartie, l'intérêt pratique de l'information obtenue sera plus faible, si on ne peut l'appliquer qu'à de rares occasions.

Cette notion d'univers de généralisation, plus ou moins large selon les facettes considérées, vient clarifier utilement les confusions et contradictions déjà mentionnées de la théorie de la fidélité classique. En effet, dans la formulation habituelle, l'univers de généralisation et les univers fixés varient implicitement d'une procédure à l'autre : généralisation à l'univers des moments et fixation de la forme dans la procédure test-retest (même ensemble de questions aux deux moments), généralisation à l'univers des items et fixation du moment dans la procédure par tests parallèles, généralisation à l'univers des occasions et à l'univers des formes parallèles dans la procédure test-retest avec des formes différentes (et fixation de l'univers des évaluateurs si c'est la même personne qui fait passer les deux épreuves), généralisation à l'univers des items dans la méthode split-half (le moment et l'expérimentateur étant évidemment fixés).

On appelait ainsi du même nom des choses très différentes et il est heureux que l'on prenne conscience maintenant des problèmes de généralisation confondus autrefois sous le terme de "fidélité".

3.5. Etudes G et D

Tout évaluateur a en tête un univers auquel il se propose de généraliser ses observations. Cet univers définit les sources de variation qui l'intéressent et qu'il va donc prendre en compte. A cette fin, il doit estimer toutes les composantes de la variance des observations, par une étude préalable, dite étude de généralisabilité (ou étude G). Ensuite il choisira un nouveau plan d'observation qui visera à minimiser les composantes parasites, non voulues, de la variance des scores : c'est l'objet de l'étude de décision (étude D) qui exploitera les informations tirées de l'étude G.

En principe, une étude G implique de calculer la part de la variance totale qui est attribuable aux diverses facettes et à leurs interactions. La connaissance de ces valeurs permet d'optimiser la mesure pour les études D ultérieures: on généralisera sur certaines facettes dont on peut réduire la variabilité en les échantillonnant largement, mais on maintiendra fixées d'autres facettes, dont l'effet est trop important, ou difficilement réductible.

De façon générale, le dispositif et le but d'une étude D fixent les questions à poser aux données de l'étude G. Il est donc indispensable que le chercheur responsable de cette étude préalable traite systématiquement, dans son analyse, toutes les facettes qui sont susceptibles d'intervenir dans les généralisations d'utilisateurs différents. Un responsable de décision peut être le psychologue d'un centre psycho-médico-social, ou un professeur dans une école, tandis que le responsable d'une étude G est souvent le créateur d'un test, ou un chercheur.

La distinction entre étude G et étude D a été proposée par Rajaratnam et développée par Cronbach et al. (1972). Dans le cadre théorique que nous proposons, l'étude D fait l'objet de la quatrième phase d'analyse dite "phase d'optimisation".

Chapitre 3

LE PRINCIPE DE LA SYMÉTRIE DES DONNÉES

1. APPLICATION A LA MATRICE DES SCORES P x I

Les tests mentaux ont connu un essor considérable en psychologie, dans la guidance professionnelle et dans le domaine de la sélection professionnelle (ou du placement). Leur conception reposait sur la différenciation des personnes, établie à propos de certaines caractéristiques évaluables (aptitudes, capacités, attitudes, traits de personnalité, etc.). La fidélité d'un test était dès lors définie comme la stabilité du classement des scores individuels, tandis que les erreurs de mesure étaient attribuées aux influences des items, des moments du test, des examinateurs, etc.

Dans la théorie de la généralisabilité initiale (Cronbach, Gleser, Nanda et Rajaratnam, 1972), la facette "Personnes" constitue encore l'objet d'étude unique, dont on souhaite différencier les valeurs.

Or, dans certaines situations, notamment des sciences de l'éducation, le but de la mesure est de comparer les taux de réussite à différents items, ou encore de classer différentes méthodes d'enseignement. La fidélité de la mesure définit alors la stabilité du classement des items ou des traitements, et l'échantillonnage des personnes, (des élèves en l'occurrence), devient une source d'erreurs de mesure.

Cette réversibilité des perspectives possibles apparaît déjà dans le dispositif le plus simple. Admettons qu'une matrice de données soit à disposition, comportant les résultats d'un certain nombre d'élèves à un certain nombre d'épreuves ou questions. Il est clair qu'on peut considérer alternativement les totaux des lignes (facette Sujets) ou les totaux des colonnes (facette Items) et pousser l'analyse indifféremment dans chaque direction (cf. figure 3.1).

1.1. Dispositifs différenciant les personnes

On peut distinguer au moins quatre niveaux de différenciation pour la facette Sujets. Le premier est le plus traditionnel. Avant que la conception de tests centrés sur des objectifs ait été dégagée, les épreuves pédagogiques étaient construites comme les tests d'aptitudes psychologiques, de façon à différencier les élèves le mieux possible.

Fig. 3.1 : Matrice des données Sujets x Items

Objectifs →		1			2			...	Totaux des lignes
Items →		1.1	1.2	...	2.1	2.2	...	...	
Classes ↓	Sujets ↓								↓
1	1								
	2								
	⋮								
2	1								
	2								
	⋮								
⋮	⋮								
Totaux des colonnes →									

Cependant, pour les tests utilisés dans des recherches pédagogiques où l'unité d'observation est la classe, c'est la comparaison des résultats moyens des classes qui doit être effectuée avec une fidélité suffisante. On pourrait tolérer une fidélité faible au niveau individuel, si les moyennes des classes pouvaient être situées de façon assurée les unes par rapport aux autres (deuxième niveau).

Dans la majorité des études comparatives, on observe deux ou plusieurs ensembles de classes, soumis chacun à une méthode d'apprentissage différente. Dans ce cas, ce sont les moyennes de chaque méthode qui doivent être discriminées avec précision. (Il ne faut pas par exemple que l'on s'illusionne sur le résultat des méthodes en leur attribuant des effets qui ne refléteraient en réalité que les variations habituelles de classe à classe). C'est le troisième niveau de différenciation.

Au lieu de mettre en concurrence des curriculums pris globalement, la recherche pédagogique moderne tend de plus en plus à analyser les méthodes pédagogiques proposées en approches distinctes et à tester séparément les effets de chaque approche. Est-ce le fait d'annoncer les objectifs visés, de souligner clairement dans le texte la progression des idées, de rendre les élèves actifs, ou de renforcer les réponses correctes, qui explique le succès d'un cours programmé ? Un plan factoriel qui introduit toutes les combinaisons possibles de ces facteurs hypothétiques, en croisant les quatre facettes, permet de tester l'importance de chaque source de variation prise isolément ou en combinaison avec d'autres. La différenciation recherchée se situe, cette fois, au quatrième niveau, celui des approches pédagogiques.

Pour chacun de ces niveaux, il est possible de déterminer un dispositif amélioré, obtenant une généralisabilité supérieure ou égale à celle qui a été observée dans l'étude de généralisabilité initiale. Comme des décisions effectives doivent se fonder sur des informations aussi valables que possible, Cronbach propose de réajuster le plan d'observation avant toute étude conduisant à une décision (étude D). Par exemple l'échantillon des questions ne résultera plus, comme dans la première recherche, du choix arbitraire d'un certain plan factoriel. Les observations seront choisies au contraire de façon à échantillonner largement les sources de variation importantes, quitte à négliger les facteurs non significatifs. Des analyses d'items, ou de façon plus générale, des analyses morphologiques, permettent aussi de mieux préciser les univers de conditions que l'on peut estimer à partir des observations effectuées. Ainsi, dans un cadre éventuellement plus réduit, les généralisations pourront être plus précises.

1.2. Dispositifs différenciant les items

Les dispositifs que nous proposons pour l'étude expérimentale de la difficulté des items sont exactement parallèles aux quatre dispositifs précédents, comme on le voit à la figure 3.2.

Figure 3.2 : Les deux directions d'analyse de la matrice des données (Personnes et Items)

Etudes		Facette Personnes	Facette Items	Dispositif ou modèle
	Niveau	Discrimination souhaitée	Discrimination souhaitée	
G	1	Elèves	Questions	simple
	2	Classes	Objectifs	hiérarchique
	3	Méthodes	Dispositions	hiérarchique
	4	Approches	Polarités	croisé
D	1	Elèves	Questions	simple
	2	Classes	Objectifs	hiérarchique
	3	Méthodes	Dispositions	hiérarchique
	4	Approches	Polarités	croisé

A un premier niveau, on peut considérer qu'une enquête ou "survey" qui détermine le taux de réussite des élèves à l'ensemble des questions du programme, doit se préoccuper essentiellement de différencier les degrés de difficulté de ces questions.

Au second niveau, on voit que les questions peuvent être regroupées en objectifs pédagogiques spécifiques. C'est le taux moyen de réussite par objectif qu'il importe alors d'estimer avec précision. La fidélité de cette différenciation est surtout fonction de la variance des difficultés à l'intérieur de chaque objectif et entre les objectifs.

Au troisième niveau, on peut admettre que les objectifs pédagogiques spécifiques sont regroupés en objectifs éducatifs généraux que l'on pourrait appeler dispositions. Le problème de la différenciation se pose à ce niveau de façon particulière lorsque ces dispositions sont supposées hiérarchisées comme dans la Taxonomie de Bloom ou le modèle de Gagné. Le taux de réussite aux dispositions de degré supérieur devrait alors être inférieur ou égal au taux de réussite des niveaux précédents. Nous considérerons le cas plus simple où la hiérarchie de difficulté n'a pas à satisfaire à un ordre a priori et où l'on se contente de vérifier qu'il existe une hiérarchie quelconque.

On peut cependant trouver plus intéressant de regrouper les objectifs selon un plan factoriel. On pourrait déterminer par exemple plusieurs niveaux de la Taxonomie de Bloom pour chaque chapitre étudié et tester l'existence d'une hiérarchie de difficulté à la fois entre chapitres et entre niveaux taxonomiques, voire tester s'il existe une interaction entre les deux facettes. On serait alors au quatrième niveau que nous appelerons celui des polarités.

Pour chaque niveau de mesure on peut désirer exploiter les informations réunies par une étude de généralisabilité préalable. Des dispositifs plus efficaces peuvent être choisis en vue des études D, pour obtenir une meilleure différenciation sur certaines facettes et une meilleure généralisabilité.

2. APPLICATION A DES PLANS D'OBSERVATION PLUS COMPLEXES

Quand les données sont recueillies à l'aide de plans factoriels complexes, on peut traiter toute une gamme de finalités. Les comparaisons peuvent être réalisées sur les niveaux de n'importe quelle facette qui offre un intérêt pour le chercheur, justifiant ainsi des études de fidélité qui portent sur les classements effectués à propos de toute dimension que l'on veut étudier.

En résumé, on vérifie sur ces exemples, le principe de symétrie des données, qui est simplement l'affirmation que chaque facteur (facette) d'un plan d'observation peut être pris comme objet d'étude et que les opérations de la théorie de la généralisabilité définies pour une des facettes peuvent être transposées dans l'étude des autres facettes. Ce principe a été largement illustré dans un de nos articles (Cardinet, Tourneur et Allal, 1976), à l'aide des données fournies par un plan à trois facettes croisées.

Afin de traiter toutes les implications du principe de symétrie, et en particulier les problèmes méthodologiques issus de la fixation de certaines facettes, nous présenterons par la suite un cadre conceptuel élargi et les algorithmes de calcul qui permettent de gérer efficacement les analyses de généralisabilité dans chaque cas particulier.

Chapitre 4

LE DÉROULEMENT D'UNE ANALYSE

1. LES DEUX MODELES

Dans le but de traiter les implications conceptuelles du principe de symétrie, il est nécessaire que nous développions une série bien définie de procédures de calcul qui soient applicables à tous les types de plans expérimentaux qui peuvent être utilisés.

Les démarches que nous proposons (voir figure 4.1) introduisent une distinction nette entre les phases de l'analyse de la variance et celles qui se fondent sur les concepts de la théorie de la généralisabilité.

Le modèle de l'analyse de la variance rend compte des observations en supposant l'existence de sources de variance dont les effets s'ajoutent. Il permet de préciser l'importance de chacune de ces sources de variation, en leur attribuant une portion de la variance totale. Rien cependant, dans ce modèle, n'évoque la distinction entre note vraie et erreur. Toutes les sources de variance sont nécessaires à une description correcte et complète de la réalité observée.

L'erreur n'apparaît que par rapport à un projet de mesure. Elle suppose une intention particulière qui privilégie une ou plusieurs facettes comme conditions d'observation, c'est-à-dire comme sources d'erreurs. Ainsi un enseignant peut aussi bien s'intéresser au taux de succès obtenu aux questions de contrôle qu'il a posées (questions qui sont alors ses objets d'études) qu'à la réussite individuelle de chacun de ses élèves. L'une des facettes représente la variance vraie et l'autre introduit de la variance d'erreur, mais ces rôles s'inversent selon l'intention de l'enseignant.

C'est à ce niveau, c'est-à-dire après le choix d'une direction privilégiée de mesure, que s'insère la théorie de la généralisabilité. Son rôle est de préciser l'importance de la variance due aux facettes privilégiées (variance de différenciation) par rapport à la variance due à l'échantillonnage des conditions d'observation (variance d'erreur).

L'algorithme distingue nettement ces deux modèles, en poussant l'analyse de la variance jusqu'au calcul de composantes selon le modèle mixte, et en n'utilisant ensuite que ces composantes mixtes pour les formules relatives à la généralisabilité.

FIGURE 4.1. : CADRE D'ENSEMBLE D'UNE ANALYSE DE GENERALISABILITE

Modèle	Phase	Informations sur les facettes	Plan	Résultats des calculs	Symbole	Etapes de réalisation des calculs
ANALYSE DE LA VARIANCE	1	Identification - choix des facettes - relations entre les facettes: croisement, nichage, confusion - nombre de niveaux observés(par facette) *Précise l'ensemble des données observées*	Plan d'observation	carrés moyens	$\sigma^2(X) = \Sigma\sigma^2(\alpha)$	1. Sources de variation: identifier les sources qui correspondent aux effets principaux et aux interactions. L'indice total d'une composante de variance est noté comme suit: {indice primaire}: {indice secondaire}: ... etc. Ex.: La composante *"élèves nichés dans classes nichées dans bâtiment"* s'écrit e : c : b.
					$CM(\alpha)$	2. Carrés moyens: calculer le carré moyen pour chaque effet α.
	2	Echantillonnage Le nombre de niveaux possibles et le mode de sélection déterminent 3 types de facettes: . aléatoires(R) simples(Rs) . aléatoires(R) finies(Rf) . fixées(F) *Précise le domaine des observations possibles*	Plan d'estimation	composantes de variance aléatoires et mixtes	$\hat{\sigma}^2(\alpha)$	3. Composantes de variance pour le modèle purement aléatoire: calculer l'estimation de la composante correspondant à chaque effet.
					$\hat{\sigma}^2(\alpha\|M)$	4. Composantes de variance pour le modèle mixte: si le plan d'estimation inclut au moins une facette finie ou fixée, estimer les composantes de variance mixtes à partir des estimations des composantes de variance aléatoires. Effectuer les calculs suivants en utilisant les estimations des composantes mixtes.
	3	Rôle dans la mesure - Face de différenciation: facettes D . aléatoires: D^R . fixées: D^F - Face d'instrumentation: facettes I . aléatoires: I^R . fixées: I^F	Plan de mesure	répartition des facettes selon le plan de mesure et composition de la variance active	$M(D^R/D^F/I^F/I^R)$	5. Plan(s) de mesure: définir un, ou plusieurs, plan(s) de mesure qui seront analysés aux pas 6 à 11. 6. Contrôle de cohérence: vérifier qu'aucune facette D n'est nichée dans une facette I. 7. Variance active: éliminer de la variance totale toutes les composantes comprenant au moins une facette I^F dans leur indice primaire. Multiplier par $N_f - 1 / N_f$ chaque fois qu'une facette fixée ou finie se trouve dans l'indice primaire.

THEORIE DE LA GENERALISABILITE	**3**	*Spécifie la population des objets d'étude admissibles et l'univers des conditions admissibles de mesure*	Plan de mesure	variance de différenciation	$\hat{\sigma}^2(\tau)$	8. Variance de différenciation: extraire de la variance active et additionner toutes les composantes ne comprenant que des facettes $\mathcal{D}$ dans leur indice primaire.
				variances d'erreur (de généralisation)	$\sigma^2(\Delta)$	9. Variance d'erreur absolue: additionner toutes les composantes restantes, en pondérant chaque composante α par $(1/n_i)$ pour toute facette I dans son indice total et par (N_i-n_i/N_i-1) pour toute facette I finie dans son indice primaire.
					$\sigma^2(\delta)$	10. Variance d'erreur relative: additionner avec leurs coefficients toutes les composantes de la somme précédente ayant au moins une facette $\mathcal{D}$ dans l'indice total.
				coefficient de généralisabilité	$\hat{E}\rho^2$	11. Coefficient de généralisabilité: diviser la variance de différenciation par la somme de la variance de différenciation et de la variance d'erreur que l'on considère ($\sigma^2(\Delta)$ ou $\sigma^2(\delta)$).
	4	Modifications - des relations entre facettes (nichant ou confondant des facettes croisées avant) - du nombre de niveaux observés (davantage pour les facettes I^R) - du nombre ou de la nature des niveaux admissibles (restreignant la population de $\mathcal{D}$ ou l'univers de I) - du mode d'échantillonnage des facettes sur l'une ou l'autre face *Spécifie la population de différenciation optimale et l'univers de généralisation optimal*	Plan d'optimisation	répartition des facettes pour le plan d'optimisation et spécification de la variance active	$O(\mathcal{D}^R/\mathcal{D}^F/I^F/I^R)$	12. Plan d'optimisation: définir un, ou plusieurs, plan(s) en examinant les modifications à apporter aux plans d'observation, d'estimation ou de mesure pour diminuer l'erreur, pour améliorer la validité, ou pour réduire les coûts. Reprendre, si nécessaire, les étapes correspondantes.
				variance de différenciation	$\hat{\sigma}^2(\tau')$	13. Variance de différenciation: reprendre les étapes jusqu'à 8.
				variances d'erreur (de généralisation)	$\hat{\sigma}^2(\Delta')$ $\hat{\sigma}^2(\delta')$	14. Variances d'erreur: reprendre les étapes 9 et 10.
				coefficient de généralisabilité)	$\hat{E}\rho^2$	15. Coefficient de généralisabilité: reprendre l'étape 11.

2. LES QUATRE PHASES

Dans le cadre général présenté à la figure 4.1, quatre étapes d'analyse sont définies qui correspondent à quatre apports d'informations successifs. Les deux premières phases 1 et 2 sont fondées sur l'analyse de la variance tandis que les phases 3 et 4 développent des concepts qui sont propres à la théorie de la généralisabilité.

La première phase est purement descriptive : elle identifie et organise les données en un "plan d'observation". On choisit les facettes à prendre en compte. On précise les interrelations entre les facettes étudiées. On décide aussi du nombre de niveaux échantillonnés sur chaque facette. Les procédures d'analyse de variance sont utilisées dans cette phase afin de calculer le carré moyen de chaque source de variation du plan utilisé. On aboutit au tableau habituel d'analyse de la variance.

La deuxième phase de l'analyse prend en compte des informations sur le mode d'échantillonnage, qui définissent le "plan d'estimation". On y distingue l'échantillonnage aléatoire (par tirage au hasard) et le tirage exhaustif. Le premier peut être effectué dans un ensemble de niveaux soit infini, soit fini, le second n'existant naturellement que dans les cas finis. Il en résulte les trois modes d'échantillonnage suivants : purement aléatoire, aléatoire fini et fixé. Ces informations suffisent à permettre le calcul des composantes de variance (selon le modèle mixte) pour chaque source de variation du dispositif.

Dans la troisième phase, les concepts de la théorie de la généralisabilité sont introduits, dans le but d'analyser les propriétés de un ou plusieurs "plans de mesure". Un plan de mesure est défini par l'attribution des facettes du plan d'observation à l'une des deux "faces" de la mesure : la face de différenciation, symbolisée par D , qui est composée des facettes correspondant aux objets de la mesure; la face d'instrumentation, symbolisée par I , qui est constituée des facettes correspondant aux instruments de la mesure (c'est-à-dire les conditions d'observation, dans la terminologie de Cronbach et de ses collaborateurs). Une fois spécifié le rôle de chaque facette dans le plan de mesure, les composantes de variance - qui n'ont eu jusqu'à présent aucune signification particulière par rapport à la mesure - peuvent être attribuées, selon les principes de la théorie de la généralisabilité, soit à la variance vraie, soit à la variance d'erreur.

A la phase 4, les informations obtenues à partir des analyses précédentes sont utilisées de manière à identifier les améliorations possibles dans les procédures de mesure. Elles conduisent souvent au choix d'un autre dispositif, mieux adapté à certaines conditions de décision. Quoique les opérations de cette phase correspondent, dans une large mesure, à celles d'une étude de décision (étude D de Cronbach et al.), nous avons préféré le terme plus général de "plan d'optimisation" car la quatrième phase s'applique tant aux situations de mesure orientées vers une décision qu'aux champs de recherche orientés vers une conclusion. Le plan d'optimisation est établi sur la base des informations obtenues dans la phase précédente en modifiant soit le plan d'observation soit celui d'estimation, soit celui de mesure, soit plusieurs de ceux-ci à la fois. (La terminologie qui vient d'être rapidement évoquée sera définie de façon complète dans l'exposé relatif à chaque phase. Elle sera rappelée dans le glossaire en fin d'ouvrage, auquel le lecteur pourra aussi se référer s'il rencontre des expressions techniques inusitées.)

Il est important de souligner que les quatre phases de la figure 4.1 indiquent l'ordre dans lequel les procédures d'analyse et d'estimation doivent être appliquées, une fois que les données ont été rassemblées pour une étude de généralisabilité, mais ne décrit pas l'ordre dans lequel les considérations conceptuelles sont traitées lorsqu'on planifie une étude de généralisabilité. Il serait évidemment absurde de supposer, sur la base de cette figure, que l'on recueille d'abord les données à la phase 1, qu'ensuite seulement on se préoccupe à la phase 2, de la manière dont les données ont été échantillonnées, puis qu'on cherche à la phase 3 pourquoi elles ont été recueillies, (but de la mesure). Une étude de généralisabilité ne peut être conçue de manière satisfaisante que si les problèmes posés par chaque phase de l'analyse ont été résolus au préalable, au moment de l'établissement du plan de recherche.

Chapitre 5

LA CONCEPTION ET LA REPRÉSENTATION DES PLANS D'OBSERVATION

1. LES FACETTES DU PLAN

1.1. Choix des facettes

Dans les formulations courantes de la théorie de la généralisabilité (Cronbach et al., 1972; Brennan, 1982), toutes les sources de variation ne sont pas traitées de la même manière. Les variations qui correspondent aux différences entre personnes sont considérées comme de la variance "vraie", toutes les autres sources de variations contribuent à la variance d' "erreur" et diminuent la généralisabilité des scores observés des personnes.

De cette manière, les données sont traitées de manière asymétrique puisqu'on distingue les personnes d'une part, (qu'il faut différencier), et les autres dimensions d'autre part, (les facettes affectant la différenciation des personnes). Cette asymétrie introduit une spécialisation prématurée du modèle, ce qui restreint inutilement son champ d'application.

Dans la formulation que nous proposons, le plan d'observation est considéré au contraire comme symétrique, c'est-à-dire que nous ne faisons aucune distinction de nature entre les différentes sources de variation. L'objet de la mesure pourra dès lors varier, puisque les mêmes données pourront être utilisées dans des analyses successives, où chaque facette pourra être choisie indépendamment comme objet de mesure. La formulation du plan d'observation détermine simplement la façon dont on doit calculer et désigner les sommes de carrés et les carrés moyens. On y parvient en explicitant, comme on va le voir, les facettes considérées, ainsi que leurs relations deux à deux.

1.2. Relations entre les facettes

Les statisticiens utilisent pour décrire les schémas expérimentaux les termes "croisés", "nichés" (ou emboîtés), et "confondus". Le livre de Hoc (1983) développe même cette formalisation de l'organisation des données. Si un plan d'observation à deux facettes P et I permet d'observer chaque sujet (facette P) sous chacune des conditions de la facette I (items), nous disons que P est croisé avec I, ce qui s'écrit P x I (ou I x P car la relation de croisement est commutative). De même I x J x P est un plan entièrement croisé : il fournit un score pour chaque sujet p sous chaque paire ij de conditions.

De façon générale, deux facettes sont croisées si l'on dispose d'une donnée au moins pour chaque combinaison des niveaux d'une facette avec les niveaux de l'autre. Une croix entre les lettres des facettes symbolise la relation de croisement.

Le sens du terme "niché" est mieux appréhendé par une illustration. Le cas le plus simple est la comparaison de moyennes de classes, où les élèves sont nichés dans les classes. Ce dispositif est niché parce que, lorsque l'on répète la mesure pour chaque classe, on observe chaque fois des élèves nouveaux. (Certains statisticiens utilisent l'expression équivalente de dispositif "emboîté").

De façon générale, une facette est nichée dans une autre facette si les niveaux de la première facette (nichée) sont différents d'un niveau à l'autre de la deuxième facette (nichante). Un double point (:) symbolise le nichage; il sépare la facette nichée (à gauche) de la facette nichante (à droite). La relation de nichage n'est pas commutative, mais est transitive. Si les élèves (P) sont nichés dans les classes (C), si les classes tenues par un même professeur sont nichées dans les écoles (E) et si les écoles sont elles-mêmes nichées dans des régions (R), on symbolise le schéma par P:C:E:R.

Enfin, deux facettes sont "confondues" lorsque, à chaque niveau d'une facette, correspond un niveau particulier de l'autre facette. Par exemple, les moments et les élèves sont deux facettes confondues dans un examen où les candidats sont examinés par un même jury, les uns après les autres. La relation de confusion entre les facettes I et J est symbolisée par (I,J); elle est commutative. La confusion peut être considérée comme une forme de nichage réciproque.

1.3. Explicitation des facettes

Le plan d'observation oblige à définir les facteurs pris en compte (facettes explicites) et permet généralement l'analyse des sources de variation liées à l'interaction des facteurs considérés. A côté de ces facettes explicites, il existe des facettes cachées qui, si elles ne sont pas identifiées, peuvent amener le chercheur à sous-estimer l'erreur de mesure ou à généraliser de façon abusive. Deux cas au moins peuvent se présenter qui identifient deux types de facettes cachées importantes :

1) certaines facettes sont cachées parce qu'elles n'ont qu'une seule valeur : par exemple, la même personne conduit l'expérience, interprète les données et rédige le compte rendu. Dans ce cas, on ne peut estimer l'influence de cet expérimentateur unique, ni déclarer qu'elle est négligeable.
2) d'autres facettes sont cachées malgré qu'elles prennent plusieurs valeurs, mais elles sont confondues avec les valeurs d'une facette explicite : des contrôles de connaissances comparant les rendements moyens par classe s'étalent quelquefois sur plusieurs mois, chaque classe étant examinée à un moment donné. Les différences entre les classes peuvent alors être imputées aux différences d'avancement dans l'étude au moment de l'évaluation, sans que l'on puisse réfuter cette imputation.

2. *LA REPRESENTATION DES PLANS D'OBSERVATION*

Le plan d'observation est déterminé quand on a identifié les facettes, leurs interrelations (croisement, nichage, confusion) et le nombre de niveaux observés par facette. On peut donc se contenter de le décrire au moyen d'une ou plusieurs expressions du type $(P_{100} \times I_{25}) : M_2$ par exemple.

La représentation du plan d'observation sous forme de schéma présente plusieurs avantages : elle permet d'abord de visualiser la structure des données à disposition; elle offre ensuite, dans le cas des diagrammes, des avantages heuristiques appréciables et des moyens de contrôle de l'exactitude des formules.

Deux modes de représentation seront envisagés : les représentations tabulaires et les représentations par diagrammes. Comme nous traiterons tout au long de ce texte les données issues de trois dispositifs de mesure, nous présenterons ces situations aussitôt après, pour montrer comment chacune de ces trois situations peut être représentée.

2.1. Les représentations tabulaires ou parallélépipédiques

Il s'agit d'une schématisation très simple qui ne fait que décrire la disposition d'ensemble des données de base. Cette schématisation encore très proche du concret ne posant aucun problème, nous nous contenterons d'en donner des exemples qui nous serviront ensuite à illustrer la représentation par diagrammes.

(1) Plans entièrement croisés

(1.1) Plans d'observation P x J

a) Exemples
   - chacun des étudiants (p) d'un examen de fin d'année est jugé par tous les examinateurs (j), membres du jury ;
   - tous les sujets (p) d'un examen d'orientation scolaire répondent aux mêmes items (j).

b) Tableau des scores p x j

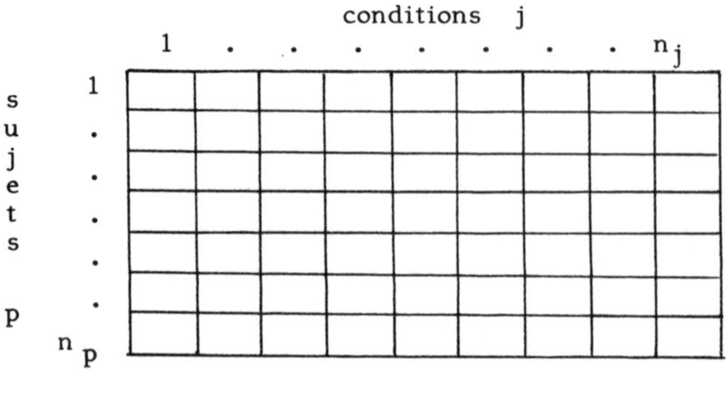

conditions j

sujets p	1	.	.	.	.	.	.	.	n_j
1									
.									
.									
.									
.									
.									
n_p									

(1.2) Plans d'observation P x I x J

a) Exemples :
- les n(i) professeurs d'une section cotent tous les n(p) élèves à n(j) moments différents durant l'année ;
- les n(i) objectifs d'un curriculum sont évalués par n(p) professeurs de cette discipline, d'après une série de n(j) critères.

b) Parallélépipède P x I x J

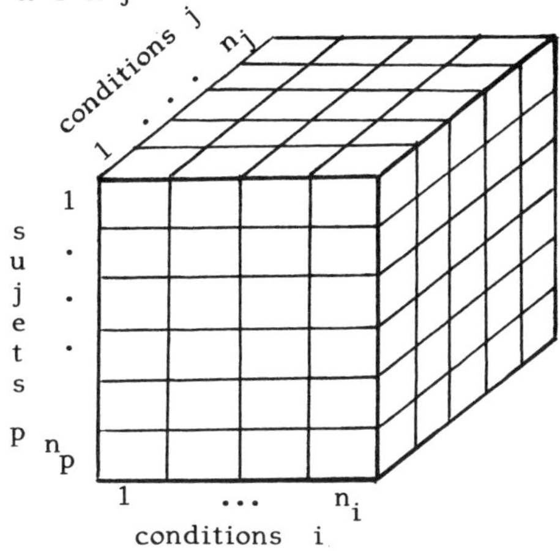

(2) Plans entièrement nichés

(2.1) Plan P : J

a) Exemple
Une compagnie d'assurance confie à plusieurs inspecteurs n(j) la tâche de juger des capacités professionnelles d'un grand nombre de candidats. Chaque inspecteur examine un sous-groupe de n(p) candidats, aucun candidat n'étant interrogé par plus d'un inspecteur.

b) Tableau des valeurs p : j

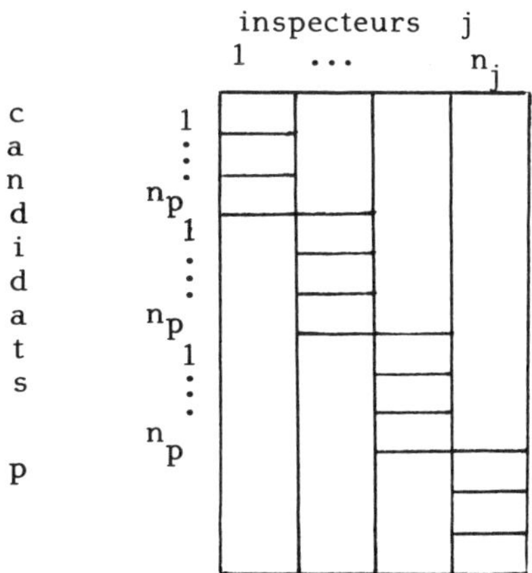

(2.2) Plan J : P

a) Exemple
A l'université, chacun des n(p) étudiants doit défendre son mémoire devant un groupe de n(j) professeurs choisis en fonction du sujet traité, et qui sont différents d'un étudiant (p) à l'autre. L'exemple montre qu'au contraire de la relation de croisement, la relation de nichage n'est pas commutative (J : P ≠ P : J)

b) Tableau des valeurs j : p

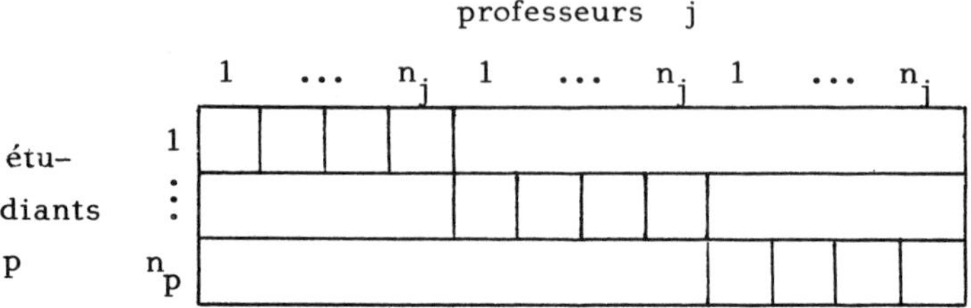

(3) Plans d'observation mixtes

(3.1) Plan (J : I) x P

a) Exemples :
- Lorsqu'un professeur aborde successivement, au cours de l'année, des chapitres de chimie relativement indépendants, il doit généralement vérifier au fur et à mesure les connaissances de ses élèves par plusieurs contrôles écrits portant sur chaque chapitre. Il est clair que les moments où ces épreuves seront données dépendront des chapitres. La facette J "moments" sera ainsi nichée dans la facette I "chapitres". La combinaison des deux, cependant, sera croisée avec P, les élèves.
- Les tests centrés sur les objectifs fournissent une autre illustration du modèle (J : I) x P. Les items (J) sont nichés dans les objectifs (I). Dans le cas d'un test collectif où tous les élèves reçoivent les mêmes questions, les élèves sont croisés avec les objectifs et les items.

b) Tableau des valeurs (j : i) x p

Conditions i	1				...				n_i			
Conditions j	1	...		n_j	1	...		n_j	1	...		n_j
sujets p 1												
.												
.												
.												
n_p												

(3.2) Plan (J x P) : I

a) Exemple
Dans chaque école secondaire i, un jury composé de n(j) professeurs examine les n(p) élèves de dernière année (examen final de baccalauréat ou de maturité). Cette interrogation se déroule à la même époque dans tous les n(i) établissements d'enseignement secondaire, de sorte que les professeurs sont différents.

b) Tableau des valeurs (j x p) : i

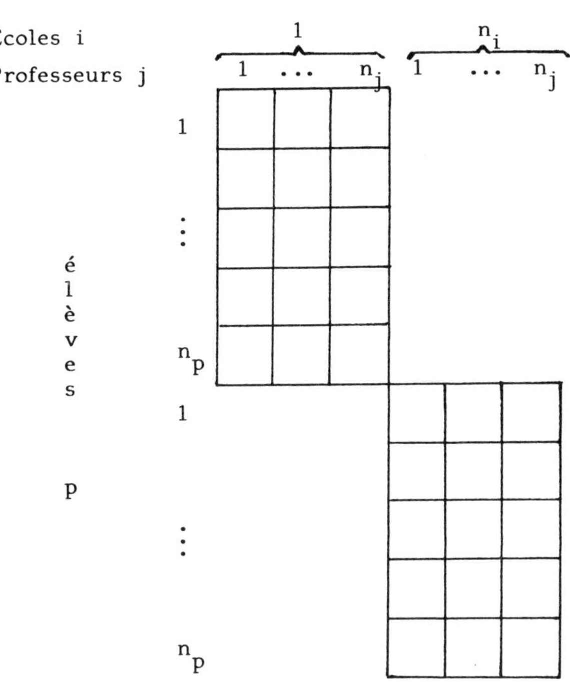

(3.3) Plan (I, J) x P

a) Exemples :
- Un groupe de n(p) inspecteurs examine une série d'instituteurs candidats à une promotion. Chaque instituteur est observé dans sa classe. Evidemment le contexte "classe" diffère d'un maître à l'autre. Cet exemple peut être interprété comme un nichage de J (classe) en I (instituteur) mais aussi, et tout aussi bien, comme un nichage de I en J. En fait, avec une seule classe par professeur, les facettes I et J sont confondues. On symbolise la situation par (I,J). Dans ce cas, n(i) = n(j) et à chaque valeur de I ne correspond qu'une seule valeur de J. Dans l'étude des effets, on ne traitera que d'une seule facette, composée des paires i,j, chacune étant croisée avec p.

- De la même façon, la configuration (O,I) x P se présente dans les tests d'objectifs lorsqu'il n'y a qu'une question par objectif : les facettes O (objectifs) et I (items) sont confondues dans ce cas, tout en étant croisées avec les personnes.

b) Tableau des valeurs (i,j) x p

Instituteurs i 1 ... n_i

Classes j 1 ... n_j

inspecteurs p								
	1							
	:							
	n_p							

2.2. Les diagrammes de Cronbach

Une représentation plus abstraite de l'organisation des données peut être obtenue au moyen de dessins que Cronbach dénomme "diagrammes de Venn". Comme nos diagrammes ne représentent pas des ensembles en intersection, nous éviterons de leur donner ce nom qui induirait en erreur certains lecteurs. Nous parlerons de diagrammes de Cronbach, en notant que cet auteur rend lui-même hommage à Harud Yanai de lui en avoir suggéré l'emploi.

Chaque ovale du diagramme représente une facette.

Nous conviendrons de représenter les facettes croisées par des ellipses qui se croisent (en intersection) et les facettes nichées par des ellipses concentriques (en inclusion).

Le principe est simple et son application ne pose pas de problème pour les plans à 3 ou 4 facettes croisées. On trouvera à la figure 5.1 l'organigramme des opérations à exécuter.

Ces opérations ont été utilisées pour tracer à la figure 5.2 les diagrammes correspondant aux plans d'observation dont la représentation tabulaire a été développée dans les pages précédentes.

Pour les dispositifs complexes à plus de 3 facettes croisées qui peuvent en outre nicher d'autres facettes, on tient compte du principe suivant : en croisant une facette avec des facettes existantes, on doit couper en deux chaque plage existant déjà dans le diagramme et créer en plus une surface extérieure nouvelle.

Figure 5.1 : Règles de construction du diagramme représentant un plan d'observation

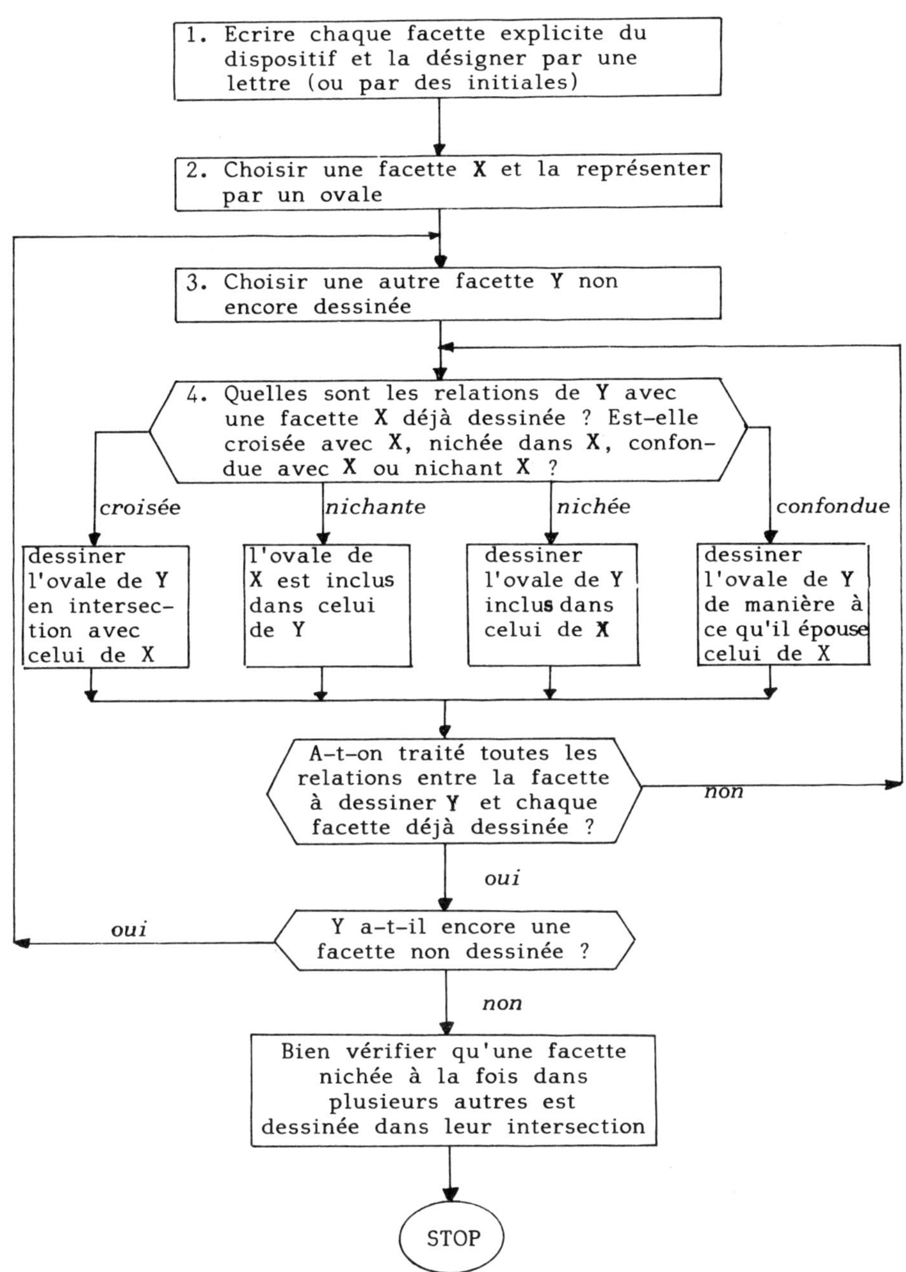

Figure 5.2 : Diagrammes de quelques plans d'observation

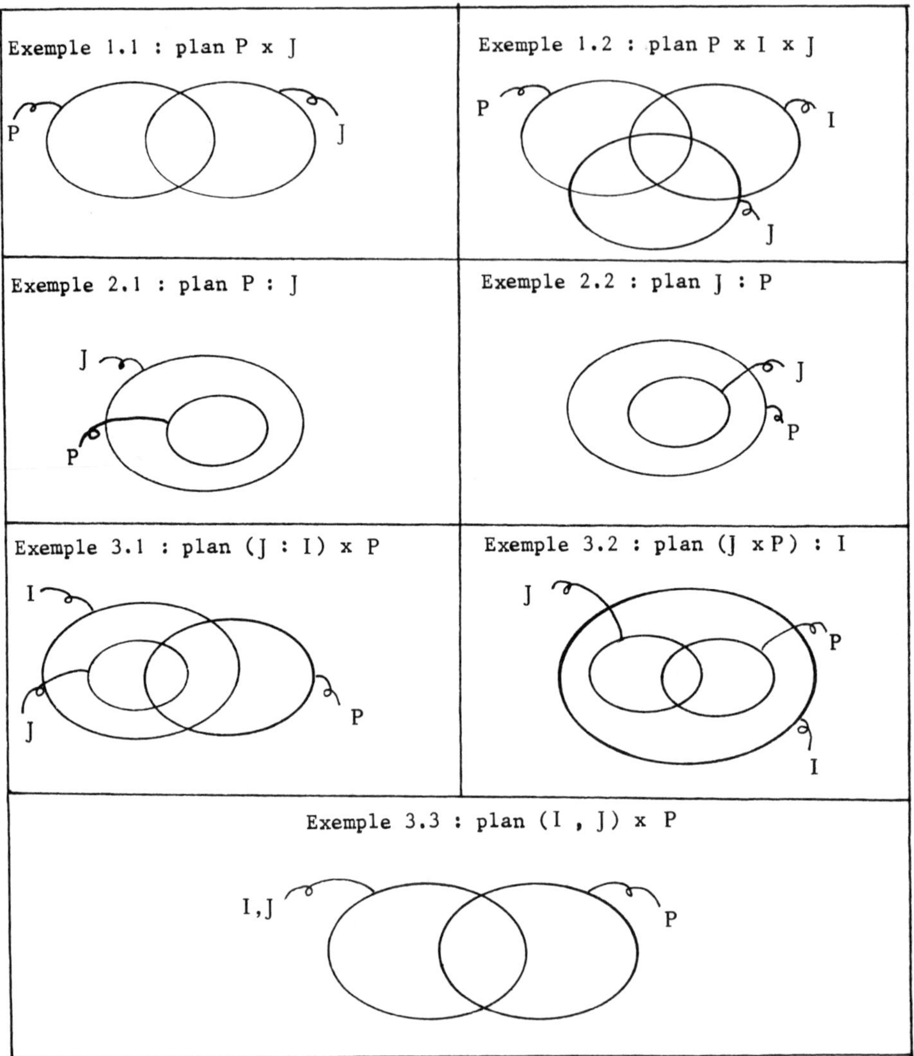

Le diagramme d'un dispositif à cinq facettes croisées est représenté à la figure 5.3.

Les diagrammes de Cronbach peuvent rendre des services à chaque étape d'une étude de généralisabilité. On en expliquera l'emploi tout au long de ce texte, à l'aide de trois exemples qui seront présentés au point suivant.

Figure 5.3 : Représentation graphique du plan d'observation A x B x C x D x E à partir du plan A x B x C x D.

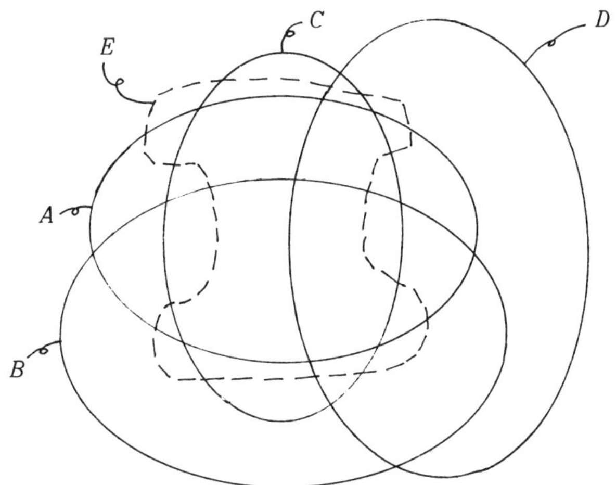

(le feston E doit séparer en deux parties chacune des plages formées antérieurement, y compris l'extérieur).

3. *PRESENTATION DE TROIS SITUATIONS-EXEMPLES*

Nous illustrerons les étapes de l'analyse de la variance et de la théorie de la généralisabilité, à l'aide de trois situations qui seront traitées de façon aussi explicite que possible.

Deux de nos trois exemples sont numériques. Le plus simple sera examiné étape par étape, à chaque chapitre; l'autre fera l'objet d'une présentation détaillée au chapitre 15. Pour commencer, ci-dessous, chaque situation sera définie par les facettes en jeu et par le schéma de son plan d'observation.

3.1. Situation 1 : les rédactions

Nous avons demandé à des correcteurs de noter des rédactions scolaires. Chaque rédaction est notée sur un total de 20 points.

Le plan d'observation comprend donc deux facettes : les correcteurs C, au nombre de 20, et les rédactions R, au nombre de 7. La facette C comprend donc n(c) (= 20) valeurs et la facette R, n(r) (= 7) valeurs. Les deux facettes sont croisées, puisque l'on dispose d'une observation pour chaque combinaison des niveaux de la première facette avec les niveaux de la seconde: chaque correcteur a corrigé chacune des copies. Le plan d'observation est C x R et les notes figurent dans un tableau à double entrée contenant une donnée par case (tableau 5.1).

La matrice des scores est donc du type J x P et le diagramme croise les 2 ovales dont chacun symbolise une facette (figure 5.4 a).

Tableau 5.1 : Notes accordées par 20 correcteurs à 7 rédactions (maximum : 20)

c ↓ / r →	1	2	3	4	5	6	7
1	8	10	12,5	11	12,5	15,5	14
2	9	11	14	13	13	16	14
3	9,5	8,5	9	9,5	10	14	13
4	11	13	12,5	13,5	13,5	16,5	15
5	11	10	12	14,5	11	16,5	17
6	6	5	9	8,5	12	8	15
7	9	8	8	10,5	10	9,5	13
8	10	11	13	14	12	15	15
9	6	8	7	11	14	13	12
10	12	10,5	9,5	12,5	13	13,5	14
11	11	10	9,5	13	10,5	10	14,5
12	11	5	9	8	10	15	10
13	10,5	8	11,5	10	11	13	14
14	11,5	5	10,5	9,5	9	13,5	14
15	11,5	10,5	12,5	15	13	15	16
16	10	12	12	9	15	11	15
17	12	12	14	15	16	18	17
18	6	10	12	14	9,5	10	10,5
19	10	7	10	13	14	14	16
20	9	8	9	12	12	12	15

3.2. Situation 2 : les problèmes arithmétiques

Dans une autre expérience docimologique, des correcteurs ont dû évaluer trois élèves, examinés sur des problèmes arithmétiques. Chaque élève devait résoudre 4 problèmes et chaque correcteur était chargé de noter sur un total de 5 points la réponse à chaque problème. Un tel plan d'observation comprend trois facettes croisées : les correcteurs (C, au nombre de 20), les élèves (E, au nombre de 3) et les problèmes P (n(p) = 4). Les trois facettes sont croisées puisque la réponse de chaque élève à chaque problème est notée par chaque évaluateur. On peut symboliser le plan d'observation par la formule C x E x P et les notes peuvent figurer dans un tableau à double entrée, contenant (20 x 3 = 60) cases et 4 données par case (tableau 15.1). Les notes dans chaque case sont toujours rangées dans le même ordre, de manière à ce qu'on puisse reconnaître aisément toutes les notes attribuées au même problème.

La matrice des notes est donc du type I x J x P que l'on peut représenter à l'aide d'un parallélépipède rectangle ou par un diagramme à 3 ovales croisés (figure 5.4 b).

Figure 5.4 : Diagrammes des plans d'observation relatifs aux trois situations

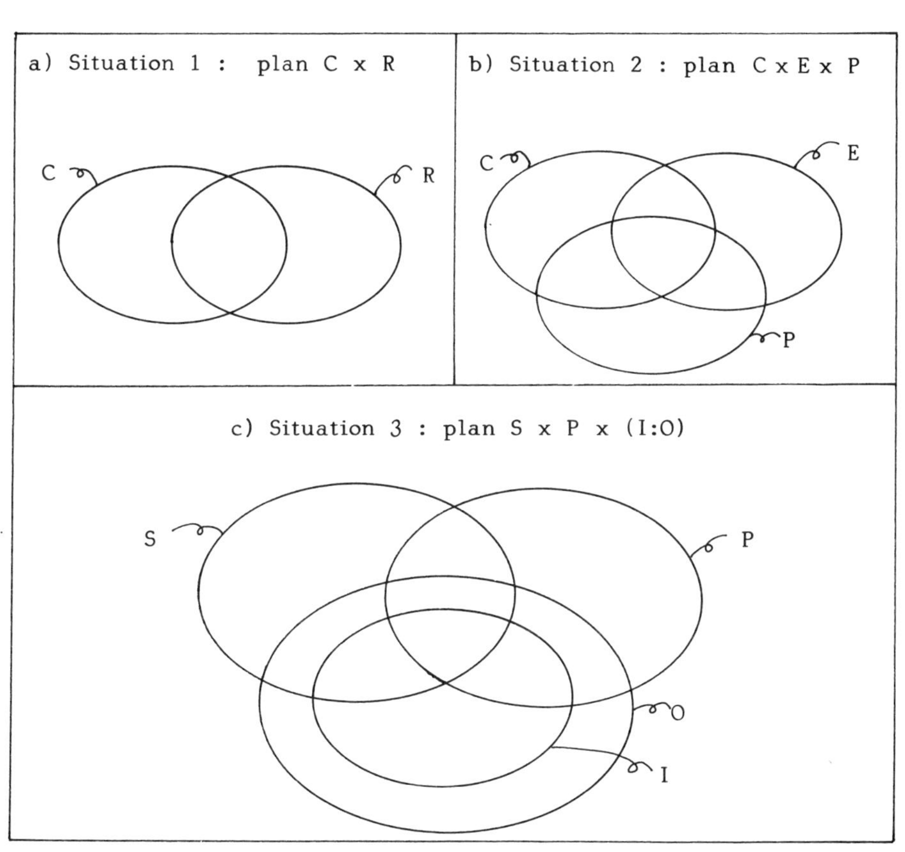

3.3. Situation 3 : les stagiaires

Alors que les deux exemples précédents donneront lieu à une exploitation numérique complète, avec application des formules aux données réelles, notre troisième exemple est non numérique. Nous l'avons choisi en fonction de sa richesse et de sa relative simplicité; il montrera comment élaborer les formules qui permettent de traiter des plans à plus de 3 facettes, avec croisements et nichages.

Un groupe de stagiaires est examiné par un échantillon de professeurs sur la base d'un questionnaire découpé en objectifs. Puisque tous les stagiaires sont examinés par tous les professeurs, les facettes S et P sont croisées. Le questionnaire est structuré en questions nichées dans les objectifs; il est le même pour les stagiaires et pour les examinateurs : I est donc niché dans O; S et P sont croisés entre eux et avec le groupe I:O.

Si on suit la symbolisation du nichage et du croisement, on obtient l'écriture du plan d'observation 3 : S x P x (I : O).

On a suivi l'organigramme général proposé à la figure 5.1 pour obtenir le diagramme de la figure 5.4 c qui traduit graphiquement le troisième plan d'observation.

Chapitre 6

LA CONCEPTION ET LA REPRÉSENTATION DES FACETTES DANS LES PLANS D'ESTIMATION ET DE MESURE

1. *L'ECHANTILLONNAGE DES FACETTES DANS LE PLAN D'ESTIMATION*

1.1. *Les trois modes d'échantillonnage considérés*

A la phase 2 de l'analyse de généralisabilité, le choix d'un modèle d'estimation approprié (à effets aléatoires ou mixtes) est déterminé par le mode d'échantillonnage des niveaux de chaque facette.

Suivant la terminologie conventionnelle de l'analyse de la variance, une facette est désignée comme aléatoire (en franglais "randomisée", d'où la symbolisation : *R*) si un échantillon aléatoire simple de niveaux observés est extrait d'un ensemble infini (ou hypothétiquement infini) de niveaux admissibles.

A ce point de l'exposé, il est utile de distinguer les niveaux observés, définis par le plan d'observation, des niveaux admissibles, définis par le plan d'estimation. Les niveaux admissibles de chaque facette correspondent au nombre possible d'objets d'étude et d'instruments de mesure. Le nombre de niveaux observés dans l'échantillon est symbolisé par n indicé par la lettre de la facette. Le nombre de niveaux admissibles dans la population ou dans l'univers est symbolisé par N, indicé de la même façon. Quand une facette est fixée N(i) = n(i).

Une facette est désignée comme fixée (symbolisé par *F*), si les niveaux admissibles sont représentés de manière exhaustive dans le plan d'observation (c'est-à-dire, si les niveaux observés épuisent les niveaux admissibles).

Il faut encore considérer un troisième cas, intermédiaire entre les deux précédents, celui dans lequel les facettes sont constituées par échantillonnage aléatoire à partir d'une population finie de niveaux. On parle d'un échantillonnage aléatoire fini. Nous l'inclurons dans notre modèle, bien qu'il n'existe pas encore de solution générale universellement admise, pour l'estimation non-biaisée des composantes de variance dans le cas des facettes aléatoires finies. Les formules générales de Cornfield et Tukey (1956) nous paraissent offrir en tout cas des estimations utilisables, si l'on accepte le point de vue pragmatique qu'il vaut mieux une estimation éventuellement biaisée que pas d'estimation du tout.

Quelques exemples vont servir à illustrer la classification des facettes selon le mode d'échantillonnage de leurs niveaux.

La facette "Classes" est généralement traitée comme aléatoire, de même que la facette "Items" d'un questionnaire. Le choix d'élèves dans une classe représente par contre un échantillonnage aléatoire fini.

Il arrive que l'on doive stratifier la facette "Sujets" selon des traits distinctifs, tels que le sexe et le niveau intellectuel. Dans ce cas, garçons et filles représentent les deux seuls niveaux de la facette fixée "Sexe". De même, si l'on utilise une répartition en trois niveaux d'aptitude (doués, moyens et faibles), la facette "Intelligence" doit être considérée comme fixée. Evidemment, ces deux nouvelles facettes fixées (qui peuvent être croisées entre elles pour constituer six catégories) nichent la facette aléatoire "Sujets".

Une facette est également fixée quand le concepteur du plan a intentionnellement sélectionné les niveaux auxquels il s'intéresse (par exemple, la méthode A et la méthode B lorsqu'il ne s'intéresse à aucune autre méthode).

Les facettes "niveaux d'étude" (1e, 2e, 3e,... 6e année) et "âges" sont souvent fixées également quand le plan conduit à observer tous les niveaux possibles.

1.2. Leur représentation

Il est utile de pouvoir exprimer graphiquement l'information relative au mode d'échantillonnage de chaque facette, autrement dit de représenter le plan d'estimation au moyen de diagrammes de Cronbach.

Il suffit d'adopter la convention suivante :

1) les facettes purement aléatoires sont représentées en traits pleins ;
2) les facettes aléatoires finies sont dessinées en traitillés ;
3) les facettes fixées sont notées par des pointillés.

2. DIFFERENCIATION DU ROLE DES FACETTES DANS LE PLAN DE MESURE

2.1. Les deux faces de la mesure

La phase 3 sert à préciser l'intention de la mesure et donc à spécifier quelle(s) facette(s) constitue(nt) l'objet d'étude privilégié. Cette intention de mesure crée une dissymétrie entre les facettes, dont les unes vont jouer dès lors le rôle de sources de variance souhaitables et les autres vont devenir sources de fluctuations aléatoires gênantes, autrement dit sources d'erreurs.

Les objets de mesure admissibles constituent la population d'étude tandis que les instruments de mesure (les conditions d'observation admissibles de Cronbach) constituent l'univers de généralisation. Les premiers se situent sur la face de différenciation, car la variance "vraie" provient des différences entre objets d'étude. Les seconds se situent sur la face d'instrumentation, car les conditions de la mesure sont comme des moyens ou des instruments de cette mesure. Les termes "différenciation" et "instrumentation" ont donc été choisis parce qu'ils correspondent bien aux deux opérations fondamentales des analyses de généralisabilité, à savoir l'estimation de la variance vraie due aux différences entre les objets mesurés, et l'estimation de la variance d'erreur due au choix des instruments utilisés dans la mesure.

2.2. *Considération de tous les types de facettes sur les deux faces*

Cronbach et ses collaborateurs postulent, dans leur formulation de la théorie de la généralisabilité, que les objets de mesure (les personnes ou, occasionnellement, les groupes de personnes) sont échantillonnés aléatoirement dans une population infinie. Les conditions d'observation, d'autre part, peuvent être constituées de deux types de facettes : les facettes de généralisation, quand les conditions sont échantillonnées au hasard, et les facettes de contrôle, quand un ensemble de conditions est examiné de manière exhaustive. Selon notre terminologie, la face de différenciation n'est composée chez Cronbach et al. que de facettes aléatoires, tandis que la face d'instrumentation peut inclure des facettes fixées, à côté de facettes aléatoires.

Quoiqu'il soit possible en général de postuler l'échantillonnage aléatoire quand les objets étudiés sont des personnes, ce postulat ne se justifie plus dans d'autres situations de mesure. Par exemple, dans les évaluations de curriculums, l'intention de la mesure est de comparer les niveaux de maîtrise d'objectifs pédagogiques bien déterminés, qui sont donc des objets d'études formant un ensemble très restreint. En conséquence, pour traiter tous les types de situations, il nous paraît nécessaire de considérer tous les types de facettes (aléatoires pures, aléatoires finies et fixées) sur les deux faces de la mesure.

En appliquant à la phase 3 le principe de symétrie, c'est-à-dire en prenant pour objet d'étude chacune des facettes à tour de rôle, on voit qu'on peut attribuer toute facette soit à la face de différenciation, soit à la face d'instrumentation. Cette imputation est réalisée indépendamment du mode d'échantillonnage des niveaux des facettes. Il est dès lors nécessaire de considérer quatre types de facettes :

- les facettes de différenciation qui sont soit aléatoires (D^R), soit fixées (D^F), et
- les facettes d'instrumentation qui sont soit aléatoires (I^R), soit fixées (I^F)

La possibilité de fixer une facette de différenciation n'a pas été envisagée dans les publications antérieures sur la théorie de la généralisabilité. Nous montrerons que les résultats d'une étude G de généralisabilité sont affectés par le type d'échantillonnage pratiqué sur les facettes *D*. Puisque l'échantillonnage des niveaux d'une facette affecte à la phase 2 l'estimation des composantes de variance, il influence toutes les analyses subséquentes qui touchent aux deux faces de la mesure.

2.3. Conception de la face de différenciation

Dans la formulation originale de la théorie de la généralisabilité, la face *D* du plan de mesure est réduite à une seule dimension composée d'une facette unique : les personnes. Cronbach et al. (1972, p. 203) présente un exemple de la différenciation d'écoles, et Brennan et Kane (1977) offrent un exemple de la différenciation de classes. Néanmoins dans les deux cas, la différenciation ne touche que les scores moyens de groupes de personnes (écoles ou classes) et elle ne va donc pas au-delà d'un type unique de dimension.

Par contre, les plans proposés par ces auteurs incluent généralement plusieurs facettes d'instrumentation, qui définissent toutes les conditions admissibles de la mesure des objets à l'étude. C'est en fait Cronbach et al. (1972, p. 17) qui a introduit la notion d'ensemble des conditions admissibles de mesure, défini par une, ou plusieurs facettes, ensemble auquel nous avons appliqué le terme de face d'instrumentation. Dans les plans où toutes les facettes sont croisées, la face *I* est constituée par le produit cartésien des niveaux admissibles de chaque facette d'instrumentation.

Nous trouvons utile de proposer une conception parallèle de la face de différenciation. Lorsque la population étudiée, que ce soient des personnes ou d'autres objets d'étude, est stratifiée en fonction d'un certain nombre de critères, la face de différenciation dans un plan croisé est formé par le produit cartésien de toutes les facettes de différenciation. La formulation devient plus complexe dans le cas de facettes nichées, mais l'idée reste la même : la face *D* correspond à la population des objets admissibles d'étude.

Il s'en suit que, dans un plan croisé complet, l'ensemble des observations admissibles d'une étude de généralisabilité est défini par le produit cartésien de l'ensemble des objets admissibles d'étude, croisé avec l'ensemble des conditions admissibles de mesure.

Le concept d'"observations admissibles" implique qu'il peut exister d'autres observations qui ne sont pas prises en considération dans une étude de généralisabilité. La profusion de facettes potentielles (c'est-à-dire, des sources de variation qui existent en fait et des niveaux possibles sur chacune), est donc volontairement restreinte. L'attention du chercheur est centrée à la phase 3 sur les cas qui appartiennent au domaine défini par les niveaux admissibles des facettes choisies *D* et *I*.

Une autre restriction du domaine des observations admissibles peut intervenir à la phase 4. Ceci se produit quand la population et/ou l'univers sont redéfinis sur la base des résultats obtenus à la phase 3. La discussion qui sera développée à propos de la phase 4, montrera que la remarque de Cronbach et al. (1972, p. 20) au sujet de différents univers admissibles de généralisation peut être étendue à la définition de plusieurs populations admissibles de différenciation.

Ayant introduit le concept de face de différenciation, nous utiliserons un terme parallèle, variance de différenciation, pour désigner la variance des valeurs attendues des scores de tous les membres admissibles de la population étudiée, dans l'univers de toutes les conditions admissibles de mesure. Le paramètre de généralisabilité $\sigma^2(\tau)$ correspond donc au terme "variance vraie" dans la théorie classique des tests et au terme "variance des scores univers" utilisé par Cronbach et al. (1972).

2.4. Sa représentation

Il peut être utile de représenter graphiquement le plan de mesure choisi, comme on l'avait fait précédemment pour les plans d'observation et d'estimation, au moyen de diagrammes de Cronbach.

On adoptera la convention suivante :

1) sont tracées en rouge les facettes de différenciation (objets d'études)
2) sont tracées en bleu les facettes d'instrumentation (conditions d'observation).

Chapitre 7

LES SOURCES DE VARIATION ANALYSABLES

1. *PRINCIPES DE L'ANALYSE DE VARIANCE*

Nous avons vu plus haut que les deux premières phases d'une étude de généralisabilité font appel à la théorie de l'analyse de la variance. La connaissance de ces fondements statistiques de la théorie de la généralisabilité est donc requise avant d'aller plus loin.

Il n'est pas dans nos intentions de présenter ici de manière exhaustive l'analyse de la variance. Des livres excellents présentent le modèle aux étudiants et offrent divers algorithmes de calcul (Millman, J., et Glass, G.V., 1967; Kirk, R.E., 1968; Brennan, R., 1977; D'Hainaut, L., 1975). Cependant, tout en passant très rapidement sur les notions élémentaires à la base de l'analyse de la variance, nous avons tenu à les citer, pour permettre aux lecteurs de situer au moins les problèmes qu'ils auraient besoin éventuellement d'approfondir.

Nous commencerons par présenter de façon intuitive le modèle mathématique qui sous-tend l'ensemble de ces démarches.

L'analyse de la variance analyse comme son nom l'indique les sources de variation qui agissent sur les résultats observés. Par hypothèse, elle admet qu'un résultat observé est la somme de plusieurs influences (effets) qui peuvent s'exprimer par un nombre (positif, négatif ou nul), que l'on appelle un composant de score.

Nous allons illustrer ce modèle en nous plaçant dans la position privilégiée d'un observateur qui connaîtrait les valeurs vraies des effets qui influencent les observations. Autrement dit, nous allons présenter d'abord le modèle théorique, en nous réservant d'aborder plus tard le problème de l'estimation de ces valeurs vraies inconnues, ou tout au moins de leur variance.

Prenons l'exemple d'une échelle de 6 items qui évaluent la maîtrise d'un objectif pédagogique. Les 25 élèves d'une classe sont soumis aux 6 items de cette échelle, cotés chacun de zéro à vingt. Une matrice rectangulaire contient dans chaque cellule le résultat d'un élève p à l'item i.

Le tableau 7.1 ne contient que quelques données afin de faciliter la compréhension de l'analyse.

Tableau 7.1 : Les composants d'un score observé

		ITEMS i						Score univers de chaque sujet ↓
		1	2	3	4	5	6	
SUJETS p	1				(+1)			
	2				(+1)			
	3	(+2)	(+2)	(+2)	(+2) (+1) 15	(+2)	(+2)	12
	4				(+1)			
	⋮				(+1) ⋮			
	25				(+1)			
"Score univers de difficulté"					11			10 ↑

"Moyenne générale de tous les résultats possibles"

On admet que tout score observé (exemple : l'élève n° 3 obtient 15 au 4ème item) résulte d'une sommation de la moyenne générale vraie, d'effets théoriques liés aux lignes, aux colonnes et à leur interaction et enfin de l'influence des facteurs incontrôlés, en particulier du hasard. Dans l'exemple qui nous occupe, l'effet ligne est l'écart du score univers de l'élève n° 3 à la moyenne générale vraie. Supposons que nous connaissions cette moyenne vraie de l'élève et quelle vaille 12, soit deux points au-dessus de la moyenne générale vraie qui vaut 10. Cet effet (+ 2) joue pour toute la rangée correspondant à la 3ème ligne. L'effet colonne est l'écart du score univers de l'item 4 (11) par rapport à la moyenne générale vraie. Cet effet (+ 1) influence la cote attribuée à chaque élève du groupe. La somme (10 + 1 + 2) ne rend pas exactement compte du score observé 15. Il reste une part d'explication du score liée à un effet résiduel (+ 2). Cette part résiduelle inclut, outre l'effet de multiples facettes cachées comme l'examinateur, le moment, etc., l'interaction particulière du sujet n° 3 avec l'item n° 4 : cet item peut contenir par exemple des références géographiques plus familières au sujet n° 3 qu'à l'ensemble de la classe.

Pour chaque personne p, un score X(pi) peut être observé pour chaque niveau i de la facette Items. Si le chercheur veut généraliser à tous les niveaux de la facette I, il voudra connaître $\mu(p)$ (le score univers pour p) qu'il pourrait obtenir avec une infinité d'items :

$$\mu_p = \underset{i}{E}\, X_{pi} = \lim_{n_i \to \infty} \frac{1}{n_i} \sum^{n_i} X_{pi} \quad (n_i = \text{nombre de conditions de la facette I})$$

Il pourra aussi généraliser sur les personnes pour connaître le score univers de difficulté d'un item $\mu(i) = E(p)\, X(pi)$, ou à la fois sur les personnes et les conditions pour connaître la moyenne générale :

$$\mu = \underset{i,p}{E}\, X_{pi} = \lim_{\substack{n_i \to \infty \\ n_p \to \infty}} \frac{1}{n_i} \frac{1}{n_p} \sum^{n_p n_i} X_{pi}$$

Notre exemple a fait apparaître que pour toute observation correspondant à un p et à un i particulier, nous avons l'identité

$$\begin{aligned} X(pi) = {} & \mu \quad \text{(moyenne générale)} \\ & + \mu(p) - \mu \quad \text{(effet de la personne)} \\ & + \mu(i) - \mu \quad \text{(effet de l'item)} \\ & + X(pi) - \mu(p) - \mu(i) + \mu \quad \text{(effet résiduel)} \end{aligned}$$

Mathématiquement, l'équation n'est qu'une tautologie, car le second membre de l'équation se ramène à X(pi) si l'on réduit les termes semblables. Pourtant, l'équation divise le score observé X(pi) en ses composants qui représentent les effets hypothétiques. Le score observé X(pi) peut être plus grand ou plus petit que la somme des trois premiers composants de X(pi) (moyenne générale, effets de ligne et de colonne) à cause de l'effet d'interaction des facettes P et I, et de l'intervention de facettes incontrôlées.

Pour illustrer ces sources de variation supplémentaires, imaginons que l'élève p (n° 3) puisse passer le même item (n° 4) à des moments différents durant l'année scolaire. Cet ensemble de jours d'observation possibles, constitue une nouvelle facette M, celle des moments de l'année. Nous pouvons ainsi définir une moyenne $\mu(pi)$ de toutes les observations possibles de la personne p avec l'item i, observations effectuées sous des conditions variables des autres facettes, par exemple les moments. Le résidu devient alors la somme de l'effet d'interaction pi et d'un dernier terme e(pi) qui résume l'effet de toutes les facettes incontrôlées : $\mu(pi) - \mu(p) - \mu(i) + \mu + e(pi)$

Dans le modèle théorique présenté ici, dit aléatoire, chaque composant de score a une distribution. On examinera plus loin d'autres modèles, dits fixes, qui ne considèrent que des conditions spécifiées, mais ici, si l'on considère toutes les conditions i dans l'univers de tous les items possibles, il existe une distribution de $(\mu(i) - \mu)$ dont la moyenne est nulle. La variance $\sigma^2(i)$ de ces valeurs est appelée composante de variance i. On parlera de même de la composante de variance $\sigma^2(p)$ ou de σ^2 (pi,e) pour la composante de variance combinant les effets d'interaction et d'erreur.

La définition mathématique de ces variances, cependant, fait l'objet de débats entre deux écoles de statisticiens. Selon la formulation classique :

$$\sigma^2(i) = \lim_{n_i \to \infty} \frac{1}{n_i} \sum^{n_i} (\mu_i - \mu)^2$$

Cornfield et Tukey (1956) préfèrent une autre définition, dite "moderne", où 1/n(i) est remplacé par 1/[n(i) - 1]. La différence est sans conséquence dans le modèle purement aléatoire, dont il est question maintenant, puisqu'on se situe dans une population infinie de toute façon. Il n'en est plus de même dans les populations finies, où l'estimation même de la composante dépendra de la définition choisie.

Nous optons, dans le cadre des études de généralisabilité, pour la définition classique. (Ceci ne nous empêche pas d'utiliser le modèle de Cornfield et Tukey et les algorithmes de calcul de Millman et Glass (1967) pour obtenir une estimation des composantes de variance, que nous corrigeons ensuite dans le cas de populations finies, comme on le verra le moment venu).

Le modèle classique a l'avantage, en effet, d'assurer l'additivité des composantes de variance. On peut démontrer, en particulier, que la variance totale est alors égale à la somme des variances des composants de score, c'est-à-dire à la somme des composantes de variance relatives à chaque effet du modèle.

Pour un plan P x I, à partir de la décomposition tautologique de X(pi) donnée à la page précédente, on peut dériver l'égalité suivante :

$$\sigma^2(X_{pi}) = \sigma^2(p) + \sigma^2(i) + \sigma^2(pi,e)$$

La composante σ^2(p) constitue la variance des scores vrais de la théorie classique. σ^2(i) est la variance des erreurs constantes associées à diverses conditions de la facette I, par exemple la difficulté différente des formes parallèles d'un test ou le degré de sévérité variable des examinateurs. σ^2(pi,s) combine l'interaction personnes-conditions et les variations dues aux sources aléatoires non identifiées. Les deux parties ne peuvent être séparées que par une étude à trois facettes contenant plus d'une observation par case (par paire p, i).

Si les conditions d'observation sont classées selon deux facettes I et J (par exemple I : item et J : professeur) on peut identifier sept composants de score et sept composantes de variance correspondantes, qui apparaissent au tableau 7.2.

Tableau 7.2 : Composants de scores et composantes de variance dans un dispositif P x I x J à effets aléatoires.

Composants de Scores	Composantes de variance	Effets
$X_{pij} = \mu$	$\sigma^2 (X_{pij}) =$	
$+ \mu_p - \mu$	$+ \sigma^2 (p)$	personne p
$+ \mu_i - \mu$	$+ \sigma^2 (i)$	condition i
$+ \mu_j - \mu$	$+ \sigma^2 (j)$	condition j
$+ \mu_{pi} - \mu_p - \mu_i + \mu$	$+ \sigma^2 (pi)$	interaction pi
$+ \mu_{pj} - \mu_p - \mu_j + \mu$	$+ \sigma^2 (pj)$	interaction pj
$+ \mu_{ij} - \mu_i - \mu_j + \mu$	$+ \sigma^2 (ij)$	interaction ij
$+ X_{pij} - \mu_{pi} - \mu_{pj} - \mu_{ij}$ $+ \mu_p + \mu_i + \mu_j - \mu$	$+ \sigma^2 (pij,e)$	résidu (pij,e)

Un score peut être calculé sur un item, une partie de test ou un test entier. Un score de test est à la fois une observation unique représentative d'un univers de tests et un complexe d'observations sur un ensemble d'items. On utilisera la lettre I pour désigner un ensemble n(i) de conditions i assemblées au hasard. Le score X(pI) est la moyenne (et non la somme) d'un certain nombre de valeur X(pi) et $\mu(I) = 1/n(i)\ \Sigma(i \in I)\ \mu(i)$ D'après le théorème sur la variance d'une moyenne d'observations indépendantes : $\sigma^2 (\mu_I) = \frac{1}{n_i} \sigma^2 (\mu_i)$

2. ECRITURE DE LA COMPOSANTE DE VARIANCE RELATIVE A UN EFFET

Nous verrons plus bas comment estimer les composantes de variance dans des cas réels où les composants des scores ne sont pas connus au départ. Nous nous contenterons dans ce chapitre d'indiquer comment il est possible d'identifier à l'avance toutes les composantes de variance calculables avec un dispositif donné. Voyons d'abord comment les dénommer.

Pour caractériser une composante de variance, on indique entre parenthèses, après σ^2 , les initiales des facettes qu'elle concerne, en explicitant par ":" les relations de nichage. Par exemple, la composante "élèves nichés dans les classes, nichées dans les bâtiments scolaires" s'écrit :

$\sigma^2 (\alpha) = \sigma^2 (e : c : b)$

indice primaire de la composante	indice secondaire de la composante (1er niveau des facettes nichantes)	indice tertiaire de la composante (2ème niveau des facettes nichantes)

L'ensemble des indices entre parenthèses s'appelle l'indice total et est symbolisé, quand c'est nécessaire, par α , comme on le voit dans le membre de gauche.

L'indice primaire désigne l'effet principal testé. Ainsi, dans le premier exemple donné au chapitre 5 du plan d'observation C x R, l'effet principal pour les correcteurs est noté c et l'effet principal pour les rédactions est noté r. Dans la situation 3, correspondant au plan S x P x (I:O), l'effet principal (niché) pour les items est i:o; l'indice primaire est i et l'indice secondaire est o, (correspondant à la facette nichante des objectifs). La composante de variance de l'effet i dans o s'écrira donc σ^2 (i:o).

Si l'effet considéré est l'interaction de plusieurs facettes, l'indice primaire de la composante de variance comprendra toutes les lettres des indices primaires des composantes en interaction. On trouvera à droite du premier double point la lettre ou les lettres des facettes qui niche(nt) les facettes en interaction. Considérons, par exemple, le plan S x P x (I:O). La composante de variance d'interaction de S avec O est simplement σ^2 (so). Par contre l'interaction de S avec I s'écrit σ^2 (si:o), exprimant que la facette I est nichée dans la facette O.

Dans un plan plus complexe du type (P:C) x (I:S:O) l'interaction de P avec I donnera la composante de variance σ^2 (pi:cs:o) puisque la facette P est nichée dans C, I dans S et S dans O. Tout nichage détermine une relation d'ordre strict entre les facettes, relation qui doit être conservée entre les lettres de l'indice de l'interaction.

3. *REGLES D'IDENTIFICATION DES COMPOSANTES DE VARIANCE*

On peut déterminer l'ensemble des composantes de variance calculables en appliquant les règles suivantes :

1. Ecrire une composante de variance pour chaque facette du plan d'observation (que la facette soit croisée ou nichée), ou en d'autres termes, pour chaque effet principal, ou pour chaque facteur.
2. Ecrire une composante de variance pour toute interaction de 2, 3, etc... facettes, en effectuant toutes les combinaisons possibles et en suivant les règles d'écriture des facettes nichées qui viennent d'être examinées. Il y a $(2^x - x - 1)$ interactions de ce type, si x représente le nombre de facettes distinctes identifiées à l'étape précédente.
3. Supprimer toute composante de variance qui comprendrait une même lettre à gauche et à droite d'un double point.

Nous avons appliqué ces règles aux trois situations et les résultats sont repris dans le tableau 7.3.

Tableau 7.3 : Composantes de variance dans les plans C x R, C x E x P et S x P x (I:O)

Désignation du plan	Règles	
	1	2 et 3
C x R	$\sigma^2(c) + \sigma^2(r)$	$+ \sigma^2(cr)$
C x E x P	$\sigma^2(c)+\sigma^2(e)+\sigma^2(p)$	$+ \sigma^2(ce)+\sigma^2(cp)+\sigma^2(ep)+\sigma^2(cep)$
S x P x (I:O)	$\sigma^2(s)+\sigma^2(p)$ $+ \sigma^2(i{:}o)+\sigma^2(o)$	$+ \sigma^2(sp)+\sigma^2(si{:}o)+\sigma^2(so)$ $+\sigma^2(pi{:}o)+\sigma^2(po)+$~~$\sigma^2(io{:}o)$~~ $+\sigma^2(spi{:}o)+\sigma^2(spo)+$~~$\sigma^2(sio{:}o)$~~ +~~$\sigma^2(pio{:}o)+\sigma^2(spio{:}o)$~~

On peut aussi obtenir le nombre total des composantes de variance et déterminer l'identité des sources de variation en se servant d'un diagramme. La démarche à suivre est présentée ci-après.

4. DERIVATION DES COMPOSANTES DE VARIANCE A PARTIR DU DIAGRAMME

En représentant les relations de croisement et de nichage, on fait apparaître une région pour chaque composante de variance analysable, ce qui permet de vérifier les formules.

On suivra la procédure suivante :

1. Placer le symbole σ^2 d'une composante de variance dans chaque région distincte. Il y a en effet autant de composantes qu'il y a de régions distinctes.
2. Pour chaque facette, identifier la région de l'ovale qui n'est recouverte par aucune autre facette croisée avec elle. Placer la lettre de la facette dans l'indice primaire de la composante.
3. Repérer les régions qui correspondent aux intersections de n facettes croisées : pour chacune de ces régions, mettre en indice primaire de σ^2 les n lettres des facettes en interaction.

4. Faire apparaître les relations de nichage en complétant l'indice total de chaque composante par les lettres des facettes nichantes.

Nous avons inscrit dans toutes les régions de la figure 7.1 les composantes de variance qui conviennent à nos trois situations de départ.

5. *SOURCES DE VARIATION ET COMPOSANTES CONFONDUES*

Le nichage des facettes a nécessairement pour conséquence la confusion de certaines sources de variation. Par exemple, si au lieu du plan croisé C x R, on avait niché R dans C (en demandant à chaque correcteur de corriger une partie des copies seulement, les copies étant alors différentes d'un correcteur à l'autre), les composantes σ^2 (r) et σ^2 (rc) ne seraient plus analysables distinctement, mais confondues dans la composante de l'effet r, qui serait σ^2(r:c).

De même, la composante principale σ^2 (i:o), dans le plan S x R x (I:O), représente la confusion des deux composantes σ^2 (i) et σ^2 (io). Dans le même plan, la composante d'interaction σ^2 (is:o) représente la confusion de σ^2 (is) et σ^2 (iso).

Dans les plans qui comprennent plusieurs effets principaux nichés, la représentation des diverses composantes confondues devient malaisée. Néanmoins, il est souvent utile de connaître ces effets confondus, au moment où l'on choisit un plan d'optimisation. Pour la réalisation de l'analyse de la variance, déjà, la connaissance des effets confondus donne un moyen commode de calcul des sommes de carrés et des degrés de liberté comme on le verra plus loin. C'est pourquoi nous proposerons les règles ci-dessous pour l'explicitation des composantes confondues :

- l'effet principal d'une facette nichée et l'interaction de cette facette nichée avec la facette qui la niche sont toujours confondus. Par exemple, si la facette Items est nichée dans la facette Objectifs, l'effet principal i et l'interaction de i avec o sont confondus.

- s'il existe plusieurs niveaux de nichage, l'effet principal niché est confondu avec toutes les composantes d'interaction possibles avec les facettes nichantes. Pour les expliciter on associera donc la lettre de la facette nichée avec toutes les combinaisons possibles des lettres des facettes nichantes. Par exemple, pour des élèves nichés dans des classes, qui sont nichées dans des bâtiments scolaires, eux-mêmes nichés dans des districts (c'est-à-dire pour E:C:B:D), l'effet principal élèves est confondu avec les interactions de la facette E avec toutes les combinaisons de C, B et D. Ces combinaisons sont au nombre de $2^3 - 1 = 7$ soit, c, b, d, cb, cd, bd, et cbd. Les effets confondus sont donc au nombre de $2^3 = 8$ soit e, ec, eb, ed, ecb, ecd, ebd, ecbd.

Figure 7.1 : Identification des composantes de variance analysables sur le diagramme des trois plans d'observation

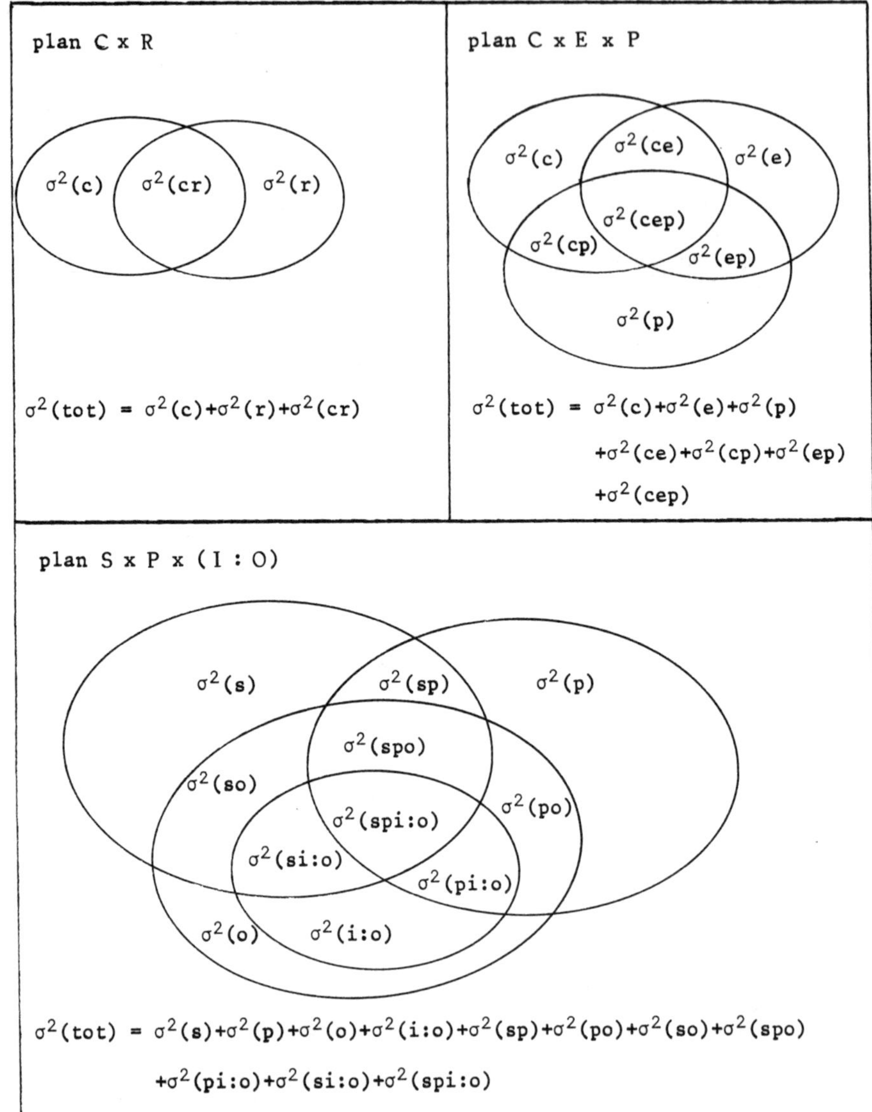

De façon similaire, l'effet principal c est confondu avec cb, cd et cbd, le nombre d'effets confondus étant alors de $2^2 = 4$.

- pour les composantes d'interaction, on écrit en indice primaire la combinaison des indices primaires des facettes en interaction; à cet effet primaire sont associées toutes les combinaisons possibles des lettres des indices supérieurs. Par exemple, pour l'interaction de (i:o) et de (c:b:d), soit ic:ob:d, on devra associer à ic toutes les combinaisons de o, b et d. On aura 2^3 effets confondus ic, ico, icb, icd, icob, icod, icbd, icobd.

En résumé, on détermine les composantes confondues en écrivant toutes les combinaisons de l'indice primaire avec les lettres des indices supérieurs. Ces effets sont au nombre de deux élevé à la puissance "nombre de facettes nichantes dans l'indice total de la composante".

Voici, à titre d'exemple, les composantes confondues dans le plan S x P x (I:O) :

$$\sigma^2(i{:}o) = \sigma^2(i) + \sigma^2(io)$$

$$\sigma^2(is{:}o) = \sigma^2(is) + \sigma^2(iso)$$

$$\sigma^2(ip{:}o) = \sigma^2(ip) + \sigma^2(ipo)$$

$$\sigma^2(isp{:}o) = \sigma^2(isp) + \sigma^2(ispo)$$

Dans le plan complexe (P:C) x (I:S:O), la composante $\sigma^2(i{:}s{:}o)$ confond les composantes $\sigma^2(i)$, $\sigma^2(is)$, $\sigma^2(io)$ et $\sigma^2(ios)$; la composante $\sigma^2(pi{:}sc{:}o)$ représente la confusion de 8 composantes simples (2^3) : $\sigma^2(pi)$, $\sigma^2(pic)$, $\sigma^2(pis)$, $\sigma^2(pio)$, $\sigma^2(pics)$, $\sigma^2(pico)$, $\sigma^2(piso)$ et $\sigma^2(picso)$.

Chapitre 8

LE CALCUL DES CARRES MOYENS

1. TERMINOLOGIE

Le tableau de l'analyse de variance comprend autant de lignes qu'il y a d'effets analysables (et calculables) distinctement dans le plan d'observation. On a vu précédemment comment écrire tous les effets inhérents à un dispositif donné en fonction du nombre de facettes et de leurs relations (de croisement ou de nichage).

Le tableau d'analyse de variance comprend en colonnes, les sommes de carrés, les degrés de liberté et les carrés moyens (sommes de carrés divisées par leurs nombres de degrés de liberté). Nous allons examiner maintenant comment les calculer.

La désignation "sommes de carrés" (abrégée par S.C.) représente la simplification de "sommes de carrés des écarts à la moyenne" des scores observés. Cependant, il est possible de calculer cette somme de carrés des écarts à la moyenne pour un effet observé à partir des sommes de carrés simples des scores observés. On réduit ainsi la complexité des calculs en même temps qu'on évite les erreurs d'arrondi. L'algorithme que nous présentons utilisera uniquement ces sommes de carrés simples.

Avant de l'aborder, nous allons montrer comment la S.C. des écarts à la moyenne pour un effet quelconque se décompose en sommes de carrés simples.

2. EQUATION D'ANALYSE DE LA SOMME DES CARRES DES ECARTS A LA MOYENNE

Prenons la matrice des scores observés de n(p) sujets testés sous n(j) conditions (n(j) items ou n(j) juges); j désigne une colonne particulière et p une ligne particulière. Désignons par X(jP) la moyenne des scores de la colonne j; X(pJ) la moyenne des scores correspondant à la ligne p; X(PJ) la moyenne générale calculée sur toutes les conditions i pour tous les sujets p du groupe.

Tous les paramètres qui vont être calculés maintenant sont obtenus à partir de cette matrice de scores observés. (Nous ne nous plaçons plus dans une position qui suppose connus les scores univers).

$$X_{jP} = \frac{1}{n_p} \Sigma^{n_p} X_{jp} \; ; \quad X_{pJ} = \frac{1}{n_j} \Sigma^{n_j} X_{jp} \; ; \quad X_{PJ} = \frac{1}{n_j n_p} \Sigma^{n_j n_p} X_{jp}$$

Nous pouvons écrire la tautologie suivante :

$$X_{jp} = X_{PJ} + (X_{pJ} - X_{PJ}) + (X_{jP} - X_{PJ}) + (X_{jp} - X_{pJ} - X_{jP} + X_{PJ})$$

et

$$X_{jp} - X_{PJ} = (X_{pJ} - X_{PJ}) + (X_{jP} - X_{PJ}) + (X_{jp} - X_{pJ} - X_{jP} + X_{PJ})$$

Si on élève au carré et si on somme les n(p)n(j) valeurs de (X(jp) - X(PJ))² on a :

$$\Sigma^{n_j n_p} (X_{jp} - X_{PJ})^2 =$$

$$SC_{tot} =$$

$$n_j \Sigma^{n_p} (X_{pJ} - X_{PJ})^2 + n_p \Sigma^{n_j} (X_{jP} - X_{PJ})^2 + \Sigma^{n_p n_j} (X_{jp} - X_{pJ} - X_{jP} + X_{PJ})^2$$

$$SC_p \quad + \quad SC_j \quad + \quad SC_{rés.}$$

Le calcul pratique de ces sommes de carrés peut être facilité par l'emploi de formules transformées. Par exemple, pour le calcul de la somme des carrés totale, on a :

$$\Sigma^{n_j n_p} (X_{jp} - X_{PJ})^2 = \Sigma^{n_j n_p} X^2_{jp} + \Sigma^{n_j n_p} X^2_{PJ} - 2 \Sigma^{n_j n_p} X_{jp} X_{PJ}$$

$$= \Sigma^{n_j n_p} X^2_{jp} + \Sigma^{n_j n_p} X^2_{PJ} - 2 X_{PJ} \Sigma^{n_j n_p} X_{jp}$$

$$= \Sigma^{n_j n_p} X^2_{jp} + N.X^2_{PJ} - 2 X_{PJ} . T$$

(si nous remplaçons $\Sigma^{n_j n_p} X_{jp}$ par T, la somme totale de toutes les observations, et $n_j \, n_p$ par N, le nombre total des observations).

$$= \Sigma X^2_{jp} + T.X_{PJ} - 2T.X_{PJ}$$

$$\Sigma^{n_j n_p} (X_{jp} - X_{PJ})^2 = \Sigma^{n_j n_p} X^2_{jp} - T.X_{PJ} = \Sigma^{n_j n_p} X^2_{jp} - \frac{T^2}{N} \quad (\text{puisque } X_{PJ} = \frac{T}{N})$$

$$= \sum_j \sum_p (X_{jp})^2 - \frac{1}{n_j n_p} (\sum_j \sum_p X_{jp})^2$$

La valeur de $SC_{rés}$ dont le calcul est plus fastidieux s'obtient par :

$$SC_{rés} = SC_{tot} - SC_p - SC_j$$

$$= \Sigma_j \Sigma_p (X_{jp})^2 - \frac{1}{n_p} \Sigma_j (\Sigma_p X_{jp})^2 - \frac{1}{n_j} \Sigma_p (\Sigma_j X_{jp})^2 + \frac{1}{n_j n_p} (\Sigma_j \Sigma_p X_{jp})^2$$

Afin de simplifier encore les procédures de calcul, nous avons adopté une procédure générale inspirée de Millman & Glass (1967). Elle commence par le calcul du nombre de degrés de liberté et se sert des éléments de ce calcul pour obtenir les valeurs des sommes de carrés cherchées.

3. NOMBRES DE DEGRES DE LIBERTE

3.1. Règles de calcul

a) On multiplie les nombres de niveaux des indices primaires de α , chacun diminué de 1, par les nombres de niveaux des indices supérieurs de α .
b) On vérifie que le total des degrés de liberté (d.l.) de toutes les régions du diagramme est égal à N – 1; N est le nombre total d'observations obtenu en multipliant les nombres de niveaux de toutes les facettes du plan d'observation.

3.2. Illustration

Appliquons les 2 règles au calcul des nombres de d.l. dans le plan S x P x (I:O) du 3ème exemple.

d.l. (o) = $(n_o - 1)$
d.l. (s) = $(n_s - 1)$
d.l. (p) = $(n_p - 1)$
} Il n'y a qu'une seule lettre (et une seule facette) dans l'indice primaire et pas d'indice supérieur

d.l. (i:o) = $(n_i - 1)n_o$: une seule lettre dans l'indice primaire et dans l'indice supérieur

d.l. (so) = $(n_s-1)(n_o-1)$
d.l. (sp) = $(n_s-1)(n_p-1)$
d.l. (po) = $(n_p-1)(n_o-1)$
} Il n'y a que deux lettres dans l'indice total et elles se trouvent dans l'indice primaire : on multiplie les nombres de niveaux , chacun étant diminué d'une unité par facette.

d.l.(spo) = $(n_s-1)(n_p-1)(n_o-1)$: 3 facettes dans l'indice **primaire** et dans l'indice total

d.l.(si:o) = $(n_s-1)(n_i-1)n_o$
d.l.(pi:o) = $(n_p-1)(n_i-1)n_o$
} Il y a 2 facettes dans l'indice primaire et 1 seule dans l'indice supérieur: il y a donc 2 facteurs du produit sous forme (n-1) et un sous la forme n.

d.l.(spi:o)= $(n_s-1)(n_p-1)(n_i-1)n_o$: 3 facteurs du types (n−1) car 3 lettres dans l'indice primaire et un seul facteur du type n.

On trouvera au tableau 15.2 les formules pour le calcul des degrés de liberté de chaque source de variation pour le deuxième exemple (plan C x E x P). Pour le premier exemple, on obtient très simplement :

d.l. (c) = $(n_c - 1)$

d.l. (r) = $(n_r - 1)$

d.l. (cr) = $(n_c - 1)(n_r - 1)$

4. SOMMES DES CARRES DES ECARTS A LA MOYENNE : FORMULES ET ILLUSTRATIONS

4.1. Formule de calcul

Nous calculons la somme des carrés des écarts à la moyenne relativement à chaque effet par la formule :

$$S.C.\ (\alpha) = \Sigma_j\ (N_{\alpha j} / N)\ \Sigma_{\alpha j}\ (\Sigma_{\overline{\alpha j}}\ X)^2$$

avec Σ_j : somme sur le nombre de termes présents dans l'expression développée de d.l. (α).

$N_{\alpha j}$ le terme de rang j dans l'expression développée de d.l. (α). Il s'agit d'un nombre. On doit conserver son signe.

$\Sigma_{\alpha j}$ somme sur tous les indices présents dans $N_{\alpha j}$.

$\Sigma_{\overline{\alpha j}}$ somme sur tous les indices absents de $N_{\alpha j}$.

N nombre total d'observations

4.2. Développement de la formule

1. La formule de calcul de la S.C. pour chaque source de variation comprend autant de termes (j) qu'il y en a dans l'expression développée du nombre de d.l. Par exemple, il y aura 4 termes dans S.C. (pi:o) puisqu'il y a 4 termes dans la formule développée de d.l. (pi:o) : $n_p n_i n_o - n_p n_o - n_i n_o + n_o$
2. Pour chaque terme, écrire une série de sommations de X en nombre égal au nombre de facettes du plan d'observation, X étant une observation du plan. Faire précéder cette somme du signe algébrique du terme auquel elle correspond dans la formule développée de d.l. (α). Par exemple, pour le terme $n_p n_o$ dans d.l. (pi:o) on écrira : − Σ Σ Σ Σ X

3. Pour chaque somme précédente, placer entre parenthèses X et les signes de sommation dont la désignation n'apparaît pas dans le terme du développement de d.l. (α) qui lui correspond. Par exemple, i et s n'apparaissent pas dans la désignation du terme n(p)n(o); on les placera dans la parenthèse contenant X. Il s'en suit que p et o apparaîtront dans les sommations qui précèdent la parenthèse $- \Sigma_p \Sigma_o (\Sigma_i \Sigma_s X)$
4. Elever au carré l'expression entre parenthèses et diviser ce carré par le produit des nombres de niveaux des facettes entre parenthèses. (La formule prévoit de multiplier par N (αj) et de diviser par N, opération algébriquement identique). Ainsi, la part de la formule de S.C. (pi:o) qui correspond au terme $- n_p n_o$ vaut
$- \frac{1}{n_i n_s} \Sigma_p \Sigma_o (\Sigma_i \Sigma_s X)^2$ ou après simplification de la formule
$- (\frac{n_p n_o}{N}) \Sigma_p \Sigma_o (\Sigma_i \Sigma_s X)^2$

   S'il n'y a pas de signe de sommation entre parenthèses, on somme une seule valeur et on divise donc par 1.

4.3. Illustrations

(1) Plan C x R

$$S.C.(c) = \frac{1}{n_r} \Sigma_c (\Sigma_r X)^2 - \frac{1}{n_c n_r} (\Sigma_c \Sigma_r X)^2$$

$$S.C.(r) = \frac{1}{n_c} \Sigma_r (\Sigma_c X)^2 - \frac{1}{n_c n_r} (\Sigma_c \Sigma_r X)^2$$

$$S.C.(cr) = \Sigma_c \Sigma_r (X)^2 - \frac{1}{n_r} \Sigma_c (\Sigma_r X)^2 - \frac{1}{n_c} \Sigma_r (\Sigma_c X)^2 + \frac{1}{n_c n_r} (\Sigma_c \Sigma_r X)^2$$

On trouvera au tableau 8.1 les éléments pour le calcul des sommes de carrés relatives à l'exemple des rédactions : soit les carrés de chaque valeur à l'intérieur du tableau, les sommes sur un indice en bout de ligne ou en bas de chaque colonne et les carrés de ces valeurs juste à côté.

Ces éléments, une fois sommés, donnent les quatre termes qui apparaissent dans les formules de calcul des sommes de carrés. Ils sont donnés au tableau 8.2. On les utilise pour calculer ces sommes de carrés elles-mêmes, au tableau 8.3.

L'application des formules de SC simplifie la recherche des équations et évite les longues dérivations algébriques. C'est ce qui apparaît dans les illustrations suivantes qui sont relatives au plan S x P x (I:O).

Tableau 8.1 : Calcul des sommes de carrés pour le premier exemple (C x R) (fait suite au tableau 5.1: chaque case contient le carré de la valeur initiale).

r→ / c↓	1	2	3	4	5	6	7	$(\Sigma_r X)$	$(\Sigma_r X)^2$
1	64	100	156,25	121	156,25	240,25	196	83,5	6.972,25
2	81	121	196	169	169	256	196	90	8.100
3	90,25	72,25	81	90,25	100	196	169	73,5	5.402,25
4	121	169	156,25	182,25	182,25	272,25	225	95	9.025
5	121	100	144	210,25	121	272,25	289	92	8.464
6	36	25	81	72,25	144	64	225	63,5	4.032,25
7	81	64	64	110,25	100	90,25	169	68	4.624
8	100	121	169	196	144	225	225	90	8.100
9	36	64	49	121	196	169	144	71	5.041
10	144	110,25	90,25	156,25	169	182,25	196	85	7.225
11	121	100	90,25	169	110,25	100	210,25	78,5	6.162,25
12	121	25	81	64	100	225	100	68	4.624
13	110,25	64	132,25	100	121	169	196	78	6.084
14	132,25	25	110,25	90,25	81	182,25	196	73	5.329
15	132,25	110,25	156,25	225	169	225	256	93,5	8.742,25
16	100	144	144	81	225	121	225	84	7.056
17	144	144	196	225	256	324	289	104	10.816
18	36	100	144	196	90,25	100	110,25	72	5.184
19	100	49	100	169	196	196	256	84	7.056
20	81	64	81	144	144	144	225	77	5.929
$(\Sigma_c X)$	194	182,5	216,5	236,5	241	269	284	1623,5	133.968,25
$(\Sigma_c X)^2$	37.636	33.306,25	46.872,25	55.932,25	58.081	72.361	80.656	384.844,75	19.862,25

Tableau 8.2 : Calcul des termes des S.C. partielles du plan C x R

1. $\frac{1}{n_r} \Sigma_c(\Sigma_r X)^2 = \frac{1}{7}$ (6.972,25 + 8.100 + ... + 5.929) = $\frac{133.968,25}{7}$
   = 19.138,32

2. $\frac{1}{n_c} \Sigma_r(\Sigma_c X)^2 = \frac{1}{20}$ (37.636 + 33.306,25 + ... + 80.656 = $\frac{384.844,75}{20}$
   = 19.242,23

3. $\Sigma_c \Sigma_r (X)^2$ = (64 + 81 + ... + 256 + 225) = 19.862,25

4. $\frac{1}{n_c n_r} (\Sigma_c \Sigma_r X)^2 = \frac{(1.623,5)^2}{140}$ = 18.826,801

Tableau 8.3 : Calcul des S.C. du plan C x R

1. $S.C_c$ = 19.138,32 - 18.826,8017 = 311,5183

2. $S.C_r$ = 19.242,23 - 18.826,8017 = 415,4283

3. $S.C_{cr}$ = 19.862,25 - 19.242,23 - 19.138,32 + 18.826,8017 = 308,5017

4. $S.C_{tot}$ = 19.862,25 - 18.826,8017 = 1.035,4483

(2) Calcul de SC(sp)

Il y a 4 termes dans l'expression développée de d.l.(sp): $(n_s-1)(n_p-1) = n_s n_p - n_s - n_p + 1$

Il y aura donc 4 termes dans l'expression développée de SC(sp) :

$$\frac{1}{n_i n_o} \Sigma_{sp}(\Sigma_{io}X)^2 - \frac{1}{n_i n_p n_o} \Sigma_s(\Sigma_{pio}X)^2 - \frac{1}{n_i n_o n_s} \Sigma_p(\Sigma_{ios}X)^2$$

$$+ \frac{1}{n_i n_s n_p n_o}(\Sigma_{ispo}X)^2$$

(3) Calcul de SC(isp:o)

Il y a 8 termes dans l'expression développée de d.l. (isp:o) :

$$(n_i-1)(n_s-1)(n_p-1)n_o = n_i n_s n_p n_o - n_s n_p n_o - n_i n_s n_o - n_i n_p n_o$$
$$+ n_i n_o + n_s n_o + n_p n_o - n_o$$

Il y aura donc 8 termes dans SC(isp:o) :

$$\Sigma_{ispo}X^2 - \frac{1}{n_i} \Sigma_{spo}(\Sigma_i X)^2 - \frac{1}{n_p} \Sigma_{iso}(\Sigma_p X)^2 - \frac{1}{n_s} \Sigma_{ipo}(\Sigma_s X)^2$$

$$+ \frac{1}{n_p n_s} \Sigma_{io}(\Sigma_{ps}X)^2 + \frac{1}{n_i n_p} \Sigma_{so}(\Sigma_{ip}X)^2 + \frac{1}{n_i n_s} \Sigma_{po}(\Sigma_{is}X)^2$$

$$- \frac{1}{n_i n_s n_p} \Sigma_o(\Sigma_{isp}X)^2$$

On pourra trouver au tableau 8.4 l'ensemble des formules permettant de calculer les sommes de carrés pour chaque source de variation du troisième exemple.

4.4. Contrôle graphique

(1) Règles

On peut vérifier la formule de calcul de chaque SC à l'aide des trois règles suivantes :

Règle 1 : ne pas tenir compte du terme de correction pour la moyenne générale, lorsqu'il apparaît dans une formule de calcul de sommes de carrés.

Règle 2 : pour chacun des autres termes, soustraire de la réunion des facettes (ovales) de la première sommation, les régions qui appartiennent à la réunion des facettes (ou ovales) de la seconde sommation. Identifier les régions restantes.

Tableau 8.4 : Formules pour le calcul des sommes de carrés du plan S x P x (I:O)

Sources de variation	Sommes de carrés des écarts
s	$\frac{1}{n_i n_o n_p} \Sigma_s(\Sigma_{iop} X)^2 - \frac{1}{n_s n_p n_i n_o} (\Sigma_{spio} X)^2$
p	$\frac{1}{n_i n_o n_s} \Sigma_p(\Sigma_{ios} X)^2 - \frac{1}{n_s n_p n_i n_o} (\Sigma_{spio} X)^2$
o	$\frac{1}{n_i n_s n_p} \Sigma_o(\Sigma_{isp} X)^2 - \frac{1}{n_s n_p n_i n_o} (\Sigma_{spio} X)^2$
i:o	$\frac{1}{n_s n_p} \Sigma_{io}(\Sigma_{sp} X)^2 - \frac{1}{n_i n_s n_p} \Sigma_o(\Sigma_{isp} X)^2$
sp	$\frac{1}{n_i n_o} \Sigma_{sp}(\Sigma_{io} X)^2 - \frac{1}{n_i n_o n_p} \Sigma_s(\Sigma_{iop} X)^2 - \frac{1}{n_i n_o n_s} \Sigma_p(\Sigma_{ios} X)^2 + \frac{1}{n_i n_s n_p n_o} (\Sigma_{ispo} X)^2$
so	$\frac{1}{n_i n_p} \Sigma_{so}(\Sigma_{ip} X)^2 - \frac{1}{n_i n_o n_p} \Sigma_s(\Sigma_{iop} X)^2 - \frac{1}{n_i n_s n_p} \Sigma_o(\Sigma_{isp} X)^2 + \frac{1}{n_i n_s n_p n_o} (\Sigma_{ispo} X)^2$
po	$\frac{1}{n_i n_s} \Sigma_{po}(\Sigma_{is} X)^2 - \frac{1}{n_i n_s n_o} \Sigma_p(\Sigma_{iso} X)^2 - \frac{1}{n_s n_p n_i} \Sigma_o(\Sigma_{isp} X)^2 + \frac{1}{n_i n_s n_p n_o} (\Sigma_{ispo} X)^2$
pi:o	$\frac{1}{n_s} \Sigma_{pio}(\Sigma_s X)^2 - \frac{1}{n_s n_p} \Sigma_{io}(\Sigma_{sp} X)^2 - \frac{1}{n_i n_s} \Sigma_{po}(\Sigma_{is} X)^2 + \frac{1}{n_i n_s n_p} \Sigma_o(\Sigma_{isp} X)^2$
spo	$\frac{1}{n_i} \Sigma_{spo}(\Sigma_i X)^2 - \frac{1}{n_i n_o} \Sigma_{sp}(\Sigma_{io} X)^2 - \frac{1}{n_i n_s} \Sigma_{po}(\Sigma_{is} X)^2 - \frac{1}{n_i n_p} \Sigma_{so}(\Sigma_{ip} X)^2$ $+ \frac{1}{n_i n_o n_p} \Sigma_s(\Sigma_{iop} X)^2 + \frac{1}{n_i n_o n_s} \Sigma_p(\Sigma_{ios} X)^2 + \frac{1}{n_i n_s n_p} \Sigma_o(\Sigma_{isp} X)^2 - \frac{1}{n_i n_s n_p n_o} (\Sigma_{ispo} X)^2$
si:o	$\frac{1}{n_p} \Sigma_{sio}(\Sigma_p X)^2 - \frac{1}{n_i n_p} \Sigma_{so}(\Sigma_{ip} X)^2 - \frac{1}{n_s n_p} \Sigma_{io}(\Sigma_{sp} X)^2 - \frac{1}{n_i n_s n_p} \Sigma_o(\Sigma_{isp} X)^2$
psi:o	$\Sigma_{ispo} X^2 - \frac{1}{n_p} \Sigma_{sio}(\Sigma_p X)^2 - \frac{1}{n_i} \Sigma_{spo}(\Sigma_i X)^2 - \frac{1}{n_s} \Sigma_{pio}(\Sigma_s X)^2 + \frac{1}{n_i n_s} \Sigma_{po}(\Sigma_{is} X)^2$ $+ \frac{1}{n_i n_p} \Sigma_{so}(\Sigma_{ip} X)^2 + \frac{1}{n_s n_p} \Sigma_{io}(\Sigma_{sp} X)^2 - \frac{1}{n_i n_s n_p} \Sigma_o(\Sigma_{isp} X)^2$
tot	$\Sigma_{ispo} X^2 - \frac{1}{n_i n_s n_p n_o} (\Sigma_{ispo} X)^2$

La figure 8.1, partie a, résume les règles permettant d'écrire les formules appropriées à chaque plan d'observation.

Règle 3 : additionner et soustraire les régions correspondant à chaque terme : on obtient la région du diagramme dont la désignation correspond à α.

(2) Exemples : calcul de SC(sp) dans le plan S x P x (I:O)

Application de la règle 1 :

Le terme de correction pour la moyenne générale est en l'occurrence

$$+\frac{1}{n_i n_s n_p n_o}(\Sigma_{ispo}X)^2$$

Application de la règle 2 :

1er terme : $\frac{1}{n_i n_o}\Sigma_{sp}(\Sigma_{io}X)^2$

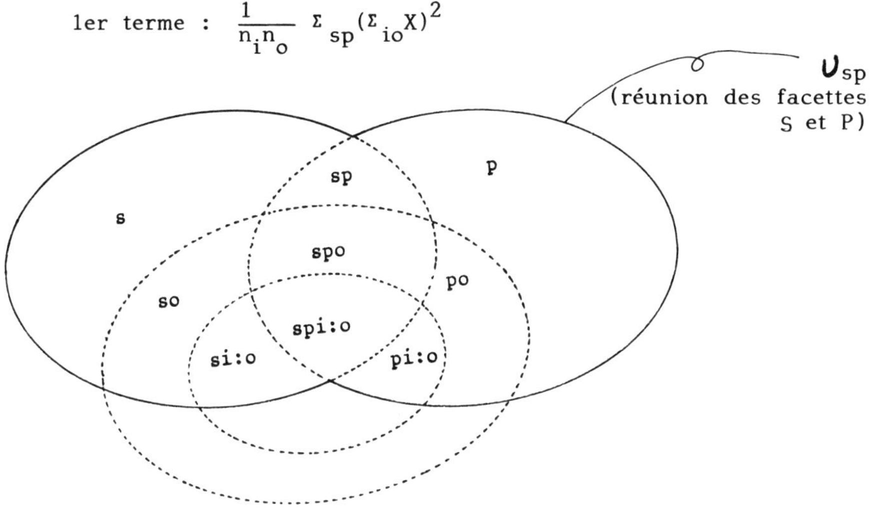

moins

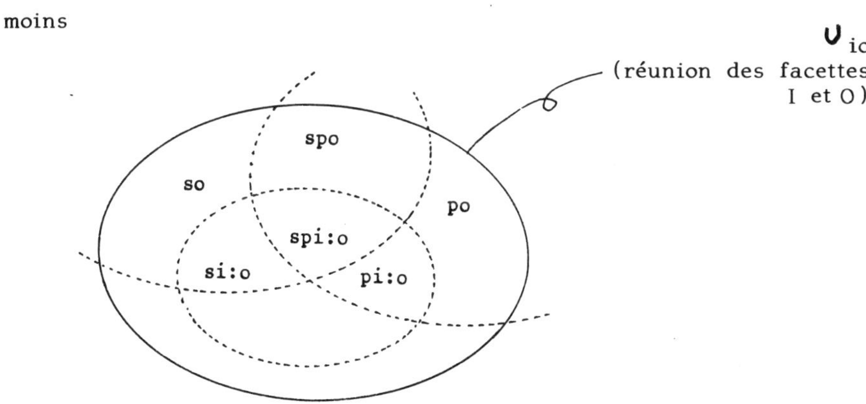

régions restantes : s + sp + p

2ème terme : $$- \frac{1}{n_p n_i n_o} \Sigma_s (\Sigma_{pio} X)^2$$

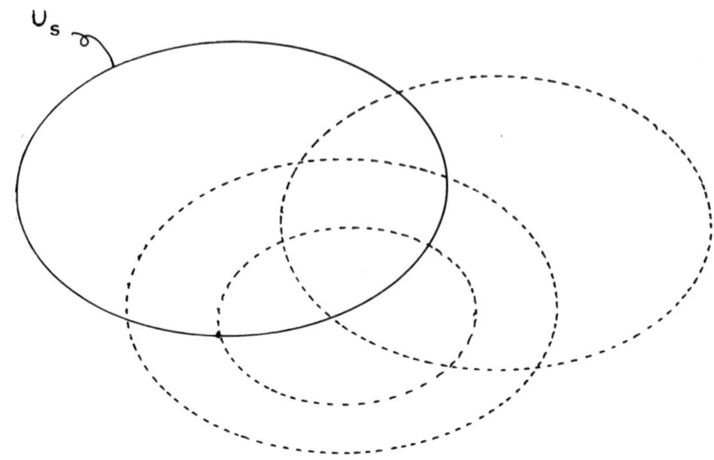

moins

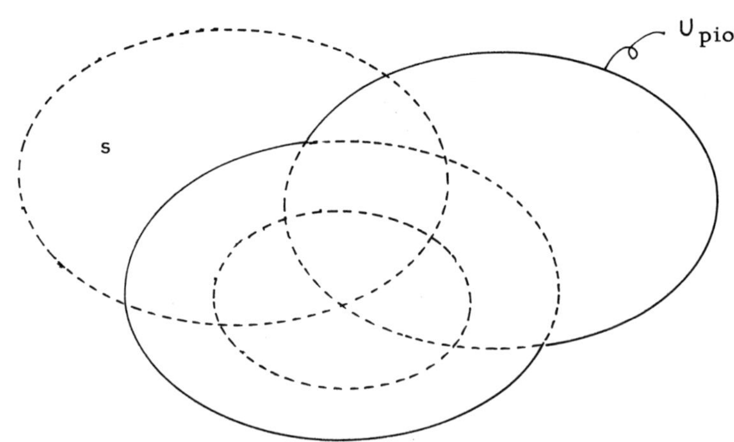

plage restante : s

3ème terme : $-\frac{1}{n_s n_i n_o} \Sigma_p (\Sigma_{sio} X)^2$

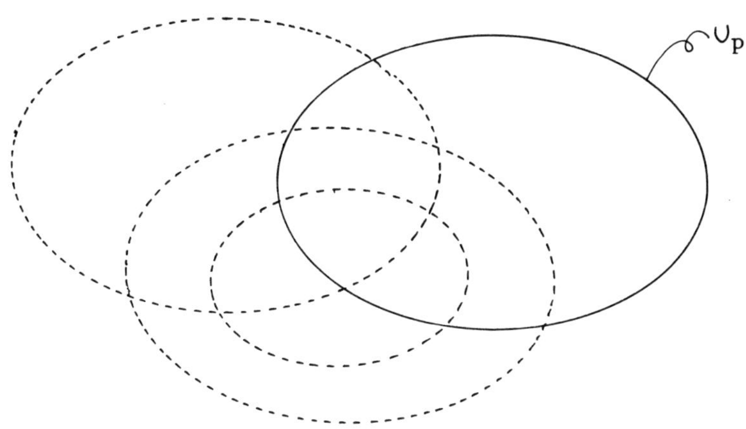

moins

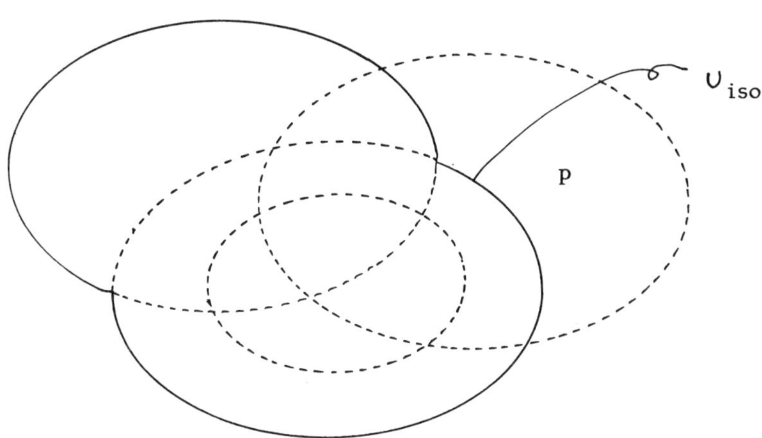

région restante : p

Application de la règle 3

s + sp + p	− s	− p	= sp
résultat de l'opération sur le 1er terme	région soustraite au 2ème terme	région soustraite au 3ème terme	région résultante : c'est bien la désignation de la SC recherchée, ce qui vérifie les formules.

Ces diverses règles sont rappelées à la figure 8.1, partie **b**, qui traite le cas de la troisième situation-exemple, celle des stagiaires.

5. *TABLEAUX D'ANALYSE DE LA VARIANCE*

Il est habituel de présenter sous forme de tableau l'ensemble des résultats de la première phase : sources de variation analysables, sommes des carrés des écarts à la moyenne dues à chacune et degrés de liberté. Les carrés moyens s'obtiennent facilement à partir des sommes de carrés et des degrés de liberté, par simple division des valeurs correspondantes de chaque ligne. La disposition du tableau prend généralement la forme indiquée au tableau 8.5.

C'est généralement à partir des carrés moyens que l'on effectue les tests de signification F. Pourtant si le but de l'étude est d'effectuer un contrôle de la généralisabilité des mesures, l'estimation de la probabilité du rapport F est de peu d'intérêt. Il faut plutôt comparer l'importance des composantes de variance correspondant à la mesure véritable et à l'erreur. Nous examinerons au chapitre suivant comment calculer des composantes de variance.

Tableau 8.5 : Forme habituelle d'un tableau d'analyse de la variance

Sources de variation	Sommes de carrés	Degrés de liberté	Carrés moyens
Total			X

6. CAS PARTICULIERS DES PLANS ENTIEREMENT CROISES ET PLANS ASSIMILES

Les plans factoriels à n facteurs croisés offrent de gros avantages pour l'analyse de la variance. Tout d'abord, ils permettent de mesurer séparément l'effet de chaque facteur et de chaque interaction entre facteurs. De plus, les formules qui s'y rapportent sont entièrement symétriques : il suffit de permuter les indices pour passer d'un facteur à un autre. C'est la raison pour laquelle des programmes d'ordinateurs ont pu être rédigés facilement pour ce genre de plan, alors qu'il n'en existe pas pour la multiplicité des autres types de plans possibles (hormis le modèle linéaire général, d'utilisation délicate). Chaque fois que les données à analyser sont organisées de façon entièrement croisée, on peut donc dire que les problèmes de calcul sont résolus.

Les personnes qui doivent effectuer une analyse de la variance se trouvent rarement en mesure d'organiser leurs données selon un tel plan. Par contre, elles peuvent souvent les traiter comme si elles étaient entièrement croisées. L'exemple d'un plan d'analyse de variance simple illustrera la procédure.

Prenons le dispositif E:A obtenu par exemple lorsqu'on compare les performances à une même tâche d'élèves (facette E) de différents âges (facette A). On répartit normalement la somme des carrés totale entre deux sources de variation, celle de l'âge (somme des carrés intergroupes) et celle des élèves à l'intérieur d'un même âge (somme des carrés intragroupes). On peut tout aussi bien, (à condition que les nombres d'observations soient les mêmes pour chaque âge, ce que nous avons supposé) faire comme si nous utilisions un plan entièrement croisé. L'ordinateur fournira alors les sommes de carrés et les degrés de liberté pour l'effet âges, l'effet élèves, et l'interaction âges-élèves. L'effet âges sera correct, mais l'effet élèves aura été calculé selon l'hypothèse fausse que les élèves sont appareillés à travers les âges. Cependant, si on additionne les sommes de carrés entre élèves et interaction âges-élèves, on retrouve la somme de carrés intragroupe de l'analyse de la variance simple. Ceci découle immédiatement du théorème d'analyse de la somme des carrés totale. L'additivité des degrés de liberté explique aussi pourquoi la somme des degrés de liberté pour les élèves et pour l'interaction âges-élèves redonne le nombre de degrés de liberté intragroupe.

On voit donc que chaque fois qu'un plan d'observation peut être assimilé à un plan factoriel croisé, il est relativement facile de regrouper après coup les sommes de carrés et les degrés de liberté, pour reconstituer les "confusions" qui découlent de l'existence de facettes nichées. Il suffit d'expliciter, selon les règles données plus haut (au chapitre 7, point 5), les sources de variation confondues et d'additionner toutes les

FIG. 8.1. : LA PREMIERE PHASE D'UNE ETUDE "G" : LE CHOIX D'UN PLAN D'OBSERVATION A) CALCUL DES CARRES MOYENS

Informations sur les facettes	Plan	Résultats des calculs	Symbole		Etapes de réalisation des calculs
Identification - choix des facettes - relations entre les facettes: croisement, nichage, confusion - nombre de niveaux observés(par facette) *Précise l'ensemble des données observées*	Plan d'observation	carrés moyens	$\sigma^2(X)$ $= \Sigma\sigma^2(\alpha)$	1.	Variance totale : Ecrire (comme sous b) un terme pour chaque facteur et chaque combinaison de 2, 3, etc. facteurs. Conserver dans la combinaison la position des indices par rapport aux ":". Supprimer les combinaisons avec le même indice à gauche et à droite de ":". Exemple de la dernière colonne de la partie b de cette figure: $\sigma^2_{(s)} + \sigma^2_{(p)} + \sigma^2_{(o)} + \sigma^2_{(i:o)} + \sigma^2_{(sp)} + \sigma^2_{(so)} + \sigma^2_{(si:o)} + \sigma^2_{(po)} + \sigma^2_{(pi:o)} + \sigma^2_{(oi:o)}$ $+ \sigma^2_{(spo)} + \sigma^2_{(spi:o)} + \sigma^2_{(soi:o)} + \sigma^2_{(poi:o)} + \sigma^2_{(spoi:o)} = \sigma^2(X)$
			d.l.(α)	1a.	Nombre de degrés de liberté : Multiplier les nombres de niveaux des indices primaires de α, chacun diminué de 1, par les nombres de niveaux des indices supérieurs de α. Ex.: $d.l.(pi:o) = (n_p-1) \cdot (n_i-1) \cdot n_o$
			SC(α)	1b.	Somme des carrés (des écarts à la moyenne): Appeler : - $N_{\alpha j}$ le jième terme (avec son signe) de l'expression développée de d.l.(α) et $N_{\overline{\alpha j}} = N_{\alpha j} / N$ - $\Sigma_{\alpha j}$: somme sur tous les indices présents dans $N_{\alpha j}$ - $\Sigma_{\overline{\alpha j}}$: somme sur tous les indices absents de $N_{\alpha j}$ Alors : $SC(\alpha) = \sum_j N_{\overline{\alpha j}} \; \Sigma_{\alpha j} \; (\Sigma_{\overline{\alpha j}} X)^2$ Ex. : $d.l.(pi:o) = n_p n_i n_o - n_p n_o - n_i n_o + n_o$ $SC(pi:o) = (1/n_s) \overset{pio}{\Sigma} \; (\overset{s}{\Sigma} X)^2 - (1/n_i n_s) \overset{po}{\Sigma} \; (\overset{is}{\Sigma} X)^2$ $- (1/n_p n_s) \overset{io}{\Sigma} \; (\overset{ps}{\Sigma} X)^2 + (1/n_p n_i n_s) \overset{o}{\Sigma} \; (\overset{pis}{\Sigma} X)^2$
			CM(α)	2.	Carrés moyens : Diviser chaque somme de carrés par le nombre de degrés de liberté correspondant

B) Utilisation des diagrammes de Cronbach

Symbole	Contrôle des formules	Exemple: Tous les Ns stagiaires <u>s</u> sont examinés par np professeurs <u>p</u>, tirés au hasard parmi Np, sur les No objectifs fixés <u>o</u>, au moyen des ni items <u>i</u>, tirés au hasard pour chaque objectif.
α	L'indice total d'une composante de variance est noté comme suit : {indice primaire} : {indice secondaire} : {indice tertiaire} : ...etc. Ex. Composante "élèves nichés dans classes nichées dans bâtiments" : σ^2 (e:c:b) - En représentant les relations de croisement et de nichage, on fait apparaître une région pour chaque composante de variance analysable, ce qui permet de vérifier la formule de gauche.	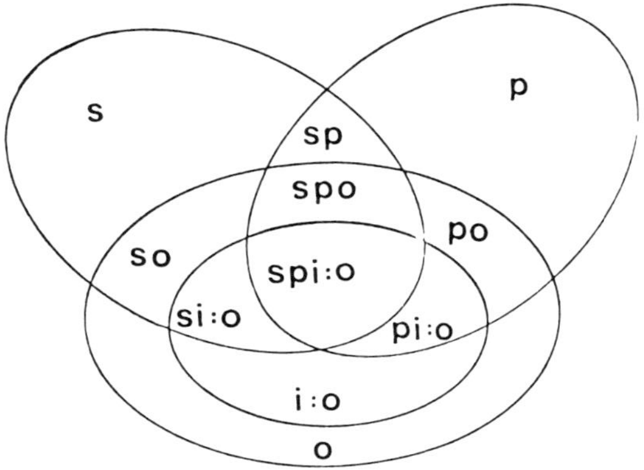
d.l.(α)	- Le total des d.l. de toutes les régions est égal à N - 1. N est le nombre total d'observations, obtenu en faisant le produit des nombres de niveaux de toutes les facettes du plan d'observation.	
SC(α)	On peut vérifier graphiquement la formule de la partie a : - Pour chacun de ses termes retirer de la réunion des facettes de la première sommation, l'intersection avec la réunion des facettes de la deuxième sommation. - Additionner et soustraire les régions correspondant à chaque terme : on obtient la région du diagramme dont la désignation correspond à α. - Noter que le terme de correction pour la moyenne générale n'a pas de région.	
CM(α)	Noter l'isomorphisme entre ellipse et CM d'un effet principal, intersection d'ellipses et CM d'interaction, région élémentaire et composante de variance aléatoire.	

sommes de carrés correspondant à des composantes confondues, puis de faire de même pour les degrés de liberté, ce qui permet alors de calculer une valeur correcte pour le carré moyen.

A titre d'illustration, nous traiterons de cette façon un cas entièrement niché. Une épreuve de mathématique est passée dans cinq districts et dans quatre classes par district. Dans chaque classe on choisit deux élèves avancés et deux élèves retardés. On a donc un plan à 4 facettes Elèves : Ages : Classes : Districts. L'ordinateur traitant ces facettes comme croisées fournit les résultats qui apparaissent au tableau 8.6.

Tableau 8.6 : Analyse de variance pour un plan niché assimilé à un plan entièrement croisé.

Sources de variation	Degrés de liberté	Sommes des carrés
1. Elèves	1	17,761
2. Ages	1	10,217
3. Classes	3	53,445
4. Districts	4	116,241
5. Elèves x Ages	1	7,768
6. Elèves x Classes	3	13,744
7. Elèves x Districts	4	48,978
8. Ages x Classes	3	8,272
9. Ages x Districts	4	41,005
10. Classes x Districts	12	228,942
11. E X A X C	3	37,146
12. E X A X D	4	27,503
13. E x C x D	12	182,944
14. A x C x D	12	145,780
15. E x A x C x D	12	116,027
	79	1.055,773

Les règles données au chapitre 7 (point 5) commandent de regrouper

- E, EA, EC, ED, EAC, EAD, ECD, EACD
- A, AC, AD, ACD
- C, CD
- D

On obtient alors le tableau d'analyse de la variance correct du tableau 8.7.

Tableau 8.7 : Résultats de l'analyse de la variance après regroupement des sources de variation confondues

Sources de variation	Sommes de carrés	Degrés de liberté	Carrés moyens
Elèves	40	451,871	11,296
Ages	20	205,274	10,263
Classes	15	282,387	18,825
Districts	4	116,241	29,06
	79	1.055,773	

Ce sont ces mêmes résultats que l'on obtiendrait en suivant les règles plus générales du début de ce chapitre, qui tiennent compte des relations de nichage dès le début des calculs.

Chapitre 9

LES COMPOSANTES DE VARIANCE POUR LES MODÈLES ALÉATOIRES

1. *DEFINITIONS ET NOTATIONS*

Dans la théorie de la généralisabilité, on suppose déjà effectuée l'estimation des composantes de variance, c'est-à-dire des variances dues spécifiquement aux différents effets introduits dans le plan d'observation, après soustraction de l'effet des fluctuations aléatoires dues à l'échantillonnage des autres facettes. Il s'agit des variances que l'on obtiendrait pour les différents effets testés, si l'on disposait de toutes les observations possibles (les données admissibles des univers de généralisation et des populations de différenciation).

La composante de variance associée à α est donc, par définition, la variance de la partie de chaque score observé qui est spécifiquement due à α.

Prenons, par exemple, la première situation et le plan d'observation C x R. Tout score attribué par un correcteur à une copie peut être décomposé en autant de termes qu'il y a de paramètres distincts dans le plan :

$$X_{cr} = \mu + \tilde{\mu}_c + \tilde{\mu}_r + \tilde{\mu}_{cr} + e$$

où μ est la moyenne générale dans la population et dans l'univers étudié

$\tilde{\mu}_c$ est l'effet associé à un correcteur c dans ces conditions

$\tilde{\mu}_r$ est l'effet dû à une copie r

$\tilde{\mu}_{cr}$ est l'effet dû à l'interaction du correcteur c et de la copie r

e est l'effet de la multitude de facettes non prises en compte dans le plan d'observation, mais qui affectent néanmoins chaque résultat "de manière aléatoire".

La variance de la composante c (c'est-à-dire la variance de $\tilde{\mu}(c)$) est notée $\sigma^2(\tilde{\mu}(c))$ ou, pour simplifier, $\sigma^2(c)$. C'est la variance des effets dus au correcteur, sur toutes les copies possibles et pour tous les correcteurs possibles.

De même, $\sigma^2(r)$ est la variance des effets $\tilde{\mu}(r)$ et $\sigma^2(rc)$, la variance des composants d'interaction $\tilde{\mu}(rc)$. La composante de variance aléatoire $\sigma^2(e)$ est toujours confondue avec la composante de variance qui contient en indice toutes les facettes du plan, (ou composante d'interaction de l'ordre le plus élevé), lorsque le plan ne prévoit pas de répétition des observations. C'est la raison pour laquelle il n'est pas nécessaire d'indiquer explicitement la confusion de cette source de variance et de l'interaction d'ordre le plus élevé.

L'ensemble des X(cr), (notes accordées à chaque copie par chaque correcteur dans le plan C x R, pour toutes les N(c) copies admissibles et tous les N(r) correcteurs admissibles), a une variance totale égale à :

$$\sigma^2(X_{cr}) = \sum_{c=1}^{c=N_c} \sum_{r=1}^{r=N_r} (X_{cr} - \mu)^2 / N_c . N_r$$

$$= \sigma^2(c) + \sigma^2(r) + \sigma^2(cr,e)$$

Chacune des trois composantes de variance de droite représente la part de la variance totale qui est attribuable uniquement à l'effet correspondant.

Cette équation, vraie au niveau du modèle théorique, où toutes les valeurs possibles de X(cr) sont prises en compte, n'est plus valable au niveau des échantillons. Le choix aléatoire de certains niveaux de C et de certains niveaux de R conduit à une erreur dans le calcul des moyennes et, par voie de conséquence, dans le calcul des variances dues à chaque effet. Il n'est plus possible de connaître ces paramètres ; on peut seulement les estimer, en utilisant des algorithmes que nous examinerons ci-dessous.

Les statisticiens ne connaissent que leur modèle théorique. Ils en déduisent toutes les conséquences mathématiques avant de le confronter aux données observées. Ils ont pu ainsi déterminer a priori l'effet que peuvent avoir les fluctuations d'échantillonnage sur l'estimation des carrés moyens. Ils aboutissent à des formules exprimant ce qu'on appelle les carrés moyens attendus (CMA) en termes de composantes de variance théoriques. Nous examinerons d'abord ces formules. Il est clair que nous pourrons ensuite, en égalisant carrés moyens observés et carrés moyens attendus, transformer ces égalités pour estimer les composantes de variance du modèle théorique.

Les équations des CMA sont différentes selon les hypothèses que l'on fait sur la nature de l'échantillonnage de chaque facette : tirage exhaustif ou tirage aléatoire, et dans ce dernier cas, population finie ou infinie. Les algorithmes permettant de traiter tous ces cas sont naturellement complexes. Nous avons jugé préférable de diviser la difficulté en procédant en deux étapes. Nous proposons de toujours commencer par le calcul des composantes de variance selon le modèle entièrement aléatoire. A partir des valeurs ainsi obtenues il est relativement facile de calculer les composantes de variance adaptées au plan d'estimation choisi. (Ce sont ces dernières qui sont utilisées dans les algorithmes que nous proposons pour les études de généralisabilité). Nous examinerons donc plus loin le calcul des composantes de variance selon le modèle mixte.

De nombreux auteurs ont proposé des procédures qui permettent d'exprimer les CMA en termes de composantes de variance (Cornfield & Tukey, 1956; Millman & Glass, 1967 ; Kirk, 1968 ; Endler, 1966 ; Cronbach & al., 1972 ; Brennan, 1982). Grâce à ces algorithmes, que nous allons présenter maintenant, il est possible de dériver pour chaque effet, d'abord une équation exprimant le CMA en termes de composantes de variance aléatoires, et ensuite une équation exprimant chaque composante aléatoire en termes de CMA. On vérifiera les deux types de formules à l'aide des diagrammes.

2. *EXPRESSION DES CMA EN TERMES DE COMPOSANTES DE VARIANCE DU MODELE ALEATOIRE*

De façon générale, le CMA associé à la composante β , dans le modèle à effets entièrement aléatoires, est :

$$CMA_{\beta} = \Sigma_{\alpha} \; f(\alpha) \; . \; \sigma^2(\alpha)$$

avec α = tout indice qui contient au moins toutes les facettes qui figurent dans l'indice β

$f(\alpha)$ = produit des niveaux des facettes du plan complémentaires à α. $f(\alpha) = 1$ si α comprend toutes les facettes

$\sigma^2(\alpha)$ = la composante de variance aléatoire pour α.

Considérons, par exemple, la composante p dans le dispositif S x P x (I:O). Les composantes de variance qui comprennent p dans leur indice sont $\sigma^2(p)$, $\sigma^2(ps)$, $\sigma^2(po)$, $\sigma^2(pso)$, $\sigma^2(ip{:}o)$, $\sigma^2(ips{:}o)$. La formule de calcul des $f(\alpha)$ donne les résultats suivants : $f(p) = n_i n_s n_o$; $f(ps) = n_i n_o$; $f(ip{:}o) = n_s$; $f(ips{:}o) = 1$; $f(po) = n_i$.

De ce fait, CMA(p) =

$$\sigma^2(ips{:}o) + n_s\,\sigma^2(ip{:}o) + n_i\,\sigma^2(pso) + n_s n_i\,\sigma^2(po) + n_i n_o\,\sigma^2(ps) + n_i n_o n_s\,\sigma^2(p)$$

Toutes les autres équations exprimant les CMA en termes de composantes de variance du modèle aléatoire pour cet exemple sont présentées au tableau 9.1.

Tableau 9.1 : Equations des CMA en termes de composantes de variance du modèle aléatoire, dans le dispositif S x P x (I:O)

$$CMA_s = n_i n_o n_p \sigma^2_s + n_i n_o \sigma^2_{sp} + n_i n_p \sigma^2_{so} + n_i \sigma^2_{spo} + n_p \sigma^2_{si:o} + \sigma^2_{psi:o}$$

$$CMA_p = n_i n_o n_s \sigma^2_p + n_i n_o \sigma^2_{sp} + n_i n_s \sigma^2_{po} + n_s \sigma^2_{pi:o} + n_i \sigma^2_{spo} + \sigma^2_{psi:o}$$

$$CMA_o = n_i n_p n_s \sigma^2_o + n_p n_s \sigma^2_{i:o} + n_i n_p \sigma^2_{so} + n_i n_s \sigma^2_{po} + n_s \sigma^2_{pi:o} + n_i \sigma^2_{spo} + n_p \sigma^2_{si:o} + \sigma^2_{psio}$$

$$CMA_{i:o} = n_p n_s \sigma^2_{i:o} + n_s \sigma^2_{pi:o} + n_p \sigma^2_{si:o} + \sigma^2_{psi:o}$$

$$CMA_{sp} = n_i n_o \sigma^2_{sp} + n_i \sigma^2_{spo} + \sigma^2_{psi:o}$$

$$CMA_{so} = n_i n_p \sigma^2_{so} + n_i \sigma^2_{spo} + n_p \sigma^2_{si:o} + \sigma^2_{psi:o}$$

$$CMA_{po} = n_i n_s \sigma^2_{po} + n_s \sigma^2_{pi:o} + n_i \sigma^2_{spo} + \sigma^2_{psi:o}$$

$$CMA_{pi:o} = n_s \sigma^2_{pi:o} + \sigma^2_{psi:o}$$

$$CMA_{spo} = n_i \sigma^2_{spo} + \sigma^2_{psi:o}$$

$$CMA_{si:o} = n_p \sigma^2_{si:o} + \sigma^2_{psi:o}$$

$$CMA_{psi:o} = \sigma^2_{psi:o}$$

On peut aussi contrôler les équations de CMA par l'algorithme suivant :

1. écrire toutes les composantes de variance analysables; les porter en colonnes dans un tableau à double entrée ;
2. écrire en lignes du tableau, les CMA correspondant à chaque effet analysable. On obtient une matrice carrée ;
3. repérer dans chaque ligne les cases des composantes de variance qui possèdent dans leur indice total toutes les lettres qui caractérisent le CMA ;
4. écrire dans chaque case repérée un coefficient qui est le produit des niveaux pour les facettes non reprises dans l'indice total de la composante de variance. Ce coefficient vaut 1 quand la composante contient en indice toutes les facettes. Vérifier que les coefficients sont identiques dans les cases qui sont comprises dans la même colonne ;

5. écrire l'équation du CMA en sommant les composantes de variance encadrées et multiplier chaque composante retenue par le coefficient inscrit dans sa case.

La matrice finale de l'algorithme est reproduite au tableau 9.2 pour le plan P x S x (I:O).

Tableau 9.2 : Matrice carrée des CMA pour le plan P x S x (I:O) exprimés en termes de composantes de variance aléatoires

CMA \ σ^2	s	p	o	i:o	sp	so	po	pi:o	spo	si:o	psi:o
s	$n_i n_o n_p$				$n_i n_o$	$n_i n_p$			n_i	n_p	1
p		$n_i n_o n_s$			$n_i n_o$		$n_i n_s$	n_s	n_i		1
o			$n_i n_p n_s$	$n_p n_s$		$n_i n_p$	$n_i n_s$	n_s	n_i	n_p	1
i:o				$n_p n_s$				n_s		n_p	1
sp					$n_i n_o$				n_i		1
so						$n_i n_p$			n_i	n_p	1
po							$n_i n_s$	n_s	n_i		1
pi:o								n_s			1
spo									n_i		1
si:o										n_p	1
psi:o											1

Les formules qu'on vient de voir, qui expriment les carrés moyens attendus en termes de composantes de variance aléatoires, sont surtout utiles pour déterminer quel dénominateur utiliser pour les tests de F, dans des plans entièrements aléatoires.

On comprend intuitivement que pour tester la signification d'une composante de variance $\sigma^2(\alpha)$ on calcule le rapport F de Snedecor en mettant au numérateur un carré moyen dont la valeur attendue contient entre autres $\sigma^2(\alpha)$ et au dénominateur un autre carré moyen indépendant, qui comprend exactement les mêmes composantes de variance, avec les mêmes coefficients, mais sans $\sigma^2(\alpha)$. Selon l'hypothèse nulle $\sigma^2(\alpha)$ est égal à zéro. Dans ce cas F doit valoir 1, aux fluctuations aléatoires près. Si le rapport des deux CM observés est sensiblement supérieur à 1, on peut admettre au contraire que l'effet α en est la cause. On conclut à un effet significatif.

On peut identifier le carré moyen qui sert de dénominateur dans le rapport F Snedecor en examinant l'équation des CMA exprimés en termes de composantes aléatoires (dans le cas, bien sûr, où le modèle entièrement aléatoire est approprié au problème étudié). La matrice du tableau 9.2 va nous servir d'exemple : on peut tester la signification de quatre composantes de variance : $\sigma^2(sp)$, $\sigma^2(si{:}o)$, $\sigma^2(pi{:}o)$ et $\sigma^2(spo)$. En effet le CM(si:o) comprend au numérateur le même terme $\hat{\sigma}^2(psi{:}o)$ que le CM(psi:o), plus la composante spécifique de l'effet d'interaction si:o. Outre l'effet si:o, le même dénominateur peut servir à tester pi:o et spo grâce aux rapports suivants :

$$F(pi{:}o) = \frac{CM(pi{:}o)}{CM(psi{:}o)} = \frac{\hat{\sigma}^2(psi{:}o) + n_s\,\hat{\sigma}^2(pi{:}o)}{\hat{\sigma}^2(psi{:}o)}$$

$$F(spo) = \frac{CM(spo)}{CM(psi{:}o)} = \frac{\hat{\sigma}^2(psi{:}o) + n_i\,\hat{\sigma}^2(spo)}{\hat{\sigma}^2(psi{:}o)}$$

$$F(si{:}o) = \frac{CM(si{:}o)}{CM(psi{:}o)} = \frac{\hat{\sigma}^2(psi{:}o) + n_p\,\hat{\sigma}^2(si{:}o)}{\hat{\sigma}^2(psi{:}o)}$$

En comparant la 5ème ligne relative à CMA(sp), et la 9ème ligne relative à CMA(spo), nous voyons une quatrième et dernière possibilité de tester une composante de variance dans le modèle aléatoire :

$$F(sp) = \frac{CM(sp)}{CM(spo)} = \frac{\hat{\sigma}^2(sip{:}o) + n_i\,\hat{\sigma}^2(spo) + n_i n_o\,\hat{\sigma}^2(sp)}{\hat{\sigma}^2(sip{:}o) + n_i\,\hat{\sigma}^2(spo)}$$

En dehors des quatre cas que nous venons de présenter, il n'est plus possible de tester dans le modèle aléatoire une autre source de variation. Dans aucun autre cas en effet nous ne retrouvons un terme d'erreur qui comprenne exactement les mêmes composantes hormis celle dont on veut contrôler la signification statistique. Comme on le verra sous le chapitre 10 point 6, il faudra recourir aux modèles mixtes pour être en mesure de tester un certain nombre d'autres effets, qu'un plan entièrement aléatoire ne permet pas de contrôler.

3. ESTIMATION DES COMPOSANTES DE VARIANCE DU MODELE ALEATOIRE A PARTIR DES CARRES MOYENS OBSERVES

3.1. Formules

On peut estimer n'importe quelle composante de variance $\sigma^2(\alpha)$ d'un plan traité comme entièrement aléatoire par la formule générale suivante :

$$\hat{\sigma}^2(\alpha) = \frac{1}{f(\alpha)} \left[CM(\alpha) + \sum_{i=1}^{i=j} (-1)^i \cdot \left\{ \begin{array}{l} \text{somme des CM dont l'indice} \\ \text{total contient } \alpha \text{ plus i des} \\ \text{facettes complémentaires (uti-} \\ \text{lisées au pas i-1, si i >1)} \end{array} \right\} \right]$$

avec $f(\alpha)$ = produit des nombres de niveaux pour toutes les facettes du plan complémentaires à α (ou absentes de α).

La difficulté est de choisir convenablement les CM observés à placer entre les accolades. Il faut ajouter à $CM(\alpha)$

au pas 1 (i=1) : <u>moins</u> les CM de toutes les composantes qui contiennent en indice les facettes de α , <u>plus une</u> facette complémentaire à α.

au pas 2 (i=2) : <u>plus</u> les CM de toutes les composantes qui contiennent en indice les facettes de α , <u>plus deux</u> des facettes complémentaires à α , à condition qu'elles aient été utilisées au pas 1.

au pas i : plus (si i est pair) ou moins (si i est impair) les CM des composantes qui contiennent en indice les facettes de α plus i des facettes complémentaires utilisées au pas (i-1).

L'estimation de la composante de variance d'interaction de l'ordre le plus élevé est évidemment le CM de cette composante puisqu'elle contient en indice toutes les facettes du plan.

Dans l'ensemble, sauf pour les dispositifs très compliqués, il est rare que l'on doive appliquer plus de deux pas pour obtenir l'estimation recherchée. Par exemple, pour obtenir

$\sigma^2(p)$ dans le dispositif croisé P x E x C, on utilise l'équation.:

$$\hat{\sigma}^2(p) = \frac{1}{n_e n_c}\left[CM(p) - \underbrace{(CM(pe) + CM(pc))}_{\text{1er pas}} + \underbrace{CM(pec)}_{\text{2ème pas}} \right]$$

Par contre, trois pas sont nécessaires pour estimer les composantes des effets principaux o, p et s dans le plan S x P x (I:O). Par exemple,

$$\hat{\sigma}^2(o) = \frac{1}{n_i n_s n_p}\left[CM(o) - \underbrace{(CM(i:o) + CM(os) + CM(op))}_{\text{1er pas}} + \underbrace{(CM(spo) + CM(si:o) + CM(pi:o))}_{\text{2ème pas}} - \underbrace{CM(spi:o)}_{\text{3ème pas}} \right]$$

Il arrive fréquemment que les additions et les soustractions de carrés moyens successives aboutissent à un total négatif. Alors qu'il est algébriquement impossible de trouver une somme de carrés négative et qu'une variance est nécessairement positive ou nulle, une composante de variance peut donner lieu à une estimation négative. Ceci est dû aux fluctuations d'échantillonnage dans l'estimation des carrés moyens.

L'habitude est alors de remplacer la valeur négative trouvée par une valeur nulle. C'est ce que propose notamment Cronbach. Nous suggérons cependant de ne pas suivre cette procédure et d'accepter l'estimation négative de la composante. En effet les composantes aléatoires ne sont pour nous qu'une étape commode dans le calcul des composantes mixtes. Il n'est donc pas nécessaire de les interpréter. On doit plutôt conserver toute la précision des calculs jusqu'à ce qu'on soit parvenu à estimer les composantes mixtes. Si celles-ci sont négatives, on pourra alors les remplacer par une valeur nulle.

3.2. Valeurs de $\hat{\sigma}^2(\alpha)$ dans les trois plans d'observation (modèle aléatoire)

Nous donnons maintenant le détail des formules pour chacun des plans d'observation traités.

(1) Plan C x R

$$\hat{\sigma}^2(c) = \frac{1}{n_r}(CM(c) - CM(cr))$$

$$\hat{\sigma}^2(r) = \frac{1}{n_c}(CM(r) - CM(cr))$$

$$\hat{\sigma}^2(cr) = CM(cr)$$

(2) Plan C x E x P

$$\hat{\sigma}^2(c) = \frac{1}{n_e n_p}\left[CM(c) - (CM(ce) + CM(cp)) + CM(cep)\right]$$

$$\hat{\sigma}^2(e) = \frac{1}{n_c n_p}\left[CM(e) - (CM(ec) + CM(ep)) + CM(cep)\right]$$

$$\hat{\sigma}^2(p) = \frac{1}{n_e n_c}\left[CM(p) - (CM(pe) + CM(pc)) + CM(cep)\right]$$

$$\hat{\sigma}^2(ce) = \frac{1}{n_p}\left[CM(ce) - CM(cep)\right]$$

$$\hat{\sigma}^2(cp) = \frac{1}{n_e}\left[CM(cp) - CM(cep)\right]$$

$$\hat{\sigma}^2(ep) = \frac{1}{n_c}\left[CM(ep) - CM(cep)\right]$$

$$\hat{\sigma}^2(cep) = CM(cep)$$

(3) Plan S x P x (I:O)

$$\hat{\sigma}^2(s) = \frac{1}{n_i n_o n_p}\left[CM(s) - (CM(sp) + CM(so)) + CM(spo)\right]$$

La composante i:o n'intervient pas au pas 1, car ce serait introduire deux indices supplémentaires, et elle n'intervient pas au pas 2, car elle n'a pas été utilisée au pas 1.

$$\hat{\sigma}^2(p) = \frac{1}{n_i n_o n_s}\left[CM(p) - (CM(po) + CM(ps)) + CM(spo)\right]$$

$$\hat{\sigma}^2(o) = \frac{1}{n_i n_s n_p}\Big[CM(o) - (CM(i{:}o) + CM(so) + CM(po)) + (CM(pi{:}o) + CM(spo) + CM(si{:}o)) - CM(spi{:}o)\Big]$$

La composante i:o intervient au pas 1 car elle comporte un indice supplémentaire par rapport à o; elle continue alors à être prise en compte aux pas suivants.

$$\hat{\sigma}^2(i{:}o) = \frac{1}{n_s n_p}\left[CM(i{:}o) - (CM(pi{:}o) + CM(si{:}o)) + CM(spio)\right]$$

$$\hat{\sigma}^2(sp) = \frac{1}{n_i n_o}\left[CM(sp) - CM(spo)\right]$$

$$\hat{\sigma}^2(so) = \frac{1}{n_i n_p}\left[CM(so) - (CM(spo) + CM(si{:}o)) + CM(spi{:}o)\right]$$

La composante i:o intervient au pas 1, car i constitue un indice supplémentaire, qui peut alors être pris en compte au pas 2. Il en est de même pour σ^2 (po).

$$\hat{\sigma}^2(po) = \frac{1}{n_i n_s}\left[CM(po) - (CM(pi:o) + CM(spo)) + CM(spi:o)\right]$$

$$\hat{\sigma}^2(pi:o) = \frac{1}{n_s}\left[CM(pi:o) - CM(spi:o)\right]$$

$$\hat{\sigma}^2(spo) = \frac{1}{n_i}\left[CM(spo) - CM(spi:o)\right]$$

$$\hat{\sigma}^2(si:o) = \frac{1}{n_p}\left[CM(si:o) - CM(spi:o)\right]$$

$$\hat{\sigma}^2(spi:o) = CM(spi:o)$$

4. CONTROLE GRAPHIQUE PAR LE DIAGRAMME

4.1. Valeurs attendues des carrés moyens dans le modèle aléatoire

On peut faire correspondre une ellipse au carré moyen attendu de chaque effet principal, puisque chacun constitue une facette. L'intersection de deux ellipses correspond au carré moyen attendu de l'interaction de deux facettes. L'intersection de trois ellipses représente le carré moyen attendu d'une interaction triple, etc. Il faut noter que ces ellipses ou intersections d'ellipses peuvent contenir une ou plusieurs régions élémentaires. Par contre, chaque région élémentaire ne correspond qu'à une seule composante de variance aléatoire.

On peut utiliser cet isomorphisme pour reconstituer les valeurs attendues des carrés moyens en procédant comme suit:

1. localiser sur le diagramme du plan utilisé l'ellipse, ou l'intersection d'ellipses, représentant le CMA(α) ;
2. écrire sous forme de somme toutes les composantes de variance qui apparaissent à l'intérieur de l'ellipse, ou de l'intersection d'ellipses. En d'autres termes, énumérer toutes les régions élémentaires comprises dans la surface correspondant à CMA(α);
3. multiplier chacune des composantes précédentes par le nombre de niveaux des facteurs absents de son indice total.

Un exemple relativement complexe fera apparaître l'utilité des diagrammes de Cronbach et de l'algorithme précédent. Pour le plan P x S x (I:O), la valeur attendue du carré moyen de O paraît longue à obtenir par des moyens algébriques. Au contraire par le graphique (fig. 7.1) l'ellipse O apparaît immédiatement et on y détermine huit régions élémentaires :

$$\sigma^2(o) + \sigma^2(i:o) + \sigma^2(si:o) + \sigma^2(pi:o) + \sigma^2(spi:o) + \sigma^2(so) + \sigma^2(po) + \sigma^2(spo)$$

Figure 9.1 : Contrôle graphique du calcul de composantes de variance dans le modèle aléatoire (plan C x R)

Règle 1 : Identification de la composante de variance $\sigma^2(c)$ sur le diagramme

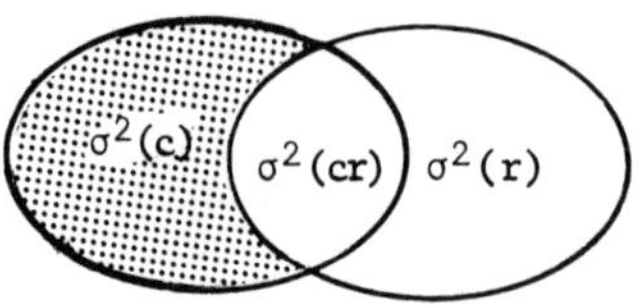

Règle 2 : Identification de l'ellipse CM(c) sur le diagramme

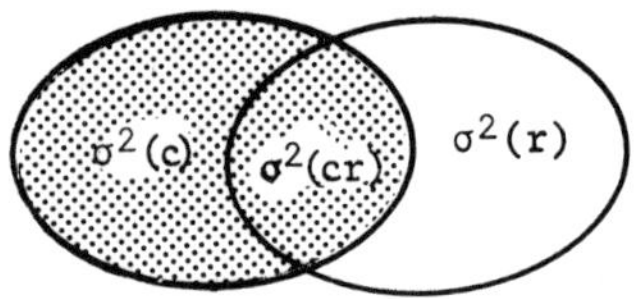

Règle 3 : Isolement graphique de la plage

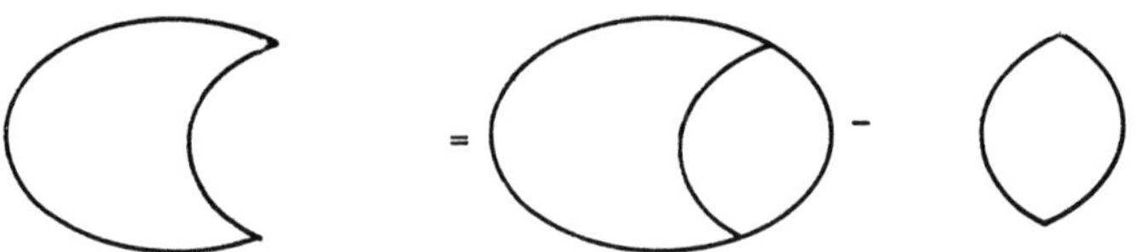

Règle 4 : équation de $f(\alpha)\,\hat{\sigma}^2(\alpha)$

$$f(c)\,\hat{\sigma}^2(c) \quad = \quad CM(c) \quad - \quad CM(cr)$$

Règle 5 : équation de $\hat{\sigma}^2(\alpha)$

$$\hat{\sigma}^2(c) \quad = \quad \frac{1}{n_r}\,(CM(c) \quad - \quad CM(cr))$$

Figure 9.2 : Contrôle graphique du calcul de composantes de variance dans le modèle aléatoire (plan C x E x P)

Règle 3 : Isolement graphique de la plage correspondant à $\sigma^2(c)$

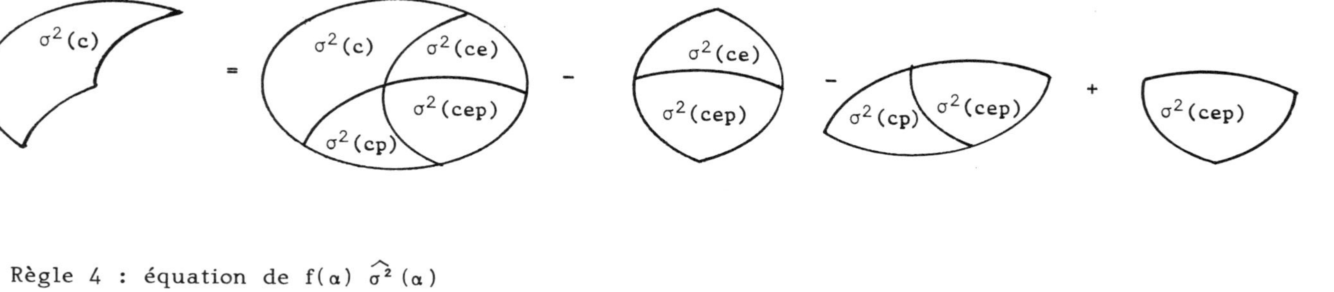

Règle 4 : équation de $f(\alpha)\ \widehat{\sigma^2}(\alpha)$

$$n_e n_p \widehat{\sigma^2}(c) \quad = \quad CM(c) \quad - \quad CM(ce) \quad - \quad CM(cp) \quad + \quad CM(cep)$$

La composante $\widehat{\sigma^2}(cep)$ est soustraite deux fois par la soustraction de CM(ce) et de CM(cp). Il faut donc ajouter CM(cep) qui vaut justement cette composante.

Il suffit d'adjoindre le coefficient multiplicateur à chaque terme pour obtenir le résultat:

$$CMA(o) = n_i n_p n_s \sigma^2(o) + n_p n_s \sigma^2(i{:}o) + n_p \sigma^2(si{:}o) + n_s \sigma^2(pi{:}o) + \sigma^2(spi{:}o)$$

$$+ n_i n_p \sigma^2(so) + n_i n_s \sigma^2(po) + n_i \sigma^2(spo)$$

4.2. Composantes de variance dans le modèle aléatoire

On peut aussi vérifier l'exactitude des formules d'estimation des composantes de variance aléatoires en se servant de diagrammes de Cronbach.

Il faut y appliquer les règles suivantes :

1. situer la région élémentaire correspondant à $\hat{\sigma}^2(\alpha)$
2. situer l'ellipse ou l'intersection d'ellipses correspondant à $CM(\alpha)$;
3. lui retirer ou ajouter d'autres ellipses ou intersections d'ellipses pour retirer une seule fois au total les régions complémentaires à $\hat{\sigma}^2(\alpha)$;
4. écrire $f(\alpha)\,\hat{\sigma}^2(\alpha)$ comme somme algébrique de ces CM;
5. trouver $\hat{\sigma}^2(\alpha)$ en divisant par $f(\alpha)$, qui est le produit des nombres de niveaux observés pour tous les indices absents de α .

On a appliqué cet algorithme graphique à la première situation-exemple, (plan C x R), pour déterminer la formule d'estimation de $\sigma^2(c)$, la composante de variance des correcteurs (voir la figure 9.1).

C'est la 3ème règle qui crée le plus de difficultés : en effet, on ne doit soustraire qu'une seule fois de $CM(\alpha)$ chaque composante complémentaire. Or, certaines composantes de variance sont soustraites plusieurs fois, dès que l'on soustrait des carrés moyens d'interaction. Pour compenser cet effet, il suffit de rajouter la (ou les) composante(s) soustraite(s) en trop, en combinant convenablement d'autres CM. On appliquera ce genre de correctif pour dériver graphiquement les composantes de e, p et c dans le deuxième plan. Par exemple, pour $\sigma^2(c)$, l'application de la 3ème règle est illustrée à la figure 9.2.

Chapitre 10

LES COMPOSANTES DE VARIANCE POUR LES MODÈLES MIXTES

1. *FORMULE DE RECOMPOSITION*

Il est plus commode, dans une étude de généralisabilité, de travailler uniquement avec des composantes de variance exprimées selon le modèle mixte. Pourtant, il est plus facile de calculer des composantes de variance selon le modèle aléatoire. C'est pourquoi nous procédons en deux étapes. Nous traitons d'abord le plan d'observation comme s'il était entièrement aléatoire. Nous transformons ensuite les composantes obtenues en composantes mixtes, en tenant compte cette fois du plan d'estimation choisi.

La formule de "recomposition" que nous présentons maintenant (inspirée d'un algorithme de Brennan (1982)), permet de passer facilement des composantes aléatoires aux composantes mixtes par la formule suivante :

$$\hat{\sigma}^2(\alpha|M) = \hat{\sigma}^2(\alpha) + \Sigma_j \frac{\hat{\sigma}^2(\beta j)}{F(\beta j)}$$

avec $\hat{\sigma}^2(\alpha|M)$ = l'estimation de la composante de variance α dans le modèle mixte

$\hat{\sigma}^2(\alpha)$ = l'estimation de la composante de variance α dans le modèle aléatoire

$\hat{\sigma}^2(\beta j)$ = toute composante, sauf $\hat{\sigma}^2(\alpha)$, qui contient en indice toutes les facettes de α

$F(\beta j)$ = produit des nombres de niveaux des univers pour les indices de βj qui ne figurent pas dans α.

Remarquons que si tous les effets sont échantillonnés aléatoirement dans des univers supposés infinis, dans ce cas, le rapport $\hat{\sigma}^2(\beta j) / F(\beta j)$ s'annule et $\hat{\sigma}^2(\alpha|M) = \hat{\sigma}^2(\alpha)$.

Si par contre tous les effets sont fixés, alors les nombres de niveaux dans les univers (les N) sont égaux aux nombres de niveaux dans les échantillons (les n). La formule retrouve le résultat pour un plan entièrement fixé.

a) représentation de la partie du plan d'observation qui concerne $\hat{\sigma}^2(o)$

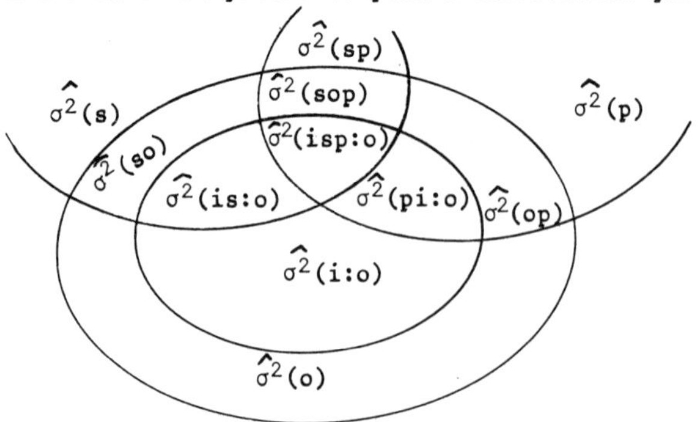

b) application de la règle 1.

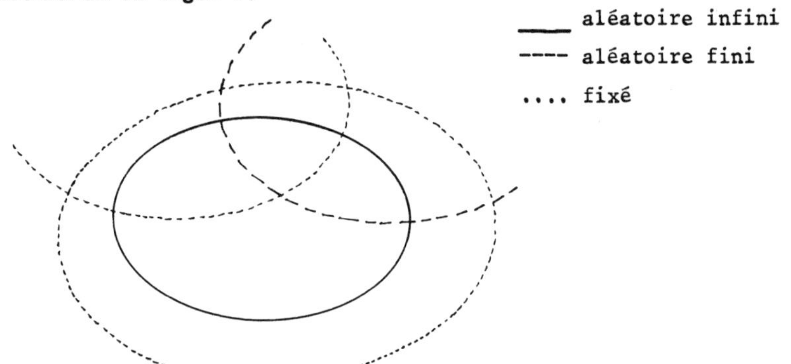

c) application de la règle 2: la flèche poursuit les termes qui s'additionnent pour composer $\hat{\sigma}^2(o|M)$

$\hat{\sigma}^2(o) + \hat{\sigma}^2(so) + \hat{\sigma}^2(sop) + \hat{\sigma}^2(op)$

$\hat{\sigma}^2(so)$ $\hat{\sigma}^2(sop)$ $\hat{\sigma}^2(op)$

$\hat{\sigma}^2(o)$

d) Règle 3 :

$$\hat{\sigma}^2(o|M) = \hat{\sigma}^2(o) + \frac{1}{n_s}\hat{\sigma}^2(so) + \frac{1}{n_s N_p}\hat{\sigma}^2(sop) + \frac{1}{N_p}\hat{\sigma}^2(op)$$

Figure 10.1 : Utilisation des diagrammes de Cronbach pour calculer des composantes de variance dans le modèle mixte

Dans les modèles mixtes, certains effets peuvent être purement aléatoires, d'autres fixés, et d'autres aléatoires finis. La formule de Brennan permet de traiter tous ces cas sans difficulté, puisque c'est la taille effective de l'univers qui est prise en considération dans $F(\beta j)$.

Pour faciliter le repérage des modes d'échantillonnages, nous utiliserons les n minuscules pour désigner le nombre de niveaux (admissibles et observés à la fois) des facettes fixées. Nous utiliserons des N majuscules pour les nombres de niveaux admissibles des facettes aléatoires, les n désignant toujours les tailles des échantillons correspondants.

Pour illustrer l'algorithme de Brennan, recherchons l'équation de $\sigma^2(o|M)$ dans le plan d'estimation (I:O) x P x S, sachant que les facettes O et S sont fixées, que la facette P est aléatoire finie et que la facette I:O est purement aléatoire (population infinie). La justification de ces décisions concernant le mode d'échantillonnage de chaque facette est discutée plus loin sous le chapitre 11 (point 4).

$$\hat{\sigma}^2(o|M) = \hat{\sigma}^2(o) + \frac{1}{n_s}\hat{\sigma}^2(so) + \frac{1}{N_p}\hat{\sigma}^2(op) + \frac{1}{n_s N_p}\hat{\sigma}^2(pos)$$

$$+ \frac{1}{N_i}\underbrace{\left[\hat{\sigma}^2(i:o) + \frac{1}{n_s}\hat{\sigma}^2(is:o) + \frac{1}{N_p}\hat{\sigma}^2(ip:o) + \frac{1}{n_s N_p}\hat{\sigma}^2(ips:o)\right]}$$

ces derniers termes s'annulent car N_i tend vers l'infini

2. *CONTROLE GRAPHIQUE*

On peut aisément vérifier les équations précédentes en recourant au diagramme du plan d'estimation. La première règle de l'algorithme consiste à traduire sur les ellipses du plan d'observation les caractéristiques des facettes, telles qu'elles ressortent du plan d'estimation (aléatoire infinie, aléatoire finie et fixée). Les règles 2 et 3 explicitent la démarche qui débouche sur les équations recherchées.

Voici ce nouvel algorithme :

Règle 1 : dessiner en pointillés les facettes fixées et en traitillés les facettes aléatoires finies. Les facettes aléatoires infinies restent tracées en traits pleins.

Règle 2 : pour trouver la composante mixte $\hat{\sigma}^2(\alpha|M)$, ajouter à la composante aléatoire les composantes de ses interactions atteignables à travers des traits discontinus.

Règle 3 : diviser chaque composante d'interaction par le nombre de niveaux admissibles des facettes qui apparaissent dans leur indice total, mais ne figurent pas dans α.

Figure 10.2 : Diagramme du plan d'estimation C x R avec R fixé et C aléatoire

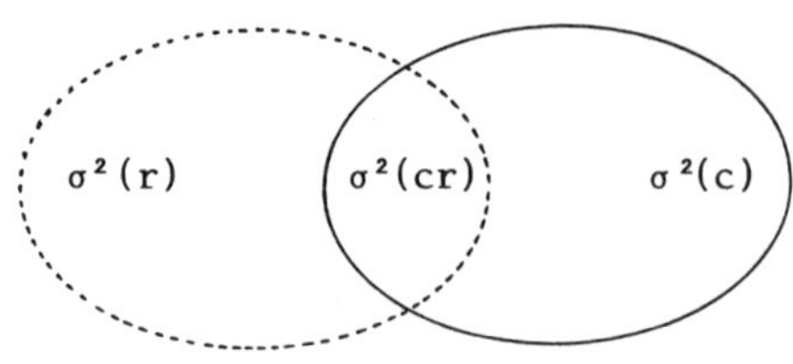

Figure 10.3 : Diagramme du plan d'estimation C x R avec C fixé et R aléatoire

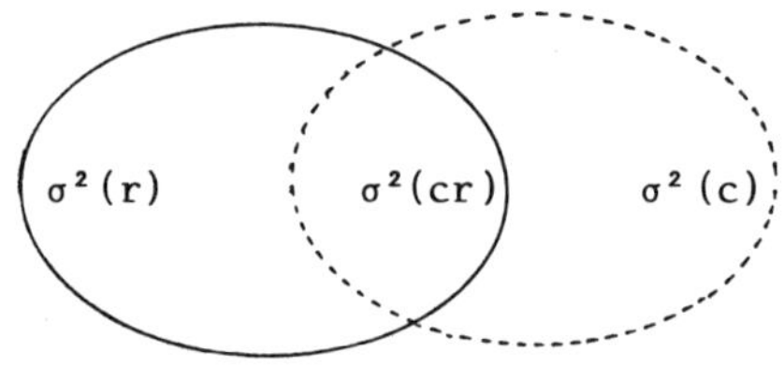

Tableau 10.1 : Tableau d'ANOVA pour le plan C x R et estimation des composantes de variance

Sources de variation	S.C.	d.l.	CM.	$\hat{\sigma}^2$ aléatoire	$\hat{\sigma}^2$ mixte (R fixé et C aléat.)	$\hat{\sigma}^2$ mixte (R aléat. et C fixé)
c	311,5183	19	16,3957	2,2912	2,6778	2,2912
r	415,4283	6	69,238	3,444	3,444	3,57931
cr	308,5017	114	2,7062	2,7062	2,7062	2,7062
tot.	1.035,4483	139				

On a appliqué l'algorithme décrit ci-dessus à la composante de variance $\hat{\sigma}^2(o|M)$ dans le plan (I:O) x S x P, de manière à contrôler, sur un cas particulier, la formule de recomposition. Le détail est présenté à la figure 10.1. On retrouve l'équation dérivée de la formule de recomposition au point précédent.

3. ESTIMATION DES COMPOSANTES DE VARIANCE MIXTES DANS LES TROIS EXEMPLES

3.1. Plan d'estimation C x R

Deux cas sont considérés ci-dessous, celui où les rédactions sont fixées et les correcteurs sont choisis aléatoirement dans une population infinie, et le cas inverse où les correcteurs forment une facette fixée et les rédactions une facette aléatoire infinie:

1er cas : R fixé, C aléatoire, représenté à la figure 10.2

$$\hat{\sigma}^2(c|M) = \hat{\sigma}^2(c) + \frac{1}{n_r}\hat{\sigma}^2(cr)$$

$$\hat{\sigma}^2(r|M) = \hat{\sigma}^2(r)$$

$$\hat{\sigma}^2(cr|M) = \hat{\sigma}^2(cr)$$

2ème cas : C fixé, R aléatoire, représenté à la figure 10.3

$$\hat{\sigma}^2(r|M) = \hat{\sigma}^2(r) + \frac{1}{n_c}\hat{\sigma}^2(cr)$$

$$\hat{\sigma}^2(c|M) = \hat{\sigma}^2(c)$$

$$\hat{\sigma}^2(cr|M) = \hat{\sigma}^2(cr)$$

Les valeurs numériques des composantes aléatoires, puis des composantes mixtes pour chacun de ces deux cas, apparaissent au tableau 10.1.

3.2. Plan d'estimation C x E x P

avec Correcteurs C comme facette aléatoire finie, (soit $N(c) = 100$),
Elèves E, facette fixée, ($n(e) = 3$),
et Problèmes P, facette aléatoire infinie, ($N \approx \infty$)

$$\hat{\sigma}^2(e|M) = \hat{\sigma}^2(e) + \frac{1}{N_c}\hat{\sigma}^2(ce)$$

$$\hat{\sigma}^2(c|M) = \hat{\sigma}^2(c) + \frac{1}{n_e}\hat{\sigma}^2(ce)$$

$$\hat{\sigma}^2(ce|M) = \hat{\sigma}^2(ce)$$

Tableau 10.2 : Matrice carrée des CMA pour le plan P x S x (I:O) exprimés en termes de composantes mixtes - cas particulier de S et O fixés, I aléatoire infini et P aléatoire fini.

CMA(β) \ $\sigma^2(\alpha\|M)$	s	p	o	i:o	sp	so	po	pi:o	spo	si:o	psi:o
s	$n_i n_o n_p$				$(1-\frac{n_p}{N_p}) n_i n_o$	-			-	n_p	$(1-\frac{n_p}{N_p})$
p		$n_i n_o n_s$			-		-	n_s	-		-
o			$n_i n_p n_s$	$n_p n_s$		-	$(1-\frac{n_p}{N_p}) n_i n_s$	$(1-\frac{n_p}{N_p}) n_s$	-	-	-
i:o				$n_p n_s$				$(1-\frac{n_p}{N}) n_s$		-	-
sp					$n_i n_o$				-		1
so						$n_i n_p$			$(1-\frac{n_p}{N_p}) n_i$	n_p	$(1-\frac{n_p}{N_p})$
po							$n_i n_s$	n_s	-		-
pi:o								n_s			-
spo									n_i		1
si:o										n_p	$(1-\frac{n_p}{N_p})$
psi:o											1

$$\hat{\sigma}^2(p|M) = \hat{\sigma}^2(p) + \frac{1}{n_e}\hat{\sigma}^2(ep) + \frac{1}{N_c}\hat{\sigma}^2(cp) + \frac{1}{n_e N_c}\hat{\sigma}^2(cep)$$

$$\hat{\sigma}^2(pe|M) = \hat{\sigma}^2(pe) + \frac{1}{N_c}\hat{\sigma}^2(cep)$$

$$\hat{\sigma}^2(cp|M) = \hat{\sigma}^2(cp) + \frac{1}{n_e}\hat{\sigma}^2(cep)$$

$$\hat{\sigma}^2(cep|M) = \hat{\sigma}^2(cep)$$

3.3. Plan d'estimation S x P x (I:O)

avec facette I infinie, facette O fixée, facette S fixée et facette P aléatoire finie.

$$\hat{\sigma}^2(s|M) = \hat{\sigma}^2(s) + \frac{1}{N_p}\hat{\sigma}^2(sp) + \frac{1}{n_o}\hat{\sigma}^2(so) + \frac{1}{n_o N_p}\hat{\sigma}^2(spo)$$

$$\hat{\sigma}^2(p|M) = \hat{\sigma}^2(p) + \frac{1}{n_s}\hat{\sigma}^2(sp) + \frac{1}{n_o}\hat{\sigma}^2(po) + \frac{1}{n_s n_o}\hat{\sigma}^2(spo)$$

$$\hat{\sigma}^2(sp|M) = \hat{\sigma}^2(sp) + \frac{1}{n_o}\hat{\sigma}^2(spo)$$

$$\hat{\sigma}^2(o|M) = \hat{\sigma}^2(o) + \frac{1}{n_s}\hat{\sigma}^2(so) + \frac{1}{N_p}\hat{\sigma}^2(po) + \frac{1}{n_s N_p}\hat{\sigma}^2(spo)$$

$$\hat{\sigma}^2(os|M) = \hat{\sigma}^2(so) + \frac{1}{N_p}\hat{\sigma}^2(spo)$$

$$\hat{\sigma}^2(po|M) = \hat{\sigma}^2(po) + \frac{1}{n_s}\hat{\sigma}^2(spo)$$

$$\hat{\sigma}^2(spo|M) = \hat{\sigma}^2(spo)$$

$$\hat{\sigma}^2(i{:}o|M) = \hat{\sigma}^2(i{:}o) + \frac{1}{n_s}\hat{\sigma}^2(si{:}o) + \frac{1}{N_p}\hat{\sigma}^2(pi{:}o) + \frac{1}{N_p n_s}\hat{\sigma}^2(spi{:}o)$$

$$\hat{\sigma}^2(si{:}o|M) = \hat{\sigma}^2(si{:}o) + \frac{1}{N_p}\hat{\sigma}^2(spi{:}o)$$

$$\hat{\sigma}^2(pi{:}o|M) = \hat{\sigma}^2(pi{:}o) + \frac{1}{n_s}\hat{\sigma}^2(spi{:}o)$$

$$\hat{\sigma}^2(spi{:}o|M) = \hat{\sigma}^2(spi{:}o)$$

4. VALEURS ATTENDUES DES CARRES MOYENS DANS LE MODELE MIXTE

Pour réaliser des tests de signification dans l'analyse de la variance, il est important de savoir quelles composantes de variance interviennent dans un carré moyen observé. Le problème a déjà été traité sous le chapitre 9 (point 2) dans le cas d'un modèle entièrement aléatoire. On avait vu en conclusion qu'il était souvent difficile d'effectuer un test F valide

Figure 10.4 : Deux dispositifs servant d'exemples pour le calcul des CMA.

a) Plan d'observation P x (I:S)

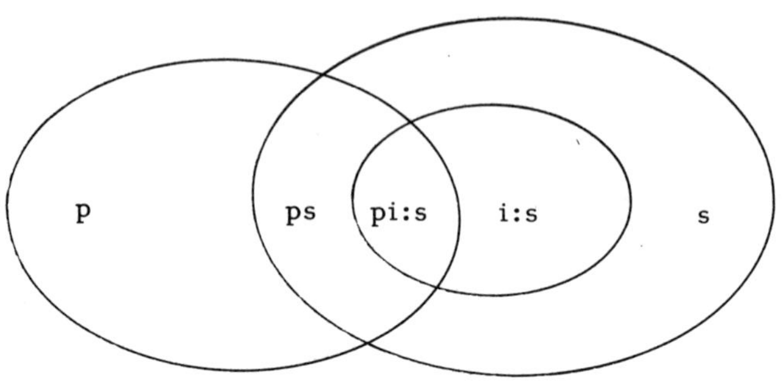

b) Plan d'estimation C x E x P

E et P : aléatoires finies; C : aléatoire simple

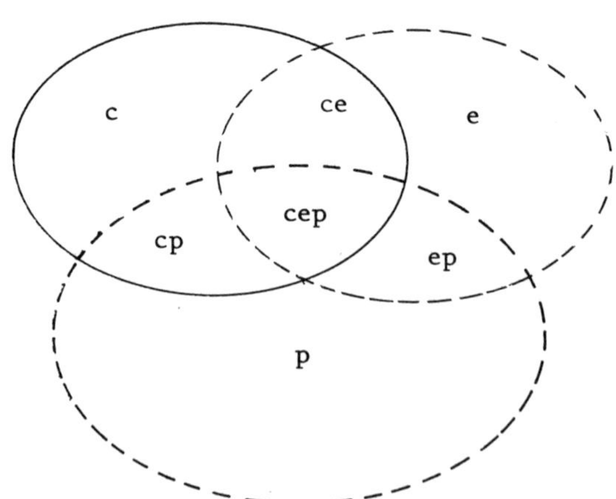

avec des modèles entièrement aléatoires alors que des modèles mixtes devraient offrir plus de possibilités. La question se pose donc maintenant d'exprimer les CMA directement en termes de composantes de variance du modèle mixte. Brennan (1982) propose un algorithme qui le permet et dont voici la formule générale :

$$CMA(\beta|M) = \Sigma_{\alpha}\, g(\alpha)\ .\ f(\alpha)\ .\ \sigma^2(\alpha|M)$$

Le carré moyen attendu pour l'effet β dans le modèle mixte est une somme pondérée de composantes de variance.

$\sigma^2(\alpha|M)$ représente chacune des composantes isolables du plan d'observation, qui fait intervenir toutes les facettes présentes dans β . Il s'agit de β lui-même et d'interactions d'ordre plus élevé que β ou de facettes nichées dans β.

Σ_{α} indique que la somme porte sur toutes les composantes précédentes, chacune cependant affectée des deux coefficients : $f(\alpha)$ et $g(\alpha)$.

$f(\alpha)$ est le produit des nombres de niveaux observés pour les facettes absentes de l'indice total α . Si α contient toutes les facettes $f(\alpha) = 1$.

$g(\alpha)$ est le produit de termes de forme $(1 - n(i)/N(i))$ pour toutes les facettes i qui figurent dans l'indice <u>primaire</u> de α , mais ne figurent pas dans l'indice total de β.
n(i) représente le nombre de niveaux observés et
N(i) le nombre de niveaux admissibles.

Par exemple, dans le plan P x (I:S) de la figure 10.4a)

$$CMA(p|M) = (1 - \frac{n_i}{N_i})\sigma^2(pi{:}s|M) + n_i(1 - \frac{n_s}{N_s})\sigma^2(ps|M) + n_i n_s\, \sigma^2(p|M)$$

En effet, trois composantes font intervenir p. Ce sont p, ps et pi:s. Les coefficients $f(\alpha)$ sont égaux à 1 pour σ^2 (pi:s), à n(i) pour σ^2 (ps), et à n(i)n(s) pour σ^2 (p). Le coefficient g(pi:s) ne contient qu'un terme, car seule la facette I de l'indice primaire de pi:s ne figure pas dans p, l'indice de β . Il en est de même pour g(ps). On voit que les coefficients $g(\alpha)$ permettent de faire disparaître les composantes de variance qui comprennent une facette fixée dans leur indice primaire, ne figurant pas dans β.

Prenons encore l'exemple du plan C x E x P, où E et P seront des facettes aléatoires finies et C une facette aléatoire simple. Le diagramme apparaît à la figure 10.4 b).

$$CMA(p|M) = (1 - \frac{n_e}{N_e})(1 - \frac{n_c}{N_c})\sigma^2(cep|M) + n_c(1 - \frac{n_e}{N_e})\sigma^2(ep|M)$$
$$+ n_e(1 - \frac{n_c}{N_c})\sigma^2(cp|M) + n_e n_c\, \sigma^2(p|M)$$

$$= (1-\frac{n_e}{N_e})\sigma^2(cep|M) + n_c(1-\frac{n_e}{N_e})\sigma^2(ep|M) + n_e\sigma^2(cp|M) + n_e n_c\sigma^2(p|M)$$

Nous allons traiter de façon exhaustive le plan plus complexe P x S x (I:O), parce qu'il avait déjà donné lieu à un tableau complet au chapitre précédent dans le cadre du traitement du modèle entièrement aléatoire. On pourra ainsi examiner en détail l'effet des changements apportés par le plan d'estimation à l'échantillonnage des différentes facettes : P devenant aléatoire fini, S et O fixées, I:O restant aléatoire simple. Le détail du calcul des coefficients apparaît de façon systématique au tableau 10.2 que l'on pourra comparer au tableau 9.2.

Le tableau 10.2 se lit de la même manière que le 9.2 et l'écriture de l'équation du CMA suit les mêmes règles, à savoir additionner les composantes de variance des cases occupées en affectant chaque composante du coefficient inscrit dans sa case.

Certaines cases n'interviennent pas dans les équations. Celles qui sont marquées d'un trait horizontal indiquent les composantes qui ont été annulées par $g(\alpha)$: elles contiennent dans leur indice primaire des facettes fixées qui ne figurent pas dans β. Par exemple, la composante $\sigma^2(so|M)$ est annulée dans le CM(s) parce que O est fixé et qu'il se trouve dans l'indice primaire de α sans se trouver dans l'indice total de β ; de ce fait, $g(\alpha)$ est égal à $(1- n(o)/N(o))$ qui annule la composante puisque $n(o) = N(o)$.

Lorsque le coefficient d'une case comprend une expression de la forme $(1- n/N)$, le poids de la composante de variance correspondante dans le CM attendu dépend de l'écart entre la taille de l'échantillon (n) et le nombre de conditions admissibles (N) de la facette concernée.

Le tableau rempli d'après la formule de Brennan, on vérifiera les équations à l'aide du diagramme du plan d'estimation en suivant les règles formulées ci-après.

5. *CONTROLE GRAPHIQUE PAR LE DIAGRAMME*

Comme pour le modèle aléatoire, on utilisera l'isomorphisme entre facettes et ellipses d'une part, composantes de variance et régions du diagramme d'autre part, pour reconstituer les valeurs attendues des carrés moyens. Mais avant tout, le mode d'échantillonnage des facettes doit être inscrit dans le diagramme du plan d'estimation : on laissera en trait plein les facettes aléatoires; on dessinera en traitillé les facettes aléatoires finies et en pointillé les facettes fixées.

On procèdera ensuite comme suit pour écrire chaque équation:

1. reproduire l'ellipse ou l'intersection d'ellipses représentant le CMA(α) et dessiner à l'intérieur les autres facettes, sauf celles qui sont fixées ;
2. écrire sous forme de somme toutes les composantes de variance du modèle mixte qui apparaissent à l'intérieur de l'ellipse ou de l'intersection d'ellipses ;
3. multiplier chacune des composantes précédentes par le produit $g(\alpha) \cdot f(\alpha)$ défini plus haut.

Nous illustrerons l'utilité des diagrammes en vérifiant l'exactitude des équations du tableau 10.2. A titre d'exemple, calculons la valeur attendue de CMA(o) à partir de la figure 10.5 qui représente les régions de l'ellipse après soustraction de la facette fixée.

Figure 10.5 : Composantes de variance du modèle mixte appartenant au CMA(o) dans le plan d'estimation (I:O) x S x P

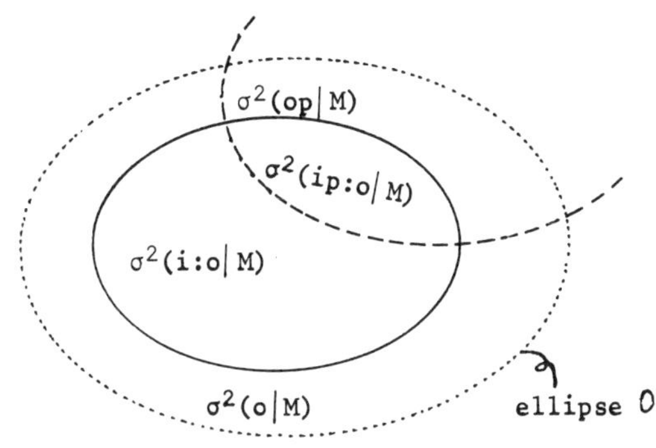

Quatre régions subsistent après soustraction de s du diagramme complet : elles désignent les quatre composantes de variance qui, pondérées convenablement, composent CMA(o).

$$CMA(o) = (1 - \frac{n_p}{N_p})(1 - \frac{n_i}{N_i})\ n_s\,\sigma^2(ip{:}o|M) + (1 - \frac{n_p}{N_p})\ n_i n_s\,\sigma^2(op|M)$$

$$+ (1 - \frac{n_i}{N_i})\ n_p n_s\,\sigma^2(i{:}o|M) + n_i n_p n_s\,\sigma^2(o|M)$$

Prenons un autre exemple, celui du CMA d'une interaction entre 2 facettes, soit CMA(so). La figure 10.6 reproduit l'intersection des 2 ellipses S et O, dans laquelle nous avons porté les composantes de variance pertinentes. Comme le plan ne comprend pas d'autres facettes fixées que les 2 facettes en interaction, la partie du diagramme reproduira tous les ovales qui coupent l'intersection étudiée dans le plan d'estimation complet.

Tableau 10.3 : Matrice des CMA pour le plan général P x S x (I:O) exprimés en termes de composantes de variance du modèle mixte
Cas général

CMA(β) \ $\sigma^2(\alpha\mid M)$	s	p	o	i:o	sp	so	po	pi:o	spo	si:o	psi:o
s	$n_i n_o n_p$				$(1-\frac{n_p}{N_p})n_i n_o$	$(1-\frac{n_o}{N_o})n_i n_p$			$(1-\frac{n_p}{N_p})(1-\frac{n_o}{N_o})n_i$	$(1-\frac{n_i}{N_i})n_p$	$(1-\frac{n_p}{N_p})(1-\frac{n_i}{N_i})$
p		$n_i n_o n_s$			$(1-\frac{n_s}{N_s})n_i n_o$		$(1-\frac{n_o}{N_o})n_i n_s$	$(1-\frac{n_i}{N_i})n_s$	$(1-\frac{n_s}{N_s})(1-\frac{n_o}{N_o})n_i$		$(1-\frac{n_s}{N_s})(1-\frac{n_i}{N_i})$
o			$n_i n_p n_s$	$(1-\frac{n_i}{N_i})n_p n_s$		$(1-\frac{n_s}{N_s})n_i n_p$	$(1-\frac{n_p}{N_p})n_i n_s$	$(1-\frac{n_i}{N_i})(1-\frac{n_p}{N_p})n_s$	$(1-\frac{n_s}{N_s})(1-\frac{n_p}{N_p})n_i$	$(1-\frac{n_s}{N_s})(1-\frac{n_i}{N_i})$	$(1-\frac{n_p}{N_p})(1-\frac{n_s}{N_s})(1-\frac{n_i}{N_i})$
i:o				$n_p n_s$				$(1-\frac{n_p}{N_p})n_s$		$(1-\frac{n_s}{N_s})n_p$	$(1-\frac{n_p}{N_p})(1-\frac{n_s}{N_s})$
sp					$n_i n_o$				$(1-\frac{n_o}{N_o})n_i$		$(1-\frac{n_i}{N_i})$
so						$n_p n_i$			$(1-\frac{n_p}{N_p})n_i$	$(1-\frac{n_i}{N_i})n_p$	$(1-\frac{n_p}{N_p})(1-\frac{n_i}{N_i})$
po							$n_i n_s$	$(1-\frac{n_i}{N_i})n_s$	$(1-\frac{n_s}{N_s})n_i$		$(1-\frac{n_s}{N_s})(1-\frac{n_i}{N_i})$
pi:o								n_s			$(1-\frac{n_s}{N_s})$
spo									n_i		$(1-\frac{n_i}{N_i})$
si:o										n_p	$(1-\frac{n_p}{N_p})$
psi:o											1

Figure 10.6 : Composantes de variance mixtes appartenant au CMA(so) dans le plan d'estimation (I:O) x S x P

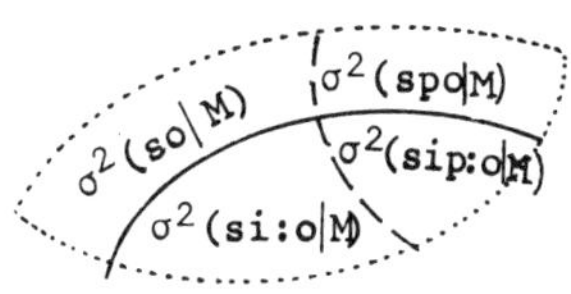

Il reste à choisir les coefficients corrects pour retrouver l'équation du tableau 10.2, 6ème ligne.

$$CMA(so) = (1 - \frac{n_i}{N_i})(1 - \frac{n_p}{N_p})\,\sigma^2(sip{:}o|M) + (1 - \frac{n_i}{N_i})\,n_p\sigma^2(si{:}o|M)$$

$$+ (1 - \frac{n_p}{N_p})\,n_i\,\sigma^2(spo|M) + n_i n_p\,\sigma^2(so|M)$$

6. *UTILISATION POUR LE CALCUL DES F DE SNEDECOR*

Les équations donnant les valeurs attendues des carrés moyens ne sont pas nécessaires pour les études de généralisabilité, puisqu'on peut calculer directement les estimations des composantes de variance, dans le modèle aléatoire, puis dans le modèle mixte.

Par contre ces équations sont essentielles pour permettre des tests de signification dans l'analyse de variance et c'est pourquoi elles ont été présentées ci-dessus. Elles permettent de trouver quel est le dénominateur approprié pour chaque test de signification. Le principe du test de F de Snedecor a été rappelé sous le chapitre 9 (point 2), et reste le même lorsqu'on travaille dans le modèle mixte que dans le modèle aléatoire.

Si l'on se réfère au tableau 10.2 qui donne les carrés moyens attendus dans un modèle mixte particulier (P aléatoire fini, S et O fixés, I:O aléatoire simple), on s'aperçoit que quatre tests sont possibles. L'effet p peut être testé par CM(pi:o), l'effet sp par CM(psi:o), po par CM(pi:o) et spo par CM(psi:o).

FIGURE 10.7. : LA DEUXIEME PHASE D'UNE ETUDE DE GENERALISABILITE : LE CHOIX DU PLAN D'ESTIMATION

A) CALCUL DES COMPOSANTES DE VARIANCE

Informations sur les facettes	Plan	Résultats des calculs	Symbole	Etapes de réalisation des calculs
<u>Echantillonnage</u> Le nombre de niveaux possibles et le mode de sélection déterminent 3 types de facettes: . aléatoires(R) simples(Rs) . aléatoires(R) finies(Rf) . fixées(F) *Précise le domaine des observations possibles*	Plan d'estimation	composantes de variance aléatoires et mixtes	$\hat{\sigma}^2(\alpha)$	3. <u>Composantes de variance pour le modèle purement aléatoire:</u> - Calculer pour chaque effet (α) $CM(\alpha) + \sum_{i=1}^{i=j} (-1)^i$ { Somme des carrés moyens dont l'indice total contient α <u>plus</u> la (ou les) lettre(s) de i facette(s) supplémentaire(s), déjà apparue(s) parmi les indices à l'étape (i-1) si i > 1. i: rang (de 1 à j) de l'expression entre accolades j: nombre de ces expressions entre accolades - Diviser cette somme par $f(\alpha)$, le produit des nombres de niveaux observés de toutes les facettes absentes de l'indice total de l'effet (α). - p.ex.: $\sigma^2(o) = \{CM(o) - (CM(i{:}o)+CM(so)+CM(po)) + (CM(spo) + CM(si{:}o)+CM(pi{:}o)) - (CM(spi{:}o))\} / (n_i n_s n_p)$
			$\hat{\sigma}^2(\alpha\|M)$	4. <u>Composantes de variance pour le modèle mixte</u> : Estimation selon le modèle mixte, pour un plan comportant une ou plusieurs facettes fixées ou finies: soit βj n'importe quelle composante, sauf α, qui contient tous les indices de α $f(\beta j)$ le produit des dimensions des populations pour tous les indices dans βj qui ne figurent pas dans α Alors : $\sigma^2(\alpha\|M) = \sigma^2(\alpha) + \sum_j \{\sigma^2(\beta j) / f(\beta j)\}$ Effectuer les calculs suivants en utilisant les estimations des composantes mixtes

B) Utilisation des diagrammes de Cronbach

Symbole	Contrôle des formules	Exemple: Tous les Ns stagiaires s sont examinés par np professeurs p, tirés au hasard parmi Np, sur les No objectifs fixés o, au moyen des ni items i, tirés au hasard pour chaque objectif.
$\hat{\sigma}^2(\alpha)$	- Trouver l'ellipse ou intersection d'ellipses correspondant au CM(α). - Retirer ou ajouter les ellipses ou intersections d'ellipses correspondant à chaque CM de la formule indiquée sous 3. pour le calcul des composantes de variance. - Vérifier qu'on obtient la plage élémentaire correspondant à la composante de α (dans un modèle purement aléatoire).	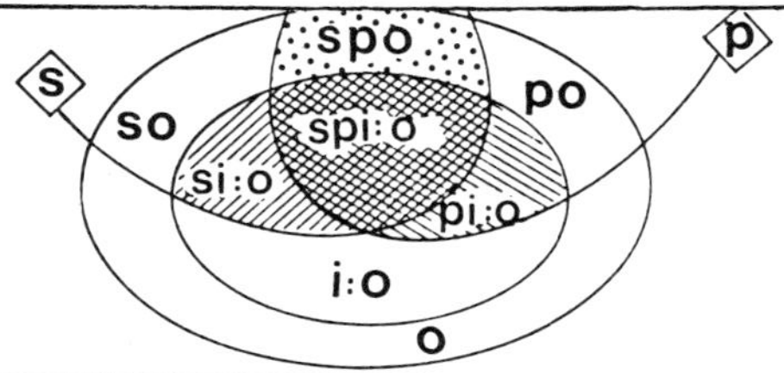 s, p, spo, so, po, spi:o, si:o, pi:o, i:o, o
$\hat{\sigma}^2(\alpha \mid M)$	- Dès que le mode d'échantillonnage est connu, dessiner en pointillés les facettes fixées et en traitillés les facettes aléatoires finies. - Pour trouver la composante mixte, ajouter à la composante aléatoire les composantes de ses interactions atteignables à travers des traits discontinus, divisés chacune par les nombres de niveaux possibles des facettes qui apparaissent dans leur indice total, mais ne figurent pas dans α. Ex. : $\sigma^2(i{:}o \mid M) = \sigma^2(i{:}o) + \frac{1}{N_s}\sigma^2(si{:}o) + \frac{1}{N_p}\sigma^2(pi{:}o) + \frac{1}{N_p}\cdot\frac{1}{N_s}\sigma^2(spi{:}o)$	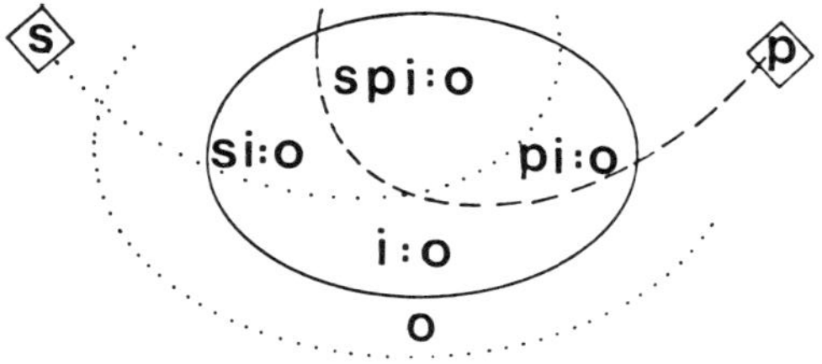 s, p, spi:o, si:o, pi:o, i:o, o

Il faudrait par contre rendre P aléatoire simple pour pouvoir tester i:o par CM(pi:o) et si:o par CM(psi:o). Il faudrait fixer I, S et O et rendre P aléatoire simple pour pouvoir tester o par CM(po), s par CM(ps) et so par CM(spo).

On voit qu'il est possible de déterminer d'avance dans quelles conditions tel ou tel effet peut être testé ; cela peut être essentiel au moment de la planification d'une expérience et du choix d'un dispositif. On a avantage alors à travailler avec un tableau donnant l'ensemble des possibilités de plans d'estimation pour un plan d'observation défini. C'est ce qui apparaît au tableau 10.3.

On peut alors chercher le plan d'estimation qui permet de réaliser les tests désirés. Pour contrôler l'effet p, par exemple, on peut utiliser le CM(po) à condition de fixer S et de laisser O aléatoire. C'est une option différente de celle qui ressortait du tableau 10.2 où p était testé par CM(pi:o).

Il va de soi que la réalité limite généralement de façon sévère les choix de plans d'estimation qui restent plausibles. On ne peut pas rendre les sexes facette aléatoire infinie, par exemple ; inversément, c'est perdre beaucoup de généralité que de considérer les items d'une épreuve pédagogique comme fixés. Dans la mesure pourtant où des options sont possibles, il est bon d'avoir un moyen de les examiner à l'avance.

La figure 10.7, partie a, résume l'algorithme qui permet d'écrire les formules de calcul des composantes de variance du modèle aléatoire, puis du modèle mixte.

La partie b de la même figure illustre, à l'aide de l'exemple des stagiaires, la façon dont les graphiques de Cronbach peuvent servir à contrôler ces formules.

Chapitre 11

RÉPARTITION DES VARIANCES SELON LE PLAN DE MESURE

Le plan d'estimation définissait le mode d'échantillonnage de chaque facette du dispositif. Il permettait ainsi de conduire à son terme l'analyse de la variance en estimant des composantes de variance pour chacun des effets.

On peut aborder maintenant la première étape de la théorie de la généralisabilité qui consiste à définir le rôle des facettes dans la mesure. Alors que l'analyse de la variance traitait de la même façon n'importe quelle facette, l'intention de la mesure privilégie certaines d'entre elles, celles qui concernent les objets d'études, sources de variance vraie. Le choix d'une direction de mesure conduit à traiter les autres facettes comme conditions d'observations, donc comme sources d'erreurs.

1. *DESIGNATION*

Les facettes du plan utilisé sont réparties entre les quatre catégories de facettes possibles. Leur nature est précisée dans la formule générale du plan de mesure, ci-dessous, selon les conventions suivantes :

$$M\ (D^R / D^F / I^F / I^R)$$

1. La lettre M hors des parenthèses indique qu'il s'agit d'un plan de mesure (ce sera O dans un plan d'optimisation).
2. Le symbole D^R désigne l'emplacement où sont inscrites les facettes de différenciation aléatoires.
3. Les facettes de différenciation fixées sont reprises dans la 2ème case. Elles sont symbolisées par D^F.
4. Les lettres écrites en troisième position désignent les facettes de contrôle (ou facettes d'instrumentation fixées) symbolisées par I^F.
5. Les lettres de la dernière case désignent les facettes de généralisation, ou facettes d'instrumentation aléatoires, symbolisées par I^R.
6. Lorsqu'un type de facettes n'apparaît pas dans un plan de mesure, l'emplacement correspondant est marqué par un

tiret. Par exemple le plan *M* (E / - / - / I) permet l'évaluation d'élèves choisis aléatoirement au moyen d'items tirés aléatoirement dans une banque d'items.

2. L'ARBITRAIRE DU CHOIX DES OBJETS DE MESURE

On comprend facilement, en examinant le premier exemple (celui des rédactions), que l'objet d'étude puisse être aussi bien les copies des élèves que le degré de sévérité des correcteurs. La variance intéressante sera alors, selon l'intention de la mesure, celle entre les copies ou celle entre les correcteurs. Chacune de ces deux facettes pouvant être soit fixée, soit aléatoire, il existe en tout quatre plans de mesure possibles. (Il n'en existe pas huit car la seconde facette est nécessairement facette de généralisation, parce qu'autrement la mesure n'aurait aucune portée). Ces quatre plans apparaissent au tableau 11.1 avec des exemples d'informations que l'on pourrait vouloir obtenir sur la base de ces plans de mesure.

Le nombre de possibilités pour le choix des objets de mesure croît très vite quand le plan d'observation devient plus complexe. Le tableau 15.10 exploite le deuxième exemple, (celui des problèmes d'arithmétique) pour établir une liste (non exhaustive) de situations de mesure convenables.

3. LA SPECIFICITE D'UNE ETUDE DE GENERALISABILITE PAR RAPPORT A L'ANALYSE DE LA VARIANCE

Dans les formulations habituelles de la théorie de la généralisabilité (Cronbach et al., 1972; Brennan, 1982), il existe des procédures qui permettent d'estimer dans quelle mesure l'échantillonnage des conditions d'observation influence les scores obtenus par les personnes étudiées. Les variations qui correspondent aux différences entre les personnes sont considérées comme la variance "vraie", toutes les autres variations constituent la variance "d'erreur" qui diminue la généralisabilité des scores observés des personnes. Seuls les facteurs qui sont les sources de la variance d'erreur sont désignés par le terme "facette".

Cette manière de faire traite les données comme si elles étaient asymétriques, puisqu'on y introduit une distinction a priori entre les personnes (à différencier) et les autres dimensions (les facettes affectant la différenciation des personnes). Cette asymétrie provoque une spécialisation prématurée du modèle qui restreint inutilement son champ d'application.

Quand on calcule en phase 2 les estimations des composantes de variance par l'analyse de variance, il n'est pas nécessaire d'introduire une distinction entre les différentes sources

Tableau 11.1 : Plans de mesure possibles à partir du plan d'observation C x R

		Rôle des facettes dans la mesure				Exemples d'informations recherchées
		D^R	D^F	I^F	I^R	
Echantillonnage de C et de R dans le plan d'observation C x R	C et R aléatoires	R	–	–	C	Note vraie d'une copie quelle que soit la personne qui l'évalue
		C	–	–	R	Comparaison de la sévérité moyenne des correcteurs quelle que soit la copie (rédaction) proposée
	C aléatoire et R fixé	–	R	–	C	Notes vraies des copies examinées calculées sur l'ensemble de tous les évaluateurs admissibles
	C fixé et R aléatoire	–	C	–	R	Calcul de l'intervalle de confiance autour de la sévérité moyenne d'un des évaluateurs ayant participé à l'expérience

de variation. L'objet de la mesure peut alors varier dans la phase 3, les mêmes données pouvant être utilisées dans des analyses successives, où chaque facteur intéressant peut être sélectionné comme objet d'étude.

Dans notre plan général d'une analyse de généralisabilité (Fig. 4.1, p. 32), nous avons clairement distingué les phases de l'analyse de la variance de celles qui sont fondées sur les concepts de la théorie de la généralisabilité. Cette distinction présente deux avantages principaux par rapport aux procédures de Cronbach et al. (1972) et de Brennan (1982).

Le premier avantage réside dans une plus grande souplesse pour analyser différents types de dispositifs. Une fois que les composantes de variance ont été estimées par le modèle approprié, aléatoire ou mixte, dans la phase 2, l'estimation des paramètres de généralisabilité peut être aisément effectuée en appliquant l'ensemble des règles définies dans les étapes 6 à 11 de la phase 3. Ces règles prennent en effet en considération les quatre types de facettes qui peuvent intervenir dans une étude de généralisabilité. Elles peuvent donc être utilisées pour l'analyse de n'importe quel plan de mesure spécifié à l'étape 6. Une réserve toutefois : pour définir les plans d'optimisation possibles dans la phase 4, il se peut qu'on doive procéder à plusieurs approches exploratoires; selon le type de modifications que l'on souhaite apporter au plan, il peut être nécessaire de retourner à la phase 2 et de recalculer les composantes de variance qui conviennent au nouveau plan. Dans la majorité des cas, cependant, les règles d'estimation de la phase 3 suffisent pour calculer les paramètres de généralisabilité à partir des composantes de variance obtenues à la phase 2.

Un second avantage est la simplification des équations qui sont utilisées pour estimer les paramètres de généralisabilité, dans le cas de plans mixtes. Cette simplification vient du fait que les estimations des composantes de variance du modèle mixte sont, après ajustements à l'étape 7, insérées directement dans les formules de généralisabilité appliquées en phases 3 et 4. Il est ainsi possible d'éviter les longues équations, exprimées en termes de sommes pondérées de composantes de variance aléatoires, qu'utilisent Cronbach et al. (1972), et Brennan (1982) pour estimer les paramètres de généralisabilité.

4. DISCUSSION DE L'EXEMPLE DES STAGIAIRES

Le choix d'un plan de mesure comporte, comme on vient de le voir, une certaine part d'arbitraire. Il est cependant possible de raisonner les décisions que l'on prend pour faire correspondre le mieux possible le modèle théorique à la réalité. Nous allons discuter dans ce but le troisième exemple, en justifiant par la même occasion le choix des modes d'échantillonnage utilisés pour chaque facette, ce choix n'ayant pu être expliqué dans les chapitres précédents.

L'objet de mesure privilégié est constitué par les stagiaires à examiner. Puisqu'on désire évaluer tous les N(s) stagiaires, et uniquement eux, par la procédure déjà indiquée (n(p) professeurs répondant, pour chaque stagiaire, aux n(i) items portant sur chacun des objectifs), la facette Stagiaires est fixée. Elle constitue donc une facette D^F à n(s) niveaux. Le plan de mesure ne contient pas de facette D^R.

Les trois autres facettes P, I et O constituent des conditions d'observation des stagiaires. Elles se situent donc sur la face d'instrumentation.

Le nombre d'objectifs à prendre en compte pour l'évaluation des stagiaires est fixé : on ne souhaite pas en effet que l'estimation du résultat obtenu à propos des objectifs pédagogiques considérés dans le questionnaire soit généralisable à d'autres objectifs pédagogiques, (ce qui soulèverait le problème difficile de définir un univers d'objectifs sur lequel se ferait la généralisation). On veut simplement mesurer les n(o) objectifs considérés. La facette O sera donc une facette de contrôle I^F.

Une étude qui doit conduire à des conclusions suppose nécessairement au moins une facette de généralisation. Sinon les mesures prises constitueraient des observations de fait, mais sans aucune portée, et donc sans intérêt. Par exemple, un examen cherche à mesurer une compétence qui doit pouvoir être mise en évidence aussi bien par un item que par un autre. La facette I doit donc être considérée comme une facette de généralisation. Le nombre d'items possibles peut être considéré comme infini.

En ce qui concerne l'examen, les professeurs-évaluateurs doivent aussi être considérés comme des "instruments de mesure". Par contre, plusieurs points de vue sont possibles en ce qui concerne leur échantillonnage. On peut considérer les n(p) professeurs qui remplissent les questionnaires comme un échantillon au hasard de l'univers infini des évaluateurs possibles. On peut aussi considérer cet échantillon comme tiré au hasard dans une population limitée, celle des professeurs des écoles d'ingénieurs du même type que l'école d'où proviennent les stagiaires. La première possibilité donne une plus grande portée aux résultats et est donc plus ambitieuse. Pourtant la généralisation à un univers très large est difficile et le coefficient de généralisabilité risque d'être faible. La seconde conception a pour elle l'avantage inverse de proposer un univers de généralisation plus restreint et donc de permettre une mesure plus précise. De plus cette conception paraît plus réaliste. La facette P est alors à traiter comme aléatoire finie. Comme elle se situe sur la face d'instrumentation, c'est encore une facette de généralisation.

Au total le plan de mesure pour le troisième exemple est symbolisé par M (-/S/O/P,I).

5. CONTROLE DE COHERENCE

Il arrive fréquemment qu'une facette de différenciation soit nichée dans une autre facette. Admettons, par exemple, que des enfants qui passent une épreuve soient les objets de l'étude (facette D^{R}); ils peuvent être en même temps nichés dans des facettes Ages, Sexes, Niveaux socio-économiques, etc. A quel type de facettes attribuer ces facettes nichantes ?

On peut d'emblée exclure les facettes de généralisation. En effet, l'interaction d'une facette nichée et d'une facette nichante est confondue avec la variance de la facette nichée. Or l'interaction d'une facette *D* et d'une facette *G* est une source d'erreur. Elle se trouverait ainsi confondue avec la variance de différenciation. Aucune répartition des variances ne serait par conséquent possible et aucune étude de généralisabilité ne serait réalisable.

Le nichage d'une facette de différenciation dans une facette de contrôle est difficilement concevable également. Le propre d'une facette fixée est que la somme des effets qu'elle cause est nulle, qu'il s'agisse d'effets principaux ou d'interactions. Or pour chaque niveau de la facette de différenciation nichée, il n'existe qu'un niveau de la facette nichante. On ne voit pas quel sens peut avoir la fixation d'une facette dans ces conditions.

Il faut donc admettre que les facettes qui nichent une facette *D* font aussi partie de la face *D*. Ceci n'empêche pas de supprimer l'effet de ces facettes nichantes si on le désire. Par exemple, si une épreuve paraît biaisée en faveur d'un sexe, on peut ajouter une constante à l'autre sexe pour rétablir l'équilibre. C'est ce qu'on fait quand on utilise un barême pour chaque sexe. Le biais ne constitue pas, cependant, une erreur au même titre que les effets d'échantillonnage des facettes de généralisation. On ne peut pas le réduire en augmentant le nombre d'observations. C'est ce qui justifie qu'on le situe sur la face de différenciation.

En conclusion, on peut énoncer les deux règles suivantes:

1. on vérifiera qu'aucune facette *D* n'est nichée dans une facette *I*
2. on admettra en principe que toute facette qui niche une facette de différenciation fait partie de la face *D* .

6. TRAITEMENT DES FACETTES FIXEES ET FINIES

Dès qu'un plan de mesure a été défini à l'étape 5 et que la cohérence du plan a été contrôlée à l'étape 6, on peut passer à l'étape 7. Cette étape inclut deux opérations qui sont étroitement liées à la présence de facettes fixées dans le plan de mesure. Le but de cette étape est d'identifier les composantes de la "variance active" qui vont entrer dans les formules des paramètres de généralisabilité et, si nécessaire, d'opérer les ajustements appropriés.

6.1. Suppression des facettes d'instrumentation fixées

Il faut distinguer deux types d'opérations selon qu'une facette fixée se trouve sur la face d'instrumentation (facette de contrôle I^F), ou sur la face de différenciation (facette D^F).

A propos du premier type, la discussion du point précédent permet de conclure qu'une facette de contrôle est, par rapport à la face de différenciation, soit croisée avec une facette D , soit nichée dans l'une au moins de ces facettes. (Elle ne peut pas être nichante). Dans un cas comme dans l'autre, chaque objet d'étude est toujours examiné selon toutes les conditions que comporte la facette de contrôle. Or la somme des influences de tous les niveaux d'une facette fixée est nulle. La somme des interactions d'un niveau de D avec tous les niveaux d'une facette I^F est également nulle. Les mesures des niveaux de D ne sont donc pas affectées par les facettes I^F.

On voit facilement qu'il en est de même pour les facettes de généralisation qui ne sont pas affectées non plus par les facettes I^F , pour des raisons identiques. Aucun niveau des facettes de différenciation ou d'instrumentation n'est donc modifié par la présence ou l'absence d'une facette d'instrumentation fixée.

On peut donc faire abstraction des facettes I^F dans la suite d'une étude G . Il suffit pour cela d'éliminer de la variance totale toutes les composantes comprenant au moins une facette de contrôle dans leur indice primaire. On pourra désigner cette variance non sujette aux fluctuations d'échantillonnage comme de la variance passive. Par opposition, les autres composantes peuvent être désignées sous le nom de variance active.

6.2. Correction de Whimbey pour les facettes fixées et finies

Quand aux facettes fixées qui appartiennent à la facette de différenciation, de même qu'à toutes les facettes aléatoires finies, ($N < \infty$), qu'elles appartiennent à la face de différenciation ou à la face d'instrumentation, on leur appliquera la seconde opération précisée à l'étape 7.

Par cette opération, toutes les composantes qui incluent une facette fixée, ou aléatoire finie, dans leur indice primaire sont ajustées de manière à éviter un biais dans l'estimation subséquente des paramètres de généralisabilité. Chacune de ces composantes est multipliée par un coefficient égal à $(N(f) - 1) / N(f)$, où $N(f)$ est le nombre de niveaux admissibles

Tab. 11.2 : Variance active en fonction des plans de mesure : cas du plan d'observation C x E x P

Quelques répartitions possibles des facettes				Variance active (variance totale = $\sigma^2(c) + \sigma^2(p) + \sigma^2(e) + \sigma^2(cp) + \sigma^2(ce) + \sigma^2(pe) + \sigma^2(cep)$) (variance d'erreur absolue : un trait au moins; variance d'erreur relative: un deuxième trait)
D^R	D^F	I^F	I^R	
E			C,P	$\underline{\sigma^2(c)} + \underline{\sigma^2(p)} + \underset{\cdots}{\sigma^2(e)} + \underline{\sigma^2(cp)} + \underline{\underline{\sigma^2(ce)}} + \underline{\underline{\sigma^2(pe)}} + \underline{\underline{\sigma^2(cep)}}$
	E		C,P	$\underline{\sigma^2(c)} + \underline{\sigma^2(p)} + \underset{\cdots}{\sigma^2(e)} + \underline{\sigma^2(cp)} + \underline{\underline{\sigma^2(ce)}} + \underline{\underline{\sigma^2(pe)}} + \underline{\underline{\sigma^2(cep)}}$
	E	C	P	$\underline{\sigma^2(p)} + \underset{\cdots}{\sigma^2(e)} + \underline{\underline{\sigma^2(pe)}}$
C			E,P	$\underset{\cdots}{\sigma^2(c)} + \underline{\sigma^2(p)} + \underline{\sigma^2(e)} + \underline{\underline{\sigma^2(cp)}} + \underline{\underline{\sigma^2(ce)}} + \underline{\sigma^2(pe)} + \underline{\underline{\sigma^2(cep)}}$
	C	E	P	$\underset{\cdots}{\sigma^2(c)} + \underline{\sigma^2(p)} + \underline{\underline{\sigma^2(cp)}}$
P		E	C	$\underline{\sigma^2(c)} + \underset{\cdots}{\sigma^2(p)} + \underline{\underline{\sigma^2(cp)}}$
	P		E,C	$\underline{\sigma^2(c)} + \underset{\cdots}{\sigma^2(p)} + \underline{\sigma^2(e)} + \underline{\underline{\sigma^2(cp)}} + \underline{\sigma^2(ce)} + \underline{\underline{\sigma^2(pe)}} + \underline{\underline{\sigma^2(cep)}}$
E,P			C	$\underline{\sigma^2(c)} + \underset{\cdots}{\sigma^2(p)} + \underset{\cdots}{\sigma^2(e)} + \underline{\underline{\sigma^2(cp)}} + \underline{\underline{\sigma^2(ce)}} + \underset{\cdots}{\sigma^2(pe)} + \underline{\underline{\sigma^2(cep)}}$
	E,C		P	$\underset{\cdots}{\sigma^2(c)} + \underline{\sigma^2(p)} + \underset{\cdots}{\sigma^2(e)} + \underline{\underline{\sigma^2(cp)}} + \underset{\cdots}{\sigma^2(ce)} + \underline{\underline{\sigma^2(pe)}} + \underline{\underline{\sigma^2(cep)}}$

de la facette dont le nombre de niveaux est fini. Si une composante contient plusieurs indices de facettes finies dans son indice primaire, il faudra appliquer autant de coefficients d'ajustement qu'il existe de facettes de ce genre. Par souci de clarté, nous désignerons les composantes ajustées de α par le terme "espérance de variance de α", que nous symboliserons par $E^2(\alpha)$.

C'est Brennan (communication personnelle) qui attira notre attention sur les problèmes d'estimation, explicités précédemment dans un autre contexte par Whimbey, Vaughan et Tatsuoka (1967). Le problème provient de ce que, dans le modèle de Cornfield et Tukey, ces composantes sont définies avec un coefficient de (N(f) – 1) au dénominateur. Par contre, les paramètres de généralisabilité sont toujours définis, pensons-nous, avec un coefficient de N au dénominateur, dès qu'ils font intervenir une facette finie.

Ceci n'apparaît pas dans l'ouvrage de Cronbach de 1972, étant donné que cet auteur ne traite pas des facettes de généralisation aléatoires finies, qu'il n'aborde pas le cas de facettes finies sur la face *D* , et qu'il n'est pas nécessaire non plus de calculer la variance des facettes d'instrumentation fixées. Pour une population et un univers infinis, Cronbach peut alors sans difficulté définir ses variances comme Cornfield et Tukey, avec (N-1) au dénominateur.

Pour une population ou un univers finis, par contre, les termes d'erreurs ne peuvent être définis de façon cohérente que si l'on utilise un dénominateur de N pour ces variances. Examinons par exemple l'erreur relative, dans un plan croisé P x I. Elle est calculée à partir de σ^2(pi,e). Voyons ce qui arrive si l'on définit cette variance en utilisant (N-1).

Admettons par exemple que P soit finie. On peut calculer l'espérance mathématique de σ^2(pi,e) pour chaque ligne (personne) et faire ensuite la moyenne de toutes les valeurs des variances trouvées en divisant leur somme par N(p). C'est ce qu'envisage Cronbach dans son ouvrage (1972, p. 79). On voit sans peine qu'on obtiendrait un résultat différent si on calculait d'abord les variances des (pi,e) pour chaque colonne i, en les recombinant ensuite : dans ce second cas, on diviserait la même somme de carrés par (N(p) - 1), au lieu de N(p). Le problème serait symétriquement le même si c'était la facette I qui était finie.

Pour que la définition de σ^2(pi,e) soit la même, que l'on commence par calculer la variance pour chaque ligne, ou pour chaque colonne, avant d'en faire la moyenne, (ou bien que l'on calcule directement la variance sur l'ensemble de N(p)N(i) valeurs, dans le cas où les deux facettes sont finies), on voit qu'il faut utiliser la définition classique de la variance, comme une somme de carrés divisée par N.

C'est pourquoi nous considérons que toutes les variances utilisées dans la troisième phase sont définies de manière classique.

Ceci oblige à corriger les résultats de l'algorithme de Millman et Glass (1967) pour les composantes incluant des facettes finies, afin d'éviter un biais qui peut être très important quand la valeur N(f) est faible. Nous l'appellerons la correction de Whimbey.

Le lecteur pourra trouver dans Brennan, Jarjoura & Deaton (1980) des indications complémentaires sur les problèmes que posent l'estimation et l'interprétation des composantes de variance dans la théorie de la généralisabilité. Il pourra aussi comparer aux tableaux 11.3 et 11.4 les définitions données aux composantes de variance dans une analyse de variance et dans une étude de généralisabilité. Identiques dans le cas du modèle entièrement aléatoire, ces définitions sont différentes pour le modèle mixte.

Après avoir appliqué les deux opérations de l'étape 7, il faut encore veiller à ne pas modifier les indices des composantes de la variance active. Il faut conserver toutes les lettres, y compris celles des facettes I^F , pour que restent valables les règles relatives au calcul des coefficients.

A titre d'exemple, le tableau 11.2 présente les composantes de la variance active pour quelques-uns des nombreux plans de mesure possibles avec le plan d'observation C x E x P (les composantes y sont soulignées différemment, pour des raisons qui seront évoquées plus loin).

7. *CHOIX DU PLAN CORRECT*

Cronbach et ses collaborateurs avaient bien mis en évidence dans leur livre de 1972 que le mode d'échantillonnage des facettes d'instrumentation affectait l'estimation des paramètres de généralisabilité. Quand un plan d'estimation inclut une ou plusieurs facettes d'instrumentation fixées, certaines équations de calcul des composantes de variance diffèrent par rapport au modèle aléatoire. En conséquence, certaines estimations du modèle mixte, obtenues à l'étape 4, sont plus grandes que les estimations correspondantes du modèle aléatoire obtenues à l'étape 3.

Nous avons montré par ailleurs (Cardinet, Tourneur, Allal, 1981) que le mode d'échantillonnage des facettes de différenciation affectait également les paramètres de généralisabilité. De plus, comme on vient de le voir, les estimations des espérances de variance des facettes finies se trouvant sur la face *D* du plan de mesure, supposent un ajustement à l'étape 7. Du fait de ces divers changements, certains termes qui entrent dans les formules de généralisabilité prennent d'autres valeurs dans le cas d'un modèle mixte, par rapport au cas entièrement aléatoire.

Il s'ensuit que l'utilisation d'un modèle d'estimation incorrect pour l'une ou l'autre face, (par ex. le traitement d'une facette *D* comme aléatoire alors que, pour des raisons logiques ou pratiques, elle doit être considérée comme fixe,

Tableau 11.3 : Définition et estimation des composantes et des espérances de variance dans le plan entièrement aléatoire M(P/-/-/I)

Composantes α	Définition de $\sigma^2(\alpha)$ selon Cornfield et Tukey	Expression de $\sigma^2(\alpha)$ en termes de carrés moyens attendus	Valeur de $E^2(\alpha)$ pour l'étude de généralisabilité (phase 3)
p	$\sigma^2(p) = \underset{p}{\varepsilon}(\tilde{\mu}_p)^2 = \lim_{N_p \to \infty} \frac{1}{N_p - 1} \sum_p (\mu_p - \mu)^2$	$[CMA_p - CMA_{pi,e}] / n_i$	$E^2(p) = \sigma^2(p)$
i	$\sigma^2(i) = \underset{i}{\varepsilon}(\tilde{\mu}_i)^2 = \lim_{N_i \to \infty} \frac{1}{N_i - 1} \sum_i (\mu_i - \mu)^2$	$[CMA_i - CMA_{pi,e}] / n_p$	$E^2(i) = \sigma^2(i)$
pi,e	$\sigma^2(pi,e) = \underset{p,i}{\varepsilon}(\tilde{\mu}_{pi,e})^2 = \lim_{\substack{N_p \to \infty \\ N_i \to \infty}} \frac{1}{(N_p - 1)(N_i - 1)} \sum_{p,i} (\mu_{pi,e} - \mu_p - \mu_i + \mu)^2$	$CMA_{pi,e}$	$E^2(pi,e) = \sigma^2(pi,e)$

Tableau 11.4 : Définition et estimation des composantes et des espérances de variance dans le plan mixte M(-/P/-/I) avec P fixé

Composantes α	Définition de $\sigma^2(\alpha)$ selon Cornfield et Tukey	Expression de $\sigma^2(\alpha)$ en termes de carrés moyens attendus	Valeurs de $E^2(\alpha)$ pour l'étude de généralisabilité (phase 3)
p	$\sigma^2(p\|P) = \frac{1}{n_p - 1} \Sigma_p (\mu_p - \mu)^2$	$[CMA(p) - CMA(pi,e)] / n_i$	$E^2(p\|P) = \varepsilon_p (\mu_p - \mu)^2$ $= \frac{n_p - 1}{n_p} \sigma^2(p\|P)$
i	$\sigma^2(i\|P) = \varepsilon_i (\tilde{\mu}_i)^2$ $= \lim_{N_i \to \infty} \frac{1}{N_i - 1} \Sigma_i (\mu_i - \mu)^2$	$CMA(i) / n_p$	$E^2(i\|P) = \varepsilon_i (\mu_i - \mu)^2$ $= \sigma^2(i\|P)$
pi,e	$\sigma^2(pi,e\|P) = \frac{1}{n_p - 1} \Sigma_p \varepsilon_i (\tilde{\mu}_{pi,e})^2$ $= \frac{1}{n_p - 1} \Sigma_p [\lim_{N_i \to \infty} \frac{1}{N_i - 1} \Sigma_i (\tilde{\mu}_{pi,e})^2]$	$CMA(pi,e)$	$E^2(pi,e\|P) = \varepsilon_{p,i} (\tilde{\mu}_{pi,e})^2$ $= \frac{n_p - 1}{n_p} \sigma^2(pi,e\|P)$

ou vice versa), peut conduire à surestimer, ou à sousestimer, la variance de différenciation et les variances d'erreur.

La figure 13.1, partie a, rappelle les étapes successives du calcul des paramètres de généralisabilité, pour le plan de mesure utilisé dans la phase 3, (page 152).

8. DIAGRAMME DU PLAN DE MESURE

Il est facile de faire apparaître sur le diagramme de Cronbach la direction choisie pour la mesure. Il suffit de compléter le diagramme du plan d'estimation en repassant au feutre rouge les ellipses des facettes de différenciation et au feutre bleu les ellipses des facettes de généralisation. Si le diagramme du plan d'estimation avait été dessiné au crayon, on peut alors gommer les facettes de contrôle et conserver uniquement les facettes bleues et rouges de la variance active.

On devra effacer également les symboles des composantes de la variance passive (celles qui contiennent une facette de contrôle dans leur indice primaire). Par contre, on conservera dans les symboles des composantes de la variance active tous les indices des facettes effacées. Leur présence est nécessaire pour calculer correctement les coefficients de pondération.

On pourra vérifier ensuite sur le diagramme qu'aucune facette rouge n'est nichée dans une facette bleue.

Dans la dernière colonne des parties b des figures 8.1, 10.7 et 13.1 se trouvent représentés successivement le plan d'observation, le plan d'estimation et le plan de mesure *M*(-/S/O/P,I) pour le troisième exemple, celui des stagiaires. On peut examiner le nouveau diagramme sans facette O et situer les composantes de variance qui ont été effacées : o, so, spo et po. On note que la lettre o reste présente dans les indices secondaires des composantes i:o, si:o, pi:o, et spi:o.

Chapitre 12

CALCUL DES PARAMÈTRES DE GÉNÉRALISABILITÉ

1. ADDITIVITE DES VARIANCES SUR LES DEUX FACES

1.1. Les deux catégories de variances

Le chapitre précédent a rappelé en quoi la théorie de la généralisabilité se situait dans le prolongement de l'analyse de la variance et en quoi elle s'en distinguait. Il s'agit bien toujours de travailler avec les composantes de variance que les formules du modèle mixte permettent d'estimer, mais il faut les répartir en deux catégories selon leur fonction dans la mesure. Les unes, celles qui expriment les différences entre les objets mesurés, vont correspondre à la variance "vraie", ou de différenciation; les autres, celles qui expriment les différences entre les conditions d'observation, vont correspondre à la variance " d'erreur" ou d'instrumentation.

Ces deux catégories de variance doivent être traitées de façon très différente, même s'il s'agit toujours de les additionner (pour estimer, par recomposition, les variances "vraie" et "d'erreur"), et bien qu'on s'appuie pour le faire sur le même théorème : celui qui affirme que les variances s'additionnent lorsque les sources de variation sont indépendantes. Dans un cas, pour la variance vraie, il suffit en effet d'appliquer directement le théorème d'addivité à toutes les sources de variation caractérisant les objets de mesure. Dans l'autre cas, pour la variance d'erreur, il faut estimer la variance de la moyenne des effets des conditions d'observation et tenir compte pour cela du nombre de conditions possibles et du nombre de conditions échantillonnées.

1.2. L'additivité des sources d'erreurs

La théorie de la généralisabilité de Cronbach se distingue de la théorie des tests antérieure par le fait qu'elle distingue différents types d'erreur, correspondant à des sources identifiables: les facettes de la situation d'observation, par exemple les questions, les moments, les correcteurs, etc. La variance d'erreur n'est plus considérée globalement, mais est calculée comme la somme des fluctuations d'échantillonnage dues à chacune des sources de variation analysables dans la situation d'observation. Il s'agit dans tous les cas des variances provenant des interactions de chacune des facettes de généralisation avec chacune des facettes de différenciation, plus dans certains cas, examinés plus bas, des fluctuations d'échantillonnage propres aux facettes de généralisation.

Le fait que la variance d'erreur soit ainsi décomposable en éléments distincts qui s'ajoutent offre naturellement des avantages à la fois théoriques et pratiques : puisque l'on peut savoir d'où proviennent les erreurs, on peut non seulement les interpréter plus facilement, mais encore intervenir pour en limiter la portée.

1.3. L'additivité des composantes de la variance de différenciation

Dans ses divers écrits sur la généralisabilité, Cronbach a souligné l'intérêt de prendre en compte une multiplicité de sources de variance sur la face d'instrumentation, sans pour autant jamais appliquer le même raisonnement à la face de différenciation. Rien n'empêche pourtant de tenir le même discours à propos de la variance "vraie".

Par exemple, même si l'on continue à s'intéresser en priorité aux personnes comme objets d'étude, on peut avoir à combiner l'effet de facettes nichantes (telles que le groupe social d'origine) à celui de la facette nichée habituelle en éducation (celle des élèves). La variance entre élèves sera alors calculée comme la variance à l'intérieur des groupes, et la composante "groupe social" sera calculée à partir de la somme des carrés intergroupes. On peut donc arriver de deux façons à une estimation à peu près équivalente de la variance de différenciation totale, que l'on parte de l'ensemble des élèves non subdivisés, ou que l'on additionne les effets intra- et intergroupes. Dans le second cas, cependant, l'analyse aura en même temps l'avantage de comparer l'une à l'autre les deux sources de variance principales qui influencent la variance de différenciation. C'est une façon de mieux savoir ce que mesure l'épreuve dont on étudie la généralisabilité.

L'argumentation qui vient d'être avancée à propos d'un exemple peut être formulée de façon générale : la variance entre objets d'études est analysable au même titre que la variance entre conditions d'observation et se justifie de la même façon.

Il s'ensuit que l'ensemble des facettes de la face de différenciation et leurs interactions éventuelles interviennent dans le calcul de la variance de différenciation. Examinons par exemple un plan où la facette Elèves (P) est nichée dans la facette Classes (C) et toutes deux sont croisées avec la facette Items (I), soit le plan aléatoire (P:C) x I. Il est possible d'estimer cinq composantes de variance distinctes correspondant aux cinq composants de scores $\tilde{\mu}(c)$, $\tilde{\mu}(p:c)$, $\tilde{\mu}(i)$, $\tilde{\mu}(ci)$, et $\tilde{\mu}(pi:c)$. On peut estimer la variance de différenciation lorsque la face de différenciation est composée de tous les élèves sans distinction de classe.Il s'agit de la variance de la somme des composants $\tilde{\mu}(p:c)$ et $\tilde{\mu}(c)$. L'interaction entre p et c est confondue avec l'effet p dans $\tilde{\mu}(p:c)$: elle est donc prise en compte dans la variance de différenciation, de même que les effets principaux (p) et (c).

Ce ne sont pas seulement les facettes nichées qui peuvent s'organiser et s'additionner sur la face de différenciation. On peut admettre aussi que la population à différencier est constituée par le produit cartésien des niveaux de plusieurs facettes croisées. Par exemple, la population des opérations additives de première année primaire peut se définir comme l'ensemble des combinaisons additives de deux nombres de un chiffre. La difficulté de ces 100 opérations peut être analysée en termes d'une part de deux effets principaux, qui sont la grandeur de chacun des deux nombres, et d'autre part de leur interaction. Il est plus informatif de calculer ces trois composantes de variance, puis de les additionner, que de calculer directement la variance des difficultés sur les 100 problèmes pris isolément.

Pour prendre un autre exemple, supposons que l'on structure un test de survey en organisant les questions selon les contenus disciplinaires et les niveaux d'objectifs. On peut désirer connaître la fidélité de l'estimation de la difficulté des questions. Si l'on a construit une seule question (i) pour chaque combinaison de contenu (c) et de niveaux d'objectifs (o), la composante $\tilde{\mu}(i)$ est nichée dans l'interaction $\tilde{\mu}(co)$ et confondue avec elle. On doit alors définir la variance de différenciation en fonction de trois composantes distinctes $\tilde{\mu}(c)$, $\tilde{\mu}(o)$ et $\tilde{\mu}(co,i)$. Il est important d'en connaître l'importance respective, même si l'on regroupe ces trois composantes pour estimer la variance interquestions.

2. CALCUL DE LA VARIANCE DE DIFFERENCIATION

2.1. Règle de sommation

Il est difficile de désigner verbalement et de façon générale quelles sont les composantes susceptibles d'être englobées dans la variance de différenciation.

Lorsque la face D est constituée de facettes croisées, l'ensemble des objets d'études à différencier se compose des éléments de l'ensemble-produit des niveaux de toutes les facettes de différenciation.

Lorsque la face D est constituée de facettes emboîtées les unes dans les autres, l'ensemble des objets d'études est la réunion des niveaux de la facette nichée la plus emboîtée, (par exemple, l'ensemble des élèves, si les élèves sont nichés dans des classes et les classes dans les écoles).

Pour les plans à la fois croisés et nichés, une règle formelle devient plus facile à formuler et à appliquer :

Règle : On recherche, dans la variance active, toutes les composantes ne comprenant que des facettes D dans leur indice primaire et on totalise la valeur de toutes ces composantes.

Le symbole de la variance de différenciation est $\sigma^2(\tau)$.

2.2. Contrôle graphique

On peut colorier en rouge les régions élémentaires qui ne comprennent que des facettes *D* dans leur indice primaire. On peut également sauter cette étape, mais effectuer le contrôle à l'étape suivante, après qu'aient été hachurées toutes les régions correspondant aux facettes de généralisation. Les composantes de différenciation apparaissent alors en blanc et on peut vérifier la concordance entre le diagramme et la formule.

2.3. Exemples

(1) Plan C x E x P

Les variances de différenciation, pour chaque plan de mesure proposé au tableau 11.2, ont été soulignées d'un trait pointillé. Le lecteur pourra les retrouver à titre d'exercìce.

(2) Plan S x P x (I:O)

On trouve dans la dernière colonne de la figure 13.1, partie b, le dessin du plan du troisième exemple. Le deuxième diagramme délimite, en blanc, la face de différenciation qui se réduit, dans ce cas, à une seule région; celle de la composante "stagiaires" ($\sigma^2(\tau) = \sigma^2(s)$).

(3) Exemple numérique du plan C x R

Le tableau 11.1 avait proposé quatre exemples de plans de mesure, faisant varier le rôle des deux facettes (rédactions et correcteurs) dans la mesure. Chacune d'elles apparaissait soit sur la face de différenciation, soit sur la face d'instrumentation. Dans le premier cas, (en tant qu'objet d'étude), chacune pouvait représenter soit une facette aléatoire, soit une facette fixée.

La composante de variance pour les rédactions considérées comme constituant une facette aléatoire est égale à 3,444. Si cette facette est considérée comme fixée, il faut transformer la composante de variance (définie avec N-1 au dénominateur) en espérance de variance (définie avec N au dénominateur). Cette dernière valeur est alors de 3,444 x (N-1)/N = 2,952.

La composante de variance pour les correcteurs (facette aléatoire) est un peu plus petite : 2,291. L'espérance de variance correspondante est alors de 2,177.

Tableau 12.1 : Variances de différenciation et d'erreur pour quatre plans de mesure possibles avec C x R

		Rôle des facettes dans la mesure				Exemples d'informations recherchées	Variance de différenciation	Variances d'erreur absolue	Variances d'erreur relative
		D^R	D^F	I^F	I^R		$\sigma^2(\tau)$	$\sigma^2(\Delta)$	$\sigma^2(\delta)$
Echantillonnage de C et de R dans le plan d'observation C x R	C et R aléatoires	R	–	–	C	Note vraie d'une rédaction quelle que soit la personne qui la corrige	$\sigma^2(r)$ (3,444)	$\frac{1}{n_c}[\sigma^2(c)+\sigma^2(cr)]$ (0,2499)	$\frac{1}{n_c}\sigma^2(cr)$ (0,1353)
	C et R aléatoires	C	–	–	R	Comparaison de la sévérité moyenne des correcteurs quelle que soit la copie (rédaction) proposée	$\sigma^2(c)$ (2,291)	$\frac{1}{n_r}[\sigma^2(r)+\sigma^2(cr)]$ (0,8786)	$\frac{1}{n_r}\sigma^2(cr)$ (0,3866)
	C aléatoire et R fixé	–	R	–	C	Notes vraies des rédactions examinées calculées sur l'ensemble de tous les correcteurs admissibles	$E^2(r)$ (2,952)	$\frac{1}{n_c}[\sigma^2(c\|r^*)+E^2(cr)]$ (0,2499)	$\frac{1}{n_c}E^2(cr)$ (0,1160)
	C fixé et R aléatoire	–	C	–	R	Calcul de l'intervalle de confiance autour de la sévérité moyenne d'un des correcteurs ayant participé à l'expérience	$E^2(c)$ (2,177)	$\frac{1}{n_r}[\sigma^2(r\|c^*)+E^2(cr)]$ (0,8786)	$\frac{1}{n_r}E^2(cr)$ (0,3678)

Ces valeurs apparaissent au tableau 12.1, pour chacun des quatre plans, avec des estimations d'erreurs que l'on va aborder maintenant.

3. ERREURS ABSOLUES ET ERREURS RELATIVES

3.1. Mesure absolue et mesure relative

On parle de mesure absolue lorsqu'on cherche à situer une grandeur par rapport à une échelle dont les échelons sont définis a priori, avant que l'on ait effectué les observations. C'est le cas pour les mesures physiques. On peut également en trouver des exemples en pédagogie, plus rarement en psychologie :

1. contrôle de la maîtrise d'un objectif par une personne, sur la base d'un seuil défini en termes de comportements observables ;
2. admission à des études d'après un règlement spécifiant les prérequis indispensables, mais sans numerus clausus limitant le nombre d'étudiants admis ;
3. confirmation dans un emploi de mécanicien de locomotive après contrôle du fonctionnement normal du système perceptivo-moteur ;
4. réussite à l'examen théorique de conduite automobile,conditionnée par l'obtention de 14 réponses justes au moins aux vingt questions proposées sur le code de la route ;
5. détermination du stade de développement intellectuel atteint par un sujet, à partir d'épreuves opératoires de type piagétien.

Les instruments de mesure, dans tous ces cas, devraient fournir des informations sûres et fiables, par conséquent répétables. Des consignes ou règlements spéciaux assurent généralement la stabilité du seuil en le rattachant à des exigences objectivement contrôlables.

Pour des mesures relatives, par opposition, ce sont les positions relatives des résultats qui constituent l'information essentielle. On peut dire qu'on s'intéresse surtout dans ce cas au classement ou aux rangs des observations, même si on considère quelquefois l'écart qui peut exister entre ces résultats. Des exemples concrétiseront l'opposition envisagée :

1. concours d'admission à une école sur la base d'un examen où les 50 premiers sont reçus ;
2. comparaison du degré de maîtrise des objectifs poursuivis par plusieurs traitements éducatifs, afin de décider quels sont les objectifs les mieux réussis après chaque traitement;
3. mesure du quotient intellectuel d'un enfant, ce quotient le situant en fait relativement aux autres enfants de son âge ;
4. diagnostic des questions trop difficiles, ou trop faciles, dans une épreuve centrée sur un objectif, (questions qui perturbent l'homogénéité de cette épreuve);

5. constitution de deux niveaux, normal et avancé, dans une même classe, sur la base d'un travail écrit ;
6. différenciation des sujets plus et moins anxieux par le moyen d'un questionnaire, pour comparer leurs réactions devant une épreuve psychologique ;
7. détermination des moments de l'année scolaire pendant lesquels l'apprentissage est le plus fécond.

Dans tous les cas, l'échelle objective de l'instrument de mesure n'épuise pas toute l'information que l'on peut tirer du résultat. Savoir que l'élève a réussi 90 % des questions composant une épreuve de mathématique nous informe sur le score absolu de l'élève, mais ne nous dit pas quelle est la position de l'élève dans son groupe, ou par rapport à une norme (d'âge, de niveau, etc.); d'où l'utilité, dans l'évaluation relative, d'une table de conversion permettant de passer d'une échelle (absolue) à l'autre (relative). Les barèmes exprimés en notes standardisées sont utilisés depuis longtemps à cette fin.

3.2. Les erreurs correspondantes

(1) Définitions

En se référant à ces deux types de mesure, Cronbach et ses collaborateurs distinguent deux types d'erreurs commises lors de l'estimation d'une valeur :

1. l'erreur sur la mesure absolue, qui est l'écart entre la valeur observée prise comme estimation du score univers et ce score univers. On représente cette erreur par Δ (grand delta). On l'appelle, pour simplifier, l'erreur absolue.

2. l'erreur sur la mesure relative, qui est celle que l'on commet lorsqu'on veut estimer l'écart entre le score observé et le score moyen de la population correspondante d'objets d'études. On représente cette erreur par δ (petit delta). On l'appelle l'erreur relative. Elle affecte les scores observés, non seulement lors du calcul d'une note étalonnée (fondée sur la distribution des résultats observés), mais aussi lorsqu'on s'intéresse à l'écart entre deux valeurs d'une échelle, (dans les situations de concours), ou encore à la distance d'un score par rapport à la moyenne.

Comme on peut le voir sur la représentation graphique de la figure 12.1, l'erreur sur la mesure relative, ou erreur relative, est égale à l'écart entre deux scores :
- le score observé relatif, exprimé en écart à la moyenne de la distribution observée ;
- le score univers relatif, exprimé en écart à la moyenne des scores univers (espérance mathématique de l'ensemble des mesures possibles dans les conditions définies pour l'examen).

Figure 12.1 : Relations entre scores et erreurs

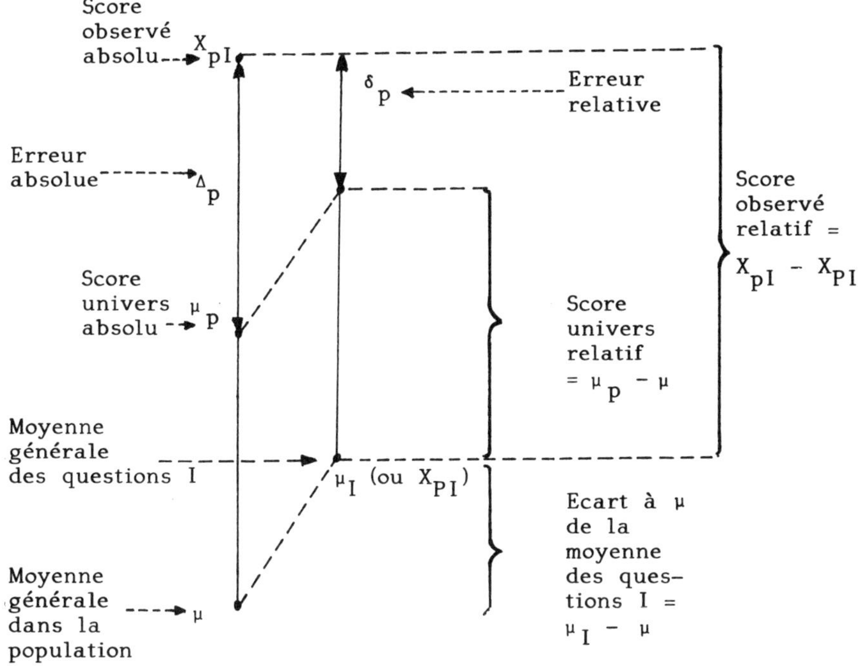

(2) Formulation mathématique pour un plan P x I

Ces définitions de l'erreur absolue et relative se prêtent bien à une formalisation mathématique, qui permet de dériver les relations entre les divers scores et erreurs dont nous parlons, alors que la figure 12.1 ne fait que les illustrer intuitivement.

Rappelons d'abord la définition de quelques notations:

X_{pI} = moyenne du sujet p sur toutes les n(i) observations (moyenne de p aux items du test par exemple).

X_{PI} = moyenne générale des n(p) sujets aux n(i) observations ou encore moyenne des n(p) valeurs marginales X (pI) (une par ligne)

X_{iP} = taux de réussite à l'item i, calculé sur tous les n(p) sujets de l'échantillon.

X_{IP} = moyenne des n(i) valeurs marginales X(iP) (une par colonne)
= X(PI)

$\varepsilon_I X_{pI} = \mu_p$, score univers du sujet p calculé sur tout l'univers d'items

$\varepsilon_P X_{iP} = \mu_i$, facilité univers de l'item i calculée sur toute la population de sujets.

μ = taux moyen de réussite aux items sur toute la population de sujets et sur tout l'univers d'items.

Nous pouvons maintenant définir les deux types d'erreurs sur des mesures relatives aux sujets (p) ou aux items (i).

Erreurs absolues
$$\Delta_p = X_{pI} - \mu_p$$
$$\Delta_i = X_{iP} - \mu_i$$

Erreurs relatives
$$\delta_p = (X_{pI} - X_{PI}) - (\mu_p - \mu)$$
$$\delta_i = (X_{iP} - X_{IP}) - (\mu_i - \mu)$$

La différence entre les deux types d'erreurs (Δ et δ) provient de l'incertitude dans l'estimation de la moyenne. En effet :

$$\Delta_p - \delta_p = (X_{pI} - \mu_p)-(X_{pI} - X_{PI})+(\mu_p - \mu) = X_{PI} - \mu$$

$$\Delta_i - \delta_i = (X_{iP} - \mu_i)-(X_{iP} - X_{IP})+(\mu_i - \mu) = X_{IP} - \mu = X_{PI} - \mu$$

L'erreur absolue est donc la somme de l'erreur relative et de l'erreur sur la valeur de la moyenne due au fait que l'on a échantillonné telles personnes pour estimer la facilité de l'item, ou tel groupe d'items pour estimer le score d'une personne.

Δ comme δ peuvent être définis pour toutes les dimensions d'un plan orthogonal. On parle de $\Delta(p)$, $\Delta(i)$ ou $\Delta(m)$ pour désigner respectivement l'erreur de généralisation attachée au score absolu d'un sujet, à la facilité absolue d'une question, ou à la réussite moyenne absolue des élèves à un moment donné d'un programme, par exemple.

Parallèlement, on attache à δ un indice qui spécifie le type d'erreurs qui intéresse le chercheur : p pour l'écart ($\delta(p)$) entre la déviation observée et la déviation vraie pour le score d'un sujet; i pour l'erreur correspondante ($\delta(i)$) obtenue en estimant la difficulté d'un item; m pour l'erreur obtenue ($\delta(m)$) en estimant le taux de maîtrise d'un objectif aux divers moments de l'apprentissage.

4. CALCUL DE LA VARIANCE D'ERREUR ABSOLUE

4.1. Dérivation de la formule pour le plan P x I

Imaginons que n(p) sujets ont été testés avec n(i) instruments, les mêmes pour tous les sujets. On veut connaître la variance des erreurs absolues qui affectent les moyennes individuelles de n(i) scores, moyennes désignées par X(pI).

Le modèle additif de l'analyse de la variance implique l'égalité suivante (le symbole ~ signifiant écart à la moyenne):

$$X_{pi} = \mu_p + (\tilde{\mu}_i + \tilde{\mu}_{pi} + e_{pi})$$

(En fait, l'interaction (pi) et l'erreur résiduelle (e) sont confondues, en $\tilde{\mu}(pi,e)$. Considérant l'ensemble I des n(i) instruments comme un tout, on calcule la moyenne de tous leurs résultats, X(pI) et l'erreur sur la mesure absolue $\Delta(p)$:

$$X_{pI} = \mu_p + (\tilde{\mu}_I + \tilde{\mu}_{pI,e})$$

$$\Delta_p = X_{pI} - \mu_p = \tilde{\mu}_I + \tilde{\mu}_{pI,e}$$

La variance d'erreur et la variance de différenciation sont définies, dans la théorie de la généralisabilité (Cronbach, 1972, p. 79) en termes d'espérances mathématiques,(symbole: ε).

Dans le dispositif croisé P x I, la variance d'erreur absolue $\sigma^2(\Delta(pI))$, pour N(p) et N(i) $\rightarrow \infty$, est définie de la manière suivante :

$$\sigma^2(\Delta_{pI}) = \underset{p,I}{\varepsilon} (\tilde{\mu}_I + \tilde{\mu}_{pI,e})^2$$

En tenant compte de l'indépendance des composants de scores $\tilde{\mu}(I)$ et $\tilde{\mu}(pI,e)$, on peut écrire :

$$\sigma^2(\Delta_{pI}) = \underset{p,I}{\varepsilon} (\tilde{\mu}_I)^2 + \underset{p,I}{\varepsilon} (\tilde{\mu}_{pI,e})^2$$

que l'on estime ainsi :

$$\hat{\sigma}^2(\Delta_{pI}) = \hat{\sigma}^2(I) + \hat{\sigma}^2(pI) = \frac{1}{n_i} [\hat{\sigma}^2(i) + \hat{\sigma}^2(pi)]$$

Autrement dit, la variance d'erreur absolue est constituée de la variance des moyennes de n(i) composants de scores de difficulté des items (i) et de la variance des moyennes de n(i) composants de scores correspondant aux interactions (pi). Ces deux variances qui affectent les scores observés correspondent d'une part à la variance propre des facettes de généralisation et d'autre part à l'interaction des facettes de différenciation et d'instrumentation.

4.2. *Correction pour univers fini*

Lorsque l'univers dans lequel est effectué le tirage au hasard des items est limité, de taille N (avec $\infty > N > n$), la variance des moyennes d'échantillons est nécessairement réduite , et cela d'autant plus que n s'approche davantage de N.

La formule générale pour la variance des moyennes d'échantillons aléatoires, donnée entre autres par Cochran (1977), et valable pour n'importe quelle taille de la population et de l'échantillon, est la suivante (en admettant une définition de la variance comportant N au dénominateur) :

$$\sigma^2(\bar{X}) = \frac{\sigma^2(X)}{n} \cdot \left(\frac{N - n}{N - 1}\right)$$

Pour $N \to \infty$, on retrouve la formule habituelle. Pour $N = n$, la variance est nulle, ce qui justifie la suppression des facettes d'instrumentation fixées effectuée précédemment.

La variance d'erreur absolue, pour une facette de généralisation I aléatoire finie est donc donnée par la formule

$$\sigma^2(\Delta_p) = \frac{\sigma^2(i)}{n_i} \cdot \left(\frac{N_i - n_i}{N_i - 1}\right) + \frac{\sigma^2(pi)}{n_i} \cdot \left(\frac{N_i - n_i}{N_i - 1}\right)$$

où N(i) est par exemple le nombre de questions dans la banque d'items d'où sont tirés des échantillons aléatoires de n(i) questions.

4.3. *Règles générales*

Pour trouver les composantes de la variance d'erreur absolue, il faut simplement se rappeler que toutes les composantes de la variance active sont sources de fluctuations d'échantillonnage, sauf celles qui appartiennent à la variance propre des objets d'études. Il suffit donc de retirer de la variance active les composantes déjà additionnées dans la variance de différenciation.

Le problème qui demeure est celui des coefficients, que l'on vient de voir traiter pour l'exemple du plan P x I et dont on peut généraliser la conclusion. Si, pour une mesure, on calcule la moyenne de plusieurs niveaux choisis aléatoirement sur une même facette, la variance d'erreur due à cette facette sera divisée par le nombre de niveaux échantillonnés, selon la loi fondamentale de tout échantillonnage. Il suffit donc, avant de les additionner, de diviser les composantes de la variance de généralisation par le nombre de fois où l'effet correspondant a été échantillonné. Ceci revient à diviser chaque composante par le nombre de niveaux observés des facettes I qui apparaissent dans son indice total. En tenant compte d'autre part de la correction pour univers fini, on arrive aux règles suivantes :

1. Ecrire toutes les composantes de la variance active qui subsistent après soustraction de la variance de différenciation.

2. Diviser chacune par le produit des nombres de niveaux observés des facettes d'instrumentation apparaissant dans son indice total.
3. Pour chaque facette d'instrumentation aléatoire finie qui apparaît dans l'indice primaire d'une composante, multiplier le terme obtenu à l'étape précédente par la correction pour univers fini correspondante : (N(f) - n(f)) / (N(f) - 1).
4. Effectuer la somme pondérée des composantes ainsi écrites. Le symbole de la variance d'erreur absolue est $\sigma^2(\Delta)$.

4.4. *Contrôle graphique*

On peut identifier toutes les composantes de la variance d'erreur absolue en hachurant toute la surface obtenue par la réunion des facettes de généralisation. Il est facile alors de vérifier qu'aucune composante de variance n'a été oubliée. C'est ce qui a été fait à la figure 13.1 b avec le deuxième diagramme.

4.5. *Exemples*

(1) Plan C x E x P

Au tableau 11.2 les composantes de la variance d'erreur absolue ont été soulignées de traits continus (tantôt un, tantôt deux, pour une raison qui apparaîtra plus loin), pour chaque plan de mesure, c'est-à-dire à chaque ligne.

(2) Plan S x P x (I:O)

Dans l'exemple des stagiaires du chapitre 5, la variance d'erreur absolue pour le plan de mesure défini par *M* (-/S/O/P,I) est la suivante, (en supposant P entièrement aléatoire) :

$$\sigma^2(\Delta_s) = \frac{1}{n_p}\sigma^2(p) + \frac{1}{n_p} E^2(sp) + \frac{1}{n_i n_o} E^2(si{:}o) + \frac{1}{n_p n_i n_o} E^2(spi{:}o)$$

$$+ \frac{1}{n_p n_i n_o}\sigma^2(pi{:}o) + \frac{1}{n_i n_o}\sigma^2(i{:}o)$$

(Le symbole E^2 est utilisé pour les espérances de variance, qui sont différentes des composantes de variance, dans le cas où des facettes fixées ou finies apparaissent dans l'indice primaire).

5. CALCUL DE LA VARIANCE D'ERREUR RELATIVE

5.1. *Principe général*

Cronbach propose de calculer la variance d'erreur relative

en considérant d'une part les composantes d'interaction entre la facette D et les facettes G croisées, d'autre part les composantes des facettes G nichées dans D. Lorsque le plan est complexe avec de multiples relations de nichage, (voir par exemple Allal & Cardinet, 1977), cette procédure intuitive devient délicate et peut conduire à des erreurs.

En partant des composantes de la variance d'erreur absolue, déjà déterminées à l'étape précédente, un critère unique suffit à couvrir les deux conditions envisagées par Cronbach. Ce principe est apparu d'abord sur les diagrammes. Toutes les composantes recherchées se situent en effet à l'intérieur des ellipses correspondant aux facettes de différenciation. Il suffit donc de rechercher si l'indice d'une composante (incluse dans la variance d'erreur absolue) contient une facette de différenciation, même à titre de facette nichante.

5.2. Règle formelle

La variance d'erreur relative s'obtient en additionnant, avec leurs coefficients, toutes les composantes de la variance d'erreur absolue qui comprennent au moins une facette D dans leur indice total.

Le symbole de la variance d'erreur relative est $\sigma^2(\delta)$.

5.3. Contrôle graphique

On peut faire apparaître les composantes de la variance d'erreur relative en hachurant différemment de la première fois celles des régions déjà hachurées qui se situent à l'intérieur des ellipses des facettes de différenciation. C'est ce qui a été fait à la figure 13.1 b avec le troisième diagramme.

5.4. Exemples

(1) Plan C x E x P

Différents plans de mesure ont été proposés pour le plan d'observation du deuxième exemple, à chaque ligne du tableau 11.2. Les composantes de la variance d'erreur relative pour chaque plan ont été soulignées de deux traits continus. En réalité elles avaient déjà été soulignées une fois comme composantes de la variance d'erreur absolue et elles ont reçu leur deuxième trait en tant que composantes de la variance d'erreur relative.

(2) Plan S x P x (I:O)

La variance d'erreur relative pour l'exemple des stagiaires du chapitre 5, dont le plan de mesure est symbolisé par *M*(-/S/O/P,I) est tirée facilement de la formule correspondante pour l'erreur absolue, (en supposant cette fois P aléatoire finie).

$$\sigma^2(\delta_s) = \frac{1}{n_p}\left(\frac{N_p-n_p}{N_p-1}\right) E^2(sp) + \frac{1}{n_i n_o} E^2(si{:}o) + \frac{1}{n_p n_i n_o}\left(\frac{N_p-n_p}{N_p-1}\right) E^2(spi{:}o)$$

Figure 12.2a: Relation entre score observé et score univers

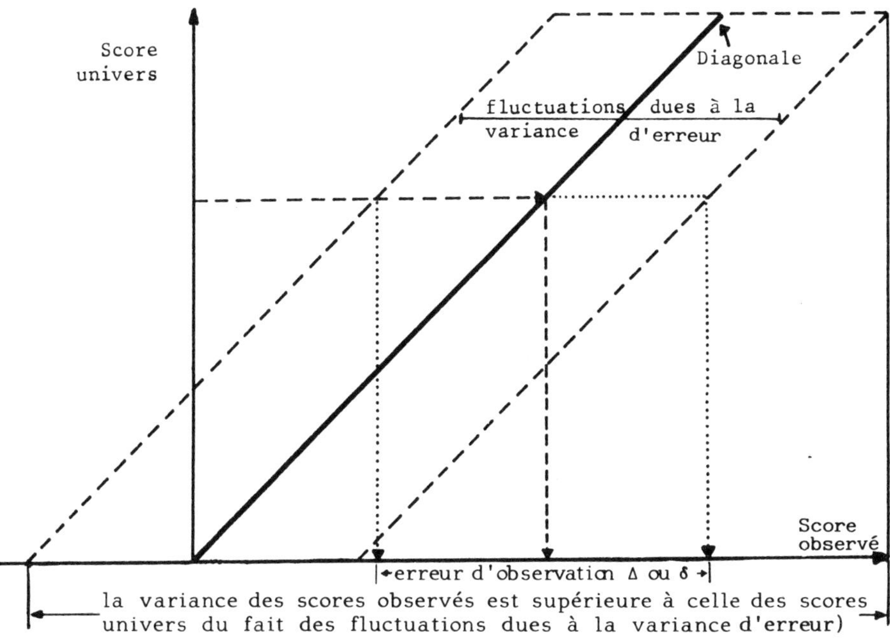

Figure 12.2b: Origine de l'erreur d'estimation

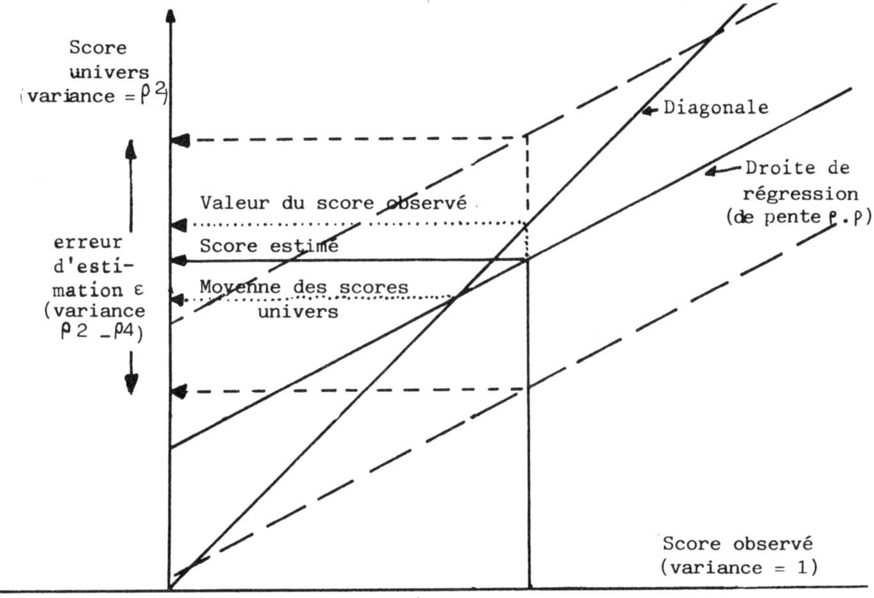

(La variance des scores estimés (ρ^4) est inférieure à celle des scores univers (ρ^2), à cause de la régression sur la moyenne

(3) Exemple numérique du plan C x R

On trouvera à droite du tableau 12.1 les valeurs numériques des variances des erreurs relatives et absolues pour le premier exemple (en dessous des formules correspondantes).

6. *APPLICATIONS DIRECTES AUX CALCULS D'ERREURS*

6.1. *Rappels statistiques*

(1) Erreur d'observation et erreur d'estimation

Il existe deux façons différentes de mesurer l'importance de l'erreur. On peut les présenter conjointement si l'on considère le graphique de la relation entre score observé et score univers (figure 12.2 a et 12.2 b).

La première, qui conduit à définir une erreur d'observation, se fonde sur le modèle de l'analyse de la variance. On postule l'existence d'un score univers. Des sources de variation multiples affectent cette valeur théorique, du fait de l'échantillonnage aléatoire d'un certain nombre de conditions d'observations. La valeur effectivement observée sera donc supérieure ou inférieure au score univers. L'espérance mathématique du score observé, cependant, est égale au score univers, les différentes erreurs s'annulant si l'on calcule la moyenne d'une série d'observations, en fonction de la loi des grands nombres. La dispersion des observations individuelles autour de leur espérance mathématique peut être calculée si l'on connaît l'importance des différentes sources d'erreurs d'échantillonnage. Les formules permettant ce calcul (à partir de la variance d'erreur relative ou absolue) seront données plus loin.

La seconde définition de l'erreur se fonde sur le modèle de la régression. Elle n'est pas incompatible avec la première, comme le montrent les deux figures 12.2 a et 12.2 b, mais elle est différente. On considère en effet la fonction inverse de la précédente. Partant du score observé, on établit la distribution des scores univers qui ont pu être à l'origine de ce score observé. On prend ensuite comme estimation du score univers la valeur qui minimise la variance des erreurs d'estimation. Cette valeur est donnée par la droite de régression, et non par la diagonale. La valeur de l'estimation du score univers n'est plus égale au score observé. Elle se situe entre le score observé et la moyenne des scores univers. De ce fait, la variance des scores estimés est inférieure à la variance des scores univers. L'erreur d'estimation est la différence entre score estimé et score univers (mesurée sur l'axe vertical), alors que l'erreur d'observation est la différence entre score observé et score univers (mesurée sur l'axe horizontal). On peut calculer l'importance des erreurs d'estimation si l'on connaît ρ (la corrélation entre score observé et score univers), et les sigmas des deux distributions. L'erreur standard d'estimation est l'écart-type des erreurs d'estimation.

La question se pose, naturellement, de savoir quelle définition de l'erreur est préférable. Le problème sera discuté à partir de la notion d'intervalle de confiance.

(2) Le principe de l'intervalle de confiance

On vient de voir qu'il est possible d'estimer la dispersion des erreurs commises lors d'une observation ou d'une estimation. On doit donc pouvoir en déduire des marges d'erreurs correspondantes.

Le problème est classique en statistique. La fixation d'un intervalle de confiance pour une moyenne de population s'appuie sur le théorème selon lequel l'écart-type des moyennes d'échantillons (σ (X(pI)) est égal à l'écart-type des scores individuels dans l'échantillon (σ (X(pi)), divisé par la racine carrée de la taille de l'échantillon. La moyenne de l'échantillon plus ou moins $\hat{\sigma}$ (X(pI)) définit alors une estimation d'intervalle. Si l'on admet que les moyennes d'échantillons sont distribuées selon la courbe de Gauss, cet intervalle contient la moyenne vraie dans 67 % des cas. Il est donc appelé intervalle de confiance au niveau de confiance de 67 %. Le niveau de confiance de l'intervalle X(pI) $\pm$ 1,96. $\hat{\sigma}$ (X(pI)) est de 95 %.

On notera que c'est à ce point seulement qu'intervient dans la théorie de la généralisabilité la notion de distribution gaussienne. La décomposition de la variance totale en composantes diverses et le calcul de coefficients exprimant le rapport de ces composantes ne repose pas sur des hypothèses de normalité, effectivement toujours discutables.

Faire l'hypothèse d'une distribution gaussienne est cependant assez raisonnable lorsqu'il s'agit, comme ici, de fluctuations d'échantillonnage. On peut admettre que le total de sources de variation aléatoires multiples satisfait aux conditions du théorème de la loi des grands nombres.

Fixer les bornes à l'erreur attendue sur une mesure revient alors à choisir un certain risque (α) de voir ces bornes dépassées. La loi de Gauss détermine à quelle distance de la moyenne se situe la limite qui n'est dépassée vers le haut que dans la proportion de $\alpha/2$ des cas, et similairement vers le bas.

(3) La précision d'une mesure

En appliquant directement ce qui précède, on utilise généralement, pour caractériser la précision d'une mesure, l'erreur standard sur la mesure, qui est la racine carrée de la variance d'erreur correspondant à cette mesure. La loi de Gauss indique alors qu'approximativement deux tiers des observations se situent dans un intervalle de plus et moins une erreur standard autour de la valeur centrale considérée.

S'il s'agit d'un score univers, on ajoute et on soustrait la racine carrée de la variance des erreurs d'observations. On obtient les limites entre lesquelles doivent se situer les deux tiers des observations. On a vu plus haut qu'il existait deux modes de calcul de la variance erreur, selon le type de mesure recherché (erreur sur le score relatif et erreur sur le score absolu). Il faut naturellement choisir l'erreur de mesure convenable pour établir chaque intervalle de confiance.

S'il s'agit de l'estimation par régression d'un score univers, on ajoute et on soustrait de façon similaire la racine carrée de la variance des erreurs d'estimation. On obtient ainsi un intervalle de confiance qui permet de dire, avec un risque d'erreur égal à une chance sur trois, dans quelle marge se situe la note univers correspondante.

(4) Quel type d'intervalle de confiance devrait-on préférer ?

La réponse dépend de la nature du problème, plus exactement de la direction dans laquelle se fait l'estimation; elle est différente selon que l'on va du score univers au score observé ou, à l'inverse, que l'on cherche à passer du score observé au score univers.

Maints auteurs (Lord and Norvick, 1968, p. 512; Cronbach and al., 1972, p. 13 et 134) ont formulé d'importantes objections à la fixation d'un intervalle de confiance autour du score observé. La principale critique peut être formulée ainsi : quand on dit que les intervalles du type $X(pI) \pm \hat{\sigma}(\Delta(p))$ contiennent $\mu(p)$ dans les deux tiers des cas, on oublie l'effet de régression statistique. Le risque de voir $\mu(p)$ tomber en dehors de l'intervalle de confiance varie selon la distance de $\mu(p)$ à la moyenne μ des scores univers de tous les sujets. La figure 12.3 illustre ce problème. En fait, la probabilité que $\mu(p)$ tombe en dehors de l'intervalle de confiance autour du score observé est plus grande que 33 % pour les sujets situés aux extrémités de l'échelle. Par contre, pour les sujets dont le score observé est proche de la moyenne du groupe, la probabilité que le score univers se situe dans l'intervalle est plus grande que deux tiers.

L'utilisation de l'intervalle de confiance autour du score observé est justifiée, par contre, chaque fois que l'on part d'une valeur théorique et que l'on cherche la valeur observée correspondante. Ce sera le cas, par exemple, si l'on fixe une moyenne à atteindre, ou un seuil minimum, pour un test d'objectifs. On pourra utiliser l'intervalle de confiance pour dire quelle marge de variation on peut attendre, sur les scores observés, autour de cette valeur théorique.

Lorsqu'on veut partir des scores observés pour faire une inférence à propos des scores univers, on doit au contraire utiliser la droite de régression et construire un intervalle de confiance, en utilisant l'erreur standard d'estimation plutôt que l'erreur d'observation. Cette procédure est nécessaire pour assurer la cohérence entre la démarche et le modèle. Elle suppose malheureusement l'estimation d'un plus grand nombre de paramètres que lorsque l'intervalle de confiance est calculé autour du score observé.

Figure 12.3 : Exemple de situation où l'estimation du score vrai tombe à l'extérieur de l'intervalle de confiance.

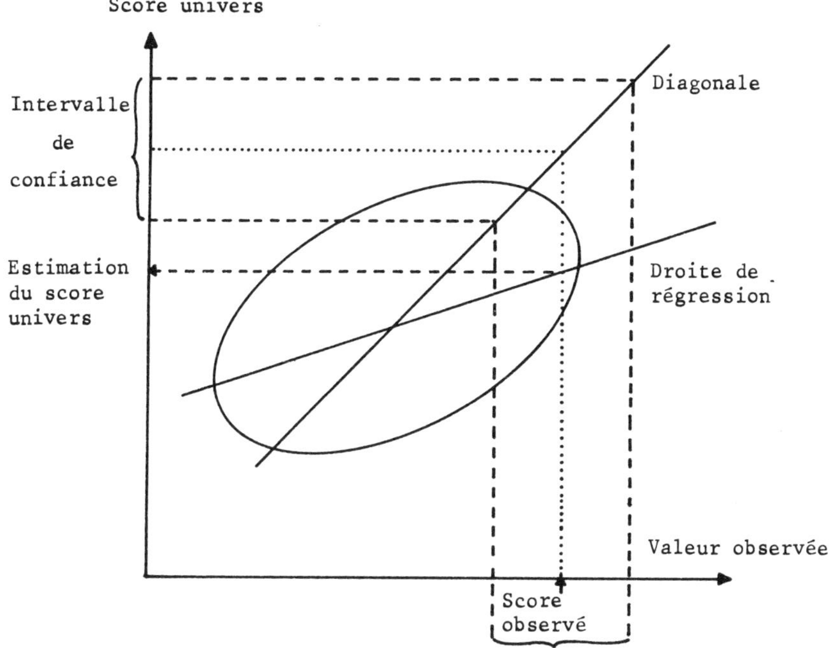

6.2. Erreur sur un score fixé a priori

On vient de voir que chaque fois qu'une certaine valeur théorique est fixée, on peut légitimement en déduire la marge de variation des scores observés, puisqu'on suit alors la même direction d'inférence que le modèle. Une série d'applications en découlent; on verra d'abord celles qui concernent des scores fixés a priori, puis celles qui concernent des scores fixés a posteriori, et enfin des scores hypothétiques.

(1) Ecart observé autour d'une différence attendue nulle

Il est assez rare que l'on soit amené à faire des hypothèses sur la différence entre deux scores univers, en dehors du cas standard de l'hypothèse nulle, où le chercheur admet à titre d'hypothèse qu'il n'y a pas de différence entre deux valeurs théoriques, puis vérifie si cette hypothèse est cohérente avec les résultats observés.

Supposons, par exemple, qu'une épreuve soit construite pour vérifier l'acquisition par les élèves d'un certain nombre d'objectifs pédagogiques intermédiaires, jalonnant l'apprentissage d'un objectif final. Pour chaque objectif intermédiaire, deux questions sont prévues, que l'on désire construire de difficulté identique. Un intervalle de confiance permet de vérifier si les deux questions sont effectivement aussi faciles l'une que l'autre.

Le dispositif peut être représenté comme à la figure 12.4.

Figure 12.4 : Comparaison de la difficulté de deux questions.

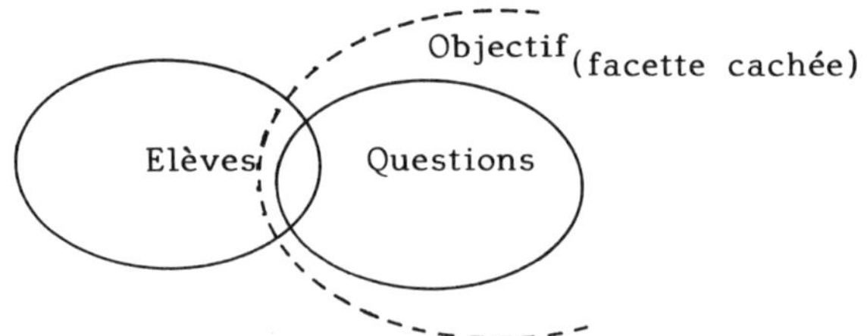

La variance des erreurs relatives est égale à :

$$\hat{\sigma}^2(\delta_q) = \frac{1}{n_e}(\hat{\sigma}^2(qe))$$

n(e) étant le nombre d'élèves. La variance des différences de difficulté vaut deux fois $\sigma^2(\delta(q))$. L'intervalle de confiance est alors de $\pm$ 1,96 . $\sqrt{2}$. $\sigma(\delta(q))$ autour de la valeur attendue de 0. Lorsque la différence de difficulté dépasse 1,96 . $\sqrt{2}$ $\sigma(\delta(q))$, on peut rejeter l'hypothèse d'égale difficulté des deux questions.

Supposons maintenant que les deux questions parallèles ont été séparées pour constituer deux sujets d'examen parallèles et présentées à deux échantillons aléatoires de sujets. La variance à considérer est alors celle des erreurs absolues :

$$\hat{\sigma}^2(\Delta_q) = \frac{1}{n_e}\left[(\hat{\sigma}^2(qe) + \hat{\sigma}^2(e))\right],$$

la suite des calculs restant la même.

(2) Différence par rapport à un standard

L'autre type d'application légitime des intervalles de

confiance concerne les décisions qui doivent être prises sur la base d'un niveau absolu fixé a priori, niveau qui est défini par conséquent sur l'échelle des scores vrais et non sur celui des scores observés, entachés d'erreur.

Un exemple est celui d'un enseignant qui décide de contrôler le niveau des élèves de sa classe en fixant ce qu'il considère comme un niveau de compétence "normal" à un moment donné de l'année. Il admet que sa classe devrait réussir 75 % des questions qui portent sur un certain univers de contenu. Les élèves qui réussissent manifestement plus que ce nombre devraient alors aborder un chapitre à option, tandis que ceux qui sont manifestement en retard devraient suivre une leçon d'appui supplémentaire.

La procédure de placement des élèves consiste pour l'enseignant à poser une bande symétrique autour de la norme de 75 % ; par exemple 75 + 1,96 $\sigma(\Delta(p))$ serait la limite supérieure et 75 - 1,96 $\sigma(\Delta(p))$ la limite inférieure du niveau "normal". La variance des erreurs absolues sur la mesure des écarts du score à l'objectif est alors :

$$\hat{\sigma}^2(\Delta_p) = \frac{1}{n_q}\left[\hat{\sigma}^2(qe) + \hat{\sigma}^2(q)\right]$$

n(q) étant le nombre de questions. Le problème est symétrique du précédent et est représentable par la même figure 12.4.

On peut discuter cependant le bien-fondé de cette procédure étant donné que la largeur de l'intervalle est proportionnelle au nombre de questions et que ce nombre est arbitraire. Cronbach propose une autre application de la même répartition en trois groupes, dans le but de réaliser un examen séquentiel. La logique de l'intervalle de confiance est utilement exploitée dans ce cas pour réduire le nombre d'erreurs de classement.

Le problème posé est de répartir les élèves en deux groupes, ceux qui maîtrisent 75 % des questions ou plus, et ceux qui n'ont pas atteint encore ce niveau. Le même intervalle que précédemment permet de classer les élèves qui tombent à l'extérieur de l'intervalle, dans les groupes supérieur et inférieur. Ceux qui sont situés dans l'intervalle reçoivent un nouvel échantillon aléatoire de n(q) questions. Leur score est ajouté au précédent pour calculer une nouvelle moyenne. La variance de $\Delta(p)$ est alors réduite de moitié et un nouvel intervalle de confiance plus étroit que le précédent, en découle, ce qui permet de classer de nouveaux élèves.

La procédure peut être répétée jusqu'au moment où l'on admet de considérer que le groupe central résiduel est assez proche d'une réussite de 75 % pour qu'on puisse le joindre au groupe supérieur.

La validité des procédures qui viennent d'être décrites

est fonction de la validité des hypothèses correspondantes, par exemple le tirage au hasard des questions ou des élèves, la distribution gaussienne des erreurs d'observation, l'homogénéité de la variance des erreurs Δ à l'intérieur des individus. Il se pourrait que cette dernière variance soit plus élevée pour certaines personnes que pour d'autres et que la précision d'un instrument varie ainsi selon les situations d'utilisation. Le principe d'un intervalle de confiance resterait valable si l'on trouvait le moyen de relier l'importance de la variance d'erreur à d'autres variables : moyenne observée à l'épreuve, probabilité subjective de réussite, etc.

6.3. Erreur sur un score théorique fixé a posteriori

(1) Différence par rapport à une moyenne observée

Le cas présenté plus haut, où deux questions ont été préparées pour chaque objectif, (et doivent être de difficulté approximativement égale), se généralise immédiatement au cas de plus de deux questions.

Si ce sont les mêmes élèves qui répondent aux diverses questions, les fluctuations aléatoires de la difficulté observée sont dues uniquement à l'interaction élèves-questions, si l'on fait abstraction de l'effet systématique de la difficulté des questions. La variance des erreurs relatives sur la difficulté des questions est encore :

$$\hat{\sigma}^2 (\delta_q) = \frac{1}{n_e} [\hat{\sigma}^2 (qe)]$$

Pour des élèves différents, il faudrait ajouter la variance qui proviendrait de leur échantillonnage :

$$\hat{\sigma}^2 (\Delta_q) = \frac{1}{n_e} [\hat{\sigma}^2(qe) + \hat{\sigma}^2 (e)]$$

On peut encore fixer un intervalle de confiance, mais cette fois autour de la difficulté moyenne observée pour le groupe de questions qui sont nichées dans un même objectif. Ce cas sera traité plus loin, sous 6.3 (erreur sur des scores hypothétiques).

Notons cependant que la probabilité de voir une question au moins se situer hors de l'intervalle de confiance augmente avec le nombre de questions et qu'il faudrait calculer un test de F pour fixer la limite de rejet à un seuil de probabilité précis. Un intervalle conjoint peut être calculé. Un tel intervalle reste cependant fonction de l'estimation de la variance erreur, pour laquelle les formules ci-dessus sont valables.

(2) Différence par rapport à une moyenne attendue

Au lieu que la moyenne soit simplement observée, elle peut être calculée sur la base d'un certain modèle. Imaginons qu'un test soit construit selon un plan systématique croisant contenu et niveau taxonomique, avec une question par cellule.

L'effet Questions est alors confondu avec l'effet interaction Contenus x Niveaux. On suppose que ces deux derniers effets sont nuls. On voudrait contrôler les perturbations par rapport au modèle additif simple, en détectant les questions dont le taux de réussite s'écarte de celui que l'on attendrait sur la base du contenu et du niveau taxonomique de la question.

La moyenne attendue pour chaque question, en fonction de ce modèle, est égale à la moyenne générale, plus l'écart à la moyenne générale dû au contenu, plus l'écart dû au niveau taxonomique.

La variance erreur dont le modèle tient compte, c'est l'interaction des élèves avec le contenu, avec le niveau et avec les deux réunis. Cette variance peut expliquer certaines fluctuations d'échantillonnage, dont l'intervalle de confiance donne les limites. Un écart plus grand de la difficulté observée pour la question par rapport à la difficulté attendue implique un effet systématique de la formulation de la question ou de l'interaction contenu x niveau. Le problème est schématisé à la figure 12.5.

Figure 12.5 : Sources d'erreurs aléatoires pour l'écart à une valeur théorique

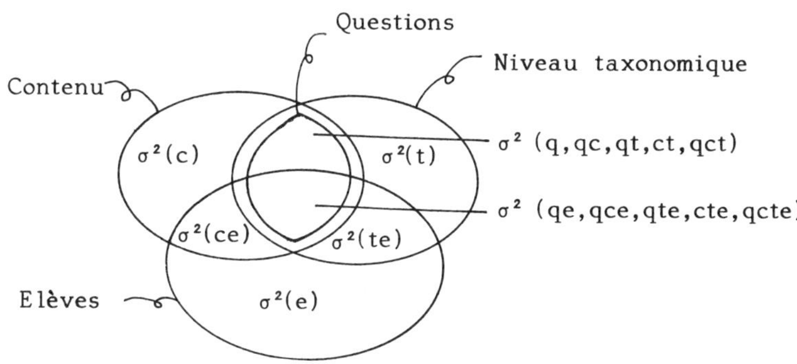

L'erreur relative sur la difficulté de la question, (dans l'hypothèse où seules les fluctuations d'échantillonnage des élèves affectent la difficulté par leur influence sur les interactions), est donnée par la formule :

$$\hat{\sigma}^2(\delta_{q,ct}) = \frac{1}{n_e}[\hat{\sigma}^2(ce) + \hat{\sigma}^2(te) + \hat{\sigma}^2(qe,qce,qte,cte,qcte)]$$

Cette erreur peut être transformée en intervalle de confiance par la méthode classique rappelée plus haut. (Notons encore une fois que cet intervalle n'est applicable logiquement qu'à une seule question. Si le test devait être fait sur chaque question, pour une analyse d'items par exemple, il faudrait soit fixer un intervalle plus large, soit admettre que la probabilité d'obtenir un résultat hors des limites est plus grande que le seuil choisi pour une question isolée).

6.4. *Erreur sur des scores hypothétiques*

Une pratique courante pour évaluer la performance moyenne à un univers de questions consiste à proposer, pour chaque classe d'un échantillon, plusieurs formes de tests parallèles, chacune étant composée d'un échantillon différent de questions extraites du même univers. Les élèves d'une même classe sont répartis aléatoirement en sous-groupes, (par exemple trois) qui reçoivent une seule des trois formes du test.

Le diagramme de la figure 12.6 traduit le dispositif utilisé et permet de calculer les composantes de l'erreur $\Delta(o^*)$ sur un objectif fixé (en négligeant cependant les sources de variation dues à l'interaction avec l'objectif).

Figure 12.6 : Diagramme pour le calcul de $\sigma^2(\Delta(o^*))$, l'erreur d'échantillonnage sur la moyenne d'un objectif fixé. Dispositif E : (F x C)
(Q : F) x E

où f = les formes
q = les questions dans les formes
c = les classes
e = les élèves dans les formes et dans les classes
o* = un objectif pédagogique particulier (on néglige les interaction avec o).

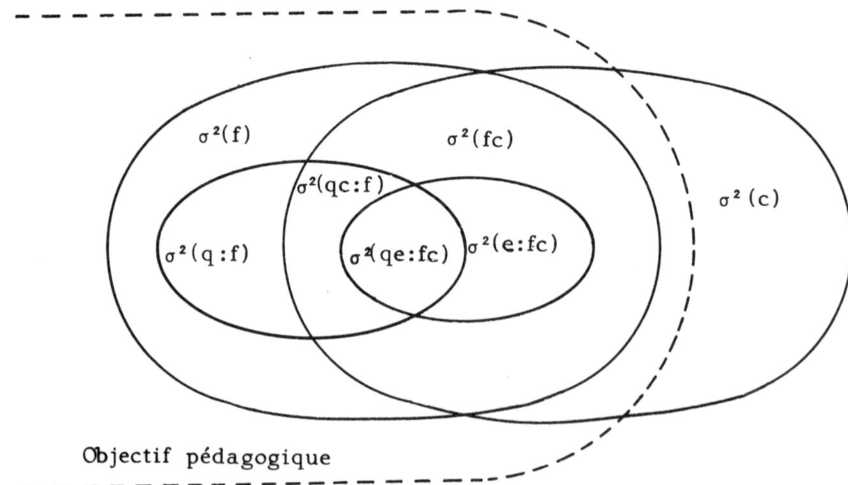

$$\hat{\sigma}^2(\Delta_{o*}) = \frac{1}{n_f}\hat{\sigma}^2(f) + \frac{1}{n_c}\hat{\sigma}^2(c) + \frac{1}{n_q}\cdot\frac{1}{n_f}\hat{\sigma}^2(q:f) + \frac{1}{n_f}\cdot\frac{1}{n_c}\hat{\sigma}^2(fc)$$

$$+ \frac{1}{n_f}\cdot\frac{1}{n_c}\cdot\frac{1}{n_e}\hat{\sigma}^2(e:fc) + \frac{1}{n_q}\cdot\frac{1}{n_c}\cdot\frac{1}{n_f}\hat{\sigma}^2(qc:f)$$

$$+ \frac{1}{n_q}\cdot\frac{1}{n_f}\cdot\frac{1}{n_c}\cdot\frac{1}{n_e}\hat{\sigma}^2(qe:fc)$$

Ce dispositif est plus avantageux que celui qui consisterait à utiliser un seul test pour tous les élèves. En effet, il réduit les erreurs de généralisation sur les questions (puisque l'univers de questions dans l'objectif est mieux échantillonné) et il augmente donc la précision de l'estimation de la moyenne vraie de l'objectif. Si l'on utilise plusieurs formes parallèles par classe, le dispositif est aussi plus avantageux que si tous les élèves d'une classe recevaient la même forme du test. Pour un nombre d'observations égal par question, il augmente en effet le nombre de classes échantillonnées. Il est donc spécialement adapté aux évaluations pédagogiques où l'effet classe représente une composante importante d'erreur.

Mais si la prise en considération de l'effet classe (c) et la constitution des tests parallèles (f) accroissent la précision de la moyenne calculée pour l'objectif à partir du dispositif, la diminution du nombre de questions par élève gonfle l'erreur sur la moyenne de chaque individu et la diminution du nombre d'élèves par item accroît l'erreur sur chaque question.

Chapitre 13

CALCUL DES COEFFICIENTS DE GÉNÉRALISABILITÉ

1. SIGNIFICATION DU COEFFICIENT DE GENERALISABILITE

Comme Cronbach et Gleser l'ont souligné dans leur livre "Personnel Decisions" (1965), tout score sert à fonder une décision. Or un score ne constitue qu'une des multiples notes pouvant aider à faire ce choix. En fait, celui qui doit prendre des décisions n'est presque jamais intéressé par la réponse donnée à des questions particulières, à un examinateur particulier, à un moment bien défini. La donnée idéale sur laquelle on devrait baser une décision relative à un sujet devrait plutôt être quelque chose comme la moyenne de toutes les observations possibles sur ce sujet, c'est-à-dire sur ce que nous avons appelé le "score univers" du sujet. L'examinateur utilise en réalité le score observé, ou une fonction de ce score, comme s'il s'agissait du score univers, c'est-à-dire qu'il généralise de l'échantillon à l'univers. La question de "fidélité" se ramène donc à une question de précision de la généralisation, ou généralisabilité.

Cronbach définit la généralisabilité comme la proportion de variance observée qui est attribuable au score univers. C'est le rapport de la valeur attendue de la variance des scores univers à la valeur attendue de la variance des scores observés. Ce rapport varie naturellement de 0 à 1, une valeur proche de 1 signifiant que la source de variation essentielle est celle qui nous intéresse, (celle des scores univers), tandis qu'une valeur faible implique que d'autres sources de variation importantes s'ajoutent au dénominateur à la variance des scores univers, pour constituer la variance des scores observés.

Quand on parle de valeur attendue, on englobe sous ce terme deux significations très différentes. On pense d'abord au fait que, à la suite d'une étude de généralisation, on connaît les diverses composantes de variance qui affectent les scores et que l'on peut en déduire quelle sera approximativement la variance "observée" dans chacun des dispositifs possibles. Valeur attendue a ici le sens de prédiction fondée sur le modèle d'analyse de la variance. Pour un statisticien, cependant, valeur attendue signifie "espérance mathématique" et on pense alors à la moyenne des valeurs que prend une variable aléatoire dans tous les échantillons possibles.

Les deux significations s'appliquent à la valeur attendue de la variance des scores observés. On notera que cette dernière valeur joue le même rôle que la variance observée dans la théorie classique, qui définissait la fidélité comme le rapport de la variance vraie à la variance observée.

2. MODE DE CALCUL DE $E\rho^2$

Pour mesurer la précision de la différenciation que l'on obtient sur la face de différenciation, lorsqu'on accepte des fluctuations d'échantillonnage sur la face d'instrumentation, on utilise un genre de coefficient intraclasse. Ce coefficient, qui généralise l'ancienne définition de la fidélité, est le rapport de la variance vraie introduite par les facettes de différenciation (au numérateur), à la variance attendue des scores observés, dans le dispositif choisi (au dénominateur). On le calcule en divisant la variance de différenciation par la somme de la variance de différenciation et de la variance d'erreur (relative ou absolue, selon le score que l'on considère).

$$E\rho^2 = \frac{\text{variance attendue des scores univers}}{\text{variance attendue des scores observés}} = \frac{\text{somme des variances de la face D}}{\text{variance de différenciation + variance d'erreur}}$$

Le numérateur et le dénominateur du rapport définissant la généralisabilité sont tous deux des estimations non biaisées des variances recherchées, obtenues à partir de la somme d'estimations elles-mêmes non biaisées des composantes de variance.

Le coefficient de généralisabilité, ρ^2 , n'a pas cette qualité désirable, car le rapport des estimations non biaisées de deux paramètres ne fournit pas une estimation non biaisée du rapport de ces paramètres. Malgré cette difficulté, il est peu probable que l'erreur introduite soit appréciable (Cronbach, 1972, p.8; Lord & Norvick, 1968, p. 202).

Rappelons encore que le coefficient $E\rho^2$ tel que nous venons de le définir, est approximativement la valeur attendue du carré de la corrélation entre score observé et score univers, d'où le symbole utilisé qui est une abréviation de : estimation de la valeur attendue de ρ^2 entre $X(pI)$ et $\mu(p)$.

Les différentes étapes du calcul des paramètres de généralisabilité (variance de différenciation, d'erreur et coefficient $E\rho^2$) sont rappelées de façon résumée à la figure 13.1, partie a.

3. EXEMPLES D'APPLICATION DES COEFFICIENTS DE GENERALISABILITE

3.1. Plan C x R

En se reportant aux valeurs fournies dans le tableau 12.1 pour les variances de différenciation et d'erreur correspondant à quatre plans de mesure différents définissables à partir du plan d'observation C x R, on peut calculer huit coefficients de généralisabilité.

M_1 (R/-/-/C) E ρ^2(abs) = 3.444/(3.444 + 0.250) = 0.873
E ρ^2(rel) = 3.444/(3.444 + 0.135) = 0.962

M_2 (C/-/-/R) E ρ^2(abs) = 2.291/(2.291 + 0.879) = 0.722
E ρ^2(rel) = 2.291/(2.291 + 0.387) = 0.856

M_3 (-/R/-/C) E ρ^2(abs) = 2.952/(2.952 + 0.250) = 0.922
E ρ^2(rel) = 2.952/(2.952 + 0.116) = 0.962

M_4 (-/C/-/R) E ρ^2(abs) = 2.177/(2.177 + 0.879) = 0.712
E ρ^2(rel) = 2.177/(2.177 + 0.367) = 0.856

On vérifie, évidemment, que les mesures relatives sont plus généralisables que les mesures absolues, du fait qu'elles ont une ambition plus modeste. En ne cherchant à estimer que la position relative des objets d'étude les uns par rapport aux autres, elles restent à l'abri des fluctuations d'échantillonnage dans la difficulté des instruments.

On vérifie aussi, ce qui est moins évident, que le fait de fixer la face de différenciation ne modifie pas le coefficient de généralisabilité pour des mesures relatives. Ceci est dû au caractère élémentaire du plan d'observation C x R. La même correction de Whimbey s'applique à la variance de différenciation et à la variance de généralisation. Ce cas particulier a cependant trompé les premiers chercheurs qui ont étudié l'effet de la fixation de la face de différenciation. Ils ont conclu trop vite que cet effet était toujours nul. C'est au contraire une exception qu'il en soit ainsi.

Sur le plan de la signification de ces résultats, on voit que les généralisabilités sont meilleures pour l'étude des rédactions qu'elles ne le sont pour l'étude des correcteurs. Le fait de limiter la population étudiée, en fixant la face de différenciation, n'a pas le même effet pour les correcteurs que pour les rédactions.

3.2. Etude de Pilliner

Nous allons présenter une seconde étude où l'application du dispositif, suivie de l'analyse de variance des données obtenues, permet d'estimer tous les effets associés aux différentes facettes . En utilisant les coefficients de généralisabilité appropriés, nous pourrons étudier quel type d'information le test peut apporter, et s'il répond bien à la finalité particulière pour laquelle il a été construit.

(1) Exposé des données

Pilliner (1965, p. 91, cité par Cronbach 1972, p. 226) rapporte une étude d'un test composé de trois types d'items d'arithmétique.

L'étude porte sur 28 élèves (n(p)) observés à travers 75 items regroupés en 3 catégories, de 25 items (n(i)) chacune. Le diagramme du plan d'observation est donné à la figure 13.2. Toutes les facettes sont considérées comme échantillonnées au hasard. Les résultats de l'analyse de variance des données sont repris dans le tableau 13.1.

Tableau 13.1 : Estimation des carrés moyens attendus dans l'étude de Pilliner.

Source de variation	Somme des carrés	Degrés de liberté	Carré moyen
élèves (p)	100,1471	27	3,7092
strates (s)	4,2137	2	2,1066
items dans les strates (i:s)	97,5585	72	1,3550
élèves x strates (ps)	12,5374	54	0,2322
résidu (pi:s)	305,6811	1 944	0,1572

(2) Questions

Sur la base de ce tableau de résultats, il est possible de répondre à un certain nombre de questions relatives aux finalités du test :

1) Le test permet-il de classer les sujets par rapport aux compétences testées ?
2) La composition du test fait-elle apparaître une discrimination nette de la facilité des items, d'une strate à l'autre ? Autrement dit, le test est-il construit de façon à faire apparaître des différences entre strates ?
3) Si non, permet-il au moins de classer les questions entre elles, en dehors de toute stratification ?

(3) Estimation des composantes de variance

Pour répondre à ces trois questions, nous calculerons

FIGURE 13.1. : LA TROISIEME PHASE D'UNE ETUDE DE GENERALISABILITE

LE CHOIX DU PLAN DE MESURE

A) CALCUL DES PARAMÈTRES DE GÉNÉRALISABILITÉ

Informations sur les facettes	Plan	Résultats des calculs	Symbole	Etapes de réalisation des calculs
Rôle dans la mesure - Face de différenciation: facettes $\mathcal{D}$. aléatoires: $\mathcal{D}^R$. fixées: $\mathcal{D}^F$ - Face d'instrumentation: facettes I . aléatoires: I^R . fixées: I^F	Plan de mesure	répartition des facettes selon le plan de mesure et composition de la variance active	$M(\mathcal{D}^R/\mathcal{D}^F/I^F/I^R)$	5. Plan(s) de mesure: définir un, ou plusieurs, plan(s) de mesure qui seront analysés aux pas 6 à 11. 6. Contrôle de cohérence: vérifier qu'aucune facette $\mathcal{D}$ n'est nichée dans une facette I. 7. Variance active: éliminer de la variance totale toutes les composantes comprenant au moins une facette I^F dans leur indice primaire. Multiplier par N_f-1/N_f chaque fois qu'une facette fixée ou finie se trouve dans l'indice primaire.
		variance de différenciation	$\hat{\sigma}^2(\tau)$	8. Variance de différenciation: extraire de la variance active et additionner toutes les composantes ne comprenant que des facettes $\mathcal{D}$ dans leur indice primaire.
Spécifie la population des objets d'étude admissibles et l'univers des conditions admissibles de mesure		variances d'erreur (de généralisation)	$\sigma^2(\Delta)$	9. Variance d'erreur absolue: additionner toutes les composantes restantes, en pondérant chaque composante α par $(1/n_i)$ pour toute facette I dans son indice total et par (N_i-n_i/N_i-1) pour toute facette I finie dans son indice primaire.
			$\sigma^2(\delta)$	10. Variance d'erreur relative: additionner avec leurs coefficients toutes les composantes de la somme précédente ayant au moins une facette $\mathcal{D}$ dans l'indice total.
		coefficient de généralisabilité	$\hat{E}\rho^2$	11. Coefficient de généralisabilité: diviser la variance de différenciation par la somme de la variance de différenciation et de la variance d'erreur que l'on considère ($\sigma^2(\boldsymbol{\Delta})$ ou $\sigma^2(\delta)$).

B) Utilisation des diagrammes de Cronbach

Symbole	Contrôle des formules	Exemple: Tous les Ns stagiaires s sont examinés par np professeurs p, tirés au hasard parmi Np, sur les No objectifs fixés o, au moyen des ni items i, tirés au hasard pour chaque objectif.
$M(\mathcal{D}^R/\mathcal{D}^F/I^F/I^R)$	- Dessiner en rouge les facettes de différenciation et en bleu celles d'instrumentation, en respectant les traits discontinus. Aucune facette rouge ne doit être nichée dans une facette bleue. - Refaire le dessin sans les ellipses correspondant aux facettes d'instrumentation fixées. - Effacer les composantes ayant au moins une facette I^F dans leur indice primaire, mais ne pas modifier les indices des autres composantes.	M (-/s/o/p,i) 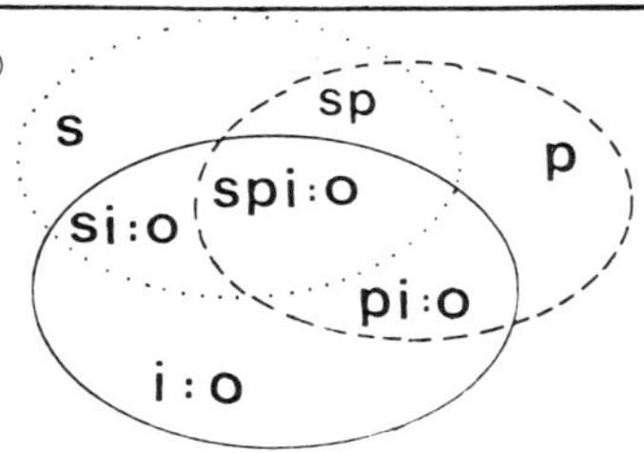 s sp p spi:o si:o pi:o i:o
$\hat{\sigma}^2(\tau)$	La variance de différenciation apparaîtra en blanc quand on aura hachuré, plus bas, les plages appartenant aux facettes de généralisation.	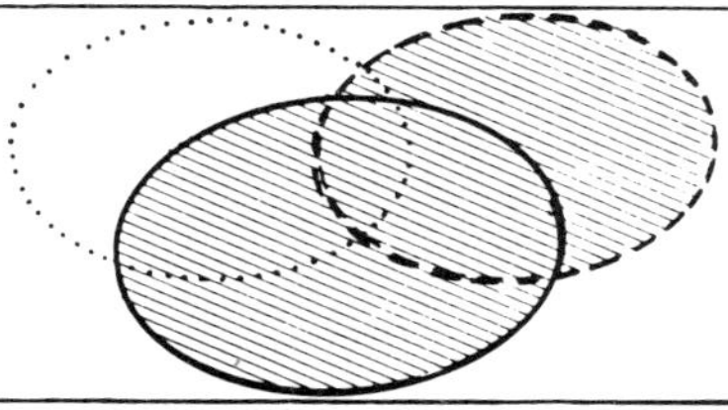
$\sigma^2(\Delta)$	- Identifier les composantes intervenant dans la variance d'erreur absolue en hachurant toutes les plages comprises dans les facettes de généralisation. - Pondérer chacune par les coefficients indiqués sous 9.	
$\sigma^2(\delta)$	- Identifier les composantes de la variance d'erreur relative en hachurant différemment celles des plages précédentes qui sont situées à l'intérieur de la face de différenciation. - Additionner ces composantes pondérées comme précédemment.	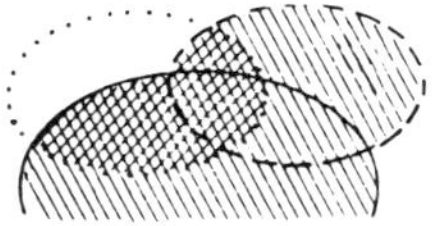
$\hat{E}\rho^2$		

les coefficients de généralisabilité pour chacune des finalités possibles du test : classement des sujets, discrimination des strates et des questions.

Nous devons connaître d'abord la valeur des composantes de variance attachées à chaque source de variation possible des scores.

En partant des équations pour les carrés moyens attendus, dans un modèle entièrement aléatoire, nous obtenons successivement :

$$\hat{\sigma}^2(pi{:}s) = CM(rés) = 0{,}1572$$

$$\hat{\sigma}^2(ps) = \frac{CM(ps) - CM(rés)}{n_i} = \frac{0{,}2322 - 0{,}1572}{25} = 0{,}0030$$

$$\hat{\sigma}^2(i{:}s) = \frac{CM(i{:}s) - CM(rés)}{n_p} = \frac{1{,}3550 - 0{,}1572}{28} = 0{,}0428$$

$$\hat{\sigma}^2(p) = \frac{CM(p) - CM(ps)}{n_i n_s} = \frac{3{,}7092 - 0{,}2322}{75} = 0{,}0464$$

$$\hat{\sigma}^2(s) = \frac{CM(s) - CM(ps) - CM(i{:}s) + CM(pi{:}s)}{n_i n_p}$$

$$= \frac{2{,}1066 - 1{,}1978 - 0{,}0750 + 0{,}1572}{700} = 0{,}0010$$

Figure 13.2 : Représentation du plan d'observation de Pilliner

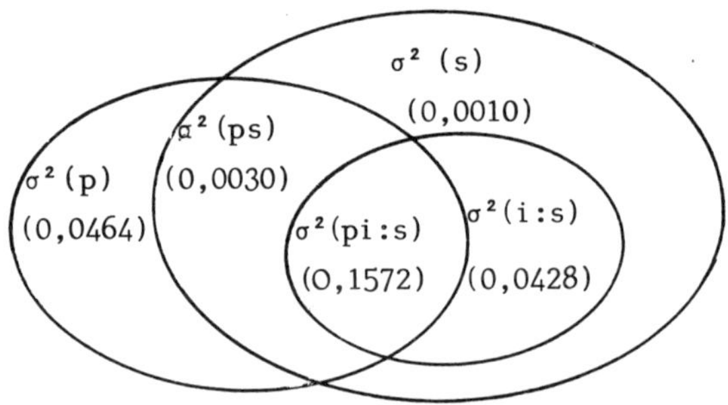

Nous remarquons que la composante résiduelle $\hat{\sigma}^2$ (pi:s) est la plus importante : elle inclut notamment les effets liés à la distraction, aux réponses données au hasard et à l'interaction pis, (par exemple l'ignorance d'un élève pour une question particulière). En ordre d'importance, l'effet "Elèves" (p) vient en deuxième position. Les strates (S) diffèrent peu en difficulté. La faiblesse de (ps) indique que l'ordre de difficulté des strates ne varie guère d'élève à élève.

(4) Calcul et discussion des $\hat{E}\rho^2$

Les coefficients de généralisabilité permettront de chiffrer de façon plus précise les tendances générales esquissées dans cette discussion.

Trois grandes catégories de coefficients peuvent être obtenues à partir des estimations des composantes présentées sur la figure 13.2. Chacune de ces catégories comprend plusieurs coefficients particuliers en fonction des univers de généralisation choisis par l'examinateur.

(4.1)Coefficient de généralisabilité du classement des sujets (question n°1)

Calculons d'abord $E\rho^2(p)$ pour les 75 items en généralisant aux strates et aux items (et pour des mesures relatives) :

$$\hat{E}\rho^2(p) = \frac{\hat{\sigma}^2(p)}{\hat{\sigma}^2(p) + \frac{1}{n_s}\hat{\sigma}^2(ps) + \frac{1}{n_s n_i}\hat{\sigma}^2(pi:s)}$$

$$= \frac{0{,}0463}{0{,}0463 + \frac{1}{3}(0{,}003) + \frac{1}{75}(0{,}1572)} = 0{,}939$$

Puisque nous obtenons une fidélité élevée, nous pouvons dire que le test peut être utilisé comme un excellent moyen de classer les élèves par rapport à l'univers de compétences arithmétiques échantillonné dans le dispositif étudié.

En généralisant à S (en même temps qu'à I) nous avons traité les strates comme un échantillon aléatoire extrait d'un univers de strates.

Supposons maintenant qu'au lieu de généraliser à cet univers de strates, nous ne nous intéressions qu'aux 3 strates effectivement évaluées. Nous recherchons dans ce cas dans quelle mesure le test est sensible aux différences individuelles, telles qu'elles se dégagent lorsqu'on les mesure sur ces 3 strates, en choisissant aléatoirement les questions. Autrement dit, nous voulons savoir si les questions posées au sujet de ces 3 strates permettent de calculer une note totale qui classe correctement un élève par rapport à ses condisciples.

Dans ce cas la facette "Strates" est fixée. L'ellipse relative à S pourrait être effacée de la figure 13.2. Il ne reste donc plus que trois composantes dans la variance active: $\sigma^2(p|S^*)$, $\sigma^2(pi:s)$ et $\sigma^2(i:s)$. La valeur de $\hat{\sigma}^2(p|S^*)$ est supérieure à la valeur de $\hat{\sigma}^2(p)$. En appliquant l'algorithme de calcul des composantes dans le modèle mixte, on voit que l'ancien $\hat{\sigma}^2(p)$ est augmenté de $1/n(s) \cdot \hat{\sigma}^2(ps)$, c'est-à-dire $(1/3) \times 0{,}0030 = 0{,}0010$.

$$\sigma^2(p|S^*) = 0{,}0464 + 0{,}0010 = 0{,}0474$$

Pour des mesures relatives :

$$E\hat{\rho}^2(p|S^*) = \frac{\hat{\sigma}^2(p|S^*)}{\hat{\sigma}^2(p|S^*) + \frac{1}{n_s n_i}\hat{\sigma}^2(pi:s)}$$

$$= \frac{0,0474}{0,0474 + \frac{1}{75}\cdot 0,1572} = 0,959$$

Ce dernier coefficient est naturellement supérieur à $E\hat{\rho}^2(p)$ puisque nous généralisons à un univers plus restreint. $E\hat{\rho}^2(p|S^*)$ traduit la fidélité du test pour la famille de tests stratifiés parallèles (Hively et al., 1968), c'est-à-dire pour l'univers de tests composés des trois mêmes strates fixées.

(4.2) Coefficient de généralisabilité du classement des strates (question n°2)

Pour répondre à la deuxième question, nous calculons le coefficient de fidélité du classement des strates suivant la formule :

$$E\hat{\rho}^2(s) = \frac{\hat{\sigma}^2(s)}{\hat{\sigma}^2(s) + \frac{1}{n_i}\hat{\sigma}^2(i:s) + \frac{1}{n_p}\hat{\sigma}^2(ps) + \frac{1}{n_i n_p}\hat{\sigma}^2(pi:s)}$$

$$E\hat{\rho}^2(s) = \frac{0,001}{0,001 + \frac{0,0428}{25} + \frac{0,0030}{28} + \frac{0,1572}{700}} = 0,313$$

La réponse est donc négative à la deuxième question. Il faut observer l'importance de l'effet lié aux items dans les strates. En fait, tel que le test a été stratifié, les trois catégories d'items ne sont pas de difficulté différente.

La généralisabilité du test ne s'améliore pas sensiblement en fixant P.

$$\hat{\sigma}^2(s|P^*) = \hat{\sigma}^2(s) + \frac{1}{n_p}\hat{\sigma}^2(ps)$$

$$\hat{\sigma}^2(i:s|P^*) = \hat{\sigma}^2(i:s) + \frac{1}{n_p}\hat{\sigma}^2(pi:s)$$

$$E\hat{\rho}^2(s|P^*) = \frac{\hat{\sigma}^2(s|P^*)}{\hat{\sigma}^2(s|P^*) + \frac{1}{n_i}\hat{\sigma}^2(i:s|P^*)} = 0,367$$

Figure 13.3 : Diagramme pour le plan de Pilliner avec strates réunies

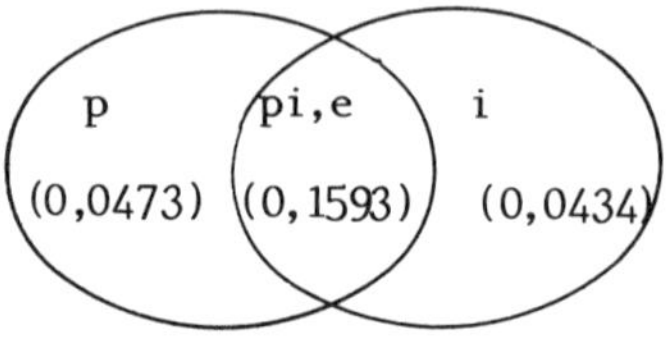

(4.3.) Coefficient de généralisabilité du classement des questions (question n° 3)

Il est raisonnable de penser que l'incapacité du test à faire apparaître une gradation de difficulté des strates tient surtout au manque d'homogénéité interne des strates. A cet égard, il est possible d'estimer la fidélité du classement des questions, appartenant à l'univers de questions constitué par la réunion des trois strates. Le dispositif initial se ramène alors à un dispositif P x I, dont on doit estimer les composantes de variance correspondantes.

On peut recalculer de nouveaux carrés moyens en combinant sommes de carrés et degrés de liberté pour les sources de variance confondues. En commençant par le terme résiduel $\hat{\sigma}^2(pi,e)$, on obtient :

$$\hat{\sigma}^2(pi,e) = CM(pi,e) = \frac{SC(ps) + SC(pi{:}s)}{d.l.(ps) + d.l.(pi{:}s)} = \frac{318,24}{1998} = 0,1593$$

La valeur du $\hat{\sigma}^2(pi,e)$ permet à son tour d'obtenir une nouvelle valeur pour $\hat{\sigma}^2(p)$, compte tenu que n(i) vaut maintenant 75.

$$CM(p) = n_i\,\hat{\sigma}^2(p) + \hat{\sigma}^2(pi,e) = n_i\,\hat{\sigma}^2(p) + CM(pi,e)$$

$$\hat{\sigma}^2(p) = \frac{CM(p) - CM(pi,e)}{n_i} = \frac{3,7092 - 0,1593}{75} = 0,0473$$

En appliquant la même méthode au calcul de $\hat{\sigma}^2(i)$:

$$CM(i) = \frac{SC(i{:}s) + SC(s)}{d.l.(i{:}s) + d.l.(s)} = \frac{101,7722}{74} = 1,3753$$

Or $$CM(i) = n_p\,\hat{\sigma}^2(i) + \hat{\sigma}^2(pi,e) = n_p\,\hat{\sigma}^2(i) + CM(pi,e)$$

D'où $$\hat{\sigma}^2(i) = \frac{CM(i) - CM(pi,e)}{n_p} = \frac{1,3753 - 0,1593}{28}$$

$$\hat{\sigma}^2(i) = 0,0434$$

Portons ces nouvelles valeurs de $\hat{\sigma}^2(i)$, $\hat{\sigma}^2(p)$ et de $\hat{\sigma}^2(pi,e)$ sur un diagramme de Cronbach (fig. 13.3). A partir de ce diagramme, il est facile de calculer deux nouveaux coefficients pour des mesures relatives :

$$E\hat{\rho}^2(p) = \frac{0,0473}{0,0473 + \frac{1}{75}(0,1593)} = \frac{0,0473}{0,0495} = 0,956$$

et

$$E\hat{\rho}^2(i) = \frac{0,0434}{0,0434 + \frac{1}{28}(0,1593)} = \frac{0,0434}{0,0491} = 0,884$$

Le coefficient $E\hat{\rho}^2(p)$ peut être considéré comme une estimation de la précision de la mesure lorsqu'on veut généraliser du score au test à la moyenne dans l'univers, basée sur tous les items de l'ensemble défini par les trois strates réunies.

Ce second $E\hat{\rho}^2(p)$ dans le dispositif P x I au lieu de P x (I:S), représente une autre estimation de généralisabilité pour un autre univers de généralisation. La valeur assez semblable des coefficients (.956 au lieu de .939) laisse penser que les deux univers sont eux-mêmes semblables.

Parallèlement, la comparaison de $E\hat{\rho}^2(i)$ et $E\hat{\rho}^2(s)$ révèle que le test de Pilliner ne pourrait servir de test de classement des strates que si l'on pouvait affiner la stratification, de façon à rendre compte de l'importante dispersion des scores de facilité des questions. Ces dernières sont en effet très bien différenciées, même avec un échantillon de 28 élèves seulement.

4. *AUTRES APPLICATIONS DU COEFFICIENT DE GENERALISABILITE*

La connaissance de la généralisabilité d'un dispositif permet naturellement d'apprécier plus valablement des résultats: on sait dans quelle mesure on peut se fier aux valeurs obtenues; on voit dans quelle direction des améliorations devraient être recherchées.

Cronbach (1976) propose également d'autres applications, plus directes encore, des coefficients de généralisabilité. Nous ne ferons que les évoquer, faute d'expérience suffisante à leur sujet.

Une première possibilité consiste à estimer des scores univers en utilisant l'équation de régression des scores univers sur les scores observés : ρ^2 est justement la valeur du coefficient de régression à introduire dans cette équation (voir Cardinet et Tourneur, 1978, pour une présentation plus détaillée). Le recours aux scores univers se justifie si l'on doit comparer des informations provenant de sources différentes, de fidélités justement inégales.

Une autre possibilité est la désatténuation de coefficients de validité, dont on sait que la valeur réelle est diminuée par le manque de fidélité des mesures mises en corrélation. La "correction pour l'atténuation" de Spearman peut être appliquée aux schémas de pistes causales, ce qui conduit parfois à remettre en cause les conclusions tirées des corrélations non corrigées.

Ces thèmes seront abordés un peu plus en détail au chapitre 18.5, sous "Pistes de développement actuelles".

Chapitre 14

RECHERCHE DU PLAN D'OPTIMISATION

Le plan de mesure optimum pour une étude D ne sera presque jamais celui de l'étude G correspondante. D'abord l'étude de généralisabilité a pour fonction première d'estimer l'importance de toutes les sources de variance qui affectent les données, et non de viser une différenciation maximale de certains objets d'études. La finalité étant différente, les moyens doivent aussi varier. Ensuite le nombre de situations de décisions possibles, à partir des facettes décrites par une même étude G, est très grand et il faudra adapter les plans de mesure à chacune de ces situations. Une quatrième phase est donc nécessaire après l'étude de généralisabilité, pour optimiser la démarche de mesure.

Puisque les variances de différenciation et de généralisation obtenues dans l'étude G résultent des choix effectués à propos des plans d'observation, d'estimation et de mesure, il va de soi qu'une amélioration de la situation dépend des transformations que l'on pourra apporter à chacun de ces trois plans. Certains principes sont nécessaires, pour guider la recherche des modifications désirables. Nous les dégagerons pour commencer.

1. *LES DIRECTIONS D'OPTIMISATION*

En examinant la contribution relative de chaque composante de variance à la variance d'erreur dans un plan donné, on peut identifier les sources principales d'erreur qui doivent être réduites si l'on veut améliorer la précision des mesures fournies par ce plan. Plusieurs modifications peuvent être envisagées, qui touchent les plans d'observation, d'estimation et/ou de mesure.

1.1. *Accroître le nombre des niveaux échantillonnés*

La méthode la plus simple dans cette direction consiste à accroître le nombre de niveaux observés pour les facettes de généralisation dont la variance est la plus grande. On réduit ainsi ces sources de variance d'erreur proportionnellement au nombre de niveaux que l'on observe.

Lorsque le plan initial comporte des facettes de généralisation croisées, on peut obtenir une augmentation du nombre de niveaux observés en nichant ces facettes les unes dans les autres. Par exemple, dans un survey (où les élèves sont donc instruments de mesure des objectifs, au même titre que les items), il est préférable de poser à des élèves différents les questions relatives à un même objectif. En nichant ainsi les élèves dans les items on couvre plus d'élèves pour un même objectif que si l'on croisait élèves et questions, bien que le nombre total d'observations reste identique, (et qu'en conséquence, le coût total de l'opération reste à peu près inchangé).

1.2. Modifier le mode d'échantillonnage des facettes

On peut aussi réduire la variance de généralisation et augmenter la variance de différenciation en changeant le mode d'échantillonnage d'une facette. Cronbach et al. (1972) avaient déjà montré que la variance d'erreur est réduite quand une facette de généralisation aléatoire est transformée en facette I fixée. Puisque la variance d'erreur est aussi affectée par le mode d'échantillonnage des facettes de différenciation, il est possible de réduire les estimations de l'erreur en introduisant un échantillonnage aléatoire sur une facette D qui était préalablement fixée (c'est-à-dire, en changeant une facette D^F en une facette D^R). Ce dernier type de transformation n'est justifiable que dans la mesure où les niveaux observés d'une facette peuvent être considérés comme interchangeables avec d'autres niveaux non observés de la même facette. Ceci implique, de plus, que de nouveaux échantillons de niveaux soient sélectionnés dans les applications ultérieures du dispositif.

Quoiqu'il ne soit pas possible, pour des raisons logiques ou pratiques, de modifier le mode d'échantillonnage de certaines facettes, on peut envisager pour d'autres facettes plusieurs modes d'échantillonnage. Par exemple, dans une étude de généralisabilité où des étudiants doivent rédiger des dissertations sur des sujets différents, chaque dissertation étant évaluée par tous les membres d'un jury d'examen, on peut envisager de changer la facette "sujets de dissertation", d'une facette I^R en une facette I^F . De même, si ce sont les scores moyens aux différents sujets de dissertation qui doivent être différenciés, cette facette D^F peut être transformée en une facette D^R. Par contre, il serait très difficile, de changer la facette aléatoire "membres de jury" en une facette fixée. Une telle modification impliquerait que le même jury doive être sollicité dans toutes les réplications de l'examen, ce qui constituerait une exigence irréalisable pour la plupart des établissements d'enseignement.

1.3. Eliminer les niveaux atypiques - l'analyse des facettes

Un troisième type de modification consiste à redéfinir l'univers de généralisation et/ou la population de différenciation de manière à réduire les contributions de la variance d'erreur qui sont attribuables à certains niveaux "atypiques" d'une facette. Ce genre de modifications revient à restreindre le nombre de niveaux admissibles des facettes I et/ou D et réclame évidemment un réexamen des données.

Pour réaliser ce type de modification, il est nécessaire de formuler des procédures d'analyse analogues à celles de l'analyse d'items, mais qui, grâce à un principe de symétrie, peuvent s'appliquer à n'importe quel type de facettes, (items, correcteurs, moments, personnes, etc., aussi bien qu'aux facettes superordonnées dans lesquelles ces dernières sont nichées).

De telles procédures, que l'on peut désigner sous l'étiquette "analyses de facette" comprennent deux étapes fondamentales :

- D'abord, il faut identifier les niveaux d'une facette qui contribuent principalement aux composantes d'interaction *D* x *I* ou aux composantes *I* des variances d'erreur.
- Ensuite, si ces niveaux sont réellement "atypiques", ou s'ils sont jugés comme non essentiels par rapport aux objectifs de la mesure, ils peuvent être éliminés et l'univers de généralisation et/ou la population de différenciation doivent être redéfinis en conséquence. On obtient dans ce cas une réduction de l'erreur par rapport à un univers et/ou une population réduite.

Cette procédure peut être illustrée dans le dispositif suivant: Personnes x Items x Moments. Dans une analyse de la facette "Items", si la variance d'erreur est due manifestement à quelques items, caractérisés par certaines particularités de contenu ou de présentation, ces items peuvent être écartés. Les niveaux admissibles de la facette Items peuvent ensuite être redéfinis (par exemple en ne conservant plus que certains chapitres du cours).

Si par ailleurs, dans une analyse de la facette Personnes, il apparaît que la variance d'erreur est due principalement aux réponses atypiques de certaines catégories de personnes (par exemple, les étudiants qui doublent leur année, les élèves étrangers qui viennent d'arriver), ces cas peuvent être éliminés de l'ensemble des niveaux admissibles de la facette. (On décidera par exemple, que l'application du test est limitée aux élèves qui ont suivi avec succès quatre années d'étude dans le système scolaire considéré).

Une analyse de la facette Occasions peut mener à des décisions semblables, par exemple, l'exclusion des jours qui précèdent les vacances scolaires. Selon le rôle de chaque facette dans la mesure, (c'est-à-dire son attribution à la face *D* ou à la face *I*), les décisions dont on vient de parler conduisent à restreindre la population à différencier ou l'univers de généralisation.

Un exemple concret (bien que fictif) d'analyse de facettes peut servir à illustrer la procédure que nous proposons pour sélectionner les données sur les faces d'instrumentation et de différenciation.

Figure 14.1: Matrice de données fictives pour l'analyse de facettes

		Questions				Moyennes
		1	2	3	4	
Sujets	1	16	7	8	13	11
	2	10	2	8	12	8
	3	10	10	10	14	11
	4	10	3	6	9	7
	5	14	8	13	17	13
Moyennes		12	6	9	13	10

Pour proposer une démarche pratique, nous partirons du cas le plus simple, où n(p) sujets ont répondu à n(q) questions (n(p) = 5 , n(q) = 4). La figure 14.1 représente la matrice des données (fictives), les sujets formant les lignes et les questions, les colonnes.

(1) Les sujets comme facette de différenciation

Nous supposerons d'abord que les sujets constituent la facette de différenciation, comme dans la théorie des tests habituelle, et que l'intention est d'obtenir une mesure relative. La généralisabilité sera alors d'autant meilleure que le facteur commun à toutes les questions sera plus important. Ce facteur commun est constitué par la variance interlignes. La variance intercolonnes n'intervient pas pour augmenter ni pour diminuer la généralisabilité si tous les sujets sont confrontés aux mêmes questions. Ce qui peut diminuer la généralisabilité (dans le cas d'une mesure relative) est donc uniquement la variance interaction lignes-colonnes.

On peut calculer la valeur de l'interaction pour chaque cellule de la matrice des données en soustrayant de chaque élément les moyennes (exprimées en écarts à la moyenne générale) de la ligne et de la colonne correspondantes. (Il n'est naturellement pas possible, dans cet exemple, de distinguer le vrai composant de score pour l'interaction de celui de l'erreur e). La variance de ces résidus peut être calculée pour chaque colonne. Les questions conduisant à une large variance résiduelle sont celles qui diminuent la généralisabilité de l'ensemble. On peut donc les détecter et chercher en quoi elles se distinguent de l'ensemble pour lequel une généralisation est possible.

Dans l'exemple des données fictives présentées à la figure 14.1, il est facile de calculer par soustraction les scores d'interaction. Ils ont été reportés dans la figure 14.2, déjà élevés au carré. Les rangées hétérogènes peuvent en effet être détectées en sommant ces carrés de notes résiduelles et en calculant les carrés moyens par colonne, ou par ligne. Cela a été fait dans les marges de la figure 14.2.

La variance d'interaction sujets x questions, qui constitue la source de variance d'erreur dans la variance observée, est la plus élevée pour les questions 1 et 2. On peut en déduire que ces questions composent un sous-groupe qui se comporte différemment des deux autres questions.

Dans le test de classement des sujets, on cherchera donc à définir un univers qui englobe les questions 3 et 4, mais exclue 1 et 2.

La deuxième étape de la sélection des données se fera à partir d'une matrice purifiée des questions hétérogènes, et centrée par rapport aux nouvelles moyennes des lignes, comme par rapport aux moyennes, inchangées, des colonnes.

On calculera cette fois la variance des résidus par lignes. Les sujets qui ont une variance élevée augmentent le terme interaction et diminuent en conséquence la généralisabilité pour l'ensemble. On pourra donc les examiner et corriger à son tour la définition de la facette de différenciation.

Figure 14.2 : Calcul des carrés moyens des scores résiduels pour le diagnostic des questions hétérogènes dans un test de classement, (ou des sujets aberrants dans un test d'enquête).

		Questions				S.C.	C.M.
		1	2	3	4		
Sujets	1	9	0	4	1	14	4,7
	2	0	4	1	1	6	2,0
	3	9	9	0	0	18	6,0
	4	1	0	0	1	2	0,7
	5	1	1	1	1	4	1,3
S.C.		20	14	6	4		
C.M.		5	3,5	1,5	1,0		

Figure 14.3 : Matrice des données brutes et résiduelles après l'élimination des questions 1 et 2.

Sujets	Q. originales		Q.centrées/colonne		Q.centrées/ligne		C.M.
	3	4	3	4	3	4	rés.
1	8	13	− 1	0	− 0,5	+ 0,5	0,5
2	8	12	− 1	− 1	0	0	0
3	10	14	+ 1	+ 1	0	0	0
4	6	9	− 3	− 4	+ 0,5	− 0,5	0,5
5	13	17	+ 4	+ 4	0	0	0
Moy.	9	13	0	0	0	0	

Pour notre exemple, les résultats de cette opération, exécutée après l'élimination des questions 1 et 2, sont présentés dans la figure 14.3. On voit que les variances des résidus sont très homogènes et basses : seuls les sujets 1 et 4 introduisent quelque variance parasite. On peut rechercher ce qui les distingue et les éliminer, encore que l'univers de différenciation paraisse bien homogène.

(2) Les questions comme facette de différenciation

Supposons maintenant que la facette de différenciation soit constituée par les questions. Les sujets forment la facette de généralisation. Leurs réponses doivent comporter un fort facteur général qui provient de la variance intercolonnes. La variance interlignes n'intervient pas dans le cas d'une comparaison inter-questions et c'est encore la variance interaction qui doit être minimisée. La sélection des données partira donc encore une fois de la matrice doublement centrée. On commencera par calculer la variance des résidus par lignes, pour éliminer les sujets aberrants. Sur la matrice purifiée et recentrée, en tenant compte des nouvelles moyennes des colonnes, on calculera les variances des résidus intracolonnes. La seconde étape de sélection des données pourra en découler.

Appliquons cette démarche dans notre exemple, en supposant maintenant que la finalité du test est de classer les questions (test d'enquête).

A partir de la matrice de la figure 14.1, après qu'on l'ait doublement centrée, il est possible de circonscrire la facette de généralisation, les sujets en l'occurrence, en calculant la variance des résidus par sujets, comme elle apparaît à droite de la figure 14.2, dans la colonne des carrés moyens.

Figure 14.4 : Calcul des variances résiduelles par question, après élimination des sujets 1 et 3.

Questions →	Doublement centrées				Carrés des résidus			
	1	2	3	4	1	2	3	4
Sujets 2	0	− 1	+ 0,33	+ 0,67	.00	1.00	.11	.44
4	+ 1	+ 1	− 0,66	− 1,33	1.00	1.00	.44	1.77
5	− 1	0	+ 0,33	+ 0,67	1.00	.00	.11	.44
					1.00	1.00	.33	1.32

Le plus grand carré moyen est celui du sujet 3, puis vient celui du sujet 1, avec des valeurs respectivement de 6 et de 4,7. Les autres carrés moyens paraissent homogènes.

La sélection des sujets 2, 4 et 5, (si l'on trouve en quoi les sujets 1 et 3 sont hétérogènes), permet de réduire la variance résiduelle. Ce choix peut être suivi par la sélection des objets d'étude, obtenue en appliquant mutatis mutandis la double procédure de contrôle des données sur la matrice purifiée des sujets, comme on l'a fait à la figure 14.4.

On peut éventuellement chercher d'après la valeur des carrés moyens, à supprimer la question 4. Comme la variance résiduelle diminue évidemment au fur et à mesure que la procédure se développe, la sélection des objets d'étude est moins aisée que celle des instruments de mesure.

Par ailleurs, même dans le cas où la sélection porte à la fois sur les univers de différenciation et de généralisation, les données reprises dans la figure 14.5 montrent bien que la sélection des instruments de mesure et des objets d'étude varie selon la finalité de l'évaluation.

Figure 14.5 : Résultats de l'application de la procédure en fonction de la finalité du test

	Test de classement	Test d'enquête
Questions retenues	3 et 4	1, 2 et 3
Sujets sélectionnés	2, 3 et 5	2, 4 et 5

(3) Le traitement des facettes multiples

Lorsque le problème comporte plusieurs facettes de généralisation, les éléments que l'on doit contrôler dans la première étape sont ceux qu'engendre le produit cartésien de ces facettes. Par exemple, dans un dispositif qui croise sujets, objectifs pédagogiques et conditions d'observation, il est admis généralement que objectifs et conditions sont une source de fluctuations d'échantillonnage pour une bonne différenciation des sujets. Pour augmenter la généralisabilité du plan de mesure, on recherchera dans la première étape de sélection des données si certains objectifs, certaines conditions, ou éventuellement certaines combinaisons significatives d'objectifs et de conditions, n'enflent pas la variance interaction.

Lorsque le plan expérimental prévoit plusieurs facettes de différenciation, on calculera les résidus (et leur variance ensuite) pour chaque élément du produit cartésien de ces facettes. Dans le cas, par exemple, où objectifs et conditions sont des facettes de différenciation conjointes, la première étape de sélection des données comparera les variances résiduelles de chaque sujet (facette de généralisation) en calculant sa variance sur les cellules déterminées par le croisement des deux facettes de différenciation.

On voit donc que, quel que soit le nombre de facettes de chaque sorte, une procédure très claire peut être suivie. Il suffit de disposer les facettes de différenciation en lignes et les facettes de généralisation en colonnes et de procéder comme s'il n'y avait que deux facettes dans une matrice de données classique.

1.4. *Améliorer la validité*

Selon Cronbach et al. (1963), la théorie de la généralisabilité constitue un cadre qui intègre la théorie de la fidélité et la théorie de la validité : "L'analyse de généralisabilité indique avec quelle validité on peut interpréter une mesure comme représentative d'un univers de mesures possibles" (p. 157). Dans cette perspective, les modifications d'un dispositif qui visent à réduire l'erreur et à améliorer la fidélité, peuvent aussi être envisagées comme des moyens d'améliorer la validité. C'est le cas du moins pour la validité de contenu dans le contexte des tests à référence critérielle (universe-referenced and domain-referenced testing).

Une autre direction d'optimisation touche particulièrement l'amélioration de la validité par l'élimination ou la réduction des biais de mesure. Avant de décrire ces procédures, il est nécessaire que nous clarifiions le sens que nous donnons au terme "biais".

Dès que les faces de différenciation et d'instrumentation du plan de mesure ont été précisées à la phase 3 d'une étude de généralisabilité, il est possible de distinguer deux types de variance indésirables :

1. l'erreur de mesure
   qui est définie par les composantes de variance qui sont dues à l'interaction des faces *I* et *D* du plan, plus (dans le cas d'une erreur absolue) par les composantes qui sont propres à la face *I*.
2. le biais de mesure
   qui se produit quand la variance systématique de la face *D* inclut des composantes qui sont considérées comme parasites par rapport au but de la mesure. L'existence de biais de mesure signifie que la variation systématique des scores de la population à différencier (que ce soient des personnes ou d'autres objets d'étude) peut être partiellement attribuée aux effets de variables autres que les attributs que l'on se propose de mesurer. La validité des mesures observées s'en trouve diminuée.

Le biais le plus connu se produit lorsque le but de la mesure est la comparaison interindividuelle des personnes. Par exemple, après avoir construit une épreuve de rendement scolaire afin de mesurer l'efficience de l'apprentissage, on observe un biais si des composantes de variance associées à des facettes extra-pédagogiques, (par exemple, le statut socio-économique, le sexe), interviennent pour une part substantielle dans l'explication de la variance de différenciation. Par symétrie, on peut dire qu'un biais existe dans un survey qui compare des items, ou des objectifs pédagogiques, si l'on trouve que les variations des scores aux différents items ou aux objectifs sont attribuables, pour l'essentiel, à une caractéristique de présentation, (par exemple des consignes orales par opposition à des consignes écrites), dont on ne soupçonnait pas au départ qu'elle pouvait affecter la performance de l'élève. En conséquence, un biais se produit quand des variations observées le long de facettes de différenciation élémentaires (par exemple, les facettes Personnes, ou Items) sont dues, au moins en partie, aux effets produits par des variables superordonnées (facettes de stratification ou de classification, telles que le sexe ou le mode de présentation) dans lesquelles les facettes élémentaires sont nichées.

Quand on planifie une étude de généralisabilité, il est important de structurer la face *D* du plan, de manière à inclure les facettes de stratification ou de classification qui sont susceptibles d'influencer la variance des objets à différencier. Il est alors possible d'estimer ces composantes de la variance de différenciation qui, autrement, seraient confondues. En étudiant les estimations des composantes de variance de la face *D* , on peut se rendre compte si certaines composantes, jugées indésirables quant au but de la mesure, contribuent de manière importante à la variance de différenciation. Des procédures peuvent être appliquée à la phase 4, afin d'éliminer ou de réduire les effets de ces composantes.

Alors qu'il est possible de réduire l'erreur de mesure en accroissant le nombre d'observations relatives aux facettes de généralisation, il n'est pas possible d'effectuer une adaptation similaire si l'on souhaite contrôler les effets de biais de mesure. Quand les objets d'étude sont nichés dans des facettes superordonnées qui structurent la face de différenciation, observer plus d'objets peut améliorer les estimations des effets des facettes nichantes, mais ne change pas l'adéquation de la mesure de chaque objet pris individuellement. D'autres types de modification, qui concernent le plan, doivent être trouvées si l'on désire améliorer la validité d'une mesure.

Une première possibilité consiste à utiliser des scores de déviation, ou à effectuer d'autres ajustements de score (par le moyen de barèmes différents, par exemple). L'effet principal de cette facette biaisante est alors soustrait à la variance de différenciation. Toutes les autres composantes des faces *D* et *I* restent inchangées.

Une autre possibilité est de concevoir des plans séparés pour chaque niveau de la facette biaisante : on élimine du dispositif ainsi la facette indésirable. Cette modification implique que les comparaisons et décisions ultérieures soient réalisées séparément pour chaque niveau (ou sous-groupes) de la population originale.

Nous allons illustrer ces procédures par un exemple. Supposons qu'un psychologue scolaire décide d'évaluer les aptitudes scolaires des écoliers à l'aide d'une épreuve de rendement en mathématique, présentée au terme d'une année scolaire. Admettons qu'il procède au classement des sujets en fonction des notes observées sans tenir compte, par exemple, de l'appartenance des sujets à des classes différentes, conduites par des professeurs différents. Dans cette situation, il applique en fait le plan P x I, où P désigne la facette "Sujets" et I la facette "Items". Quand on examine d'un peu plus près l'objet de cette étude, on s'aperçoit que la variance de différenciation, $\sigma^2(p)$, est grossie, notamment, par le biais "professeur". En effet, en appliquant une épreuve de rendement scolaire, on n'évalue pas seulement l'aptitude scolaire des élèves, mais aussi le rendement de l'enseignement et donc l'efficacité didactique des professeurs de chaque classe. Si $\hat{\sigma}^2(c)$ désigne la composante de variance mesurant le biais qui est dû aux classes, la variance de différenciation $\hat{\sigma}^2(p)$ se décompose en 2 termes :

$$\hat{\sigma}^2(p) = \hat{\sigma}^2(p°) + \hat{\sigma}^2(c) \Longleftrightarrow \hat{\sigma}^2(p°) = \hat{\sigma}^2(p) - \hat{\sigma}^2(c)$$

où $\hat{\sigma}^2(p)$ représente la composante de variance, estimée à partir du plan initial P x I

$\hat{\sigma}^2(p°)$ la composante épurée, après soustraction du biais $\hat{\sigma}^2(c)$.

L'explicitation de la facette "Classes" (ou "Enseignants") modifie le plan initial, pour aboutir au plan partiellement niché (P:C) x I (figures 14.6 et 14.7).

Figure 14.6 : Représentation graphique du plan initial P x I

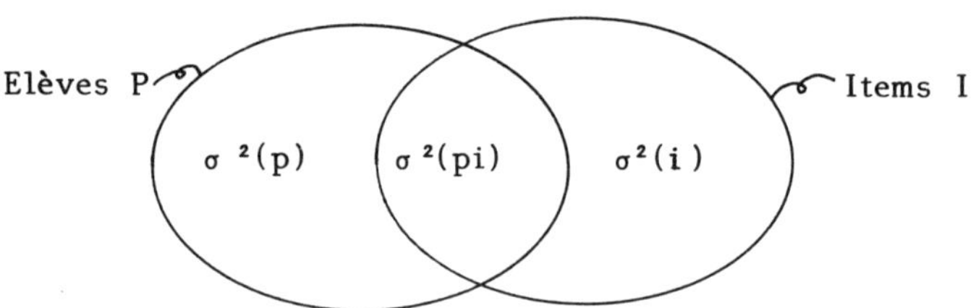

Figure 14.7 : Représentation graphique du plan modifié (P:C) x I

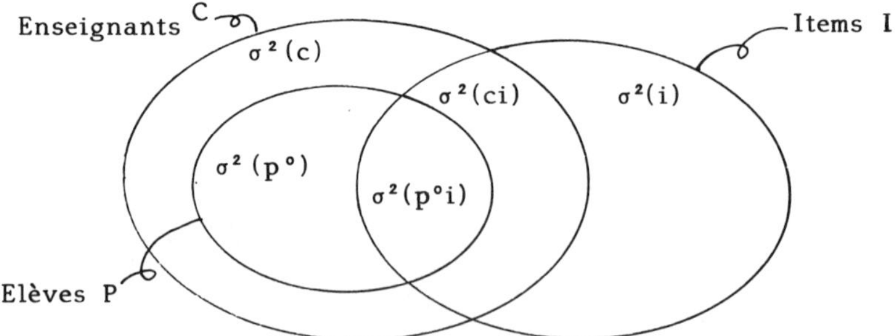

La composante de variance $\sigma^2(p°)$ est plus petite que $\sigma^2(p)$, mais elle représente la meilleure estimation de la variance réelle entre les sujets, par rapport à l'attribut évalué.

L'exemple traité permet de comprendre pourquoi le gain de validité obtenu grâce à l'élimination du biais de mesure s'accompagne pourtant souvent d'une perte de précision.

Les erreurs de mesure sont bien réduites puisque

$$\sigma^2(\delta p°) = \sigma^2(\delta p) - \frac{1}{n(i)} \sigma^2(ci)$$

mais la variance de différenciation risque d'être réduite dans une plus grande proportion, (si les différences entre classes sont sensibles), du fait que $\sigma^2(c)$ n'est divisé par aucun coefficient.

$$\sigma^2(p°) = \sigma^2(p) - \sigma^2(c)$$

1.5. Buts simultanés de l'optimisation

Dans la quatrième et dernière phase d'une étude de généralisabilité, il est important d'envisager en même temps les deux directions d'optimisation (réduction de l'erreur de mesure, accroissement de la validité), en particulier lorsque des biais de mesure sensibles ont été détectés. Afin de compenser la perte de précision provoquée par l'élimination des biais, il est nécessaire d'introduire des modifications supplémentaires afin de réduire l'erreur.

Dès que l'on a identifié les modifications qui présentent un intérêt potentiel, on peut définir un ou plusieurs plans d'optimisation. Les procédures de calcul indiquées à la figure 4.1 sont appliquées afin de connaître les effets attendus des modifications sur les estimations de la variance de différenciation et de la variance d'erreur. Le plan d'optimisation qui conduit à l'amélioration maximale de la fidélité et de la validité peut alors être sélectionné comme base des mesures et des décisions ultérieures.

Les mêmes principes peuvent être utilisés afin de déterminer s'il est possible de réduire les coûts de la mesure en modifiant, par exemple, les nombres de niveaux observés sur une facette ou sur une autre, ou en restructurant le dispositif de prise d'information.

2. LES MODES DE CALCUL UTILISABLES

2.1. Répétition des étapes de l'étude de généralisabilité

Les modifications envisagées dans les lignes qui précèdent ont des chances d'améliorer les caractéristiques de la mesure.

Pour en connaître l'effet, on doit cependant repasser par les étapes décrites antérieurement. Seuls quelques modes de calcul sont spécifiques à l'étude d'optimisation; nous les examinerons maintenant.

2.2. Variance des facettes nichées

Lorsqu'on veut transformer des facettes croisées en facettes nichées, il suffit de confondre la composante de variance de l'effet principal niché et celle de l'interaction des deux facettes, nichée et nichante : la somme de ces deux termes estime la composante de variance de la facette nichée.

2.3. Marges d'erreurs

L'inconvénient des composantes de variance, c'est leur caractère abstrait. Leurs valeurs n'ont pas de signification en elles-mêmes. On ne peut les interpréter qu'en les comparant les unes aux autres. On aimerait pouvoir référer l'importance des fluctuations d'échantillonnage à l'échelle de mesure, aux unités, par rapport auxquelles sont exprimées les données de base.

C'est ce que permet de faire le calcul de marges d'erreur. On cherche à déterminer la largeur de l'intervalle de confiance qui résulte des fluctuations aléatoires. On prend comme valeur limite une fluctuation qui n'est dépassée que cinq fois sur cent.

On connaît $\sigma^2(\Delta)$, la variance due à l'ensemble des fluctuations aléatoires, et $\sigma^2(\delta)$ la variance d'échantillonnage qui subsiste même lorsqu'on compare les objets d'étude à l'aide des mêmes instruments. Un intervalle de confiance peut être déterminé autour de chaque mesure en calculant la valeur de $1.96\ \sigma(\Delta)$ ou $1.96\ \sigma(\delta)$.

La différence entre deux mesures affectées chacune de cette variabilité aléatoire peut aussi donner lieu au calcul d'un intervalle de confiance. Nous appelons marge d'erreur une différence aléatoire entre deux mesures, qui n'est dépassée que cinq fois sur cent. On la calcule en déterminant la valeur de :

$$1.96\ (2\ \sigma^2(\Delta \text{ ou } \delta))^{\frac{1}{2}} \cong 2\sqrt{2}\ \sigma(\Delta \text{ ou } \delta)$$

2.4. Coefficient de généralisabilité

Une autre façon de concrétiser le résultat de l'étude de généralisabilité est de calculer un coefficient de généralisabilité, ($E\ \rho^2$), défini comme le rapport de la variance de différenciation à la somme de cette variance et de la variance de généralisation que l'on considère (absolue ou relative).

Dans le premier exemple (plan C x R entièrement aléatoire)

$$E\,\rho^2(\Delta r) = \frac{\sigma^2(r)}{\sigma^2(r) + \frac{1}{n_c}\,(\sigma^2(rc) + \sigma^2(c))}$$

$$E\,\rho^2(\delta r) = \frac{\sigma^2(r)}{\sigma^2(r) + \frac{1}{n_c}\,\sigma^2(rc)}$$

Dans le deuxième exemple (plan E x C x P entièrement aléatoire)

$$E\,\rho^2(\Delta e) = \frac{\sigma^2(e)}{\sigma^2(e) + \frac{1}{n_c}\,(\sigma^2(ec)+\sigma^2(c)) + \frac{1}{n_p}\,(\sigma^2(p)+\sigma^2(pe)) + \frac{1}{n_p\,n_c}\,\sigma^2(pec)}$$

$$E\,\rho^2(\delta e) = \frac{\sigma^2(e)}{\sigma^2(e) + \frac{1}{n_c}\,\sigma^2(ec) + \frac{1}{n_p}\,\sigma^2(ep) + \frac{1}{n_c\,n_p}\,\sigma^2(pec)}$$

2.5. Fidélité atteignable

Les formules précédentes peuvent être considérées comme l'expression d'une loi statistique reliant la fidélité d'un dispositif de mesure aux paramètres indiqués. Comme le nombre de niveaux observés sur chaque facette dépend de l'expérimentateur, ces formules peuvent prendre une signification nouvelle. Au lieu de simplement résumer la valeur du dispositif existant, elles peuvent servir à estimer la fidélité de tous les plans de mesure que l'on pourrait obtenir en modifiant le nombre de conditions d'observation; elles ont une valeur prospective et permettent de choisir le nouveau dispositif en connaissance de cause.

Par exemple, en doublant le nombre de correcteurs n(c) dans le premier exemple, on obtiendrait (en posant n'(c) = 2 n(c))

$$E\,\rho^2(\delta r) = \frac{\sigma^2(r)}{\sigma^2(r) + \frac{1}{n'_c}\,.\sigma^2(rc)}$$

On retrouve la formule de Spearman-Brown. On voit qu'on peut facilement tirer n'(c) de la formule (si l'on fixe une valeur à la fidélité désirée, par exemple 0,80) et déterminer ainsi analytiquement l'allongement nécessaire de l'épreuve.

Le coefficient $E\rho^2$ a cependant une portée plus large que la formule de Spearman-Brown : il en constitue une généralisation. Dans le deuxième exemple, on voit qu'on pourrait accroître jusqu'à l'infini le nombre de correcteurs : cela ne suffirait pas à rendre parfaite la fidélité. $E\rho^2$ est ainsi une fonction de plusieurs variables. Le calcul de sa valeur maximale, pour un nombre d'observation fixé, est réalisable, mais peut devenir complexe (Woodward et Joe, 1973). En pratique on procède plutôt par approximations successives, en tenant compte du coût des diverses modifications concevables.

3. *ILLUSTRATION*

3.1. *Modification du plan d'observation S x P x (I:O)*

Le plan d'observation de l'étude G croisait les professeurs-évaluateurs (facette P) avec les stagiaires (facette S). Ceci avait l'avantage de permettre l'estimation de l'interaction sp, ainsi que des interactions d'ordre plus élevé : spo, spi:o. Par contre un tel dispositif, qui oblige chaque professeur à examiner chaque stagiaire, est extrêmement lourd et n'est concevable que pour la durée d'une recherche. Le dispositif choisi pour l'étude D, pour des raisons de coût essentiellement, implique de nicher la facette Professeurs dans la facette Stagiaires. Ce sont des jurys différents d'un stagiaire à l'autre qui assurent l'évaluation. Ce dispositif est fréquemment appliqué dans le cas des travaux de fin d'études, mémoires universitaires, projets d'architectes, etc. Le travail présenté par l'étudiant est évalué par un groupe de spécialistes; chaque groupe est appelé à se prononcer sur la qualité d'un seul travail.

Grâce à l'étude préalable des composantes de variances, il est possible d'estimer quelles seront les nouvelles valeurs des variances de différenciation et d'erreur, ainsi que celle du coefficient de généralisabilité, si l'on veut évaluer les stagiaires avec le nouveau plan d'observation.

La représentation du plan d'optimisation envisagé apparaît à la figure 14.8.

Figure 14.8 : Plan d'optimisation du 3e exemple : O(-/S/O/P,I) avec plan d'observation (P:S) x (I:O)

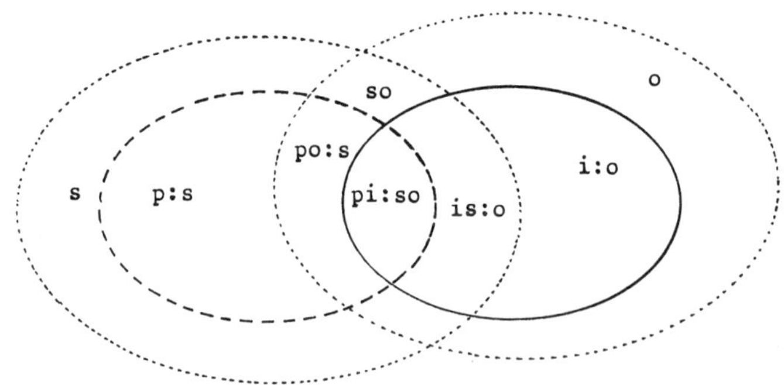

Puisque le nouveau plan introduit un nichage supplémentaire, il confond des composantes de variance que l'on avait pu calculer distinctement dans le plan S x P x (I:O)

C'est ainsi que $\sigma^2(p{:}s)$ vaut $\sigma^2(p) + \sigma^2(sp)$, $\sigma^2(po{:}s)$ vaut $\sigma^2(po) + \sigma^2(spo)$ et $\sigma^2(pi{:}so)$ vaut $\sigma^2(spi{:}o) + \sigma^2(pi{:}o)$.

Les options prises lors de la détermination des plans d'estimation et de mesure, par contre, restent identiques à ce qu'elles étaient dans l'étude G.

La variance active comprend les composantes suivantes :

$$\underset{\cdots\cdots}{E^2(s)} + \underline{\sigma^2(i{:}o)} + \underline{\underline{E^2(p{:}s)}} + \underline{\underline{E^2(is{:}o)}} + \underline{\underline{E^2(pi{:}so)}}$$

La variance de différenciation est soulignée en pointillés, les composantes de la variance de l'erreur absolue sont soulignées d'un ou deux trait(s) et les composantes de la variance de l'erreur relative d'un double trait. Cette répartition des variances dans le nouveau plan de mesure peut être contrôlée à l'aide du diagramme de la figure 14.9.

Figure 14.9 : Répartition des composantes de variance dans le plan d'optimisation O(–/S/O/P,I)

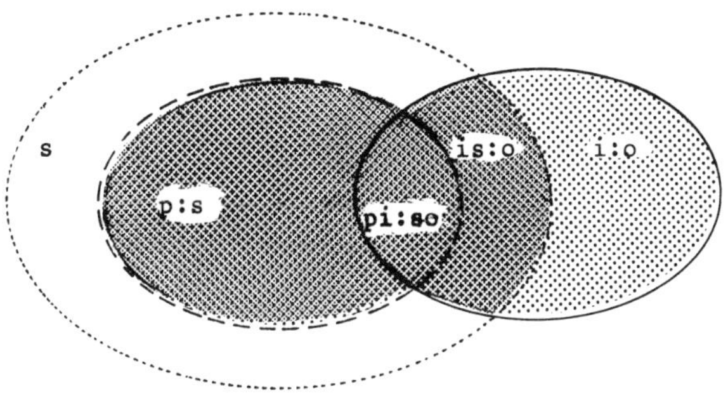

On peut alors calculer la variance de différenciation et les variances de généralisation absolue et relative :

$$\sigma^2(\tau) = E^2(s) = \frac{N_s - 1}{N_s} \cdot \sigma^2(s)$$

$$\sigma^2(\Delta s) = \frac{N_p - n_p}{N_p - 1} \cdot \frac{1}{n_p} E^2(p{:}s) + \frac{1}{n_p n_i n_o} \cdot \frac{N_p - n_p}{N_p - 1} \cdot E^2(pi{:}so)$$

$$+ \frac{1}{n_i n_o} \cdot E^2(is{:}o) + \frac{1}{n_i n_o} \cdot \sigma^2(i{:}o)$$

$$\sigma^2(\delta s) = \frac{1}{n_p} \cdot \frac{N_p - n_p}{N_p - 1} \cdot E^2(p{:}s) + \frac{1}{n_p n_i n_o} \cdot \frac{N_p - n_p}{N_p - 1} \cdot E^2(pi{:}so)$$

$$+ \frac{1}{n_i n_o} \cdot E^2(is{:}o)$$

On calcule enfin deux coefficients de généralisabilité selon que l'on ajoute au dénominateur la variance d'erreur absolue ou la variance d'erreur relative:

$$E\ \rho^2(\Delta s) = \frac{\sigma^2(\tau)}{\sigma^2(\tau) + \sigma^2(\Delta s)}$$

et

$$E\ \rho^2(\delta s) = \frac{\sigma^2(\tau)}{\sigma^2(\tau) + \sigma^2(\delta s)}$$

Lorsqu'on aura calculé ces valeurs, on pourra savoir si la modification envisagée, qui ne portait que sur le plan d'observation, et visait essentiellement à alléger la tâche des professeurs, est suffisante pour permettre une mesure acceptable. Si ce n'est pas le cas, il faudra envisager une autre modification du plan de mesure initial conduisant à un nouveau plan d'optimisation. L'étude d'optimisation implique généralement une série de boucles d'adaptation successives.

3.2. Choix du plan d'observation pour un survey

La recherche du plan d'observation optimal peut se faire sur la base du calcul effectif de marges d'erreur ou de coefficients de généralisabilité, à partir des composantes de variance estimées en phase 2. C'est ce que l'exemple précédent vient d'illustrer.

Le choix du plan d'observation optimal peut aussi découler, parfois, de la simple inspection des formules des variances d'erreur, comme nous allons le voir maintenant. Examinons à titre d'exemple, quelques plans de mesure possibles pour estimer le degré de réussite d'un groupe scolaire à un objectif particulier.

(1) Prenons d'abord la situation où cet objectif o* (unique et constituant donc une facette cachée du dispositif) est évalué par n(q) questions, dont chacune est proposée à n(p) sujets, selon le diagramme de la figure 14.10.

Figure 14.10 : Diagramme d'un plan aléatoire croisé (P x Q) pour la mesure d'un objectif o*

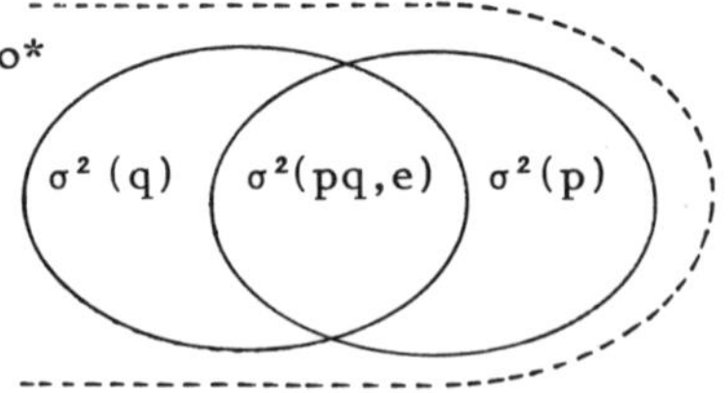

Les composantes de l'erreur absolue sur la mesure de cet objectif Δ(o*QP) sont les composantes de la différence (X(o*QP – μ(o*))

$$\Delta(o^*QP) = \tilde{\mu}(o^*Q) + \tilde{\mu}(o^*P) + \tilde{\mu}(o^*QP) + e(o^*QP)$$

et
$$\hat{\sigma}^2(\Delta(o^*QP)) = \hat{\sigma}^2(Q) + \hat{\sigma}^2(P) + \hat{\sigma}^2(QP,e)$$
$$= \frac{1}{n_q}\hat{\sigma}^2(q) + \frac{1}{n_p}\hat{\sigma}^2(p) + \frac{1}{n_q} \cdot \frac{1}{n_p} \cdot \hat{\sigma}^2(qp,e)$$

(2) Il est facile de voir, cependant, que l'estimation de $\mu(o^*)$ à partir de la moyenne X(o*QP) dans un dispositif qui niche les sujets dans les questions est meilleure que l'estimation obtenue comme ci-dessus dans un dispositif croisé. L'erreur sur $\mu(o^*)$ est réduite, de même que l'intervalle de confiance autour de X(o*QP). Dans un dispositif niché (figure 14.11) la composante $\hat{\sigma}^2(p)$ est divisée par n(q) . n(p) et non plus par n(p) et l'erreur d'observation sur la moyenne égale.

$$\hat{\sigma}^2(\Delta(o^*QP)) = \frac{1}{n_q}\hat{\sigma}^2(q) + \frac{1}{n_q} \cdot \frac{1}{n_p}\hat{\sigma}^2(p,pq,e)$$

Ce plan d'observation, qui échantillonne plus d'élèves, diminue l'erreur d'échantillonnage sur cette facette.

Figure 14.11 : Diagramme pour le calcul de $\hat{\sigma}^2(\Delta o^*)$ dans un dispositif qui niche les personnes dans les questions

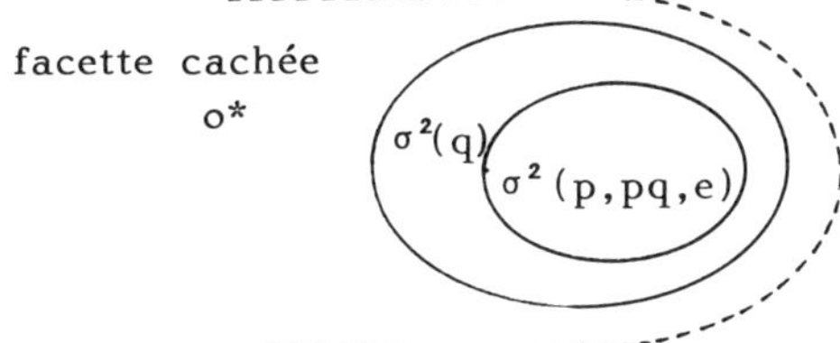

(3) Une troisième façon de faire consisterait à nicher les questions dans les élèves, selon le dispositif repris dans la figure 14.12.
On utilise ainsi le même nombre d'élèves que sous (1) (figure 14.10) mais on échantillonne davantage de questions.

Figure 14.12 : Calcul de $\hat{\sigma}^2(\Delta o^*)$ dans un dispositif qui niche les questions dans les personnes

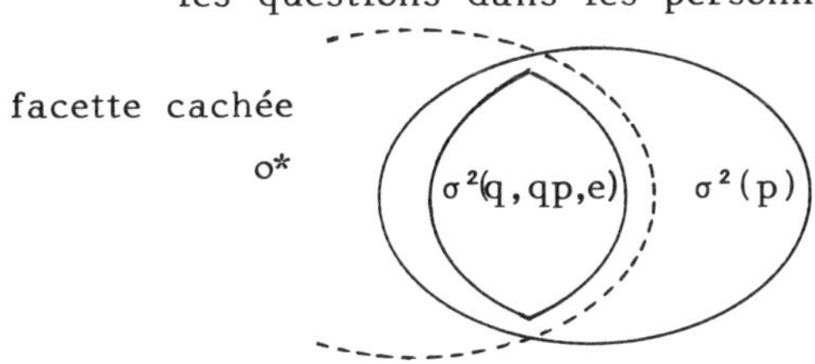

On a alors

$$\hat{\sigma}^2(\Delta o^*QP) = \frac{1}{n_p}\hat{\sigma}^2(p) + \frac{1}{n_q\ n_p}\hat{\sigma}^2(q,qp,e)$$

FIGURE 14.13. : LA QUATRIEME PHASE D'UNE ETUDE DE GENERALISABILITE :

LE CHOIX DU PLAN D'OPTIMISATION

A) CALCUL DES PARAMÈTRES DU PLAN OPTIMISÉ

Informations sur les facettes	Plan	Résultats des calculs	Symbole	Etapes de réalisation des calculs
Modifications - des relations entre facettes (nichant ou confondant des facettes croisées avant)	Plan d'optimisation	répartition des facettes pour le plan d'optimisation et spécification de la variance active	$O(\mathcal{D}^R/\mathcal{D}^F/I^F/I^R)$	12. Plan d'optimisation: définir un, ou plusieurs, plan(s) en examinant les modifications à apporter aux plans d'observation, d'estimation ou de mesure pour diminuer l'erreur, pour améliorer la validité, ou pour réduire les coûts. Reprendre, si nécessaire, les étapes correspondantes.
- du nombre de niveaux observés (davantage pour les facettes I^R)		variance de différenciation	$\hat{\sigma}^2(\tau')$	13. Variance de différenciation: reprendre les étapes jusqu'à 8.
- du nombre ou de la nature des niveaux admissibles (restreignant la population de $\mathcal{D}$ ou l'univers de I)		variances d'erreur (de généralisation)	$\hat{\sigma}^2(\Delta')$ $\hat{\sigma}^2(\delta')$	14. Variances d'erreur: reprendre les etapes 9 et 10.
- du mode d'échantillonnage des facettes sur l'une ou l'autre face *Spécifie la population de différenciation optimale et l'univers de généralisation optimal*		coefficient de généralisabilité	$\hat{E}\rho^2$	15. Coefficient de généralisabilité: reprendre l'étape 11.

B) Utilisation des diagrammes de Cronbach

Symbole	Contrôle des formules	Exemple: Tous les Ns stagiaires s sont examinés par n_p professeurs p, tirés au hasard parmi Np, sur les No objectifs fixés o, au moyen des ni items i, tirés au hasard pour chaque objectif.
$O(\mathcal{D}^R/\mathcal{D}^F/\mathcal{I}^F/\mathcal{I}^R)$	- Refaire les diagrammes en cas de modification des plans d'observation, d'estimation ou de mesure.	s p:s po:s pi:so is:o i:o o
$\hat{\sigma}^2(\tau')$	(idem, pour les étapes 6 à 8).	s p:s pi:so is:o i:o
$\hat{\sigma}^2(\Delta')$ $\hat{\sigma}^2(\delta')$	(idem, pour les étapes 9 et 10).	
$\hat{E}\rho^2$	(idem, pour l'étape 11).	

Il apparaît que les deux derniers dispositifs sont de toute façon meilleurs que le premier, puisqu'on réduit mieux les erreurs d'échantillonnage en prenant plus de sujets dans le deuxième dispositif et plus de questions dans le troisième. L'étude G préalable (pour estimer les composantes de variance) doit aider l'expérimentateur à choisir, parmi les deux derniers dispositifs, celui qui convient le mieux à son intention. Il importe, dans ce cas, d'échantillonner le plus possible d'éléments dans les facettes de généralisation qui sont particulièrement responsables d'un gonflement de $\Delta(o^*)$: on prendra dans un plan amélioré plus d'élèves si l'échantillon de sujets est hétérogène, ou plus de questions si l'objectif mesuré semble couvrir des compétences variées et donne lieu à une variabilité importante entre les questions. On tiendra compte aussi, naturellement, du coût relatif de ces deux directions d'accroissement de la prise d'information.

Les étapes du calcul des nouveaux paramètres de généralisabilité sont rappelées de façon résumée à la figure 14.13, partie a.

L'utilisation des diagrammes de Cronbach (figure 14.13, partie b) reste possible pour concrétiser les changements apportés aux plans précédents par le plan d'optimisation.

Chapitre 15

ÉTUDE DÉTAILLÉE D'UN EXEMPLE SIMPLE

1. INTENTION

Nous allons décrire et commenter dans ce chapitre les résultats complets que l'on obtient en appliquant l'analyse de variance et la théorie de la généralisabilité aux données du deuxième exemple. Le traitement de ce cas va nous permettre d'illustrer les principales étapes de calcul, de discuter et d'interpréter autant que possible les résultats partiels. On verra mieux sur un exemple tout le profit que l'on peut tirer d'une étude de généralisabilité et la diversité des informations que l'on peut extraire d'un tableau de données, même quand celles-ci sont fournies par l'application d'un plan d'observation simple. Nous montrerons aussi incidemment comment réduire certains problèmes pratiques de calcul et comment traiter des résultats aberrants (tels que des composantes de variance négatives).

2. CALCUL DES CARRES MOYENS

Le tableau 15.1 présente la matrice des notes accordées par 20 correcteurs à 4 problèmes d'arithmétique qui ont été résolus par trois élèves de 6ème année primaire.

Ces données sont traitées à l'aide d'une analyse de variance à 3 dimensions croisées et les formules de ce traitement sont reprises dans le tableau 15.2. La première colonne du tableau précise les sources de variation qui sont analysables distinctement. Puisque le plan d'observation comprend trois facettes croisées C, P et E, on peut subdiviser la variation totale en 7 composantes: trois pour les effets principaux, trois pour les interactions entre paires de facettes (interactions dites "de premier ordre") et l'interaction de deuxième ordre entre les 3 facettes (interaction confondue avec l'erreur aléatoire e). Dans la deuxième colonne sont développées les formules de calcul des nombres de degrés de liberté relatifs à chaque effet. Les formules des sommes de carrés des écarts (3ème colonne) ont été déduites des formules des degrés de liberté.

La lecture du tableau 15.3 nous amène à formuler quelques remarques à propos des résultats de l'analyse de variance.

Tableau 15.1 : Notes accordées par 20 correcteurs à 4 problèmes résolus par 3 élèves (chaque problème est coté sur 5 points).

Correcteurs	Elèves 1				Elèves 2				Elèves 3			
	Problèmes 1	2	3	4	1	2	3	4	1	2	3	4
1	5	5	0	1	5	1	0	0	5	4	2	1
2	5	5	0	1	5	1	0	0	5	4	2,5	1
3	5	2	0	0	5	2	0	0	5	3,5	2,5	0
4	5	5	1	0	5	0	0	0	5	2,5	2	3,5
5	5	5	1	0	5	0	0	0	5	0	0	5
6	5	5	0	2	5	2,5	2	1	5	3,5	2	1
7	5	2	1	0	5	2,5	0	0	5	3	0	2
8	5	4	1	0	5	1	0	0	5	3	2	1
9	5	2	0	1	5	1	2	0	5	1	1	0
10	5	5	0	1	5	1,5	0	0,5	5	2	1	2
11	5	5	0	1	5	1,5	0,5	1	5	1,5	2	2
12	5	5	0	0	5	0	0	0	5	0	0	0
13	5	2,5	0	0	5	2,5	0	0	5	4,5	2	0
14	5	5	0	1	5	2	0	1	5	2	2	0
15	5	5	0	0	5	2	0	0	5	4	1,5	1
16	5	5	0	0	5	2	0	0	5	2	2	1
17	5	5	1	0	5	0	0	0	5	0	0	5
18	5	5	0	0	5	1	0	0	5	1	0	0
19	5	5	0	1	5	1	2	1	5	0	1	1
20	5	5	0	1	5	1	1	1	5	2	1	1

Tableau 15.2 : Formules pour l'analyse de variance du plan C x E x P entièrement aléatoire

Sources de variation	Degrés de liberté	Sommes des carrés des écarts
c	$n_c - 1$	$\frac{1}{n_e n_p} \Sigma_c(\Sigma_{ep}X)^2 - \frac{1}{n_e n_c n_p}(\Sigma_{ecp}X)^2$
e	$n_e - 1$	$\frac{1}{n_c n_p} \Sigma_e(\Sigma_{cp}X)^2 - \frac{1}{n_e n_c n_p}(\Sigma_{ecp}X)^2$
p	$n_p - 1$	$\frac{1}{n_e n_c} \Sigma_p(\Sigma_{ce}X)^2 - \frac{1}{n_e n_c n_p}(\Sigma_{ecp}X)^2$
ce	$n_c n_e - n_c - n_e + 1$	$\frac{1}{n_p} \Sigma_{ce}(\Sigma_p X)^2 - \frac{1}{n_e n_p} \Sigma_c(\Sigma_{ep}X)^2 - \frac{1}{n_c n_p} \Sigma_e(\Sigma_{cp}X)^2 + \frac{1}{n_e n_c n_p}(\Sigma_{ecp}X)^2$
cp	$n_c n_p - n_c - n_p + 1$	$\frac{1}{n_e} \Sigma_{cp}(\Sigma_e X)^2 - \frac{1}{n_e n_p} \Sigma_c(\Sigma_{ep}X)^2 - \frac{1}{n_e n_c} \Sigma_p(\Sigma_{ec}X)^2 + \frac{1}{n_e n_c n_p}(\Sigma_{ecp}X)^2$
ep	$n_e n_p - n_e - n_p + 1$	$\frac{1}{n_c} \Sigma_{ep}(\Sigma_c X)^2 - \frac{1}{n_c n_p} \Sigma_e(\Sigma_{cp}X)^2 - \frac{1}{n_e n_c} \Sigma_p(\Sigma_{ec}X)^2 + \frac{1}{n_e n_c n_p}(\Sigma_{ecp}X)^2$
cep	$n_c n_e n_p - n_c n_e - n_c n_p$ $- n_e n_p + n_c + n_p + n_e$ $- 1$	$\Sigma_{ecp}X^2 - \frac{1}{n_p} \Sigma_{ce}(\Sigma_p X)^2 - \frac{1}{n_e} \Sigma_{cp}(\Sigma_e X)^2 - \frac{1}{n_c} \Sigma_{ep}(\Sigma_c X)^2 + \frac{1}{n_e n_p} \Sigma_c(\Sigma_{ep}X)^2$ $\frac{1}{n_e n_c} \Sigma_p(\Sigma_{ec}X)^2 + \frac{1}{n_c n_p} \Sigma_e(\Sigma_{cp}X)^2 - \frac{1}{n_e n_c n_p}(\Sigma_{ecp}X)^2$
tot	$n_c n_e n_p - 1$	$\Sigma_{cep}X^2 - \frac{1}{n_e n_c n_p}(\Sigma_{ecp}X)^2$

Tableau 15.3 : Résultats de l'analyse de variance appliquée aux données du plan C x E x P

Sources de variation	Degrés de liberté	Sommes de carrés des écarts	Carrés moyens observés
Correcteurs	19	14,43	0,75927
Elèves	2	31,68	15,83870
Problèmes	3	756,11	252,03713
ce	38	27,2	0,71584
cp	57	36,12	0,6336
ep	6	97,39	16,23195
cep	114	91,06	0,7901
Total	239	1.052,99	

Tableau 15.4 : Moyennes attribuées par les 20 correcteurs aux différentes copies et à tous les problèmes

n° de la copie / n° du problème	1	2	3	Moyenne par problème
1	5	5	5	5
2	4,38	1,28	2,18	2,60
3	0,25	0,38	1,33	0,65
4	0,50	0,28	1,38	0,71
Moyenne par copie	2,54	1,73	2,47	2,25

Le petit nombre de degrés de liberté utilisé pour le calcul du carré moyen des effets "Elèves" et "Problèmes" ne permet pas d'obtenir une estimation sûre des carrés moyens attendus de ces effets et donc de leur composante de variance. Par contre, l'estimation du C.M. pour les correcteurs est plus fiable car 20 juges ont participé à l'évaluation de toutes les copies; on pourra aussi généraliser plus sûrement à l'univers des correcteurs les données moyennes obtenues sur les deux autres facettes : niveau de chacun des élèves et difficulté relative des quatre problèmes.

L'observation de la dernière colonne du tableau 15.3 montre d'importantes différences entre les carrés moyens : la variabilité de la difficulté d'un problème à l'autre est plus importante que la variabilité dans la sévérité moyenne des correcteurs ou entre les niveaux moyens des copies. La variance observée entre les problèmes CM(p) vient en effet en première place, loin devant toutes les autres variances. Un regard sur le tableau des moyennes (tableau 15.4) explique l'ampleur de CM(p) : le premier problème (p 1) obtient la note maximum (5/5) pour tous les juges et tous les élèves tandis que les deux derniers problèmes (n° 3 et 4) obtiennent des scores de réussite inférieurs à un point sur cinq.

Les recherches docimologiques nous ont habitués à des fluctuations notables dans les scores attribués aux mêmes copies par des correcteurs différents, fluctuations que l'on attribue généralement à la sévérité des correcteurs et aux interactions correcteurs x sujets. Nos données ne semblent pas corroborer ces constatations : la variance observée entre correcteurs CM(c) est la plus faible de toutes les variances des effets principaux et la variance d'interaction correcteurs x sujets CM(ec) est bien moins importante que la variance d'interaction sujets x problèmes CM(ep). Outre l'effet p, tous les effets associés à p sont d'ailleurs les plus importants.

En réexaminant le tableau 15.4, on voit clairement que la dispersion des moyennes d'une copie à l'autre est beaucoup moins marquée que la dispersion des moyennes d'un problème à l'autre. Des interactions copies x problèmes apparaîssent aussi nettement : par exemple, l'écart entre la copie 1 et la copie 2 est beaucoup plus marqué au deuxième problème qu'à l'ensemble des problèmes (dernière colonne du tableau); c'est la copie 3 qui a le meilleur score au quatrième problème alors que cette même copie obtient un score moyen inférieur à celui de la première copie.

La relative homogénéité des correcteurs apparaît au tableau 15.5 : l'écart entre le correcteur le plus sévère (n° 12) et le correcteur le moins sévère (n° 6) est de 1,17 points sur un écart maximum possible de 5 points, alors que l'écart entre le problème le plus facile et le problème le plus difficile est de 4,35 points. On voit aussi que l'appréciation de la difficulté

Tableau 15.5 : Moyennes attribuées par les 20 correcteurs aux 4 problèmes.

N° du problème / N° du correcteur	1	2	3	4	Moyenne par correcteur
1	5	3,33	0,66	0,66	2,41
2	5	3,33	0,83	0,66	2,45
3	5	2,5	0,83	0	2,08
4	5	2,5	1	1,16	2,41
5	5	1,66	0,33	1,66	2,16
6	5	3,66	1,33	1,33	2,83
7	5	2,5	0,33	0,66	2,12
8	5	2,66	1	0,33	2,24
9	5	1,33	1	0,33	1,91
10	5	2,83	0,33	1,16	2,33
11	5	2,66	0,83	1,33	2,45
12	5	1,66	0	0	1,66
13	5	3,16	0,66	0	2,20
14	5	3	0,66	0,66	2,74
15	5	3,66	0,5	0,33	2,37
16	5	3	0,66	0,33	2,24
17	5	1,66	0,33	1,66	2,16
18	5	2,33	0	0	1,83
19	5	2	1	1	2,25
20	5	2,66	0,66	1	2,33
Moyenne par problème	5	2,60	0,65	0,71	2,25

Tableau 15.6 : Estimation des composantes de variance aléatoires dans le plan C x E x P

Composantes aléatoires	Expression de σ^2 en termes de CM	Valeurs calculées (en 10^{-5})
$\sigma^2(c)$	$\frac{1}{n_e n_p}\left[CM(c) - (CM(ce) + CM(cp)) + CM(cep)\right]$	1.666
$\sigma^2(e)$	$\frac{1}{n_c n_p}\left[CM(e) - (CM(ce) + CM(ep)) + CM(cep)\right]$	0 (-400)
$\sigma^2(p)$	$\frac{1}{n_e n_c}\left[CM(p) - (CM(cp) + CM(ep)) + CM(cep)\right]$	393.269
$\sigma^2(ce)$	$\frac{1}{n_p}(CM(ce) - CM(cep))$	0 (-1.856)
$\sigma^2(ep)$	$\frac{1}{n_c}(CM(ep) - CM(cep))$	77.209
$\sigma^2(cp)$	$\frac{1}{n_e}(CM(cp) - CM(cep))$	0 (-5.213)
$\sigma^2(cep)$	CM(cep)	79.005

Tableau 15.7 : Calcul des composantes de variance mixtes dans le plan d'estimation C x E x P avec C et P aléatoires finies et E aléatoire infini (soit $N_c = N_p = 100$).

Composantes de variance mixtes	Expression des composantes mixtes en termes de composantes aléatoires	Valeurs calculées (en 10^{-5})
$\sigma^2(c\|M)$	$= \sigma^2(c) + \frac{1}{N_p}\sigma^2(cp)$	= 1614
$\sigma^2(e\|M)$	$= \sigma^2(e) + \frac{1}{N_c}\sigma^2(ce) + \frac{1}{N_p}\sigma^2(ep) + \frac{1}{N_c N_p}\sigma^2(cep)$	= 361
$\sigma^2(p\|M)$	$= \sigma^2(p) + \frac{1}{N_c}\sigma^2(cp)$	= 393217
$\sigma^2(ce\|M)$	$= \sigma^2(ce) + \frac{1}{N_p}\sigma^2(cep)$	= 0
$\sigma^2(ep\|M)$	$= \sigma^2(ep) + \frac{1}{N_c}\sigma^2(cep)$	= 77999
$\sigma^2(cp\ M)$	$= \sigma^2(cp)$	= 0
$\sigma^2(cep\ M)$	$= \sigma^2(cep)$	= 79005

relative des problèmes varie peu d'un correcteur à l'autre : une légère interaction est introduite par les correcteurs n° 5 et 17 qui accordent les mêmes moyennes aux problèmes 2 et 4 alors que, calculées sur l'ensemble des correcteurs, la moyenne du problème 2 est très nettement supérieure à la moyenne du problème 4.

3. DERIVATION DES COMPOSANTES DE VARIANCE

Nous estimons les composantes de variance par une combinaison additive de carrés moyens. Dans un premier temps, nous supposons que le plan d'estimation est entièrement aléatoire et nous calculons des composantes aléatoires. Les équations que nous avons utilisées à cette fin sont présentées au tableau 15.6 ainsi que les valeurs des composantes, exprimées en 10^{-5} de façon à éliminer les décimales.

Nous estimons ensuite les composantes de variance mixtes à partir des composantes aléatoires selon la formule de recomposition. Les équations qui permettent de passer des composantes aléatoires aux composantes mixtes dépendent du plan d'estimation choisi. Dans le modèle mixte que nous avons retenu, les élèves constituent une facette aléatoire infinie tandis que les correcteurs et les problèmes sont des facettes aléatoires finies (soit N(c) = N(p) = 100). Les estimations obtenues pour les composantes de variance mixtes sont reportées dans la dernière colonne du tableau 15.7.

Les valeurs obtenues sont négatives dans le modèle aléatoire pour $\sigma^2(e)$, $\sigma^2(ce)$ et $\sigma^2(cp)$ et dans le modèle mixte pour $\sigma^2(ce)$ et $\sigma^2(cp)$. Nous avons déjà évoqué la possibilité d'obtenir des valeurs négatives dans une expérience isolée. Toute composante de variance est évidemment positive ou nulle, mais les valeurs estimées dépendent des conditions d'échantillonnage des observations. Or, si nous avons 20 correcteurs, nous n'avons pris que trois copies et quatre problèmes par copie; de plus, aucune des valeurs des 3 facettes n'a été extraite de façon aléatoire. En comparant la valeur des composantes du modèle mixte à celles du modèle aléatoire, on s'aperçoit que $\sigma^2(e\,|\,M)$ est positive alors que $\sigma^2(e)$ est négative : en passant du modèle aléatoire au modèle mixte, on choisit en l'occurrence un modèle plus conforme à la réalité et on réduit du même coup le nombre de résultats aberrants.

Dans le calcul des composantes selon le modèle mixte, nous avons utilisé les estimations négatives des composantes obtenues pour le modèle aléatoire. Ces dernières ne sont en effet dans notre esprit qu'une étape de calcul qui ne doit pas affecter le résultat final que l'on pourrait obtenir directement en suivant d'autres algorithmes.

Tableau 15.8 : Trois plans d'estimation C x E x P : diagramme et composantes mixtes

Mode d'échantillonnage des facettes			Diagramme des 3 plans d'estimation	Expression des composantes de variance mixtes en termes de composantes de variance aléatoires
aléatoire infini	aléatoire fini	fixé		
p,e		c	e c p	$\sigma^2(e\|M) = \sigma^2(e) + \frac{1}{n_c}\sigma^2(ec)$ $\sigma^2(c\|M) = \sigma^2(c)$ $\sigma^2(p\|M) = \sigma^2(p) + \frac{1}{n_c}\sigma^2(pc)$ $\sigma^2(ec\|M) = \sigma^2(ec)$ $\sigma^2(ep\|M) = \sigma^2(ep) + \frac{1}{n_c}\sigma^2(epc)$ $\sigma^2(pc\|M) = \sigma^2(pc)$ $\sigma^2(epc\|M) = \sigma^2(epc)$

p	e	c	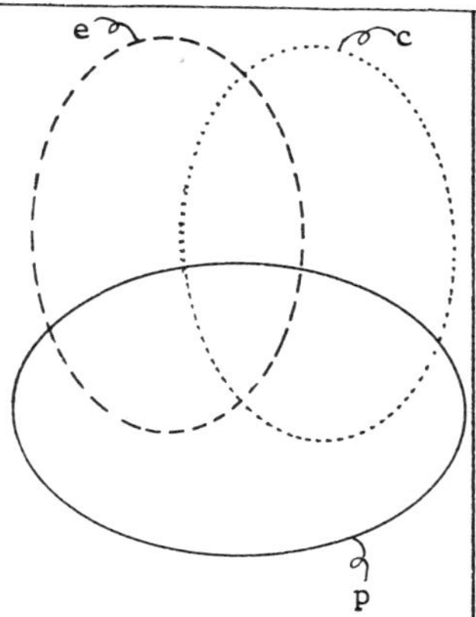 e c p	$\sigma^2(e\|M) = \sigma^2(e) + \frac{1}{n_c}\sigma^2(ec)$ $\sigma^2(c\|M) = \sigma^2(c) + \frac{1}{N_e}\sigma^2(ec)$ $\sigma^2(p\|M) = \sigma^2(p) + \frac{1}{n_c}\sigma^2(pc) + \frac{1}{N_e}\sigma^2(pe) + \frac{1}{N_e n_c}\sigma^2(pec)$ $\sigma^2(ec\|M) = \sigma^2(ec)$ $\sigma^2(ep\|M) = \sigma^2(ep) + \frac{1}{n_c}\sigma^2(epc)$ $\sigma^2(pc\|M) = \sigma^2(pc) + \frac{1}{N_e}\sigma^2(epc)$ $\sigma^2(epc\|M) = \sigma^2(epc)$
p		c,e	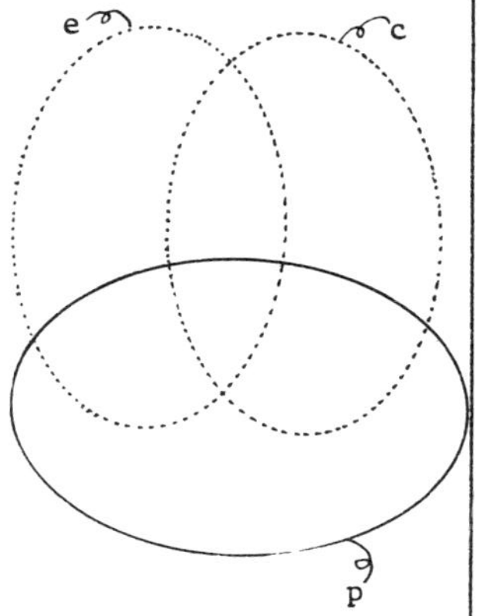 e c p	$\sigma^2(e\|M) = \sigma^2(e) + \frac{1}{n_c}\sigma^2(ec)$ $\sigma^2(c\|M) = \sigma^2(c) + \frac{1}{n_e}\sigma^2(ec)$ $\sigma^2(p\|M) = \sigma^2(p) + \frac{1}{n_c}\sigma^2(pc) + \frac{1}{n_e}\sigma^2(pe) + \frac{1}{n_e n_c}\sigma^2(pec)$ $\sigma^2(ec\|M) = \sigma^2(ec)$ $\sigma^2(ep\|M) = \sigma^2(ep) + \frac{1}{n_c}\sigma^2(epc)$ $\sigma^2(pc\|M) = \sigma^2(pc) + \frac{1}{n_e}\sigma^2(epc)$ $\sigma^2(epc\|M) = \sigma^2(epc)$

On peut se demander s'il ne faudrait pas continuer à utiliser l'estimation négative d'une composante de variance du modèle mixte dans tous les calculs ultérieurs (calculs des variances de différenciation et d'erreur). Il semble préférable pourtant de s'en tenir à l'estimation la meilleure possible de chaque composante, donc de traiter comme nulles les valeurs négatives du modèle mixte de manière à satisfaire une autre exigence du modèle qui postule l'indépendance des sources de variation. (D'autres solutions possibles seront discutées au chapitre 18).

4. PLAN D'ESTIMATION

Revenons un moment au choix du plan d'estimation. Dans notre exemple, la facette E est aléatoire infinie tandis que les 2 facettes C et P sont aléatoires finies. En fait, le nombre de plans d'estimations possibles à partir d'un même plan d'observation à 3 facettes croisées s'élève à 27 puisque chaque facette peut être infinie, finie ou fixée. La présentation de tous les plans d'estimation serait fastidieuse. Aussi, nous contentons-nous de présenter dans le tableau 15.8 le diagramme de trois plans "réalistes" et les équations de calcul de leurs composantes de variance. Dans les 3 cas, P est aléatoire car le nombre de problèmes que l'on peut concevoir en fait est pratiquement illimité. Comme le nombre de correcteurs est généralement réduit au nombre de professeurs d'un établissement scolaire ou d'un jury d'examen, la facette C est toujours fixée. Seule la facette E est envisagée selon les 3 modes d'échantillonnage.

L'observation des équations de la dernière colonne illustre un fait général : plus il y a de facettes finies et fixées dans le plan, plus il faut combiner de composantes aléatoires pour calculer les composantes mixtes. C'est logique puisque plus on restreint l'univers de généralisation, moins il faut soustraire de termes d'erreur de la variance observée (CM) pour estimer la composante de variance. A la limite, quand tout est fixé, chaque composante de variance est estimée par son carré moyen (divisé par un coefficient).

5. PLAN DE MESURE

Après avoir fixé le type d'échantillonnage pratiqué au niveau de chaque facette, le nombre de conditions admissibles et de conditions observées, il reste à fixer le statut de chaque facette dans la mesure. Ce statut dépend évidemment des questions que l'on se pose. Ces questions peuvent concerner une facette ou une combinaison de facettes qui deviennent l'objet d'étude. Pour une facette en particulier, on peut s'intéresser à la valeur vraie d'un de ses niveaux, ou comparer les niveaux entre eux. Plusieurs facettes peuvent devenir simultanément objet d'étude en combinant les niveaux de ces facettes. Il est cependant indispensable de conserver une facette de généralisation.

Plusieurs informations et décisions étant recherchées, le but d'une étude de généralisabilité est d'indiquer avec quel degré de fiabilité le dispositif peut les fournir à l'aide des données à disposition. Nous allons illustrer cet apport d'une étude G, en reprenant le plan d'estimation E x C x P avec les 2 facettes aléatoires finies (C et P) et une facette aléatoire infinie E. Les calculs des variances de différenciation et de généralisation apparaissent au tableau 15.9.

La comparaison des coefficients de généralisabilité (dernière colonne du tableau 15.10) indique quelles informations sûres peuvent être tirées du tableau de données. Les coefficients les plus élevés sont obtenus pour les plans de mesure n° 2, 4 et 6, c'est-à-dire pour toutes les décisions où intervient la différenciation des problèmes. Une réserve doit être formulée cependant : il est vraisemblable que l'estimation de $\sigma^2(p)$ à partir des 4 problèmes examinés surévalue l'hétérogénéité des questions et accroît artificiellement la variance de différenciation.

Les autres informations recherchées, celles qui ne sont pas liées à p, ne sont pas généralisables; les coefficients restants sont en effet inférieurs à 0,30. La faiblesse du coefficient de généralisabilité pour le plan de mesure 3 (0,003) nous révèle en particulier que le plan d'estimation utilisé est insuffisant pour évaluer avec une précision acceptable le niveau absolu des élèves en raisonnement arithmétique. Il faudrait augmenter le nombre de problèmes pour obtenir une moyenne par élève qui soit plus fiable. En échantillonnant un plus grand nombre de problèmes dans l'étude G, on estimerait de façon plus précise la variance entre problèmes (le carré moyen et la composante de variance) puisque l'estimation porterait sur un plus grand nombre de degrés de liberté. En procédant de même dans l'étude D, on diminuerait les sources d'erreur principales de la mesure, à savoir les erreurs dues à p et à ses interactions avec e et c. Notons encore que les interactions de p avec e et c constituent encore la part prépondérante de la variance des erreurs relatives $\sigma^2(\delta e)$ dans le troisième plan de mesure : il s'en suit que le coefficient de généralisabilité $E\rho^2\delta$ pour la comparaison des moyennes d'un élève à l'autre n'est guère plus favorable que $E\rho^2\Delta$: le premier coefficient s'élève à 0,12 contre 0,003 pour le second. Les données ne permettent donc ni d'évaluer le rendement d'un élève, ni même de classer les élèves sur la base de leur moyenne au test.

Des remarques similaires s'appliquent au score de sévérité des correcteurs : la moyenne des notes attribuées par un correcteur ne permet pas d'estimer la sévérité "vraie" de ce correcteur ($E\rho^2(\Delta c) = 0{,}017$) ni de classer les correcteurs entre eux ($E\rho^2(\delta c) = 0{,}2$).

Tableau 15.9 : Estimation des variances de différenciation et des variances d'erreur pour six plans de mesure sélectionnés à partir du plan d'estimation C x E x P avec C et P finis et E infini (soit $N_c = 100$ et $N_p = 100$)

Formule du plan de mesure				Valeurs des variances de différenciation et des variances d'erreur absolue et relative (exprimées en 10^{-5})		
D^R	D^F	I^F	I^R	$\sigma^2(\tau)$	$\sigma^2(\Delta)$	$\sigma^2(\delta)$
C	–	–	E,P	$E^2(c\|M)$ (1 598)	$\frac{1}{n_e}E^2(ce\|M) + \frac{1}{n_p}(\frac{N_p-n_p}{N_p-1})E^2(cp\|M)$ $+ \frac{1}{n_e n_p}(\frac{N_p-n_p}{N_p-1})E^2(cep\|M)$ $+ \frac{1}{n_p}(\frac{N_p-n_p}{N_p-1})E^2(p\|M) + \frac{1}{n_e}\sigma^2(e\|M)$ $+ \frac{1}{n_e n_p}(\frac{N_p-n_p}{N_p-1})E^2(ep\|M)$ (106 989)	$\frac{1}{n_e}E^2(ce\|M) + \frac{1}{n_p}(\frac{N_p-n_p}{N_p-1})E^2(cp\|M)$ $+ \frac{1}{n_e n_p}(\frac{N_p-n_p}{N_p-1})E^2(cep\|M)$ (6 257)
P	–	–	E,C	$E^2(p\|M)$ (389 285)	$\frac{1}{n_e}E^2(ep\|M) + \frac{1}{n_c}(\frac{N_c-n_c}{N_c-1})E^2(cp\|M)$ $+ \frac{1}{n_c n_e}(\frac{N_c-n_c}{N_c-1})E^2(cep\|M)$ $+ \frac{1}{n_c}(\frac{N_c-n_c}{N_c-1})E^2(c\|M) + \frac{1}{n_e}\sigma^2(e\|M)$ $+ \frac{1}{n_c n_e}(\frac{N_c-n_c}{N_c-1})E^2(ce\|M)$ (26 967)	$\frac{1}{n_e}E^2(ep\|M) + \frac{1}{n_c}(\frac{N_c-n_c}{N_c-1})E^2(cp\|M)$ $\frac{1}{n_c n_e}(\frac{N_c-n_c}{N_c-1})E^2(cep\|M)$ (26 782)

E	–	–	C,P	$\sigma^2(e\|M)$ (361)	$\frac{1}{n_c}(\frac{N_c-n_c}{N_c-1})E^2(ce\|M)$ $+\frac{1}{n_p}(\frac{N_p-n_p}{N_p-1})E^2(ep\|M)$ $+\frac{1}{n_cn_p}(\frac{N_c-n_c}{N_c-1})(\frac{N_p-n_p}{N_p-1})E^2(cep\|M)$ $+\frac{1}{n_p}(\frac{N_p-n_p}{N_p-1})E^2(p\|M)$ $+\frac{1}{n_c}(\frac{N_c-n_c}{N_c-1})E^2(c\|M)$ $+\frac{1}{n_cn_p}(\frac{N_c-n_c}{N_c-1})(\frac{N_p-n_p}{N_p-1})E^2(cp\|M)$ (113 915)	$\frac{1}{n_c}(\frac{N_c-n_c}{N_c-1})E^2(ce\|M)$ $+\frac{1}{n_p}(\frac{N_p-n_p}{N_p-1})E^2(ep\|M)$ $+\frac{1}{n_cn_p}(\frac{N_c-n_c}{N_c-1})(\frac{N_p-n_p}{N_p-1})E^2(cep\|M)$ (19 478)
C,P	–	–	E	$E^2(c\|M)+E^2(p\|M)$ $+\sigma^2(cp\|M)$ (390 834)	$\frac{1}{n_e}[E^2(ce\|M)+E^2(ep\|M)$ $+E^2(cep\|M)+\sigma^2(e\|M)]$ (51 671)	$\frac{1}{n_e}[E^2(ce\|M)+E^2(ep\|M)$ $+E^2(cep\|M)]$ (51 551)
E,C	–	–	P	$\sigma^2(e\|M)+E^2(c\|M)$ $+\sigma^2(cp\|M)$ (1 959)	$\frac{1}{n_p}(\frac{N_p-n_p}{N_p-1})[E^2(ep\|M)+E^2(cp\|M)$ $+E^2(cep\|M)+E^2(p\|M)]$ (131 863)	$\frac{1}{n_p}(\frac{N_p-n_p}{N_p-1})[E^2(ep\|M)+E^2(cp\|M)$ $+E^2(cep\|M)]$ (37 491)
E,P	–	–	C	$\sigma^2(e\|M)+E^2(p\|M)$ $+\sigma^2(ep\|M)$ (466 865)	$\frac{1}{n_c}(\frac{N_c-n_c}{N_c-1})[E^2(ce\|M)+E^2(cp\|M)$ $+E^2(cep\|M)+E^2(c\|M)]$ (3 193)	$\frac{1}{n_c}(\frac{N_c-n_c}{N_c-1})[E^2(ce\|M)+E^2(cp\|M)$ $+E^2(cep\|M)]$ (3 128)

Tableau 15.10 : Coefficients de généralisabilité et exemples d'informations recherchées – six plans de mesure sélectionnés à partir du plan d'estimation C x E x P avec C et P finis et E infini ($N_c = N_p = 100$)

N° des plans de mesure	Formules des plans de mesure				Exemples d'informations recherchées pour chaque plan de mesure	Coefficients de généralisabilité (calculés à partir des estimations du tableau 15.9)
	D^R	D^F	I^F	I^R		
1	C			E,P	Evaluation de la sévérité relative de n_c correcteurs quelconques à partir des notes qu'ils attribuent à un échantillon aléatoire de n_e élèves examinés à une épreuve de n_p problèmes arithmétiques tirés aléatoirement d'une banque d'items	$E\rho^2_{\delta(c)} = \frac{\sigma^2(\tau)}{\sigma^2(\tau) + \sigma^2(\delta)} = \frac{1598}{7855} = 0{,}20$
2	P			E,C	Dans un survey de problèmes d'arithmétiques, comparaison des taux de réussite de problèmes tirés au hasard, abordés par un échantillon aléatoire de n_e élèves et corrigés par un groupe aléatoire de n_c professeurs	$E\rho^2_{\delta(p)} = \frac{\sigma^2(\tau)}{\sigma^2(\tau) + \sigma^2(\delta)} = \frac{389285}{416067} = 0{,}94$
3	E			C,P	Mesure absolue de la réussite d'un élève aléatoire à une épreuve de n_p problèmes arithmétiques choisis au hasard cotés par un échantillon aléatoire de n_c correcteurs	$E\rho^2_{\Delta(e)} = \frac{\sigma^2(\tau)}{\sigma^2(\tau) + \sigma^2(\Delta)} = \frac{361}{114276} = 0{,}003$
4	C,P			E	Précision des mesures absolues des moyennes accordées par des correcteurs choisis au hasard à des problèmes d'une banque d'items résolus par un échantillon aléatoire d'élèves.	$E\rho^2_{\Delta(c,p)} = \frac{\sigma^2(\tau)}{\sigma^2(\tau) + \sigma^2(\Delta)} = \frac{390834}{442505} = 0{,}88$

5	E,C			P	Précision des mesures absolues des moyennes données par les correcteurs aux sujets dans une épreuve de résolution de problèmes choisis au hasard	$E\rho^2_{\Delta(e,c)} = \frac{\sigma^2(\tau)}{\sigma^2(\tau) + \sigma^2(\Delta)} = \frac{1959}{133822} = 0{,}015$
6	E,P			C	Diagnostic des faiblesses individuelles en résolution de problèmes, destiné à fournir des exercices de remédiations adaptés aux difficultés spécifiques des élèves	$E\rho^2_{\Delta(e,p)} = \frac{\sigma^2(\tau)}{\sigma^2(\tau) + \sigma^2(\Delta)} = \frac{466865}{470058} = 0{,}99$

Tableau 15.11 : Trois plans d'optimisation à partir du plan d'estimation initial **C × E × P**

N° du plan O	Modifications apportées à l'étude G			Calcul des coefficients de généralisabilité
	Plan d'observation	Plan d'estimation	Plan d'optimisation	
1	E x C x P $n_c = 1$ $n_p = 4$ $n_e = 3$	$N_c = 100$ $N_p = 4$ $N_e = \infty$	O(E/-/P/C)	$\sigma^2(\tau) = \sigma^2(e\|M) = \sigma^2(e) + \frac{1}{N_c}\sigma^2(ec) + \frac{1}{n_p}\sigma^2(ep) + \frac{1}{N_c n_p}\sigma^2(cep)$ $= 19\,081$ $\sigma^2(\Delta) = \frac{1}{n_c}(\frac{N_c - n_c}{N_c})[\sigma^2(ec\|M) + \sigma^2(c\|M)] = 18\,075$ $\sigma^2(\delta) = \frac{1}{n_c}(\frac{N_c - n_c}{N_c})[\sigma^2(ec\|M)] = 17\,716$ $E\rho^2(\Delta) = \frac{\sigma^2(\tau)}{\sigma^2(\tau) + \sigma^2(\Delta)} = 0{,}514$ $E\rho^2(\delta) = \frac{\sigma^2(\tau)}{\sigma^2(\tau) + \sigma^2(\delta)} = 0{,}519$
2	E x C x P $n_c = 20$ $n_e = 3$ $n_p = 1$	$N_c = 100$ $N_e = \infty$ $N_p = n_p = 1$	O(E/-/P/C)	$\sigma^2(\tau) = \sigma^2(e\|M) = \sigma^2(e) + \sigma^2(ep) + \frac{1}{N_c}\sigma^2(ce) + \frac{1}{N_c}\sigma^2(cep)$ $= 77\,580$ $\sigma^2(\Delta) = \frac{1}{n_c}(\frac{N_c - n_c}{N_c - 1})[E^2(ec\|M) + E^2(c\|M)] = 3\,117$ avec $\sigma^2(ec\|M) = \sigma^2(ec) + \sigma^2(cep)$ et $\sigma^2(c\|M) = \sigma^2(c) + \sigma^2(cp) = 0$ $\sigma^2(\delta) = \frac{1}{n_c}(\frac{N_c - n_c}{N_c - 1})E^2(ec\|M) = 3\,117$ $E\rho^2(\Delta) = 0{,}961$ $E\rho^2(\delta) = 0{,}961$

3	$E \times C \times P$ $n_p = 4$ $n_e = 25$ $n_c = 20$	$N_p = 4$ $N_e = \infty$ $N_c = 100$	O(C/–/P/E)	$\sigma^2(\tau) = (\frac{N_c - 1}{N_c})\, \sigma^2(c\|M) = (\frac{N_c - 1}{N_c})[\sigma^2(c) + \frac{1}{n_p}\sigma^2(cp)] = 359$ $\sigma^2(\Delta) = \frac{1}{n_e}[(\frac{N_c - 1}{N_c})\sigma^2(ce\|M) + \sigma^2(e\|M)]$ $= \frac{1}{n_e}[(\frac{N_c - 1}{N_c})\ (\sigma^2(ce) + \frac{1}{n_p}\sigma^2(cep)) + \sigma^2(e) + \frac{\sigma^2(ep)}{N_p}$ $+ \frac{\sigma^2(ec)}{N_c} + \frac{\sigma^2(cep)}{N_p . N_c}] = 1\ 471$ $\sigma^2(\delta) = \frac{1}{n_e}(\frac{N_c - 1}{N_c})\, \sigma^2(ce\|M) = 708$ $E\rho^2(\Delta) = 0{,}196$ $E\rho^2(\delta) = 0{,}336$

Tableau 15.12 : Plan d'optimisation (P:E) x C
Question : Combien faut-il prendre d'élèves pour estimer, avec une fidélité suffisante, la difficulté vraie d'un problème corrigé par un correcteur choisi aléatoirement ?

Plan d'observation	Plan d'estimation	Plan de mesure	Etapes du calcul des coefficients de généralisabilité
p pc e:p ec:p c $n_c = 1$ n_e = à déterminer $n_p = 1$	$N_c = \infty$ $N_e = \infty$ $N_p = \infty$	M(P/-/-/E,C)	$\sigma^2(p) = 393\ 269$ $\sigma^2(e{:}p) = \sigma^2(e) + \sigma^2(ep) = 76\ 809$ $\sigma^2(pc) = 0\ (-5\ 213)$ $\sigma^2(ec{:}p) = \sigma^2(ecp) + \sigma^2(ec) = 77\ 148$ $\sigma^2(c) = 1\ 666$ $E\rho^2\Delta(p) = \sigma^2(p) \Big/ \left[(\sigma^2(p) + \frac{1}{n_e}\sigma^2(e{:}p) + \frac{1}{n_e}\sigma^2(ec{:}p) + \sigma^2(pc) + \sigma^2(c)\right]$ Si $n_e = 1$: $E\rho^2\Delta(p) = 0{,}716$ fidélité insuffisante Si $n_e = 5$: $E\rho^2\Delta(p) = 0{,}923$ Fidélité suffisante Si $n_e = 10$: $E\rho^2\Delta(p) = 0{,}962$ Fidélité suffisante

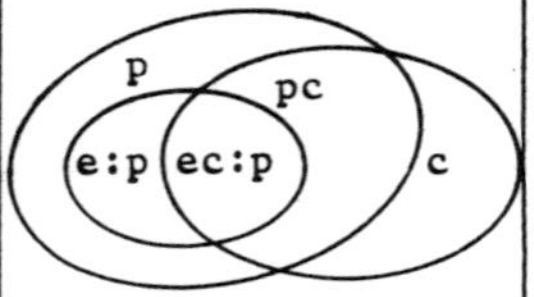

6. *PLAN D'OPTIMISATION*

Le but pratique d'un plan d'optimisation est notamment de fournir au concepteur d'un plan des indications sur la fidélité d'une épreuve dans les conditions de passation qu'il prévoit.

Par exemple, on peut se demander

1) quelle serait la fidélité des scores moyens obtenus par chaque élève si un seul correcteur choisi au hasard se chargeait de l'évaluation des quatre problèmes utilisés dans l'épreuve (et donc fixés) ;
2) quelle serait cette fidélité si l'on n'utilisait qu'un seul problème, les copies étant corrigées par 20 correcteurs choisis au hasard ;
3) quelle serait la fidélité des différences intercorrecteurs, si on calcule les scores moyens par correcteur sur l'ensemble des 4 problèmes fixés et préalablement résolus par un échantillon aléatoire de 20 élèves.

Nous nous proposons aussi de voir (quatrième plan d'optimisation) quelle devrait être la taille de l'échantillon d'élèves à examiner par problème, si l'on menait une enquête sur la facilité relative des problèmes, à partir d'un plan d'observation où les élèves sont nichés dans les problèmes : on désire par exemple examiner et comparer de nombreux problèmes, en évitant une épreuve trop fatigante pour les élèves et trop coûteuse en temps. Chaque élève ne traiterait donc qu'un seul problème.

Le détail des calculs pour les 3 plans est reporté dans le tableau 15.11 ainsi que les valeurs estimées des différents coefficients de généralisabilité. On constate une nette amélioration de la fidélité des plans d'optimisation par rapport à celle des plans de mesure, pour la fidélité des scores moyens obtenus par chaque élève. Cependant, les résultats obtenus n'atteignent le seuil escompté (0,80) que pour le plan 2. L'adoption de ce plan transforme radicalement les coefficients précédents : la fidélité est quasi parfaite, tant pour les scores absolus que pour les scores relatifs des élèves. Néanmoins ce gain de fidélité se fait au détriment de la signification de la mesure qui reste circonscrite à un seul problème, celui que l'on a fixé. En fixant P, on a éliminé en fait les erreurs de généralisation provenant de l'échantillonnage dans un univers de problèmes hétérogènes, mais en renonçant du même coup à l'intention initiale de la mesure, qui était d'estimer un niveau de compétence de signification générale.

A propos du plan 3, on peut rechercher la taille de l'échantillon d'élèves n(p) qu'il faudrait inclure pour que le test acquière une fidélité relative suffisante (disons 0,80).

$$0{,}80 = \frac{\sigma^2(\tau)}{\sigma^2(\tau) + \frac{1}{n_e}\left[\frac{N_c - 1}{N_c}\ \sigma^2(ce|M)\right]}$$

$$\sigma^2(\tau) + \frac{1}{n_e}\left[\frac{N_c - 1}{N_c} \cdot \sigma^2(ce|M)\right] = \frac{\sigma^2(\tau)}{0{,}80}$$

$$n_e = \frac{N_c - 1}{N_c} \cdot \frac{\sigma^2(ce|M)}{0{,}25\,\sigma^2(\tau)} = \frac{17.316{,}297}{0{,}25 \times 359{,}12} = 193$$

On voit qu'il suffirait d'un échantillon de moins de 200 élèves pour pouvoir comparer avec précision les exigences moyennes des professeurs pour leur classe.

(Pour des raisons didactiques, nous avons voulu limiter au maximum le nombre de niveaux utilisés dans l'exemple numérique du plan C x E x P. Notons pourtant que, au niveau d'une étude G, il est indispensable de disposer de plus de 3 sujets pour tester la fidélité d'un test employé pour classer les personnes ou pour évaluer le niveau général de chaque personne. En prenant plus d'élèves, on disposera d'une estimation plus stable du carré moyen entre élèves, parce qu'elle sera obtenue sur un plus grand nombre de degrés de liberté).

Examinons enfin le traitement du quatrième plan d'optimisation, celui où l'on cherche la taille des échantillons d'élèves auxquels on proposera chaque question d'un test de survey, chaque élève ne recevant qu'une seule question. Si les composantes de variance étaient correctement estimées, on constate qu'il suffirait de 5 élèves par question pour atteindre le seuil de fidélité de .90 (tableau 15.12) avec un seul correcteur choisi aléatoirement dans la même population que celle de l'exemple. La grande sensibilité du dispositif tient à la valeur élevée de la variance de différenciation qui est cette fois due à $\sigma^2(p)$. Ce dernier exemple illustre bien le fait qu'un dispositif de mesure n'est pas fidèle par lui-même, mais dépend de la direction choisie pour la mesure : la valeur élevée de $\sigma^2(p)$ et des composantes d'interaction de P avec E et C donne une fidélité élevée aux informations et aux décisions pour lesquelles P est objet d'étude, mais prive pratiquement de toute fidélité des plans de mesure où P est instrument de mesure.

Chapitre 16

ÉTUDE DÉTAILLÉE D'UN EXEMPLE COMPLEXE : LA GÉNÉRALISABILITÉ D'UN SURVEY

1. LE CONTEXTE DE L'ETUDE : le survey de mathématique

Un nouveau curriculum de mathématique a été introduit dans les écoles primaires de Suisse romande en 1973. Pour faciliter son acceptation, promesse a été faite à l'époque d'en étudier scientifiquement les résultats,pour pouvoir effectuer ultérieurement les adaptations nécessaires. Un premier volet de l'évaluation a consisté à interroger les maîtres et maîtresses de première année qui appliquaient le nouveau programme. Un second volet a impliqué de mesurer les résultats des élèves, pour les mettre en rapport avec les appréciations des enseignants (Cardinet,1977).

Les tests utilisés pour une telle enquête (appelée "survey", faute d'un terme français approprié) diffèrent des épreuves pédagogiques habituelles. Il ne s'agit pas en effet de mesurer la réussite des élèves, mais plutôt le degré d'atteinte des objectifs pédagogiques visés. Alors qu'on échantillonne d'habitude plusieurs questions pour mieux mesurer chaque élève, un survey amène à échantillonner de nombreux élèves pour mieux mesurer la réussite moyenne à chaque question. Les épreuves peuvent donc être aussi courtes qu'on le désire : les conditions n'ont pas besoin d'être identiques pour tous les élèves, ni comparables d'une classe à l'autre. La fidélité de la mesure se marque dans ce cas par la stabilité du classement des objectifs selon le degré de maîtrise obtenu dans l'ensemble du système scolaire.

A côté de cette finalité primordiale du survey, on ne peut cependant pas ignorer d'autres informations, éventuellement intéressantes elles aussi : évolution des performances dans le temps, résultats comparés de divers groupes d'élèves, effets de méthodes pédagogiques différentes, influence de divers modes de présentation ou de correction, etc. Même si les épreuves n'ont pas été prévues pour effectuer des différenciations de ce type, il peut être utile de les réaliser, si du moins l'erreur de mesure n'est pas tellement importante qu'elle invalide à l'avance toute conclusion.

La raison d'être d'une étude de généralisabilité peut donc être d'apprécier à l'avance la précision des diverses mesures que l'on pourrait tirer d'un survey, pour ne pas être

Figure 16.1 : Représentation graphique du plan d'observation de l'étude (les pointillés traduisent un échantillonnage exhaustif, les traitillés un échantillonnage aléatoire fini, et des traits pleins un échantillonnage aléatoire infini).

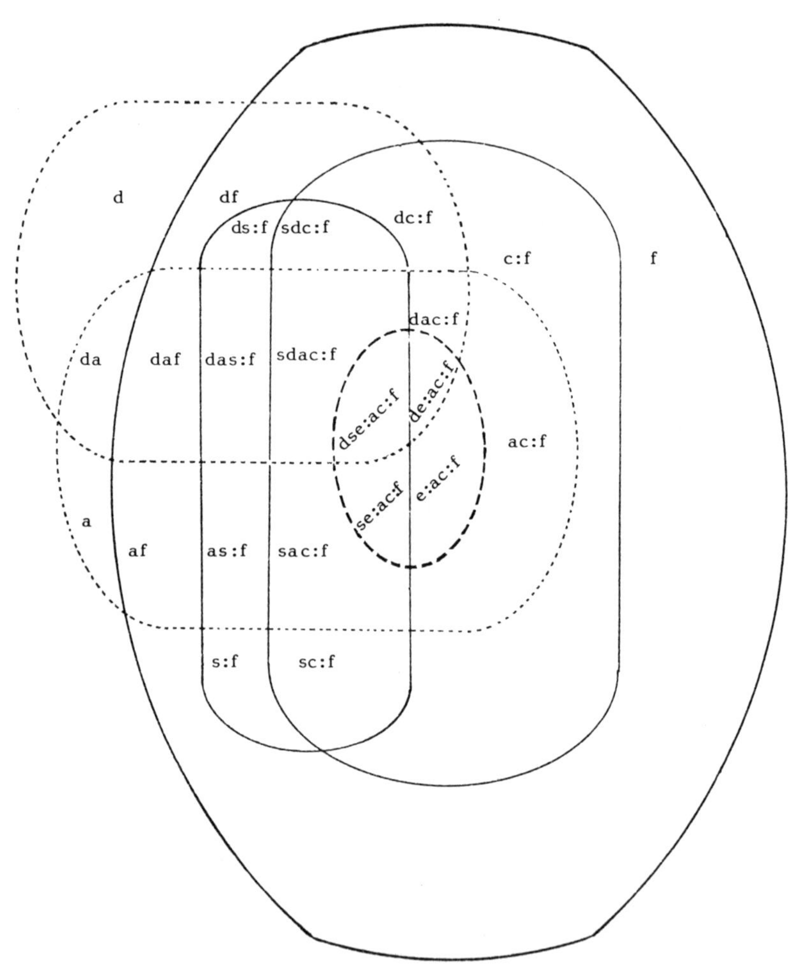

tenté d'interpréter des différences trop instables, ou au contraire pour suggérer des modifications du plan d'observation qui puissent rendre de telles comparaisons suffisamment significatives.

2. L'ESTIMATION DES COMPOSANTES DE VARIANCE

Il est rare que l'on puisse formuler des conclusions à propos d'un dispositif sur une base purement mathématique. La plupart du temps, il faut d'abord obtenir une estimation de l'importance relative des sources de variation à considérer. Ensuite, en fonction de l'ampleur des fluctuations prévisibles, on peut alors déterminer des marges d'erreur probables et modifier éventuellement le dispositif d'observation.

Il nous faut donc d'abord décrire les étapes suivies pour estimer les composantes de variance qui interviennent dans ce survey. Après en avoir tiré, au point suivant, des indications sur les marges d'erreur, on pourra en déduire la nature souhaitable du dispositif à utiliser pour le survey lui-même.

2.1. Choix des facettes et des niveaux

Nous avons structuré les observations en fonction des facettes suivantes :

- Domaines (D) de la mathématique : le programme de première année porte sur les quatre "avenues" suivantes : Ensembles-Relations, Numération, Opérations, Découverte de l'Espace.
- Classes (C) : nous avons pu observer vingt classes provenant de régions différentes de Suisse romande.
- Ages (A) : dans chaque classe nous avons distingué deux sous-groupes d'élèves, ceux qui étaient plus jeunes que la moyenne d'âge de leur canton, et ceux qui étaient plus âgés. La différence d'âge moyen entre les deux groupes devrait être de six mois environ.
- Elèves (E) : pour conserver l'équilibre du plan d'analyse de variance, nous devions avoir le même nombre d'élèves dans chaque groupe d'âge de chaque classe. Cela n'a été possible qu'en réduisant ce nombre au minimum apparu dans l'ensemble des groupes, soit deux élèves. Ces deux élèves ont été choisis au hasard lorsque le groupe d'âge de la classe était plus nombreux. On a conservé ainsi quatre élèves par classe, soit quatre-vingts élèves au total.
- Formes (F) : l'ensemble des questions a été divisé en cinq groupes (A, B, C, D et E) attribués chacun à un groupe de 4 classes différentes. Chacune des cinq formes comportait douze questions, trois par domaine.
- Séries (S) : les questions d'une même forme ont encore été subdivisées en trois séries, en vue de l'étude D ultérieure où il fallait réduire au minimum la durée de la passation des tests et où chaque enfant ne devait recevoir qu'une série

Tableau 16.1 : Sommes des carrés confondues

Somme des carrés résultante	Sommes des carrés confondues
D	D
A	A
DA	DA
F	F
DF	DF
AF	AF
DAF	DAF
S:F	S,SF
DS:F	DS,DSF
AS:F	AS,ASF
DAS:F	DAS,DASF
C:F	C,CF
DC:F	DC,DCF
AC:F	AC,ACF
DAC:F	DAC,DCAF
SC:F	SC,SCF
SDC:F	SDC,SDCF
SAC:F	SAC,SACF
SDAC:F	SDAC,SDACF
E:AC:F	E,EA,EC,EAC,EF,EAF,ECF,EACF
DE:AC:F	DE,DEA,DEC,DEAC,DEF,DEAF,DECF,DEACF
SE:AC:F	SE,SEA,SEC,SEAC,SEF,SEAF,SECF,SEACF
DSE:AC:F	DSE,DSEA,DSEC,DSEAC,DSEF,DSEAF,DSECF,DSEACF

de quatre questions, une question par domaine. Dans l'étude G chaque enfant a reçu les trois séries d'une même forme, soit douze questions au total. Chaque question était cotée comme réussie ou non, mais avec des possibilités de degrés intermédiaires si l'enfant avait bien traité certains aspects du problème et moins bien d'autres aspects.

2.2. Plan d'observation

Le plan utilisé, relativement complexe, doit être bien explicité. Chaque enfant a répondu à trois séries de quatre questions, une question par domaine. Deux enfants jeunes et deux enfants âgés constituaient une classe. Quatre classes recevaient la même forme. Cinq formes différentes étaient expérimentées au total.

Les six facettes présentaient donc les relations suivantes:

- les domaines (D) étaient croisés avec les cinq autres facettes
- les classes (C:F) étaient croisées avec les âges; elles étaient nichées dans les formes et croisées avec les séries dans les formes; elles nichaient les élèves
- les âges (A) nichaient les élèves et étaient croisés avec les autres facettes
- les élèves (E:AC:F) étaient croisés avec les séries, mais nichés dans les formes, puisque leurs classes l'étaient aussi
- les formes (F) nichaient les séries (S:F)
- la facette Questions était confondue avec l'interaction Domaines x Séries.

Les nombres de niveaux étaient les suivants:

Domaines : $n_d = 4$	Classes : $n_c = 4$	Ages : $n_a = 2$
Elèves : $n_e = 2$	Formes : $n_f = 5$	Séries : $n_s = 3$

Le nombre total d'observations N est donné par le produit de tous ces niveaux :

$$n_d \cdot n_s \cdot n_e \cdot n_a \cdot n_c \cdot n_f = 960$$

2.3. Représentation du plan d'observation

Il est possible de représenter graphiquement toutes ces relations de croisement et de nichage. Le résultat apparaît à la figure 16.1. On peut vérifier que 23 plages différentes apparaissent, comme une formule permet de le calculer par ailleurs. On peut faire correspondre à chacune de ces plages une partie de la somme des carrés totale, analysable par les méthodes de l'ANOVA.

2.4. Calcul des sommes de carrés

Comme nous ne possédions pas de programme d'analyse de variance capable d'effectuer directement les analyses souhaitées, nous avons utilisé la propriété d'additivité des sommes de carrés pour tirer parti d'un programme standard

Tableau 16.2 : L'analyse de la variance pour le plan d'observation de l'étude G

Source de variation	Somme de carrés	Degré de liberté	Carré moyen	Composante de variance (en 10^{-5}) selon le modèle		Espérance de variance mixte
				aléatoire	mixte	
D	5,72145	3	1,90715	623	651	488
A	0,09282	1	0,09282	(-16)	(- 2)	(- 1)
DA	0,37525	3	0,12508	55	55	21
F	1,16241	4	0,29060	(-79)	(-33)	(-33)
DF	4,14477	12	0,34539	126	150	113
AF	0,41005	4	0,10251	17	30	15
DAF	0,70669	12	0,05889	48	48	18
S:F	2,52408	10	0,25240	41	259	259
DSF	6,89395	30	0,22979	1050	849	637
AS:F	0,27405	10	0,02740	11	(-89)	(-46)
DAS:F	1,32269	30	0,04408	(-403)	(-403)	(-151)
C:F	2,82387	15	0,18826	30	12	12
DC:F	6,18491	45	0,13744	335	91	68
AC:F	1,54052	15	0,10270	(-149)	(-205)	(-102)
DAC:F	3,57888	45	0,07953	(-623)	(-488)	(-183)
SC:F	2,60004	30	0,08666	81	253	253
SDC:F	8,45954	90	0,09399	442	1090	817
SAC:F	1,67845	30	0,05595	(-188)	123	61
SDAC:F	6,86732	90	0,07630	665	1295	486
E:AC:F	7,10452	40	0,17761	661	999	899
DE:AC:F	12,43472	120	0,10362	1354	1354	914
SE:AC:F	4,61813	80	0,05772	(-132)	1443	1299
DES:AC:F	15,12135	240	0,06300	6300	6300	4253

pour plan factoriel croisé. Nous avons effectué l'analyse comme s'il s'agissait d'un plan à six facteurs croisés (obtenant (2^6 - 1) sommes de carrés et autant de degrés de liberté partiels) et nous avons ensuite regroupé les sources de variances confondues, de la façon qui est indiquée au tableau 16.1.

Les degrés de liberté ont été regroupés parallèlement. Les résultats apparaissent au tableau 16.2.

2.5. Plan d'estimation

La suite des analyses dépend de la nature de l'échantillonnage utilisé pour choisir les niveaux de chaque facette.

Les quatre domaines correspondent aux quatre "avenues" du plan d'études romand. Il n'était pas possible d'en choisir d'autres et tous les domaines du programme ont été abordés. Il s'agit typiquement d'un échantillonnage exhaustif d'un univers fini. On parlera pour D de "facette fixée".

Les vingt classes observées, au contraire, ne représentent qu'une très petite partie de la population des classes de Suisse romande. Leur choix a été fait plus ou moins au hasard, sans lien en tout cas avec la performance à mesurer. On parlera pour C:F d'échantillonnage purement aléatoire.

Les deux âges, regroupant d'un côté les élèves les plus jeunes, de l'autre les plus âgés, épuisent toutes les possibilités. La facette A est donc fixée.

Les deux élèves choisis dans chacun des deux groupes d'âge de chaque classe représentent un type d'échantillonnage intermédiaire. Ils ont bien été tirés au hasard, mais dans une population très petite, que l'on peut estimer à 10 élèves environ. Il s'agit d'un échantillonnage aléatoire fini.

Les cinq formes et les trois séries de chaque forme représentent un choix tout à fait aléatoire de questions. D'autres chercheurs auraient produit d'autres questions et nous n'avons suivi aucun système pour regrouper telle question avec telle autre. La seule contrainte a consisté à choisir une question de chaque domaine pour constituer une série. On peut donc considérer qu'il existait une infinité de combinaisons de quatre questions (une par domaine). Les séries ont été tirées aléatoirement dans cette population infinie et les formes ont été constituées en même temps, par le même tirage aléatoire, les trois premières séries tirées constituant la première forme, etc. Les facettes S:F et F sont donc échantillonnées de façon purement aléatoire.

Les nombres de niveaux admissibles de chaque facette sont ainsi les suivants :

Domaines : $N_d = 4$	Classes : $N_c = \infty$	Ages : $N_a = 2$
Elèves : $N_e = 10$	Formes : $N_f = \infty$	Séries : $N_s = \infty$

2.6. *Calcul des composantes de variance pour le modèle entièrement aléatoire*

Plusieurs algorithmes existent pour estimer les composantes de variance en tenant compte du mode d'échantillonnage particulier de chaque facette. Nous préférons procéder en deux temps, en calculant d'abord les valeurs des composantes comme si toutes les facettes étaient aléatoires, puis en estimant les composantes mixtes à partir de ces valeurs intermédiaires. On peut ainsi utiliser des formules générales; de plus on peut mieux apprécier l'effet des décisions prises relativement au mode de tirage des niveaux observés et changer éventuellement ces décisions dans le plan d'estimation de l'étude d'optimisation.

Pour permettre au lecteur intéressé de suivre notre démarche, s'il le désire, nous indiquons ci-dessous les formules de calcul pour les six effets principaux, à titre d'exemples :

$$\sigma^2(d) = 1/n_c n_a n_e n_f n_s \cdot \{ CM(d) - [CM(da) + CM(df)] + CM(daf) \}$$

$$\sigma^2(c:f) = 1/n_d n_a n_e n_s \cdot \{ CM(c:f) - [CM(sc:f) + CM(dc:f) + CM(ac:f)] + [CM(sdc:f) + CM(dac:f) + CM(sac:f)] - CM(sdac:f) \}$$

$$\sigma^2(a) = 1/n_d n_c n_e n_f n_s \cdot \{ CM(a) - [CM(ad) + CM(af)] + CM(daf) \}$$

$$\sigma^2(e:ac:f) = 1/n_d n_s \cdot \{ CM(e:ac:f) - [CM(de:ac:f) + CM(se:ac:f)] + CM(dse:ac:f) \}$$

$$\sigma^2(f) = 1/n_d n_c n_a n_e n_s \cdot \{ CM(f) - [CM(s:f) + CM(df) + CM(af) + CM(c:f)] + [CM(ds:f) + CM(as:f) + CM(sc:f) + CM(daf) + CM(dc:f) + CM(ac:f)] - [CM(das:f) + CM(sac:f) + CM(dac:f) + CM(sdc:f)] + CM(sdac:f) \}$$

$$\sigma^2(s:f) = 1/n_d n_c n_a n_e \cdot \{ CM(s:f) - [CM(ds:f) + CM(as:f) + CM(sc:f)] + [CM(sdc:f) + CM(das:f) + CM(sac:f)] - CM(sdac:f) \}$$

La composante de variance selon le modèle aléatoire pour D est alors (exprimée en 10^{-5}) :

$$\sigma^2(d) = 1/240 \cdot (190\ 715 - 47\ 047 + 5\ 889) = 149\ 557/240 = 623$$

Pour C on obtient :

$$\sigma^2(c:f) = 1/48 \cdot (18\ 826 - 32\ 680 + 22\ 947 - 7\ 630) = 1\ 463/48 = 30$$

La composante suivante représente un cas particulier :

$$\sigma^2(a) = 1/480 \cdot (9\ 282 - 22\ 759 + 5\ 889) = -\ 7\ 588/480 = -\ 16$$

Bien qu'une composante ne puisse pas, en tant que variance, être négative, nous conservons cette valeur dans ce cas particulier car nous ne l'utilisons que comme valeur intermédiaire, pour pouvoir calculer ultérieurement une composante mixte.

Les autres valeurs des composantes aléatoires apparaissent au tableau 16.2.

2.7. *Calcul des composantes de variance pour le modèle mixte*

Pour trouver la valeur d'une composante mixte on ajoute à la composante aléatoire les parts de variance liées à ses interactions avec d'autres facettes. En appliquant un algorithme classique, on trouve, pour la facette D (la lettre M symbolisant la composante pour le modèle d'échantillonnage spécifié précédemment) :

$$\begin{aligned}\sigma^2(d|M) = {} & \sigma^2(d) + 1/N_a \cdot \sigma^2(da) + 1/N_f \cdot \sigma^2(df) + 1/N_c N_a N_e N_f \cdot \sigma^2(de{:}ac{:}f) \\ & + 1/N_f N_s \cdot \sigma^2(ds{:}f) + 1/N_c N_f \cdot \sigma^2(dc{:}f) + 1/N_a N_f \cdot \sigma^2(daf) \\ & + 1/N_c N_f N_s \cdot \sigma^2(sdc{:}f) + 1/N_a N_f N_s \cdot \sigma^2(das{:}f) + 1/N_a N_c N_f \cdot \sigma^2(dac{:}f) \\ & + 1/N_c N_a N_e N_f N_s \cdot \sigma^2(dse{:}ac{:}f) + 1/N_c N_a N_f N_s \cdot \sigma^2(sdac{:}f)\end{aligned}$$

En tenant compte du fait que N(c),N(f) et N(s) sont infinis et que les composantes de variance qui sont divisées par ces termes s'annulent, deux termes seulement subsistent pour le modèle mixte considéré :

$$\begin{aligned}\sigma^2(d|M) &= \sigma^2(d) + 1/N_a \cdot \sigma^2(da) \\ &= 623{,}15 + 1/2 \cdot 55{,}16 = 650{,}73 \text{ soit } 651\end{aligned}$$

Les autres valeurs calculées apparaissent au tableau 16.2. Lorsqu'une estimation de variance est négative, on interprète généralement ce fait comme dû à des fluctuations aléatoires et la composante correspondante est alors considérée comme nulle.

En examinant ces composantes on voit que la plus importante est dse : ac : f . Il s'agit de l'interaction des élèves et des questions, c'est-à-dire du terme d'interaction d'ordre le plus élevé. Ce résultat, bien que peu souhaitable, est dans la nature des choses : la réussite d'un élève à une question est difficilement prédictible. D'autre part, cette interaction est gonflée par le mode de cotation en vrai-faux qui ne correspond pas au modèle continu de l'ANOVA.

Vient ensuite se:ac:f , c'est-à-dire l'interaction des élèves avec les séries, qui représente aussi une interaction d'ordre très élevé, liée aux réactions imprédictibles de chaque élève devant les questions et au mode de correction discontinu.

Figure 16.2 : Diagramme du plan de mesure M(-/D/A/E,C,F,S)

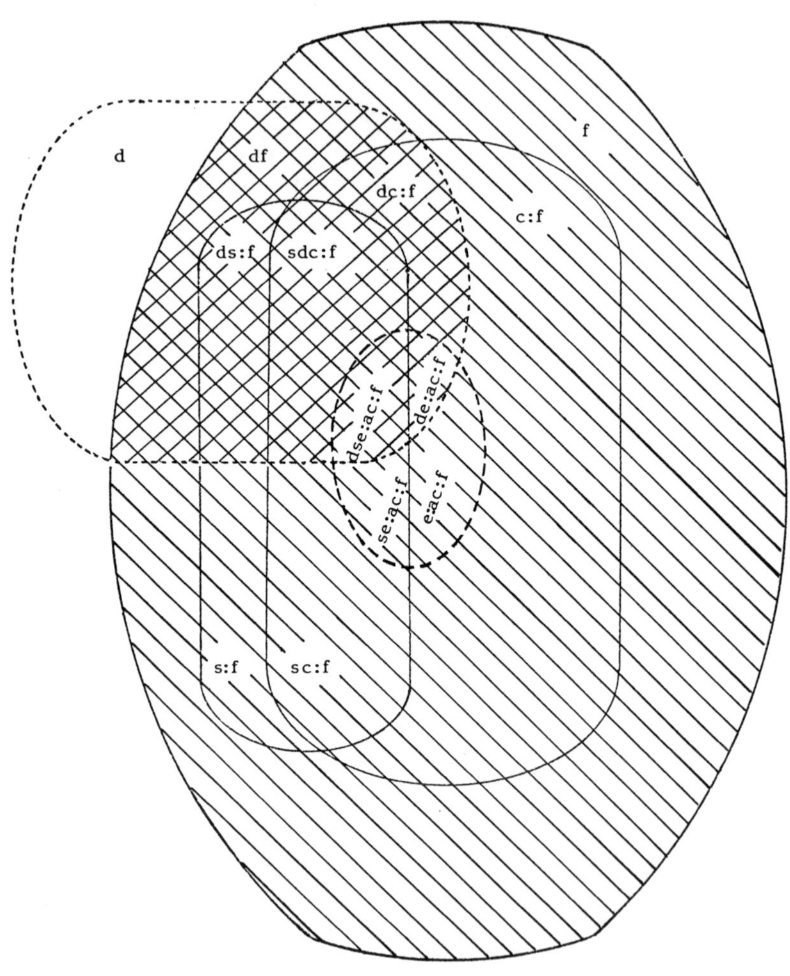

⋟ : régions correspondant à la variance d'erreur absolue

⫽ : régions correspondant à la variance d'erreur relative

Six autres composantes de variance du modèle mixte ont une valeur supérieure à 500 $.10^{-5}$.

Trois représentent des effets faciles à interpréter. Il s'agit de (e:ac:f), le niveau de compétence général des élèves, (d), le niveau de difficulté des quatre "avenues" de mathématique, et (de:ac:f), le niveau de compétence des élèves par domaine. Il est important de noter que cette dernière interaction explique plus de variance (1354) que chacun de ces facteurs pris isolément, (651 et 999): ceci révèle notre manque de maîtrise des facteurs de réussite et d'échec des élèves.

Pour les trois autres composantes, (ds:f = 849), (dsc:f = 1090), et (dsca:f = 1295), la difficulté propre des questions, confondue avec (ds), semble jouer un rôle important.

On peut considérer comme négligeables les 14 autres sources de variance. Elles sont en effet du même ordre de grandeur que l'effet des séries (s:f) que les auteurs des tests considéraient au départ comme de difficulté équivalente. (Par souci d'exactitude, et puisqu'il s'agit d'un exemple, on tiendra compte néanmoins de toutes les composantes dans les calculs ci-dessous).

3. LES PLANS DE MESURE CONSIDERES ET LES FORMULES DE GENERALISABILITE CORRESPONDANTES

Déterminer, comme nous venons de le faire, les sources de variation principales qui affectent la réussite à une épreuve de mathématique, ne répond pas à toutes les questions que l'on peut se poser à propos de la mesure de cette performance. Par exemple, des différences minimes, comme celles qui apparaissent entre les quatre domaines étudiés, peuvent-elles être mesurées avec une précision suffisante si le nombre d'observations est suffisamment élevé ? Le supplément d'information éventuellement nécessaire pour stabiliser l'estimation des différences entre les niveaux de D doit-il être obtenu par l'augmentation du nombre de séries ou plutôt du nombre d'élèves ?

Pour traiter des problèmes de ce genre, il faut attribuer aux facettes des rôles qui n'apparaissaient pas dans les plans d'observation ni d'estimation. Certaines facettes doivent être distinguées des autres comme constituant l'objet de la mesure, ce qui implique que les autres facettes deviennent les instruments de cette mesure. Ainsi, dans sa finalité première, un survey vise à contrôler des apprentissages. Ces connaissances constituent l'objet à mesurer et les élèves deviennent les instruments de ce contrôle.

Selon le problème que l'on se pose, les mêmes composantes de variance peuvent contribuer soit à la variance vraie entre objets de la mesure, soit à la variance d'erreur. Par exemple, les variations entre élèves, intéressantes pour les tests habituels, sont une source d'erreur à réduire quand on planifie un survey.

Le second caractère distinctif du modèle de la généralisabilité par rapport à celui de l'ANOVA correspond à la définition des paramètres. Nous définissons en effet $\sigma^2(\alpha)$ comme la somme des carrés des composants de scores (α), divisée par $N(\alpha)$, le nombre de ces valeurs, alors que Cornfield et Tukey divisent en général la même somme par $(N(\alpha)-1)$. Il faut donc ajuster les valeurs obtenues pour les composantes de variance, en les multipliant par $(N(\alpha)-1)/N(\alpha))$. Si $N(\alpha)$ est infini, la correction est inutile. Pour des facettes finies ou fixées, la correction peut-être importante. Les valeurs ajustées seront désignées ci-dessous par le symbole $E^2(\alpha)$.

3.1. La comparaison entre les domaines

Nous allons décrire d'abord les procédures de calcul applicables lorsque la différenciation est recherchée entre domaines. Le but est alors d'estimer la marge d'erreur à prévoir lorsqu'on compare les taux de réussite des différents niveaux de cette facette D.

On veut tirer des conclusions qui soient stables, en l'occurrence évaluer si les différences de réussite aux quatre objectifs se maintiennent pour d'autres échantillons aléatoires de formes, de séries, de classes et d'élèves. Les facettes F, S:F, C:F et E:AC:F sont donc les facettes de généralisation. L'influence de l'âge (facette A) par contre peut être laissée de côté. En effet, autant d'enfants d'âge inférieur à la moyenne que d'enfants plus âgés interviennent à tous les niveaux de D, comme aussi dans toutes les interactions avec D; les effets de l'âge sont donc annulés.

Il reste cinq facettes actives dont les caractéristiques essentielles apparaissent à la figure 16.2. Ce diagramme diffère de la figure 16.1 par le fait que la facette A est absente et qu'il ne reste plus que 13 régions différentes. Ces régions correspondent pourtant à 13 composantes de variance calculées dans le tableau 16.2. Le plan de mesure peut être symbolisé par *M*(-/D/A/E,C,F,S).

La variance des erreurs relatives est estimée en calculant une somme pondérée de composantes de variance. Pour savoir quelles composantes de variance interviennent on examine la figure 16.2. Toutes les interactions de la facette D, la face de différenciation, avec les facettes de généralisation F, S:F,C:F et E:AC:F sont situées dans l'intersection de la surface D et de la réunion des surfaces F, S:F, C:F et E:AC:F.

Chaque composante ainsi identifiée entre dans l'erreur relative avec un coefficient qui est l'inverse du "nombre effectif" de niveaux des facettes recouvrant la plage. On appelle "nombre effectif" celui sur lequel est calculée la moyenne étudiée. Par exemple, la variance $\sigma^2(df)$ est divisée par le nombre de formes utilisées dans l'expérience, à savoir 5. De même, la plage DSC:F est contenue dans la surface D,F,S:F et C:F; la variance correspondante $\sigma^2(dsc:f)$ doit donc être divisée par n(d), n(s), n(c), n(f), mais n(d) = 1, puisqu'on étudie l'erreur sur la moyenne d'un objectif. On n'oubliera pas d'appliquer la correction pour univers fini et donc de multiplier la composante α par le coefficient N-n/N-1 chaque fois qu'une facette aléatoire finie apparaît dans l'indice primaire de la composante d'erreur.

En appliquant ces règles, on trouve la valeur de la variance des erreurs relatives pour la moyenne d'un objectif :

$$\sigma^2(\delta d) = E^2(df)/n_f + E^2(ds:f)/n_s n_f + E^2(dc:f)/n_c n_f$$

$$+ E^2(dsc:f)/n_s n_c n_f + (N_e - n_e/N_e - 1) \quad E^2(de:ac:f)/n_e n_a n_c n_f$$

$$+ (N_e - n_e/N_e - 1) \; E^2(dse:ac:f)/n_s n_e n_a n_c n_f$$

Exprimée en 10^{-5}, cette valeur est de :

$$\sigma^2(\delta d) = 22{,}55 + 42{,}43 + 3{,}42 + 13{,}62 + 10{,}15 + 15{,}75 = 107{,}92$$

Nous obtenons ainsi la variance d'erreur relative sur le taux moyen de réussite pour un domaine. A partir de cette valeur, on peut calculer la "marge d'erreur" sur les domaines. On calcule pour cela la variance d'erreur sur la différence de deux moyennes (ici de deux taux de réussite). La marge d'erreur sur D est donc définie par l'écart-type de la différence de deux moyennes de D calculées grâce au dispositif.

La marge d'erreur relative sur D, qui est désignée par ErR(D), vaut donc $\sqrt{2\,\sigma^2(\delta d)}$, soit 0,0465. Nous admettrons qu'une marge de 0,05 représente le maximum acceptable, maximum qui serait donc ici respecté. Une marge d'erreur de 0,05, en effet, signifie que la différence entre deux scores devrait être supérieure à .10 (approximativement) pour qu'on puisse conclure, avec seulement 5 % de chance de se tromper, que les deux scores représentent des niveaux de réussite réellement différents.

La variance d'erreur absolue inclut toutes les composantes ci-dessus, plus les composantes qui sont spécifiques aux facettes de généralisation. Ces composantes spécifiques se trouvent à la figure 16.2, à l'extérieur de la surface occupée par D. Chaque composante de variance est divisée par le produit du nombre de niveaux observés des facettes d'instrumentation de son indice total.

$$\sigma^2(\Delta d) = \sigma^2(\delta d) + \sigma^2(f)/n_f + (N_e - n_e/N_e - 1)\ E^2(e:ac:f)/n_e n_a n_c n_f$$

$$+ (N_e - n_e/N_e - 1)\ E^2(se:ac:f)/n_s n_e n_a n_c n_f + E^2(s:f)/n_s n_f$$

$$+ \sigma^2(sc:f)/n_s n_c n_f + \sigma^2(c:f)/n_c$$

Exprimée en 10^{-5} la variance des erreurs absolues est de :

$\sigma^2(\Delta d)$ = 107,92 + 0 + 9,99 + 4,81 + 17,26 + 4,22 + 0,59 soit 144,8.
La marge d'erreur absolue, ErX(d), vaut 0,05381.

En examinant ces résultats, quelques conclusions méritent d'être formulées :

1. les estimations de marges d'erreur indiquent que le dispositif utilisé fournit une précision à la limite de l'acceptabilité pour les comparaisons entre objectifs, qu'elles soient relatives ou absolues. Il faut que la différence entre les taux de réussite de 2 objectifs dépasse 0,09106 (soit 1,96 x ErR(d)) pour qu'on conclue avec moins de 5 chances sur 100 de se tromper que les taux relatifs de maîtrise de ces 2 objectifs sont différents. On tirera une conclusion similaire en ce qui concerne leurs maîtrises absolues si la différence observée dépasse 0,10547(soit 1,96 . ErX(d)).
2. Les mesures définitives ne sont pas prises à partir de l'étude de généralisabilité, mais bien à partir de l'étude d'optimisation dont on parlera au point suivant. En fait, le but principal de l'étude G est de donner des points de référence. Elle sert en quelque sorte d'enquête-pilote pour déterminer le nombre d'observations qui seront nécessaires pour atteindre la précision souhaitée. Il n'y a donc pas lieu de s'inquiéter si l'erreur paraît trop grande dans l'étude G. Des résultats que nous venons d'obtenir, on peut conclure qu'il faudra davantage d'observations dans l'étude D, mais qu'on s'approche déjà de l'ordre de grandeur nécessaire si l'on veut pouvoir interpréter une différence avec une marge d'erreur de .05.
3. Il est intéressant d'exprimer la précision de la mesure en utilisant le coefficient de généralisabilité qui est le rapport de la variance vraie des objectifs d'étude à la variance observée de ces mêmes objets d'étude.

Le calcul de ces rapports pour le score relatif, puis pour le score absolu, donnent deux coefficients de généralisabilité:

$$E\rho^2(\delta d) = E^2(d)/(E^2(d) + \sigma^2(\delta d)) = 488/(488+108) = 0{,}819$$

$$E\rho^2(\Delta d) = E^2(d)/(E^2(d) + \sigma^2(\Delta d)) = 488/(488+145) = 0{,}771$$

Les valeurs obtenues confirment les indications tirées du calcul des marges d'erreur : la précision peut être améliorée, par exemple en multipliant le nombre de classes échantillonnées pour le survey.

Tableau 16.3 : Différenciation des élèves selon la population de référence

Population de référence	Différenciation considérée	Plan de mesure	Variance d'erreur ($x10^{-5}$)		Marge d'erreur		Variance de différenciation ($x10^{-5}$)	Coefficient de généralisabilité des mesures	
			relative	absolue	relative	absolue		relatives	absolues
le groupe total	les moyennes des élèves calculées sur l'ensemble des objectifs	*M*(E,C,F/A/D/S)	624	624	0,1117	0,1117	926	0,60	0,60
le groupe total	les moyennes des élèves calculées pour chaque objectif	*M*(E,C,F/A,D/-/S)	2688	2688	0,2319	0,2319	2548	0,49	0,49
les élèves d'une classe ayant le même âge	les moyennes des élèves calculées sur l'ensemble des objectifs	*M*(E/-/D/S)	433	624	0,0931	0,1117	899	0,67	0,59

Figure 16.3 : Diagramme du plan de mesure M(E,C,F/A/D/S)

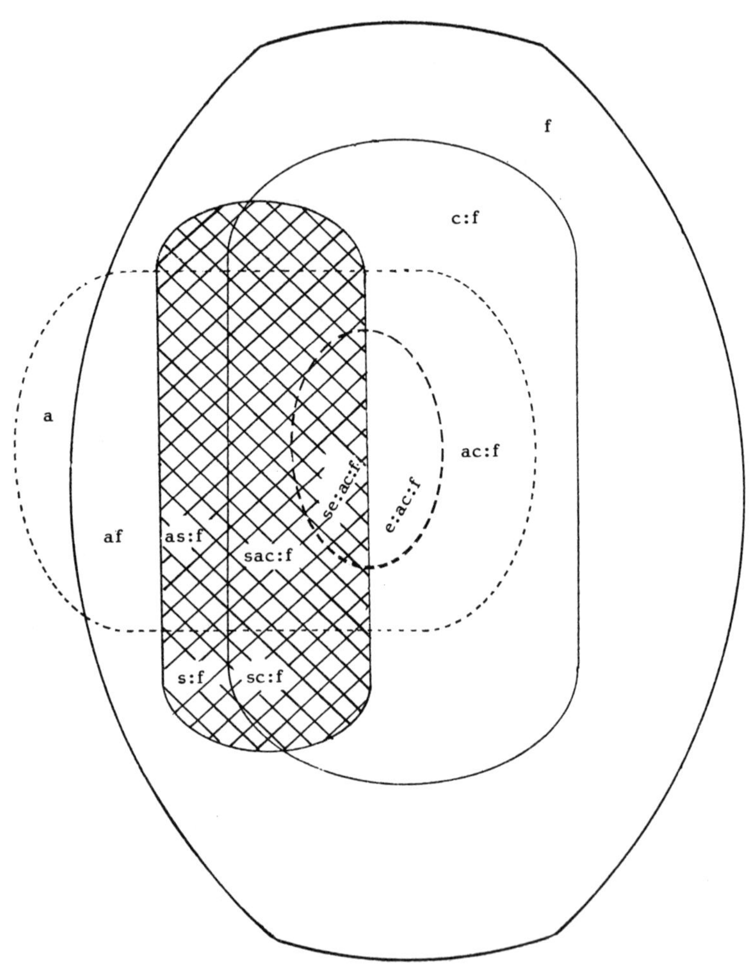

\\\\ : régions correspondant à la variance d'erreur absolue

// : régions correspondant à la variance d'erreur relative

3.2. La comparaison entre les élèves

Le but de l'analyse à ce niveau est d'estimer la marge d'erreur qui existe lorsque l'on compare les scores de deux élèves.

La comparaison peut concerner des élèves qui appartiennent à des populations différentes. Par exemple, on peut différencier tous les élèves, quels que soient leur âge, leur classe scolaire, ou la forme du test qu'ils ont reçue. Dans ce cas, la face de différenciation est composée des facettes E:AC:F, C:F, A et F alors que la facette S est facette de généralisation. Deux plans de mesure différents sont à considérer, selon que l'on compare les résultats pour la moyenne des quatre domaines, ou pour chaque domaine séparément.

La comparaison peut au contraire concerner un sous-ensemble de la population d'élèves : à partir des données fournies par le plan d'observation, un maître désire comparer entre eux les élèves d'une même classe et de même âge qui ont reçu les mêmes séries. Dans ce troisième plan de mesure, la face de différenciation est constituée par la seule facette E:AC:F et, à condition que l'on considère D comme facette de contrôle, la seule facette de généralisation est encore S.

Ces trois exemples sont, de toute évidence, bien distincts. Nous allons décrire les procédures de calcul pour chaque cas.

(1) Différenciation entre les scores moyens de tous les élèves

Rappelons d'abord comment les facettes du plan d'observation se répartissent lorsque l'on choisit comme objet d'étude la note moyenne obtenue par chaque élève du groupe total.

La mesure utilisée est bien ici la moyenne par élève. Comme cette moyenne est calculée à partir des notes obtenues à trois séries, chacune d'elles contrôlant la maîtrise des mêmes quatre domaines fixés, nous souhaitons généraliser la valeur de cette moyenne à tous les échantillons aléatoires de séries analogues, susceptibles d'être distribués aux élèves. La facette de généralisation est S, tandis que D constitue une facette de contrôle.

Les élèves à comparer appartiennent à des groupes d'âges (A) et à des classes (C) différents. Les facettes E:AC:F, A et C:F font donc partie de la face de différenciation, de même que la facette F, puisque les élèves et les classes sont nichés dans les formes.

On peut schématiser le plan de mesure de la manière suivante: *M*(E,C,F/A/D/S). Le diagramme complet du plan de mesure est dessiné à la figure 16.3.

Figure 16.4 : Diagramme du plan de mesure M(E,C,F/A,D/-/S)

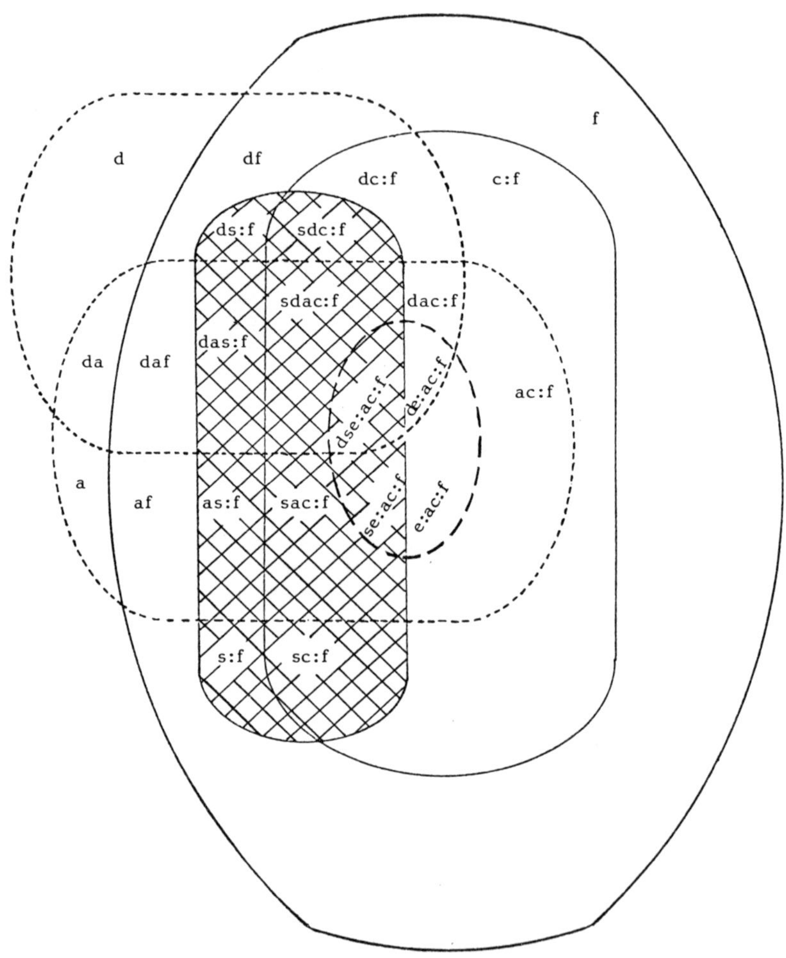

⋰ : régions correspondant à la variance d'erreur absolue

⋰ : régions correspondant à la variance d'erreur relative

Les marges d'erreur qui apparaissent à la première rangée du tableau 16.3 indiquent que le dispositif utilisé n'assure pas une précision suffisante pour comparer les moyennes des élèves pris individuellement. La différence observée entre les scores de deux élèves devrait atteindre .22 approximativement (près du quart de la marge totale de variation) pour que l'on puisse conclure à une différence réelle entre leurs niveaux absolus de réussite en mathématique ! Néanmoins, comme nous le précisions plus haut, l'étude de décision sert à accroître la précision de la mesure : dans le cas présent, puisqu'on généralise sur la seule facette S, il suffirait d'augmenter le nombre de séries par élève pour diminuer la marge d'erreur et atteindre la précision voulue.

Si l'on désirait optimiser le plan de mesure pour une différenciation de tous les élèves les uns par rapport aux autres, il faudrait aller plus loin et rectifier le défaut évident du plan que l'on vient d'examiner, qui est de présenter aux diverses classes des épreuves différentes. Il faudrait croiser les formes et les séries avec les élèves. Le fait d'avoir situé dans notre exemple la variance de F sur la face de différenciation et d'avoir en même temps considéré la variance de S comme de la variance erreur semble effectivement illogique, mais ne fait que traduire un défaut du plan expérimental lui-même qui confond "facilité de la forme" et "capacité de l'élève". Les formules de généralisabilité permettent au moins d'en apprécier la gravité : comme la variance de F est nulle, on peut penser que le défaut du dispositif est sans conséquence pratique en ce qui concerne la précision de la mesure.

(2) Différenciation entre les scores de tous les élèves pour les différents domaines

Il est normal en pédagogie que l'on s'intéresse à la maîtrise des objectifs par les élèves qui ont suivi un certain curriculum.

Dans le cas précédent, l'objet d'étude était constitué par la performance moyenne des élèves, obtenue sur l'ensemble des quatre domaines. Dans le cas présent, on vise à estimer la marge d'erreur pour des comparaisons entre scores obtenus par chaque élève aux quatre objectifs ou domaines.

Par rapport au cas précédent, d'importantes modifications sont apportées à la composition des variances d'erreur relative ou absolue. Toutes les composantes liées à D deviennent variance active et vont être réparties soit dans la variance de différenciation, soit dans la variance d'erreur.

On s'aidera de la figure 16.4 pour repérer les composantes d'erreur : elles figurent toutes dans l'ovale de la facette S.

La variance d'erreur absolue est confondue avec la variance d'erreur relative, puisque la facette de généralisation S est nichée dans la face de différenciation.

$\sigma^2(\delta e,c,f,a,d) = \sigma^2(\Delta e,c,f,a,d)$

$= 1/n_s\ [\sigma^2(s:f) + \sigma^2(sc:f) + E^2(as:f) + E^2(sac:f) + E^2(se:ac:f)$

$+ E^2(dse:ac:f) + E^2(dsac:f) + E^2(dsa:f) + E^2(ds:f) + E^2(dsc:f)]$

On obtient la valeur suivante pour la variance d'erreur :

$= 1/3\ .\ (259 + 253 + 0 + 61 + 1299 + 4253 + 486 + 0 + 637 + 817)$

$= 2.688\ .\ (10^{-5})$

La variance d'erreur est importante, de même que les marges d'erreur relative ou absolue (deuxième rangée du tableau 16.3). Tel quel, le dispositif utilisé est totalement inadéquat en ce qui concerne la comparaison d'élèves en fonction de leur maîtrise des objectifs. La différence entre ces taux de maîtrise de deux domaines devrait dépasser .45 approximativement (près de la moitié de la marge de variation possible) pour que l'on conclue à une différence réelle entre les niveaux de réussite.

En examinant les composantes qui entrent dans les formules de la variance d'erreur, on s'aperçoit que l'interaction Elèves x Questions (DSE:AC:F puisqu'il n'y a qu'une question par objectif et par série) est la source de variance d'erreur la plus importante. Pour accroître la précision de la différenciation des taux de réussite par élève et par domaine, il serait nécessaire de modifier le dispositif en introduisant un ou plusieurs des changements suivants :

1) augmenter le nombre de séries proposées à chaque élève (on réduit du même coup toutes les composantes d'erreur)
2) augmenter le nombre de questions qui dans chaque série évaluent la maîtrise d'un domaine
3) augmenter l'homogénéité des niveaux de difficulté d'une série à l'autre.

On peut estimer la fidélité du dispositif actuel. La variance de différenciation s'obtient en totalisant les composantes de variance pour toutes les plages à l'extérieur de S : on trouve $2.548\ .\ 10^{-5}$. La variance erreur étant de $2.688\ .\ 10^{-5}$, la fidélité de mesures absolues est de 0,49, ce qui est manifestement insuffisant.

(3) Différenciation entre les élèves de même âge à l'intérieur d'une classe

Le plan de mesure que nous allons traiter maintenant ne touche qu'une partie du plan d'observation initial.

On veut en effet différencier au sein de chaque classe les élèves de même âge qui ont reçu les mêmes séries. Comme ces élèves appartiennent à la même classe, la facette Classe n'est plus pertinente, ni la facette F puisque les élèves que l'on compare ont reçu aussi la même forme. Pour le même motif (comparaison au sein d'un même âge), la facette A doit être aussi supprimée. Le plan de mesure ne mentionnera donc plus les facettes A, C et F sur la face de différenciation. Comme la comparaison se fait à partir de la moyenne des domaines, la facette D est facette de contrôle, source de variance passive. Seule la facette S est facette de généralisation.

Le diagramme du nouveau plan de mesure *M*(E/–/D/S) est représenté à la figure 16.5 qui fait apparaître les termes composant la variance de différenciation et la variance d'erreur.

La variance de différenciation ne comprend que $E^2(e:ac:f)$. Les composantes de la variance de généralisation sont toutes situées à l'intérieur de la facette de généralisation S. Pour la variance d'erreur relative la situation est simple :

$$\sigma^2(\delta e:ac:f) = 1/n_s \; E^2(se:ac:f) = 1/3 \;.\; 1299 = 433(10^{-5})$$

Pour la variance d'erreur absolue, on est obligé de tenir compte de tout ce qui modifie la difficulté des séries pour les élèves, c'est-à-dire la variance de S et de l'interaction de S avec A, avec C et avec AC.

$$\begin{aligned}\sigma^2(\Delta e:ac:f) &= 1/n_s \; [E^2(se:ac:f) + \sigma^2(s:f) + E^2(as:f) \\ &\quad + \sigma^2(sc:f) + E^2(sac:f)] \\ &= 1/3 \;.\; (1299 + 259 + 0 + 253 + 61) \\ &= 624(10^{-5})\end{aligned}$$

La marge d'erreur relative (troisième rangée du tableau 16.3) est la plus faible parmi celles que nous avons observées pour la comparaison des performances moyennes par élève. On peut encore la réduire en augmentant le nombre de séries par élèves ou en diminuant l'hétérogénéité des séries.

On voit cependant que, pour différencier les moyennes d'élèves, la marge d'erreur n'est pas très différente si l'on applique la même forme (erreur relative) ou si l'on applique des formes différentes selon les élèves (erreur absolue). Ceci confirme la conclusion du premier cas ci-dessus.

La marge d'erreur absolue est aussi la même à l'intérieur d'une classe, ou pour l'ensemble de tous les élèves. La fidélité de la mesure, par contre, est différente, puisque la variance de différenciation n'est pas la même. Dans une classe et un groupe d'âge elle est égale à E (e:ac:f), c'est-à-dire 899.10^{-5}. Dans l'ensemble de tous les élèves, elle est la somme des composantes de variance liées aux quatre facettes E, C, A et F et à leurs interactions :

$$\begin{aligned}\sigma^2(\tau) &= E^2(e:ac:f) + \sigma^2(c:f) + E^2(a) + \sigma^2(f) + E^2(ac:f) + E^2(af) \\ &= 899 + 12 + 0 + 0 + 0 + 9 = 926\end{aligned}$$

Figure 16.5 : Diagramme du plan de mesure M(E/-/D/S)

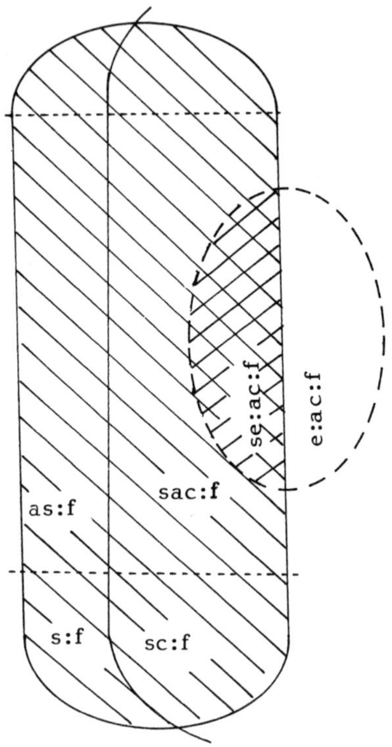

⫽⧵ : régions correspondant à la variance d'erreur absolue

⫽ : régions correspondant à la variance d'erreur relative

La fidélité des différenciations à l'aide de formes différentes, ou au contraire d'une forme unique à l'intérieur de la classe, est respectivement de 899 / (899 + 624) = 0,59 et 899 / (899 + 433) = 0,67

La fidélité des différenciations effectuées à l'aide de formes différentes à l'intérieur de la population totale est de : 926 / (926 + 624) = 0,60. Dans aucun cas, on n'atteint une fidélité suffisante. Il faudrait donc se garder d'utiliser une des formes du survey pour évaluer un élève.

3.3. La comparaison entre les classes

Lorsqu'on choisit comme objet d'étude la facette Classes, la théorie de la généralisabilité fournit des indications sur la marge d'erreur dans les comparaisons qui portent sur le rendement relatif ou absolu des classes.

Si l'on cherche à différencier les classes avec le dispositif traité, il est impossible de généraliser sur les formes puisque toutes les classes n'ont pas reçu les mêmes formes. Toute différenciation portant sur l'ensemble des classes va donc porter automatiquement sur l'ensemble des formes utilisées. Ainsi, C:F et F sont toutes deux facettes de différenciation.

Dans ce premier plan de mesure *M* (C,F/-/A,D/E,S), nous avons considéré que A et D sont deux facettes de contrôle. Les ovales correspondant à ces facettes sont donc omises dans le diagramme du plan de mesure (figure 16.6) qui ne comprend plus que 4 facettes : les facettes C:F et F composent la face de différenciation et les facettes E:AC:F et S la face de généralisation.

Le second plan de mesure *M*(C,F/D/A/E,S) vise à estimer les marges d'erreur pour les taux de réussite par classe et par objectif. Seule la facette de contrôle A est enlevée du plan initial complet : la facette D est conservée et fait partie, avec F et C:F, de la face de différenciation tandis que les facettes S et E:AC:F constituent la face de généralisation (figure 16.7).

Le troisième plan de mesure *M*(C,F/A/D/E,S) vise à différencier à la fois les classes et les âges. La facette D redevient facette de contrôle et est absente du diagramme du plan de mesure tandis que la facette A est réintroduite comme facette de différenciation fixée. La différenciation se fait ainsi sur trois facettes à la fois et les scores moyens par classe et par âge sont généralisés à la fois sur les élèves et sur les séries (figure 16.8).

Enfin, le quatrième plan *M*(C,F/A,D/-/E,S) peut fournir le degré de précision d'une mesure plus fine encore que les précédentes, puisque l'objet d'étude est composé des scores moyens de réussite par groupe d'âge (A) dans la classe (C),

Figure 16.6 : Diagramme du plan de mesure *M* (C,F/-/A,D/E,S)

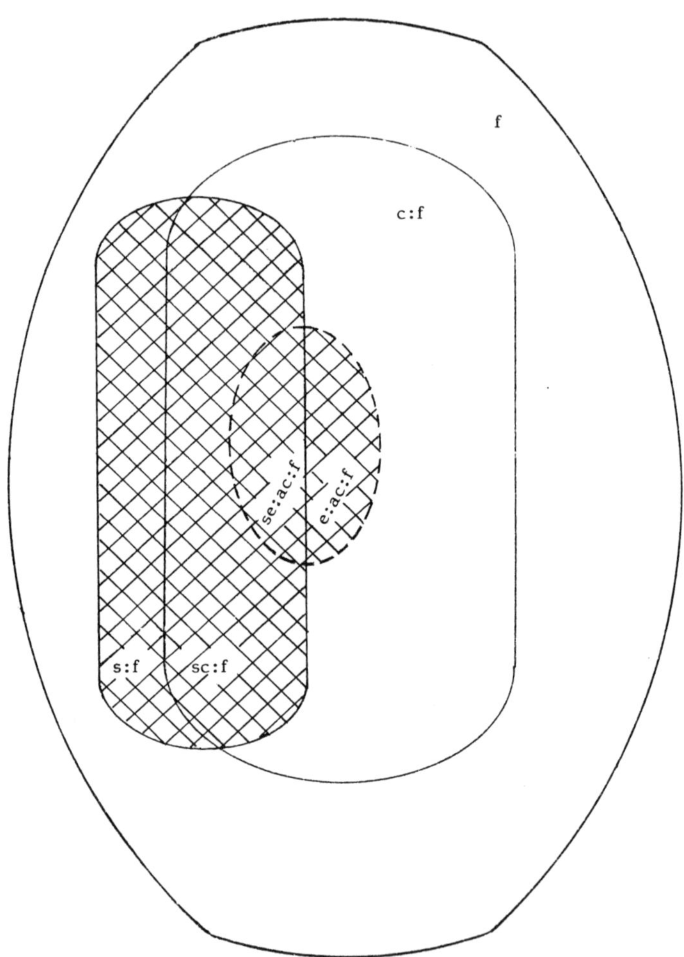

⋱ : régions correspondant à la variance d'erreur absolue

⫽ : régions correspondant à la variance d'erreur relative

Figure 16.7 : Diagramme du plan de mesure *M* (C,F/D/A/E,S)

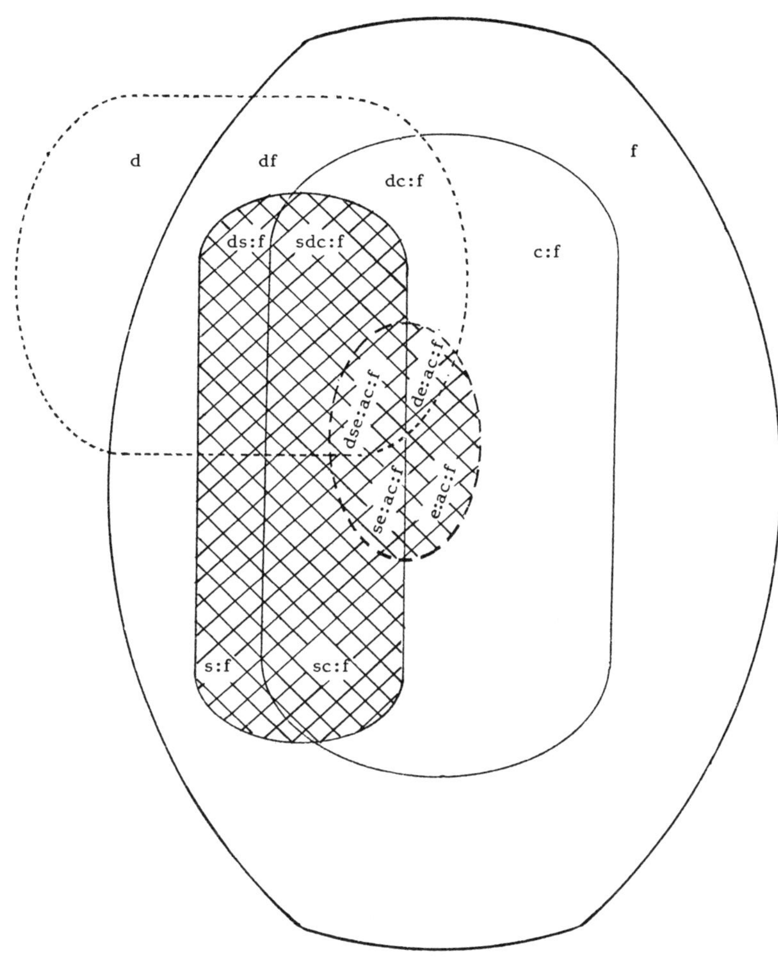

⫽ (hachures descendantes) : régions correspondant à la variance d'erreur absolue

⫽ : régions correspondant à la variance d'erreur relative

Figure 16.8 : Diagramme du plan de mesure M (C,F/A/D/E,S)

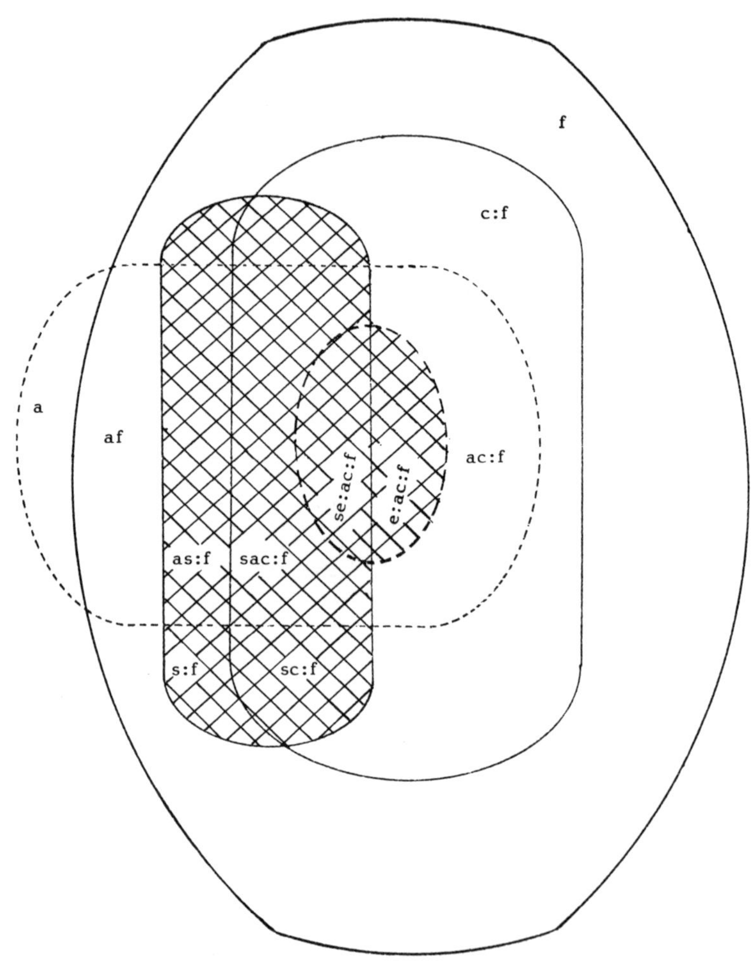

⫽ : régions correspondant à la variance d'erreur absolue

⫽ : régions correspondant à la variance d'erreur relative

Figure 16.9 : Diagramme du plan de mesure *M* (C,F/A,D/-/E,S)

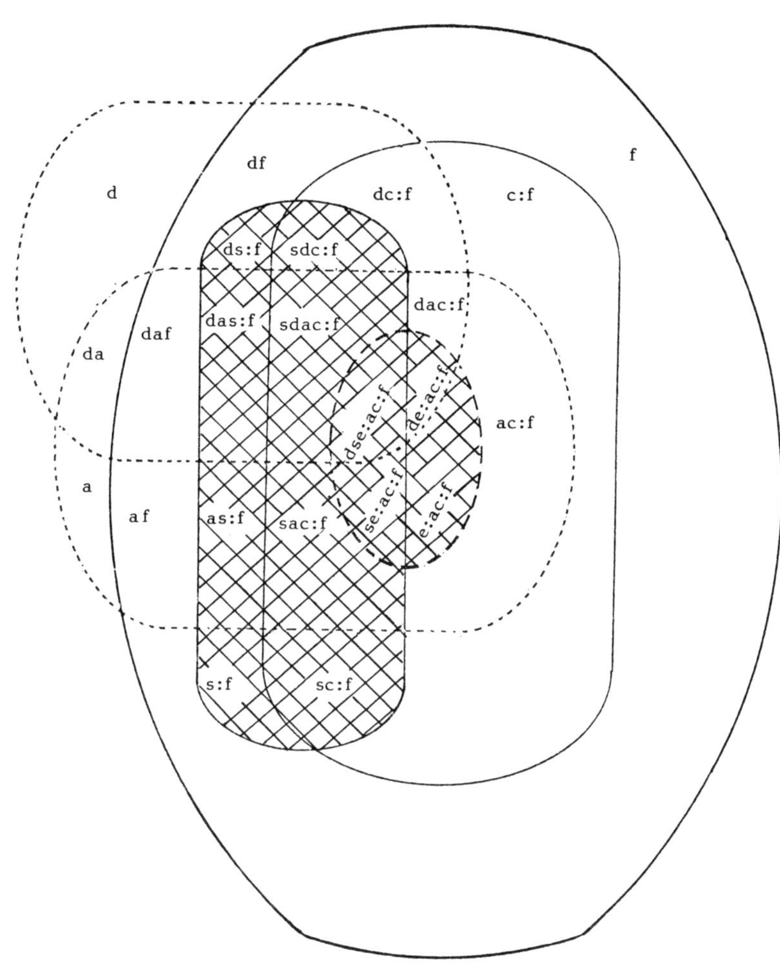

⧹⧹ : régions correspondant à la variance d'erreur absolue

⧸⧸ : régions correspondant à la variance d'erreur relative

Figure 16.10 : Diagramme du plan de mesure M(-/A/D/S,F,E,C)

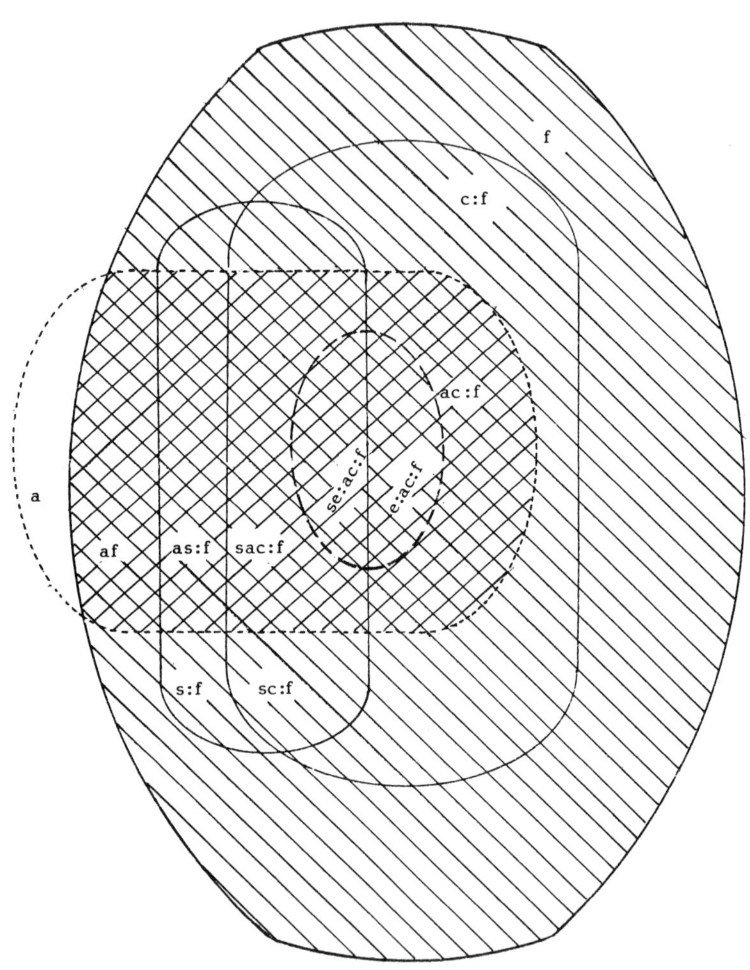

⫽ : **régions correspondant à la variance d'erreur absolue**

⫽ : **régions correspondant à la variance d'erreur relative**

Figure 16.11 : Diagramme du plan de mesure M(-/A,D/-/S,F,E,C)

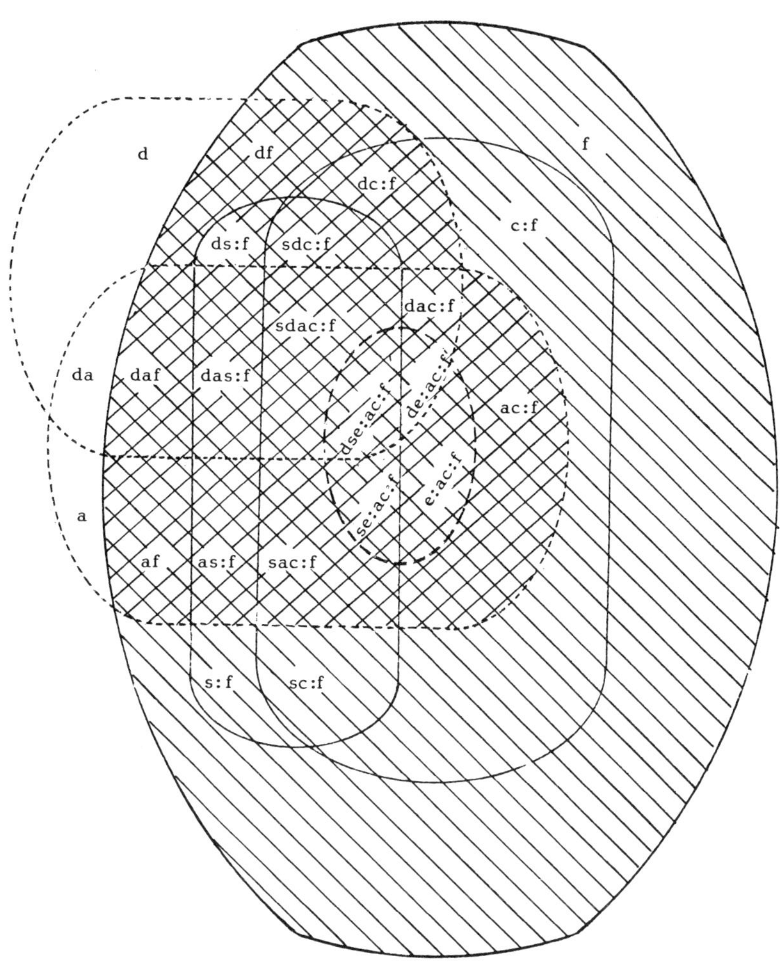

\\\\\\: régions correspondant à la variance d'erreur absolue

///: régions correspondant à la variance d'erreur relative

Tableau 16.4 : Différenciation des classes selon trois plans de mesure

Différenciation considérée	Plan de mesure	Variance d'erreur (10^{-5})		Marge d'erreur	
		relative	absolue	relative	absolue
Moyennes de classes	M(C,F/-/A,D/E,S)	467	467	0,0966	0,0966
Moyennes par classe et par objectif	M(C,F/D/A/E,S)	1469	1469	0,1714	0,1714
Moyennes par âge et par classe	M(C,F/A/D/E,S)	783	783	0,1251	0,1251
Moyennes par âge, classe et objectifs	M(C,F/A,D/-/E,S)	2466	2466	0,2221	0,2221

et par domaine exploré (D). Puisqu'il n'y a plus de facette de contrôle, le plan de mesure reprend toutes les facettes du plan d'observation initial. La différenciation se fait maintenant sur quatre facettes simultanément : E:F, F, D et A (figure 16.9).

L'analyse des marges d'erreur qui apparaissent au tableau 16.4 indique que le dispositif utilisé ne permet pas d'assurer une précision suffisante pour comparer des moyennes générales de classe et est encore plus inadéquat en ce qui concerne toute information plus fine. Dans le dernier cas (différenciation par âge, classe et objectifs), la différence observée entre les scores devrait dépasser .43 (approximativement) pour qu'on puisse conclure à une différence significative. Si l'on souhaite persister dans l'intention de différencier les classes, il faut, au niveau d'une étude de décision, augmenter le nombre de séries de questions proposées aux élèves.

3.4. La comparaison en fonction de l'âge

Lorsqu'on analyse la facette Age, il faut changer de perspective. Dans les plans précédents, les élèves, les classes, les formes étaient les objets d'étude tandis que maintenant ils jouent le rôle d'instruments pour mesurer les différences de rendement d'un âge à l'autre.

Nous avons calculé les variances ainsi que les marges d'erreur pour deux plans de mesure : dans le premier (-/A/D/S,F,E,C), les différences moyennes entre les âges sont l'unique objet d'étude ; dans le second (-/A,D/-/S,F,E,C), on vise à obtenir des informations en termes de rendement moyen par âge et par domaine. Dans les deux plans, on généralise aux quatre facettes S:F, F, E:AC:F et C:F puisque le score moyen des élèves d'un âge donné est calculé sur la base de tous les scores individuels (figures 16.10 et 16.11).

Les marges d'erreur qui apparaissent au tableau 16.5 indiquent que le dispositif choisi permet un niveau acceptable de précision, à la fois pour des comparaisons relatives et absolues, en ce qui concerne les moyennes générales par âge. Pour la différenciation des taux de réussite par objectif et par âge, la marge d'erreur dépasse le seuil maximum proposé de 0.05.

En examinant les sources de variation qui contribuent à la variance erreur absolue et relative dans le second plan, on trouve que les composantes d'interaction entre D et S sont responsables de près de 40 % de la variance d'erreur. Ainsi pour diminuer la marge d'erreur pour les comparaisons des scores moyens par âge et par domaine, il serait nécessaire soit d'augmenter le nombre de questions qui évaluent dans chaque série la maîtrise de chaque domaine, soit de réduire la variation dans la difficulté des questions.

Tableau 16.5 : Différenciation des âges

Différenciation considérée	Plan de mesure	Variance d'erreur (10^{-5})		Marge d'erreur	
		relative	absolue	relative	absolue
Moyennes des quatre domaines par âge	M(-/A/D/S,F,E,C)	33,57	55,65	0,02591	0,03336
Moyennes par âge et par domaine	M(-/A,D/-/S,F,E,C)	179,13	201,20	0,05985	0,06344

Figure 16.12 : Diagramme du plan de mesure M(S ,F/–/D,A/E,C)

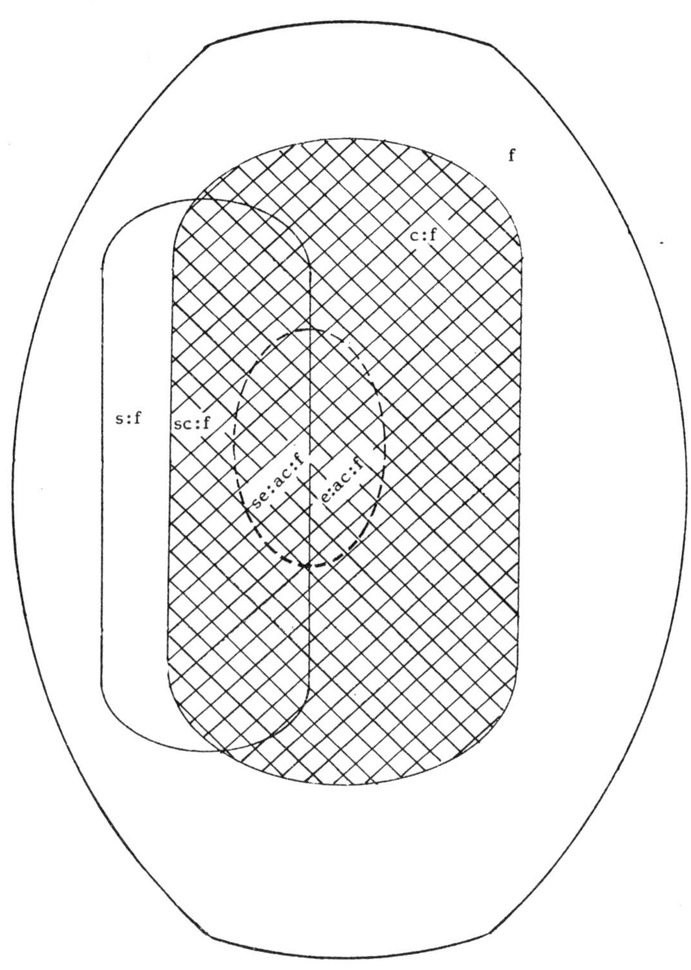

⫽ (\\\) : régions correspondant à la variance d'erreur absolue

/// : régions correspondant à la variance d'erreur relative

Figure 16.13 : Diagramme du plan de mesure M(F/-/D,A/S,E,C)

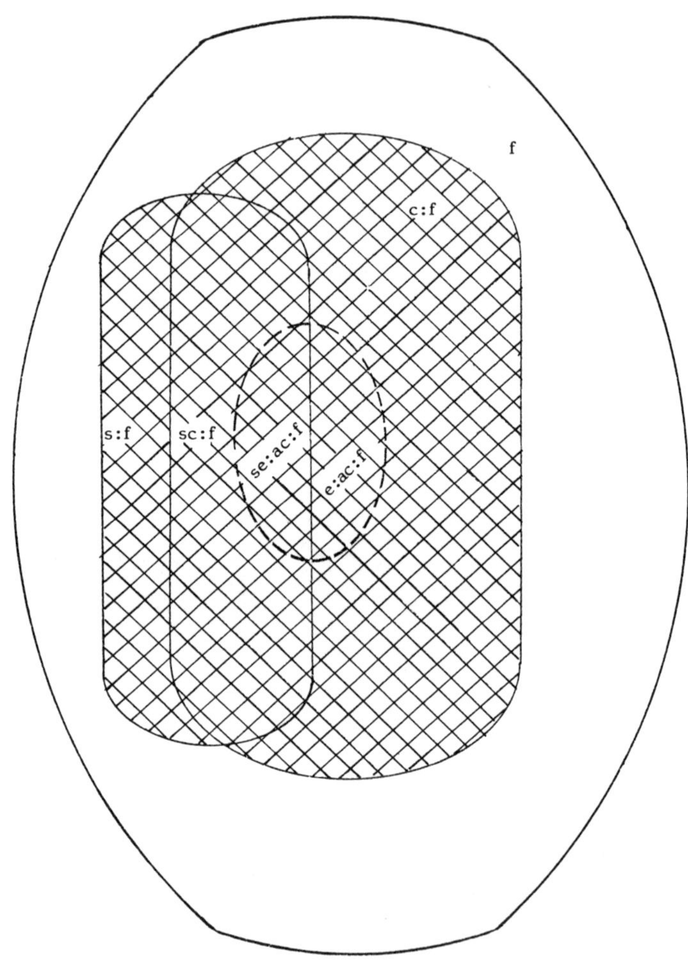

⧹⧹ : régions correspondant à la variance d'erreur absolue

// : régions correspondant à la variance d'erreur relative

3.5. La comparaison entre les séries, ou entre les formes du test

Considérer que S et F sont aléatoires, c'est admettre que toutes les séries futures du test seront construites en échantillonnant au hasard des questions représentatives des quatre "avenues" du test actuel.

Deux cas au moins peuvent être envisagés à partir du plan d'observation utilisé, selon que l'on vise à différencier toutes les séries ou à ne différencier que les seules formes.

Le premier cas équivaut à définir un objet d'étude constitué de toutes les séries appartenant à toutes les formes : S et F composent la face de différenciation et les scores moyens par série sont généralisés à toute la population d'élèves des deux âges. A est donc fixé et devient facette de contrôle, de même que les quatre objectifs (D). C'est le cas considéré à la figure 16.12.

Le second cas se distingue du précédent par le fait que les séries quittent la face de différenciation et deviennent facette de généralisation, au même titre que les élèves et les classes: le diagramme apparaît à la figure 16.13.

Les marges d'erreur observées au tableau 16.6 dépassent le seuil de .05 mais comme les séries ne représentent rien de plus que des échantillons aléatoires de questions, notre souci dans le survey n'était pas de différencier les séries ni les formes. Le problème est en réalité l'inverse : de nous assurer que la variance de différenciation est très faible par rapport à la variance de généralisation. C'est bien ce qu'il se passe en fait, puisque la variance de différenciation est nulle pour la comparaison des formes et quelle reste faible ($259 \cdot 10^{-5}$) pour la comparaison des séries.

4. RECHERCHES D'OPTIMISATION

Une analyse de généralisabilité, (ou étude G), comme celle qui vient d'être conduite a généralement un double but :
1. estimer l'importance des diverses composantes de variance qui influent sur les observations ;
2. préparer les adaptations ultérieures des instruments de mesure, voire de l'objet d'étude, de manière à choisir les dispositifs appropriés à chaque finalité, ou direction d'intérêt.

L'étude d'optimisation prend ainsi le relais de l'étude G : elle définit les modifications à apporter aux plans d'observation, d'estimation ou de mesure de l'étude G pour augmenter ou purifier la variance de différenciation et diminuer la variance des erreurs (ou encore pour réduire les coûts).

Tableau 16.6 : Différenciation entre les séries et les formes

Différenciation considérée	Plan de mesure	Variance d'erreur (x 10^{-5})		Marge d'erreur	
		relative	absolue	relative	absolue
Moyennes de séries	*M*(S,F/-/D,A/E,C)	188	188	0,06132	0,06132
Moyennes de formes	*M*(F/-/D,A/S,E,C)	184	184	0,0607	0,0607

Les analyses qui seront pratiquées dans cette section illustreront une autre application des principes de la théorie de la généralisabilité : l'estimation des effets de diverses modifications du plan. La théorie devient ainsi un instrument pour étudier à l'avance le plan de surveys futurs pour lesquels certains types de différenciation ou de généralisation doivent être optimisés.

Plusieurs sortes d'adaptation du plan original peuvent être examinées, en particulier :

1) l'accroissement de la taille des échantillons pour les facettes de généralisation, de façon à réduire l'influence des composantes d'erreur en les affectant d'un coefficient diviseur plus grand;
2) la restructuration du plan lui-même, soit en supprimant des facettes, soit en modifiant leur statut dans le plan de mesure.

Pour finir de traiter cet exemple, nous allons envisager les effets de trois modifications possibles au plan de l'étude G , pour améliorer la précision des comparaisons entre domaines.

4.1. Effet de la suppression de la facette Ages

Une première simplification du plan initial consiste à supprimer la distinction "plus âgé - plus jeune" dans la comparaison entre élèves au sein de la classe.

Cette partition des élèves avait pour but de déterminer l'importance d'une facette nichante dans les différences individuelles, pour effectuer une analyse de la variance de différenciation parallèle à l'analyse de la variance d'instrumentation et détecter ainsi des biais éventuels (voir à ce sujet, Cardinet,J., Tourneur, Y., et Allal, L., 1981). Les résultats ayant montré qu'aucun biais majeur n'était à craindre à ce propos, (composante de variance nulle), la facette Ages peut être négligée dans le dispositif d'optimisation.

La suppression de la facette Ages entraîne quelques modifications dans la valeur des espérances de variance liées aux élèves : chacune de celles qui comprennent A dans leur indice total viendra dorénavant grossir une des quatre espérances de variance comportant E en indice.

Ainsi les espérances A et E seront confondues dans l'effet principal E:C:F. Il suffit de remplacer A par E dans les espérances associées à A dans la partie droite du tableau 16.1, (sans répéter E dans l'indice nouveau s'il y était déjà), et de regrouper les termes identiques.

On trouvera au tableau 16.7 les nouvelles valeurs des espérances de variance de la facette E, après la suppression de la facette Ages.

Tableau 16.7 : Valeurs des composantes de variance liées à E dans le nouveau plan

	Plan initial	Nouveau plan
Effet principal E	$E^2(e:ac:f)$ = 899	$E^2(e:c:f)$ = $E^2(e:ac:f) + E^2(a) + E^2(ac:f) + E^2(af)$ = 914
Interaction ExD	$E^2(de:ac:f)$ = 914	$E^2(de:c:f)$ = $E^2(de:ac:f) + E^2(dac:f) + E^2(da) + E^2(daf)$ = 953
Interaction ExS	E^2 (se:ac:f) = 1299	$E^2(se:c:f)$ = $E^2(se:ac:f) + E^2(sac:f) + E^2(as:f)$ = 1360
Interaction ExSxD	$E^2(dse:ac:f)$ = 4253	$E^2(dse:c:f)$ = $E^2(dse:ac:f) + E^2(dsac:f) + E^2(dsa:f)$ = 4739

4.2. Augmentation du nombre de questions par domaine dans chaque série

Dans le plan actuel, les facettes D et S sont croisées et chaque série comprend quatre questions, une par domaine. Or, les espérances de variance $E^2(ds:f)$, $E^2(dsc:f)$ et $E^2(dse:ac:f)$ interviennent pour une bonne part dans la variance de l'erreur de généralisation sur D : elles sont dues surtout à la variabilité introduite par l'hétérogénéité des questions dans les domaines. En augmentant l'échantillonnage des questions, on réduit du même coup l'erreur de mesure sur la différenciation des domaines: toutes les composantes associées à l'interaction entre D et S seront divisées par le nombre de questions que l'on introduira dans chaque série pour évaluer chacun des domaines.

Nous avons calculé le gain de précision obtenu en échantillonnant dans chaque série deux questions par domaine au lieu d'une seule et en englobant la facette Ages dans la facette Elèves (n(e)= 4).

Rappelons d'abord les valeurs de la variance d'erreur relative dans le plan initial

$\sigma^2(\delta d)$ = 108 (10^{-5}) et ErR = 0,0465

Grâce aux informations contenues dans le diagramme du plan d'optimisation *O*(-/D/-/QCEFS) (figure 16.14), on identifie aisément les composantes de la variance d'erreur relative sur D.

$$\sigma^2(\delta d) = \frac{1}{n_f} E^2(df) + \frac{1}{n_s n_f} E^2(ds:f) + \frac{1}{n_q n_s n_f} \sigma^2(q:ds:f)$$

$$+ \frac{1}{n_s n_c n_f} E^2(dsc:f) + \frac{1}{n_q n_c n_s n_f} \sigma^2(qc:ds:f) + \frac{1}{n_c n_f} E^2(dc:f)$$

$$+ \frac{N_e - n_e}{N_e - 1} \; \frac{1}{n_e n_c n_f} E^2(de:c:f) + \frac{1}{n_s n_e n_c n_f} \; \frac{N_e - n_e}{N_e - 1} E^2(dse:c:f)$$

$$+ \frac{1}{n_q n_e n_s n_c n_f} \; \frac{N_e - n_e}{N_e - 1} \; E^2(qe:dsc:f)$$

Nous avons dû faire certaines hypothèses pour estimer les composantes de variance nouvelles. Nous avons pensé raisonnable d'attribuer toute l'interaction DS observée dans l'ancien plan à l'hétérogénéité des questions utilisées pour constituer aléatoirement les séries. En conséquence, pour effectuer les calculs, nous avons admis que DS:F était nul en réalité et que sa part de variance dans l'ancien plan devait être attribuée dans le nouveau à Q:DS:F. Suivant le même raisonnement, la valeur de DSC:F a été attribuée à QC:DS:F et celle de DSE:C:F à QE:DCS:F.

En utilisant ces valeurs, on obtient une variance des erreurs relatives sur D égale à 72,387 (10^{-5}), ce qui équivaut à une marge d'erreur de 0.038.

Grâce à l'introduction de deux questions par domaine dans chaque série, la marge d'erreur relative obtenue sur D reste bien en dessous du seuil de 0,05 que nous nous étions fixé. Cette adaptation permettrait donc d'accroître suffisamment la précision de la mesure, tout en maintenant dans des limites raisonnables le coût de la modification.

4.3. Changer le statut de la facette E

Une autre modification envisageable pour améliorer la différenciation entre les domaines consiste à fixer les élèves dans les classes. Dans les conditions habituelles de survey, il est normal que l'on examine tous les élèves d'une classe dès l'instant où celle-ci sort de l'urne. On dispose alors de toute la population des élèves qui appartiennent aux classes échantillonnées. E est alors facette d'instrumentation fixée. En modifiant le statut de la facette E, on élimine de la variance erreur (relative et absolue) toutes les composantes comprenant au moins la facette E dans leur indice primaire, c'est-à-dire, σ^2(dse:c:f), σ^2(de:c:f), σ^2(se:c:f) et σ^2(e:c:f).

Le nouveau plan d'optimisation *O* (–/D/E/QCFS) est représenté à la figure 16.15 qui met en évidence les composantes de la variance active.

Figure 16.14 : Diagramme du plan d'optimisation O(-/D/-/QCEFS)

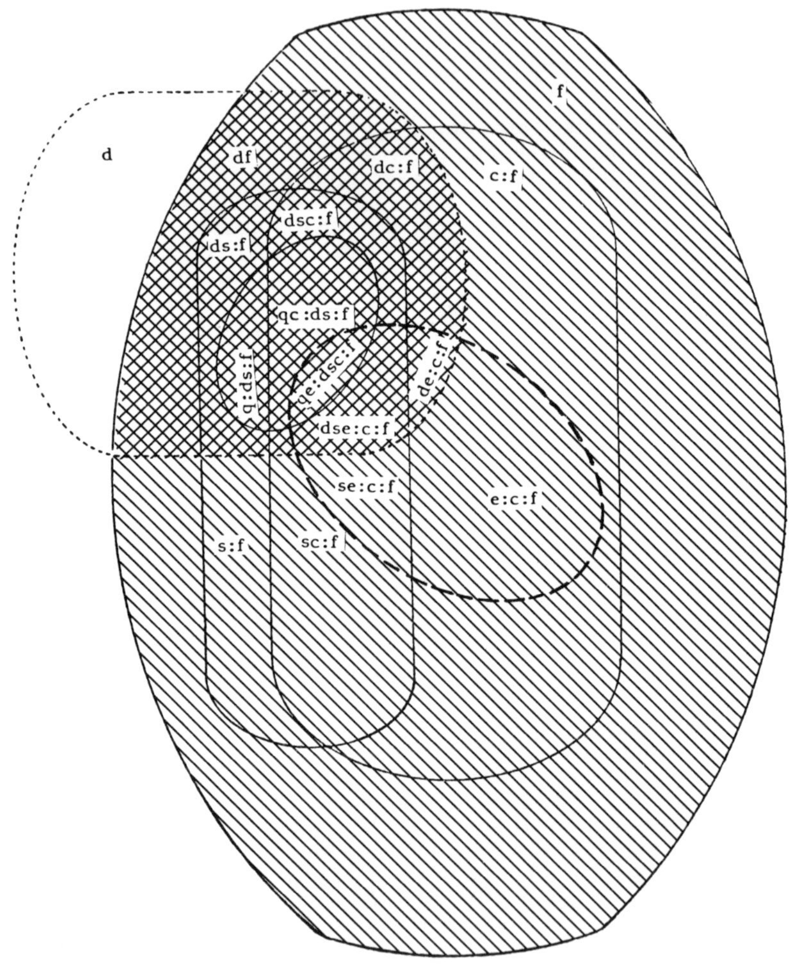

⫽ : régions correspondant à la variance d'erreur absolue

⫽ : régions correspondant à la variance d'erreur relative

En recalculant les marges d'erreur pour les comparaisons portant sur la facette Domaines, nous avons utilisé les formules suivantes :

$$\sigma^2(\delta d) = E^2(df)/n_f + E^2(ds:f)/n_s n_f + E^2(dc:f)/n_c n_f$$

$$+ \sigma^2(q:ds:f)/n_q n_s n_f + \sigma^2(qc:ds:f)/n_q n_c n_s n_f + E^2(dsc:f)/n_s n_c n_f$$

soit $(22{,}6 + 0 + 3{,}4 + 21{,}2 + 6{,}8 + 0)\ 10^{-5} = 54\ .\ 10^{-5}$

ce qui donne une marge d'erreur relative s'élevant à 0,033.

Cette valeur ne diffère que de façon minime par rapport à celle que nous avions estimée sans fixer les élèves. Or ce léger progrès dans la précision s'accompagne d'une perte substantielle de la généralité de la mesure : en fixant les élèves dans les classes, on s'interdit toute généralisation au-delà de la population d'élèves qui a effectivement répondu aux questions. Si l'on veut que la mesure reste pertinente pour une autre cohorte d'élèves, il est nécessaire de maintenir E dans son statut premier, celle d'une facette d'instrumentation aléatoire.

4.4. *Caractère limité de l'optimisation*

Les modifications qui viennent d'être suggérées, ou d'autres que l'on pourrait encore envisager, devraient permettre de concevoir un plan d'optimisation qui donne la meilleure précision pour une finalité spécifique, celle d'estimer le taux de réussite dans les quatre domaines investigués. Il ne faudrait cependant pas conclure qu'un tel plan représente toujours la meilleure solution.

Il faut d'abord tenir compte du coût relatif de l'augmentation de l'échantillonnage pour les diverses facettes de généralisation. Il est, par exemple, beaucoup plus facile dans un système scolaire important de doubler le nombre de classes examinées que de doubler le nombre de questions des tests distribués.

Il faut ensuite prévoir les diverses façons dont on veut exploiter les résultats, pour établir un compromis entre les avantages d'un plan d'optimisation pour une certaine utilisation et ses inconvénients vis-à-vis d'une autre exploitation également souhaitable. Par exemple, le nichage des élèves dans les formes interdit pratiquement les comparaisons entre élèves, à moins que l'on ait recours à des modèles psychométriques très complexes.

Il faut enfin rappeler la multiplicité des points de vue à considérer quand on planifie une intervention à large échelle dans les classes. Les conséquences psychologiques et pédagogiques des décisions administratives dépassent souvent largement le cadre prévu par leurs initiateurs.

L'optimisation dont nous avons parlé plus haut n'est donc que très partielle et ne préjuge pas des décisions qui seront à prendre dans la réalité.

Figure 16.15 : Diagramme du plan d'optimisation O (-/D/E/QCFS)

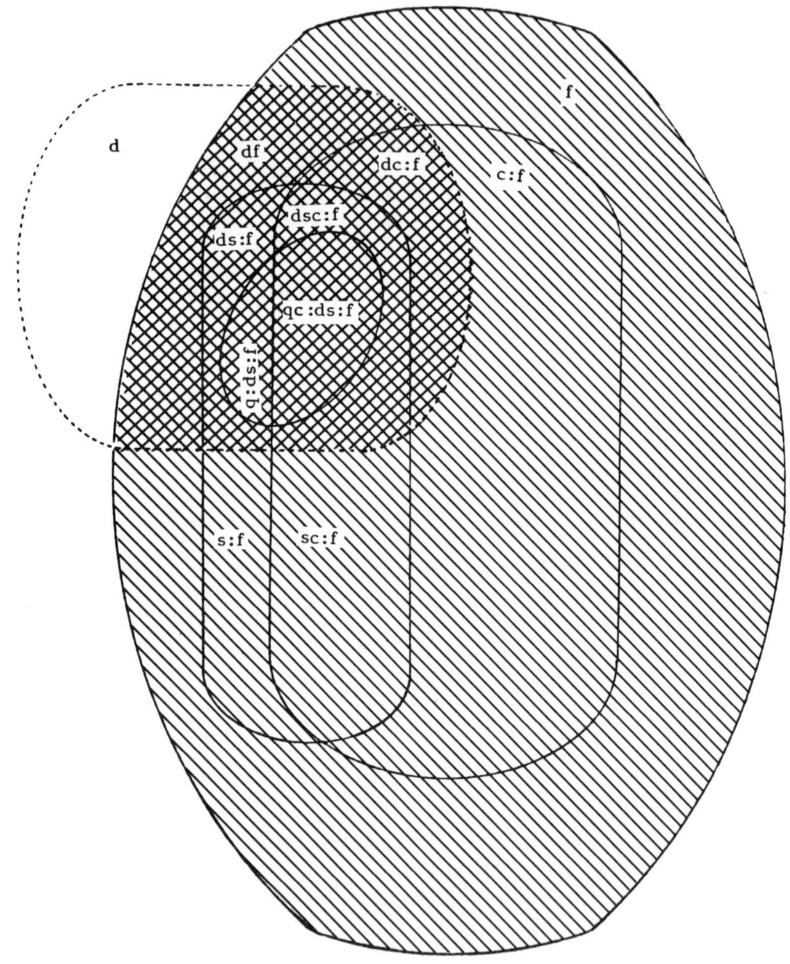

⧹⧹⧹ : régions correspondant à la variance d'erreur absolue

/// : régions correspondant à la variance d'erreur relative

Chapitre 17

AUTRES APPLICATIONS RÉCENTES

1. UNE COMPARAISON INTERNATIONALE DU RENDEMENT DANS LES ECOLES DE MEDECINE

1.1. Présentation de l'étude

La question qui sera traitée ci-dessous est celle de savoir s'il est possible d'utiliser un même pool d'items pour évaluer le niveau de maîtrise d'étudiants appartenant à des pays différents.

Vorkauf a utilisé en 1972 un test (158 items) de médecine interne, mis au point initialement par le National Board of Medical Examiners de Philadelphie (NBME), pour évaluer des étudiants inscrits dans cinq écoles de médecine suisses. Au total 369 candidats ont passé l'épreuve. Les réponses d'un échantillon aléatoire de 370 candidats américains ont servi à la comparaison entre les deux nations.

Un comité suisse avait d'abord jugé de la validité de contenu de chaque item pour évaluer les connaissances en médecine interne de candidats suisses. Le comité, composé des chefs des départements de médecine interne des cinq écoles de médecine, avait éliminé 33 items comme non valides, soit parce qu'ils étaient trop difficiles, soit parce qu'ils contenaient des "américanismes".

1.2. Plan d'observation

Les items ont été cotés de façon dichotomique (un point par bonne réponse). Voici les principaux effets qui composent les sources de variation du plan d'observation.

(1) Effets principaux

(1.1) Les pays

Cette facette comprend les deux seuls niveaux : Suisse et Etats-Unis. On pouvait s'attendre à des différences importantes entre les résultats, ne serait-ce que dans la fréquence des maladies ou l'organisation des soins de santé. Il serait étonnant que de telles différences ne se traduisent pas dans la manière dont la médecine est enseignée et évaluée dans les deux pays.

Figure 17.1 : Plan d'observation souhaitable : I x (C:S:N)

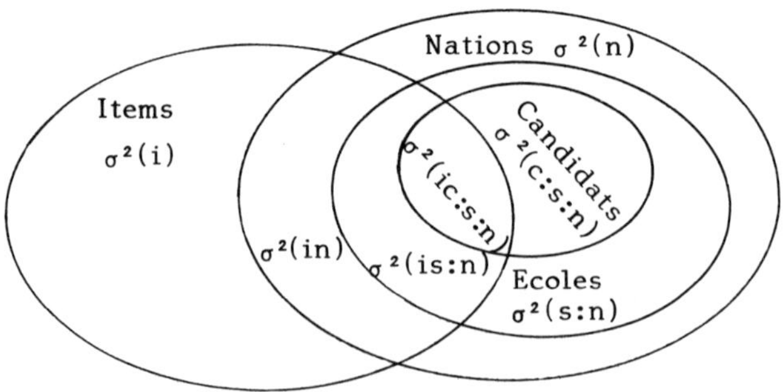

Figure 17.2 : Plan d'observation pour les données internationales : I x (C:N)

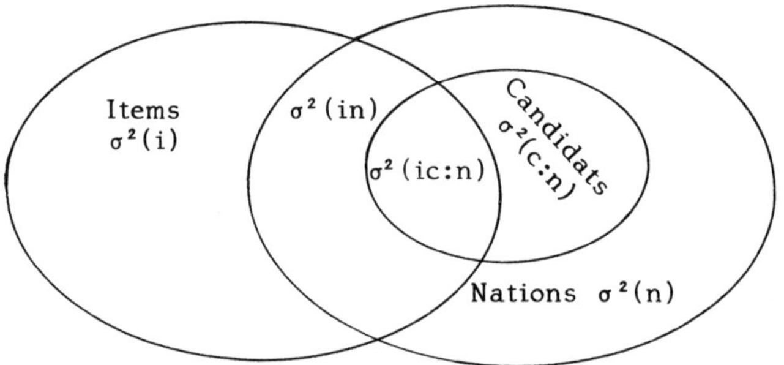

Figure 17.3 : Plan d'observation pour les données suisses : I x (C:S)

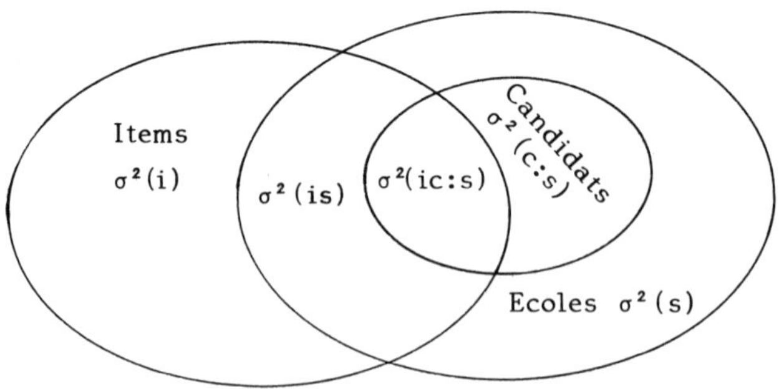

(1.2) Les écoles de médecine

Cette facette n'est contrôlée qu'en Suisse où elle reflète les différences de niveau de connaissance, d'une école à l'autre. L'identification des écoles américaines n'a pas été possible.

(1.3) Les candidats

Il s'agit des différences existant entre les niveaux de connaissance des étudiants.

(1.4) Les items

Cette facette traduit les différences entre les facilités relatives des items.

(2) Effets d'interaction

(2.1) Items x pays

Plus l'ordre de difficulté relative des items varie d'un échantillon national à l'autre, plus grande est la variance de cette interaction.

(2.2. Items x écoles

Cette interaction, si elle se révélait présente, reflèterait le fait que les écoles de formation mettent l'accent sur des compétences différentes.

(2.3) Items x candidats

Cette interaction correspond au fait que certains candidats sont plus compétents dans certains domaines que dans d'autres. On sait que dans l'analyse de variance, la composante d'interaction de l'ordre le plus élevé est confondue avec l'erreur aléatoire e.

Toutes les influences qui échappent au contrôle expérimental contribuent à cette variance : niveaux de concentration, négligence, réponses au hasard, mémorisation préalable de certains items,etc.

Si l'on avait pu disposer dans chaque pays de l'identification des écoles, le plan d'observation souhaitable se serait présenté comme dessiné à la figure 17.1 dans laquelle les items sont croisés avec trois facettes hiérarchisées (les candidats nichés dans les écoles qui sont nichées dans les nations). La facette "Ecoles" (S), cependant, ne peut être prise en compte dans les données américaines; c'est pourquoi elle n'intervient pas dans le premier plan qui structure toutes les données à disposition (figure 17.2). Elle constitue par contre la seule facette nichante dans le deuxième plan réel, sur les seules données suisses (figure 17.3).

1.3. Plan d'estimation

Toutes les facettes du modèle sont considérées comme aléatoires. Il semble justifié de considérer les 158 items comme un échantillon aléatoire extrait du très grand pool d'items de la NBME. Il est aussi logique de traiter les étudiants comme un échantillon aléatoire simple. En ce qui concerne les pays et les écoles,on pourrait tout aussi bien les considérer comme des facettes fixées, puisque les cinq écoles de médecine suisses constituent toute la population des écoles utilisant ce type d'épreuves. De même, les USA et la Suisse n'ont pas été choisis par un échantillonnage aléatoire non biaisé des pays du monde. Cependant, le désir de l'auteur étant de généraliser à d'autres pays et à d'autres écoles, ces deux variables du modèle ont été traitées comme deux facettes aléatoires.

Chacune des sept composantes de variance du plan idéal, celui de la figure 17.1, peut être estimée à partir d'une au moins des analyses de généralisabilité, selon le plan (C:N) x I (tableau 17.1) ou (C:S) x I (tableau 17.2). Tantôt la valeur est trouvée directement, tantôt elle est estimée par différence. On trouvera dans le tableau 17.3, pour chacune des composantes, la référence aux équations d'estimation et les valeurs obtenues.

Avant de poursuivre la discussion des résultats, une remarque doit être formulée quant à la possibilité d'isoler les composantes de variance dans chaque analyse. Dans la première analyse (figure 17.2 et tableau 17.1), il n'est pas possible de séparer les deux facettes C et S puisque les noms des écoles auxquelles appartiennent les candidats n'ont pas été communiqués. On ne peut pas dire pour autant, comme le fait Vorkauf (1974, p. 6), que C et S sont deux facettes confondues, car à chaque niveau d'une facette ne correspond pas une valeur particulière de l'autre facette. Nous préférons parler d'indistinction partielle des facettes S et C d'une part, N et S d'autre part.

Tableau 17.1 : Equations des carrés moyens attendus, en termes de composantes de variance, dans le plan aléatoire I x (C:N) (ensemble des données à disposition, sans tenir compte de la facette "Ecoles").

Sources de variation	Equations des CMA
n	$\sigma^2(ic{:}n) + n_c\,\sigma^2(in) + n_i\,\sigma^2(c{:}n) + n_i n_c\,\sigma^2(n)$
c:n	$\sigma^2(ic{:}n) + n_i\,\sigma^2(c{:}n)$
i	$\sigma^2(ic{:}n) + n_c\,\sigma^2(in) + n_n n_c\,\sigma^2(i)$
ixn	$\sigma^2(ic{:}n) + n_c\,\sigma^2(in)$
ic:n	$\sigma^2(ic{:}n)$

Tableau 17.2 : Equations des carrés moyens attendus dans le plan aléatoire I x (C:S) (données suisses, sans tenir compte de la facette "Pays")

Sources de variation	Equations des CMA
s	$\sigma^2(ic{:}s) + n_c\,\sigma^2(is) + n_i\,\sigma^2(c{:}s) + n_i n_c\,\sigma^2(s)$
c:s	$\sigma^2(ic{:}s) + n_i\,\sigma^2(c{:}s)$
i	$\sigma^2(ic{:}s) + n_c\,\sigma^2(is) + n_s n_c\,\sigma^2(i)$
is	$\sigma^2(ic{:}s) + n_c\,\sigma^2(is)$
i x (c:s)	$\sigma^2(ic{:}s)$

Tableau 17.3 : Estimation des composantes de variance du plan complet

Sources de variation du plan complet	Composantes de variance		
	Tableau d'estimation (17.1 ou 17.2)	Valeurs calculées	
nations (n)	17.1	0	
écoles (s)	17.2	0,0005	0,0077
candidats (c,cs)	17.2	0,0072	
candidats confondus avec écoles (c,s,cs)	17.1		0,0076
items (i)	17.1	0,0441	0,0543
interactions (in)	17.1	0,0102	
interactions (i,in)	17.2		0,0582
interactions (is)	17.2	0,0055	0,1832
interactions (ic,ics)	17.2	0,1777	
ic,is,ics	17,1		0,1872

1.4. *Plan de mesure*

(1) Discussion des valeurs trouvées pour les composantes de variance

Si l'on analyse de près les valeurs des composantes de variance, on constate un accord remarquable entre les deux analyses. Par exemple, la somme des composantes de variance pour s et c,cs, estimées à partir du tableau 17.2, est à peu près égale à la valeur globale pour c,s,cs qui est estimée à partir du tableau 17.1. Ceci peut indiquer que les estimations des composantes s et c,cs, fondées sur l'échantillon suisse, sont valables pour l'enquête américaine. Il faut cependant relever que la moitié des données de la première analyse sont communes avec celles de la seconde analyse.

On pouvait s'attendre à une forte interaction entre les candidats et les items et donc à une importante composante d'erreur relative et c'est bien ce que l'on constate. Par contre, il est surprenant que la composante de difficulté des items vienne en seconde position dans l'ordre de grandeur des composantes. Or, la variance inter-items a de l'importance si l'on cherche à estimer un niveau absolu de compétence, dans un enseignement visant des objectifs définis et lorsqu'on veut délivrer des diplômes à valeur internationale.

Les différences dues aux pays et aux écoles sont négligeables : le niveau général de connaissance est donc quasiment le même dans toutes les écoles et pour les deux pays comparés.

Les effets d'interaction sont par contre plus substantiels. Par exemple, la forte interaction entre les items et les pays signifie que certains items favorisent les étudiants américains et d'autres les étudiants suisses.

Il est intéressant de montrer en passant les conséquences de deux manières différentes d'exploiter les réponses des sujets. Toutes les estimations précédentes conviennent lorsqu'on s'intéresse aux scores de chaque étudiant à chaque item du test. Mais la manière habituelle d'exploiter un examen est de calculer un score total pour chaque candidat en faisant la somme des scores partiels qu'il a obtenus aux n items. Dans ce cas, la variance des scores totaux par candidats vaut

$$n_i^2\ [\sigma^2(n) + \sigma^2(s{:}n) + \sigma^2(c{:}s{:}n) + \frac{1}{n_i}\ \sigma^2(in) + \frac{1}{n_i}\ \sigma^2(is{:}n)$$

$$+ \frac{1}{n_i}\ \sigma^2(ic{:}s{:}n)]$$

La composante des candidats $\sigma^2(c)$ et celles des facettes qui l'emboîtent (école S et pays N) ne sont échantillonnées qu'une seule fois lorsqu'on examine un candidat. Par contre les composantes d'interaction des items avec les candidats $\sigma^2(ic{:}s{:}n)$ ainsi qu'avec les écoles et les pays sont échantillonnées n_i fois.

A partir de cette constatation, on peut calculer la part qu'apportent les diverses composantes à la variance des scores totaux lorsque le score total par candidat est la somme des scores à chaque item du test :

pays : 0
écoles : 12,5
candidats : 179,7
items x pays : 1,6
items x écoles : 0,9
items x candidats : 28,1

Ces nouvelles données montrent clairement que les effets dus aux écoles, aux pays et à leurs interactions avec les items sont négligeables en comparaison de la variance entre candidats. Or, la variance intercandidat est la facette de différenciation du plan qui mesure soit un niveau absolu de compétence, soit les écarts entre candidats en médecine interne.

(2) Calcul de coefficients de généralisabilité

Examinons maintenant les différents coefficients de généralisabilité que l'on peut calculer, à partir des informations précédentes et des intentions de mesure.

Vorkauf (p. 14-15) ne traite dans son article que les cas où l'évaluateur s'intéresse au niveau relatif de maîtrise des candidats et non à leur niveau absolu. Or, on peut tout aussi bien s'intéresser à l'erreur d'échantillonnage autour du niveau absolu du seuil d'acceptation. Cette deuxième perspective paraît même plus intéressante que la première, puisqu'il s'agit de savoir si un médecin suisse est aussi capable de soigner ses malades qu'un médecin américain, et non de connaître sa position par rapport à ses collègues.

Dans un examen intra-école où la décision est prise sur la base de la position relative des candidats appartenant à la même école, la variance des écoles et celle des pays peuvent être ignorées puisque leurs effets sont constants dans une école. Par contre, la composante de variance inter-écoles influence la variance des candidats et doit être prise en compte dans un examen national. De même, la composante de variance interpays doit être prise en compte dans la variance vraie dans le cas d'un programme international d'évaluation. On peut lire dans le tableau 17.4 la composition de la variance de différenciation et de la variance d'erreur pour les trois finalités envisagées.

Tableau 17.4 : Composition et estimation de la variance univers et des variances d'erreurs relatives et absolues pour trois populations de différenciation

Finalités de l'évaluation	Population d'une école	Population d'un pays	Population internationale
Estimation de la variance univers			
- composantes	$\sigma^2(c)$	$\sigma^2(c) + \sigma^2(s)$	$\sigma^2(c) + \sigma^2(s) + \sigma^2(n)$
- valeurs calculées	179,74	192,22	192,22
Estimation de la variance d'erreur relative $\sigma^2(\delta)$			
- composantes	$\sigma^2(ci)$	$\sigma^2(ci) + \sigma^2(si)$	$\sigma^2(ci) + \sigma^2(si) + \sigma^2(ni)$
- valeurs calculées	28,08	28,85	30,56
- coefficient de généralisabilité	0,865	0,869	0,863
Estimation de la variance d'erreur absolue $\sigma^2(\Delta)$			
- composantes	$\sigma^2(ci) + \sigma^2(i)$	$\sigma^2(ci) + \sigma^2(si) + \sigma^2(i)$	$\sigma^2(ci) + \sigma^2(si) + \sigma^2(ni) + \sigma^2(i)$
- valeurs calculées	35,05	35,82	37,53
- coefficient de généralisabilité	0,804	0,804	0,803

L'unité de mesure est celle de X(cI), la somme des bonnes réponses données au test complet de 158 items (adapté de Vorkauf, 1976, p. 15).

Comme on le voit, il n'y a aucune perte de généralisabilité du test en passant d'une utilisation intra-école à un programme de testing national ou international : les trois coefficients sont pratiquement égaux.

Les valeurs de la partie inférieure du tableau ont été calculées par nous, de manière à estimer la fidélité des mesures absolues (indépendantes de l'échantillon particulier d'items utilisés) : les valeurs attendues de la variance des scores univers ne changent pas pour le cas des mesures absolues comprenant un terme d'erreur en plus, qui est la variance propre entre items, $\sigma^2(I)$,(estimée par la formule $n(i)\ \sigma^2(i)$). Il apparaît que la fidélité reste bonne pour les mesures absolues puisque les coefficients de la dernière ligne restent supérieurs à 0,80 qui est le seuil habituel d'acceptation.

L'étude psychométrique précédente prouve qu'il est justifié d'utiliser des items extraits du pool des questions d'examen de la NBME, portant sur la médecine interne, pour contrôler la compétence d'étudiants suisses dans le même domaine. Le fait que l'on obtienne des coefficients de généralisabilité acceptables même pour des mesures absolues plaide en faveur d'une reconnaissance réciproque des diplômes de médecine. Une telle affirmation sous-entend, bien entendu, que les examens soient passés dans les mêmes conditions que dans cette étude, c'est-à-dire que les questions soient extraites du même pool d'items dans les deux pays.

2. DES TESTS A REFERENCE NORMATIVE AUX TESTS DE MAITRISE

2.1. Cadre théorique

(1) Définitions

Nous entendons par tests de maîtrise les tests qui fournissent une information, en terme de maîtrise ou de non-maîtrise, sur le degré de réussite dans un univers bien délimité de savoir ou de savoir-faire. La décision au sujet de la maîtrise de l'univers est prise à partir d'un seuil ou point de césure qui fixe le niveau minimum à atteindre. La littérature substitue quelquefois au terme "univers" des synonymes : domaine, classe ou ensemble de tâches, objectif,...

La fixation d'un critère de maîtrise constitue une des caractéristiques essentielles des tests de maîtrise puisque la performance d'un individu est comparée à un critère au lieu d'être située par rapport à la performance moyenne d'un groupe utilisé comme référence. L'opposition est d'importance et amène Glaser (1963) à définir deux types de tests selon que la référence est une norme ("norm-referenced tests") ou un critère absolu de maîtrise ("criterion-referenced tests"). (La distinction établie par Glaser a été reprise et développée par de nombreux auteurs cités en bibliographie : Boehm (1973); Gorth & Hambleton (1972); Ivens (1970); Kriewall (1969); Livingston (1972); Moxley (1970); Glaser & Nitko (1971); Popham & Husek (1969); Harris (1972), etc.).

Un test de maîtrise possède les propriétés suivantes:

1. Au contraire des tests classiques, la performance d'un étudiant n'est pas située par rapport à une performance moyenne d'un groupe qui sert de référence; elle est comparée à un critère absolu de réussite dans un univers de tâches.
2. L'univers doit être suffisamment bien défini pour qu'on puisse en extraire un échantillon aléatoire de tâches ou d'items, et surtout donner une signification précise à la performance qui est observée. Le modèle statistique que nous utilisons (l'analyse de variance) ne suppose pas l'homogénéité à l'intérieur de l'univers, mais seulement l'échantillonnage aléatoire des items
3. L'intérêt de l'examinateur étant de savoir si le score univers de l'étudiant, (le score que ce dernier obtiendrait si, au lieu d'aborder un échantillon d'items, il abordait tous les items de l'univers d'items), est situé au-dessus ou en dessous du critère de maîtrise C, la performance de l'étudiant n'a d'intérêt que dans la mesure où elle permet d'estimer le score univers (ou score vrai).

(2) Informations recherchées

A finalités différentes, moyens différents. Puisque les tests de maîtrise (à référence critérielle) et les tests classiques (à référence normative) sont conçus pour des finalités distinctes, il faudrait leur appliquer des indices de fidélité et de validité différents. De fait, tous les auteurs s'accordent à dire que les indices et coefficients de fidélité classiques ne conviennent pas aux tests de maîtrise.

Nous limiterons ce chapitre à la recherche des informations qui touchent les personnes, suivant le plan que voici :

(1) Le test vise à fournir des informations sur les personnes considérées collectivement, dans leurs rapports les unes aux autres
    (1.1) ... soit qu'on veuille les discriminer selon leur distance à la moyenne du groupe
    (1.2) ... soit qu'on veuille les discriminer selon leur distance à un critère de maîtrise

(2) Le test vise à fournir des informations sur les personnes prises individuellement : on veut estimer l'écart de la performance individuelle au seuil de maîtrise
    (2.1) ... à un moment donné
    (2.2) ... à différents moments

2.2. *Estimation des indices et coefficients de généralisabilité en fonction de quelques finalités de l'évaluation*

(1) Premier cas : on s'intéresse à la position des étudiants relativement à une norme

Si la norme est la moyenne générale dans la population de référence (μ), le test est conçu de manière à fournir pour chaque étudiant p une estimation non biaisée de $\mu(p) - \mu$. En effet le score observé X(pI) n'est pas intéressant en soi dans les tests à référence normative. C'est l'écart à la moyenne $(X(pI) - \mu(I))$ qui est signifiant et qui doit être interprété comme estimation de $\mu(p) - \mu$.

L'erreur dans ce cas est exprimée par $\delta(pI)$.

$$\delta_{pI} = \underbrace{(X_{pI} - \mu_I)}_{\text{écart observé dans l'échantillon de questions}} - \underbrace{(\mu_p - \mu)}_{\text{écart vrai dans l'univers de questions}} \quad (1)$$

$$\delta_{pI} = \tilde{\mu}_{pI,e} \quad (2)$$

Calculons l'espérance mathématique de $\sigma^2(pI)$ dans la population d'étudiants et sur les échantillons d'items :

$$E_{p,I}\ \delta^2_{pI} = \sigma^2(\delta_{pI}) \quad (3)$$

puisque $E_I\ \delta_{pI} = 0$

$$\Leftrightarrow \quad E_{p,I}\ \delta^2_{pI} = \frac{\sigma^2(pi,e)}{n_i} \quad (4)$$

On obtient les formules du coefficient de généralisabilité pour les tests à référence normative :

$$\hat{E\rho}^2_{(p)} = \frac{\sigma^2(p)}{\sigma^2(p) + \frac{1}{n_i}\sigma^2(pi,e)} \quad (5)$$

$$= \frac{n_i\ \sigma^2(p)}{n_i\ \sigma^2(p) + \sigma^2(pi,e)} \quad (6)$$

$$= \frac{n_i\,\sigma^2(p)}{CMA(p)} \quad (7)$$

(2) Deuxième cas : on s'intéresse à la distance des étudiants à un critère de maîtrise

La norme est ici un seuil absolu de maîtrise C qui est indépendant de la performance moyenne réussie par un groupe de référence. Il ne s'agit donc plus d'estimer l'écart $(\mu(p) - \mu)$ mais $(\mu(p) - C)$ à l'aide de l'écart à C du score observé X(pI) . X(pI) – C est l'écart au seuil tandis que $(\mu(p) - C)$ est l'écart univers au seuil pour une personne.

Que vaut l'erreur d'estimation dans ce cas ?

Puisque C est le même dans l'échantillon et dans l'univers, l'erreur d'estimation vaut

$$(X_{pI} - C)-(\mu_p - C) = X_{pI} - \mu_p = \Delta_{pI} \text{ , l'erreur absolue} \quad (8)$$

On voit par l'équation précédente que, dans les tests de maîtrise, l'erreur commise lorsqu'on estime l'écart d'un score observé au seuil est identique à l'erreur que l'on commet en estimant le score univers $\mu(p)$ à partir du score observé X(pI).

On a montré au chapitre 12 que

$$\Delta_{pI} = \tilde{\mu}_I + \tilde{\mu}_{pI,e} \quad (9)$$

On obtient $\sigma^2(\Delta(p))$, ou pour abréger $\sigma^2(\Delta)$:

$$\sigma^2(\Delta) = \sigma^2(I) + \sigma^2(pI,e) = \frac{1}{n_i}[\sigma^2(i) + \sigma^2(pi,e)] \quad (10)$$

Il nous reste à calculer la variance des scores vrais $\mu(p)$ par rapport au seuil absolu de maîtrise C.

$$E_p(\mu_p - C)^2 = E_p[\mu + (\mu_p - \mu) - C]^2$$

$$= E_p[(\mu_p - \mu) + (\mu - C)]^2 = \sigma^2(p) + (\mu - C)^2 \quad (11)$$

Puisqu'elle ne constitue pas à proprement parler une variance, nous appellerons dorénavant variation des scores vrais $\mu(p)$, l'expression $E(p)\ (\mu(p) - C)^2$. $(\mu - C)^2$ est l'écart carré univers au seuil pour un univers d'items et une population de sujets.

Nous pouvons maintenant écrire la formule du coefficient de généralisabilité pour les tests à référence critérielle.

$$\widehat{E\rho}^2_{p|C} = \frac{\sigma^2(p) + (\mu - C)^2}{\sigma^2(p) + (\mu - C)^2 + \frac{1}{n_i}(\sigma^2(i) + \sigma^2(pie))} \quad (12)$$

La généralisabilité est maximale lorsque les scores vrais sont aussi éloignés que possible les uns des autres ($\sigma^2(p)$ élevé) et que leur moyenne est aussi distante que possible du critère . Lorsque $(\mu - C)^2$ est inconnu, on suivra la transformation suivante de l'équation fondamentale, adaptée de Brennan et Kane (1976, p. 12), bien qu'elle modifie le sens de $E\rho^2$, en le corrigeant pour l'incertitude de l'estimation de μ (d'où l'emploi de ρ' au lieu de ρ).

$$X_{PI} = \mu + \mu_I^{\sim} + \mu_{\tilde{P}} + \mu_{\widetilde{PI,e}}$$

$$X_{PI} - C = (\mu - C) + \mu_{\tilde{I}} + \mu_{\tilde{P}} + \mu_{\widetilde{PI,e}}$$

$$E_I E_P (X_{PI} - C)^2 = (\mu - C)^2 + \frac{1}{n_i}\sigma^2(i) + \frac{1}{n_p}\sigma^2(p) + \frac{1}{n_i n_p}\sigma^2(pi,e)$$

$$(\mu - C)^2 = E_I E_P (X_{PI} - C)^2 - [\frac{1}{n_i}\sigma^2(i) + \frac{1}{n_p}\sigma^2(p) + \frac{1}{n_i n_p}\sigma^2(pi,e)]$$

et $$(\widehat{\mu - C})^2 = (X_{PI} - C)^2 - [\frac{1}{n_i}\hat{\sigma}^2(i) + \frac{1}{n_p}\hat{\sigma}^2(p) + \frac{1}{n_i n_p}\hat{\sigma}^2(pi,e)] \qquad (13)$$

On trouvera, en introduisant cette valeur dans (12)

$$\hat{E}\rho'^2_{p|C} = \frac{(X_{PI} - C)^2 + \frac{(n_p - 1)}{n_p}\hat{\sigma}^2(p) - \frac{\hat{\sigma}^2(i)}{n_i} - \frac{\hat{\sigma}^2(pi,e)}{n_p n_i}}{(X_{PI} - C)^2 + \frac{(n_p - 1)}{n_p}\hat{\sigma}^2(p) + \frac{(n_p - 1)}{n_p n_i}\hat{\sigma}^2(pi,e)}$$

Si les items sont scorés en termes dichotomiques :

$$\hat{E}\rho'^2_{p|C} = 1 - \frac{1}{n_i - 1}\left[\frac{X_{PI}(1 - X_{PI}) - s^2_{X_{pI}}}{(X_{PI} - C)^2 + s^2_{X_{pI}}}\right]$$ (Brennan et Kane, p. 12)

où $s^2_{X_{pI}}$ est la variance dans l'échantillon entre les scores moyens des étudiants soit

$$\frac{1}{n_p} \Sigma_p (X_{pI} - X_{PI})^2$$

(3) Troisième cas : on cherche à estimer pour un étudiant fixé p l'écart de sa performance au seuil de maîtrise, à un moment donné*

Les mesures de fidélité ou de généralisabilité qui conviennent aux deux cas précédents ne sont plus appropriées à la finalité particulière de l'évaluation pratiquée en ce troisième cas. Il ne s'agit plus comme précédemment de discriminer les personnes sur la base d'un seuil relatif (la moyenne d'une population de référence) ou d'un critère absolu de maîtrise. L'intérêt est ici d'estimer la distance au critère du score vrai d'un étudiant fixé (désignons-le par p*) et de rechercher l'efficacité du test à nous en donner une estimation raisonnable.

Nous présenterons successivement la variance de différenciation, la variance d'erreur et les statistiques de généralisabilité pour ce type de mesure.

*(3.1) Estimation de l'écart carré univers au seuil pour la personne p**

$\widehat{(\mu(p^*) - C)^2}$ est l'estimation de la part de l'écart carré observé due à l'écart réel (écart carré univers) du sujet p* au seuil.

Pour rappel, $X_{pI} = \mu + \mu_{\tilde{p}} + \mu_{\tilde{I}} + \mu_{\widetilde{pI,e}}$

Puisqu'il n'y a qu'une seule personne, il n'est pas possible d'isoler interaction pI des différences des scores d'un item à l'autre. Les deux effets sont donc confondus, ce qui donne

$$X_{p^*I} = \mu + \mu_{\tilde{p}^*} + \mu_{\widetilde{I,p^*I,e}} = \mu_{p^*} + \mu_{\widetilde{I,p^*I,e}} \qquad (14)$$

$$\Leftrightarrow X_{p^*I} - C = (\mu_{p^*} - C) + \mu_{\widetilde{I,p^*I,e}}$$

$$\Leftrightarrow E_I\ (X_{p^*I} - C)^2 = (\mu_{p^*} - C)^2 + \sigma^2(I,p^*I,e) \qquad (15)$$

$$\Leftrightarrow (\mu_{p^*} - C)^2 = E_I\ (X_{p^*I} - C)^2 - \sigma^2(I,p^*I,e)$$

$$\Rightarrow \widehat{(\mu_{p^*} - C)^2} = (X_{p^*I} - C)^2 - \frac{1}{n_i}\hat{\sigma}^2(i,p^*i,e) \qquad (16)$$

E(I) (X(p*I) - C)² est la valeur attendue (pour l'univers d'items) de l'écart carré observé pour la personne p*. Nous l'appellerons variation des scores observés X(p*I).

Comme toute variance, un écart carré est positif et donc E(I) (X(p*I) - C)² est supérieur à 1/n(i) σ² (i,p*,i,e). Mais comme E(I) (X(p*I) - C)² est estimé à partir d'une seule valeur de X(p*I), les fluctuations d'échantillonnage des questions peuvent expliquer que l'on obtienne dans certains cas une estimation inférieure à l'estimation de la variance erreur. Dans ce cas, on remplacera par zéro la différence calculée; on obtiendra ainsi un coefficient de généralisabilité égal à zéro. Ceci signifie évidemment que l'écart au seuil n'est pas stable d'un échantillon à l'autre et que l'on risque de prendre à partir du score moyen observé dans un seul échantillon une décision erronée quant à la maîtrise par le sujet de l'univers exploré. La fixation d'un intervalle de confiance autour du point de césure serait un moyen de contrôler ce risque d'erreur. Pour l'appliquer, on devrait utiliser la procédure de test séquentielle proposée par Cronbach et Gleser (1965, p. 69-85, 91-96).

(3.2) Estimation de la variance d'erreur

Par l'équation (8), nous avons vu que l'erreur sur la distance au critère $(X(pI) - C) - (\mu(p) - C)$ vaut $\Delta(p)$, l'erreur sur l'estimation du score vrai $\mu(p)$ à partir de $X(pI)$.

D'après l'équation (9),

$$\Delta_p = X_{pI} - \mu_p = \tilde{\mu_I} + \tilde{\mu_{pI,e}}$$

Dans le cas d'un seul sujet p*, $\tilde{\mu}(I)$ et $\tilde{\mu}(pI,e)$ sont confondus : $\Delta(p^*) = \mu(I,p^*I,e)$

$$\hat{\sigma}^2(\Delta_{p^*}) = \frac{1}{n_i}\hat{\sigma}^2(i,p^*i,e) = \frac{1}{n_i(n_i-1)}\sum_{i=1}^{i=n_i}(X_{p^*i} - X_{p^*I})^2 \qquad (17)$$

A condition que chaque item soit coté en termes dichotomiques, $\hat{\sigma}^2(\Delta(p^*))$ est obtenu par le rapport

$$X_{p^*I}\ \frac{(1 - X_{p^*I})}{n_i - 1} \qquad (18)$$

(3.3) Estimation des indices et coefficients de généralisabilité

On tire des équations (16) et (17) :

$$\hat{E}\rho'^2_{p^*|C} = \frac{n_i(n_i - 1)(X_{p^*I} - C)^2 - \sum_{i=1}^{i=n_i}(X_{p^*i} - X_{p^*I})^2}{n_i\ (n_i - 1)(X_{p^*I} - C)^2} \qquad (19)$$

ou, si les scores sont dichotomiques,

$$\hat{E}\rho'^2_{p^*|C} = \frac{(n_i - 1)(X_{p^*I} - C)^2 - X_{p^*I}\ (1 - X_{p^*I})}{(n_i - 1)(X_{p^*I} - C)^2} \qquad (20)$$

Les formules (19) et (20) montrent bien l'indépendance de ce coefficient de généralisabilité par rapport à la variabilité interindividuelle des scores. Et c'est logique dans la mesure où l'on vise à situer une personne bien déterminée eu égard à un critère absolu de réussite à partir de la seule distribution des scores qu'elle obtient aux différents items du test.

Par ailleurs, comme dans les deux cas précédents, l'intervention du nombre n(i) d'items au numérateur et au dénominateur lie la précision de l'estimation opérée à la dimension des instruments de mesure. De même, la fidélité est d'autant plus élevée que le score moyen observé se trouve plus éloigné du critère (afin d'augmenter $(X(p^*I) - C)^2$) et s'éloigne davantage de 50 % de réussite (car $X(p^*I)(1 - X(p^*I)$ est maximum pour $X(p^*I) = .50$).

$\rho'^2(p^*|C)$ est interprétable en termes de part de variation. En effet c'est la part de la variation de l'écart carré observé due à l'écart carré univers. Par contre $\rho'^2(p^*|C)$, comme $\rho'^2(p|C)$, n'est plus interprétable en termes de coefficient de corrélation car on voit mal de quelle covariation il pourrait s'agir.

La formule du calcul de $\hat{E}\rho'^2(p^*|C)$ est indépendante pour un sujet donné de la distribution des résultats des autres. Son résultat diffère aussi d'un sujet à l'autre. Cependant elle repose sur une estimation correcte de la variance intra-individuelle. On peut utiliser l'ensemble des résultats (de tous les sujets à l'ensemble des items) pour calculer une estimation plus stable de l'erreur (car obtenue sur un plus large échantillon). On a avantage à donner des items différents à chaque sujet, car le fait de nicher les items dans les sujets permet d'échantillonner un plus grand nombre d'items. La variance d'erreur est alors la variance intrasujets, calculée sur l'ensemble des sujets.

On obtient un nouveau terme d'erreur dont la valeur peut être calculée par l'équation suivante :

$$\hat{\sigma}^2(\Delta_{p^*}) = \frac{1}{n_i}\hat{\sigma}^2(i,pi,e) = \frac{1}{n_i(n_i - 1)n_p} \sum_{p=1}^{p=n_p} \sum_{i=1}^{i=n_i} (X_{pi} - X_{pI})^2 \qquad (21)$$

ou, si les items sont cotés en termes dichotomiques,

$$= \frac{1}{n_p} \sum_{p=1}^{p=n_p} X_{pI} \cdot \frac{(1 - X_{pI})}{n_i - 1} \qquad (22)$$

En remplaçant $\hat{\sigma}^2(i,p^*i,e)$ par sa valeur moyenne dans le groupe,c'est-à-dire $\hat{\sigma}^2(i,pi,e)$, on trouve la nouvelle estimation de $\rho'^2(p^*|C)$:

$$E\rho'^2_{p^*|C} = \frac{n_i\,(X_{p^*I} - C)^2 - \hat{\sigma}^2(i,pi,e)}{n_i\,(X_{p^*I} - C)^2} \qquad (23)$$

(Le rapport dépasse 0,80 si $n(i) > 5\,\hat{\sigma}^2(i,pi,e)/(X(p^*I) - C)^2$).

Ainsi le coefficient de généralisabilité n'est plus seulement fonction de l'instrument, mais aussi de la position de la personne examinée par rapport au seuil C. Cela est logique pour un coefficient qui s'inscrit dans la perspective d'une pédagogie individualisée. La décision concernant la réussite ou l'échec à l'épreuve est moins douteuse si le sujet est loin du seuil minimal de maîtrise. On suppose que n(i) est assez grand (>20) pour stabiliser l'estimation de X(p*I).

(3.4) Réinterprétation des formules de Brennan et Kane (1976)

Les formules précédentes conviennent lorsqu'il s'agit d'évaluer la fidélité de l'écart au seuil, pour une personne donnée et non quelconque. Elles montrent que la variabilité des scores interindividuels n'intervient pas dans l'écart observé : la valeur du coefficient de généralisabilité obtenu pour un sujet est donc indépendante de la distribution des scores des autres sujets.

On peut se demander quelle sera la valeur attendue de ce coefficient pour un autre sujet, quelconque, tiré au hasard de la même population. Pour un score moyen X(PI), l'écart carré observé au seuil est $(X(PI) - C)^2$ et son espérance mathématique vaut

$$E_P E_I (X_{PI} - C)^2 = (\mu - C)^2 + \sigma^2(P) + \sigma^2(I) + \sigma^2(PI,e) \quad (24)$$

Si les items sont croisés avec les sujets, on peut distinguer $\sigma^2(I)$ et $\sigma^2(PI,e)$ et

$$E_P E_I (X_{PI} - C)^2 = \underbrace{(\mu - C)^2 + \frac{1}{n_p}\sigma^2(p)}_{\text{variation univers}} + \underbrace{\frac{1}{n_i}\sigma^2(i) + \frac{1}{n_p n_i}\sigma^2(pi,e)}_{\text{variance erreur}} \quad (25)$$

En posant n(p) = 1, on obtient la variation univers et la variance d'erreur pour un sujet quelconque. On peut en tirer le coefficient de généralisabilité de l'équation (12) et les formules de Brennan et Kane (1976, p. 13 et 14). Ces formules se distinguent des formules (19) et (23) par le fait qu'elles font intervenir la variance interindividuelle $\sigma^2(p)$.

On voit ainsi que ces formules ne sont pas adaptées à une véritable évaluation individualisée car elles ne nous disent rien sur la fidélité d'un test pour un sujet particulier, mais seulement sur la valeur attendue de cette fidélité pour un autre sujet, extrait au hasard de la même population.

(4) Quatrième cas : on compare la performance d'un étudiant à différentes phases d'un apprentissage

Dans le cas précédent, on visait à obtenir une mesure individuelle de l'erreur sur l'écart au seuil. On prenait un seul sujet et on généralisait sur les items. On disposait ainsi d'une facette de généralisation et donc d'une source d'erreur aléatoire. L'écart carré au seuil $(\mu(p^*) - C)^2$ représentait la variation vraie. La facette de différenciation, les objectifs ou les moments en l'occurrence, était cependant cachée. On mesurait la position d'un sujet par rapport au seuil, à un moment donné et pour un seul objectif. La facette de différenciation était donc implicite dans l'écart au seuil.

Dans les situations les plus courantes d'évaluation critérielle, la face de différenciation est explicite. Dans les enseignements personnalisés du type cours programmé ou apprentissage assisté par ordinateur, une des finalités de l'évaluation est de suivre l'évolution d'un élève tout au long de son apprentissage, soit que l'on contrôle sa progression pour établir sa courbe d'apprentissage, soit qu'on souhaite le placer aux endroits qui lui conviennent afin de raccourcir ou d'allonger son parcours. Si l'on fixe la facette Objectifs, la face de différenciation est composée dans ce cas des divers moments de l'apprentissage et le rôle de l'enseignement est d'amener l'élève au seuil, puis de le lui faire dépasser. On veut donc clairement différencier des états de connaissance, plutôt que des sujets.

Dans ce cas, nous proposons de calculer, pour chaque moment, la généralisabilité de l'écart au seuil à partir de l'équation (23). Nous suggérons ensuite d'estimer la généralisabilité des progrès effectués par le sujet au cours des différentes phases de son apprentissage, à l'aide d'une autre formule que nous allons déduire maintenant.

En admettant que l'on échantillonne des items différents à chaque passation de l'épreuve et que plusieurs passations soient proposées à chaque phase de l'apprentissage (afin de rendre compte des fluctuations aléatoires liées aux moments de l'épreuve), on dispose de n(i) informations à chacun des n(m) moments de l'évaluation pratiquée à chaque phase. La figure 17.4 traduit cette situation.

Figure 17.4 : Dispositif pour une évaluation pratiquée à différentes phases T de l'apprentissage d'une personne donnée p*.

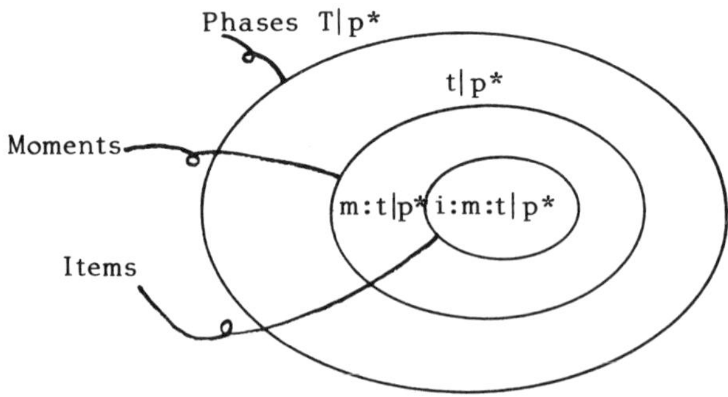

L'équation des composantes du score observé X(tMI|p*) (ou moyenne observée du sujet p* à une phase donnée) est:

$$X_{tMI|p*} = \mu_{p*} + \mu_{t|\tilde{p}*} + \mu_{\tilde{M}:t|p*} + \mu_{\tilde{I}:M:t|p*}$$

$$(\mu_{t|p*} - \mu_{p*}) \qquad (\mu_{M|p*} - \mu_{t|p*}) \qquad (X_{tMI|p*} - \mu_{M|p*})$$

$$E_tE_ME_I\ (X_{tMI|p*} - \mu_{p*})^2 = \sigma^2(t|p*) + \sigma^2(M:t|p*) + \sigma^2(I:M:t|p*)$$

$$= \underbrace{\sigma^2(t|p*)}_{\text{variance de différenciation}} + \underbrace{\frac{1}{n_m}\sigma^2(m:t|p*) + \frac{1}{n_i n_m}\sigma^2(i:m:t|p*)}_{\text{variance d'erreur}}$$

On en déduit le coefficient de généralisabilité :

$$E\rho^2_{t|p*} = \frac{\sigma^2(t|p*)}{E_tE_ME_I\ (X_{tMI|p*} - \mu_{p*})^2}$$

Nous obtenons ainsi un coefficient de généralisabilité pour chaque personne examinée. Comme dans le dispositif précédent (formules (19) et (23)), l'estimation de la fidélité est indépendante de la manière dont se distribuent les scores individuels moyens des autres personnes du groupe. Il n'est pas nécessaire de postuler par exemple que les scores des sujets se répartissent selon la courbe de Gauss. On suppose seulement qu'à chaque phase, les moments sont choisis aléatoirement et qu'à chaque moment des items sont extraits aléatoirement de la classe d'items définie dans l'objectif.

Par rapport au dispositif précédent, l'explicitation de la facette de différenciation présente de sérieux avantages dans le cas de mesures individuelles visant un critère absolu de réussite. Du fait que les items sont nichés dans les moments et que ceux-ci sont à leur tour nichés dans les phases, l'estimation des composantes de l'erreur, $\sigma^2(M:t|p*)$ et $\sigma^2(I:M:t|p*)$, est plus stable, puisqu'elle est pratiquée sur un nombre maximum de degrés de liberté. On peut d'ailleurs augmenter encore la stabilité de l'erreur $\sigma^2(\Delta(t|p*))$, en utilisant l'ensemble des résultats obtenus par un échantillon plus large de sujets, dans le plan I:M:T:P. Par ailleurs, le recours à n(i)n(m)n(t) items, au lieu de n(i) items dans le plan partiellement croisé (M:T) x I, améliore l'échantillonnage de l'univers et assure une meilleure validité interne de l'épreuve.

Le coefficient $E\rho^2$ (t|p*), utilisé conjointement à $E\rho'^2$ (p*|C), peut être interprété de deux manières. D'abord, il indique s'il est possible de distinguer les progrès effectués par le sujet p* au cours de son apprentissage : en tant qu'indice de changement, le coefficient de généralisabilité peut servir à fonder les décisions formatives que doit prendre le gestionnaire de formation. Il traduit aussi la capacité du dispositif, avec le nombre donné d'items et de moments, à faire apparaître des progrès dans l'apprentissage du sujet.

L'inconvénient du dispositif I:M:T|P* est qu'il ne permet pas de connaître à l'avance la fidélité d'un gain individuel mais seulement après coup, lorsque le gain (entre deux ou plusieurs phases) a été enregistré. Néanmoins, si on estime l'erreur sur un grand nombre de sujets, on peut savoir à l'avance quel plan d'observation sera suffisamment sensible pour bien différencier un progrès que l'on considère (arbitrairement) comme minimal.

2.3. Discussion

L'article de Brennan et Kane (1976) avait déjà montré que la théorie de la généralisabilité permettait de formuler un modèle pour les tests de maîtrise. Ces auteurs ne semblaient pas percevoir cependant la contradiction entre l'intention d'individualisation des tests de maîtrise et les formules qu'ils proposaient. Alors qu'un test pédagogique visant un objectif particulier ne devrait prendre en compte que les résultats de l'individu qui apprend, sans se soucier de la distribution des résultats des autres étudiants, la formule de Brennan et Kane faisait intervenir la dispersion des résultats dans la population d'élèves.

Nos formules (19) et (23) dérivées ci-dessus (point 2.2) sont intuitivement plus satisfaisantes, dans ce sens qu'elles permettent d'estimer la fidélité de la mesure de l'écart au seuil pour chaque sujet. Cet écart donnera une information claire et répétable pour les sujets éloignés du seuil. Au contraire la maîtrise de l'objectif sera d'autant plus incertaine que le sujet sera plus proche du point de césure. Il est donc normal que le coefficient varie pour chaque élève.

L'instabilité du coefficient, qui est l'inconvénient habituel de statistiques fondées sur un seul sujet, est évitable du fait que la variance d'erreur peut être calculée sur un échantillon suffisamment large pour stabiliser son estimation.

Ce n'est que dans le cas où l'on veut calculer une valeur attendue pour toutes les personnes de ce coefficient de généralisabilité individuel que l'on retrouve la variance intersujets dans la formule de $E\rho^2$. Cette présence est normale dans ce cas, puisqu'on ne s'intéresse plus seulement à chaque individu, mais à un résultat moyen pour la population. Par contre, pour une évaluation individualisée, la différenciation ne se fait pas entre personnes, mais implicitement entre moments, ou entre objectifs.

L'importance théorique et pratique d'un changement dans la facette de différenciation mérite d'être soulignée.

Si l'on maintient les personnes comme objets à différencier, la variance des scores univers sera constituée de tout ce qui distingue les performances des sujets observés. Pour améliorer les épreuves pédagogiques, il faudra maximiser les écarts entre sujets, afin de stabiliser leur classement. On voit comment une hiérarchisation rigide des élèves peut y trouver sa source. Les résultats d'apprentissages scolaires particuliers seront plus difficilement pris en compte dans ces épreuves que les aptitudes intellectuelles et le niveau de développement général. Les aptitudes restent effectivement la caractéristique qui distingue le plus les enfants à long terme, alors que les apprentissages scolaires sont par nature accessibles à tous et donc peu stables dans le temps.

Si l'on cherche au contraire à différencier les moments de l'apprentissage scolaire en se centrant sur l'évolution des connaissances, les différences entre les personnes ne sont plus pertinentes, par exemple la rapidité du travail, voire le degré de complexité des tâches que l'individu peut maîtriser. Un élève peut comprendre et appliquer dans le plan le concept de vecteur, un autre peut l'utiliser en trois dimensions, un autre encore en n dimensions, mais tous en sont peut être au même niveau du point de vue du concept mathématique de vecteur. Un test pédagogique centré sur la compréhension de cette structure mathématique ne différenciera pas ces tâches, à juste raison, alors qu'un test visant à classer les personnes les aurait nettement hiérarchisées. Les faits proprement pédagogiques ne peuvent recevoir une attention prioritaire que si l'on s'attache à les distinguer des différences interindividuelles d'ordre social ou biologique. Il est plus intéressant du point de vue de l'enseignement de situer un élève sur sa courbe d'apprentissage individuelle que de comparer sa courbe à celle d'un autre élève.

L'exemple de l'épistémologie génétique peut servir à illustrer cette différence de point de vue, de façon plus concrète encore. Pour Piaget l'évolution du raisonnement des enfants suit les mêmes lois, que certains sujets soient avancés ou d'autres retardés. Les épreuves opératoires ne visent pas à différencier les personnes, mais les stades de développement.

On voit donc que la théorie de la généralisabilité n'apporte pas seulement un nouveau vocabulaire, voire un nouveau cadre de référence pour organiser des concepts anciens. Elle dirige l'attention dans une nouvelle direction, permet de prendre en compte d'autres faits et conduit à poser différemment le problème de l'évaluation pédagogique.

3. LA GENERALISABILITE DES COMPORTEMENTS DES ENSEIGNANTS

3.1. Buts

Une difficulté majeure de la recherche sur l'enseignement tient au manque de fidélité des mesures pratiquées pour quantifier les variables relatives au comportement du maître. Dans le but de rechercher la fidélité de différents systèmes d'observation, D. Calkins, G.D. Borich, M. Pascone, C.L. Kugle et P.T. Marston (1978) ont étudié la généralisabilité des items appartenant à cinq systèmes d'observation à basse inférence (les items sont des comportements observables) et à deux systèmes à inférence élevée (les items sont des "constructs").

La généralisabilité de chaque item a été calculée à partir d'un plan d'observation à trois facettes croisées : Maîtres x Occasions x Evaluateurs (ou Juges). Les juges et les occasions particulières constituent les conditions d'observation tandis que l'objet d'étude est composé des scores moyens de chaque maître calculés, pour chaque item, sur l'échantillon des occasions et des juges. Dans la mesure où les scores individuels à un item sont comparables d'un échantillon de juges à un autre échantillon, et d'une série d'occasions à une autre, on peut considérer que les traits mesurés sont généralisables.

La recherche de Calkins et al. visait donc explicitement trois objectifs :

1. déterminer dans quelle mesure le codage des comportements à l'aide de sept systèmes d'observation en classe (les uns à faible inférence; les autres à inférence élevée) est généralisable à l'univers composé par les deux facettes "Juges" et "Occasions" ;
2. diagnostiquer la cause probable d'une généralisabilité faible, lorsqu'elle survient, en comparant les estimations des composantes de variance ;
3. comparer la généralisabilité d'items similaires qui appartiennent à des systèmes d'observations différents.

3.2. Méthode

(1) Les systèmes d'observation étudiés

Les cinq systèmes d'observation à faible inférence ont été extraits du livre de Simon & Boyer (1970) : Mirrors for Behavior. Ce sont :

1. The Observation Schedule and Record (OSCAR) de Medley & Mitzel (1959)
2. The Spaulding Teacher Activity Rating Schedule (STARS) de Spaulding (1967)
3. The Flanders System of Interaction Analysis (FIAC) de Flanders (1971)
4. The CERLI Verbal-Behavior Classification System (CVC) de Kugle (1977)

5. The Classroom Communication Observational System (CCO), de Withal, Lewis & Newell (1961)

Les deux systèmes de codage à inférence élevée sont The Classroom Observation System (COS) de Emmer (1970) et The Teacher Evaluation Scale (TES). Ce dernier système est une adaptation du Global Rating Scale (GRS) de Poynor & Wetherold (1976).

(2) Organisation de l'expérience

On enregistra au magnétoscope les leçons (de 50 minutes) données par 12 maîtres en formation : chacun d'eux présentait la même leçon (de sciences sociales) à 3 occasions différentes. Les 36 séquences enregistrées furent évaluées par 6 paires de codeurs, payés, qui utilisaient soit un système à inférence faible, soit simultanément un système à inférence faible et à inférence élevée. Le codage des systèmes à inférence faible a été pratiqué pendant l'observation, tandis que le codage dans les systèmes à inférence élevée s'est déroulé après l'observation.

(3) Formules de $\hat{E\rho}^2(t)$

Le coefficient de généralisabilité pour un plan d'estimation entièrement aléatoire peut être calculé à l'aide de la formule suivante :

$$\hat{E\rho}^2_t = \frac{\hat{\sigma}^2(t)}{\left[\hat{\sigma}^2(t) + \frac{\hat{\sigma}^2(tj)}{n_j} + \frac{\hat{\sigma}^2(tm)}{n_m} + \frac{\hat{\sigma}^2(tjm,e)}{n_j n_m}\right]}$$

avec $\hat{\sigma}^2(t)$ est la composante de variance du score univers $\mu(t)$, due aux différences entre les maîtres (t),
$\hat{\sigma}^2(tj)$ est la composante de variance due à l'interaction des maîtres (t) avec les juges (j)
$\hat{\sigma}^2(tm)$ est la composante de variance due à l'interaction des maîtres (t) avec les occasions (m),
et $\hat{\sigma}^2(tjm,e)$ est la composante de variance due à l'interaction des maîtres avec les juges et les occasions
tandis que n(j) et n(m) représentent respectivement le nombre de juges et le nombre d'occasions, utilisés dans l'échantillon.

3.3. Résultats

Les auteurs de l'étude ont considéré qu'un item était généralisable si son coefficient de généralisabilité atteignait au moins 0,7 pour une combinaison de 8 juges (ou moins de 8) et de 8 occasions (ou moins de 8). Selon eux, les comportements magistraux qui requièrent plus de juges et d'occasions sont généralement inconsistants et instables : ils doivent être redéfinis et/ou reconceptualisés.

(1) Les systèmes à faible inférence

(1.1) Items généralisables

On trouvera dans le tableau 17.5 le nombre d'items généralisables dans les cinq systèmes à inférence faible.

Tableau 17.5 : Nombre d'items généralisables contenus dans chaque système d'observation, sous trois conditions

Désignation du système	Nombre total d'items	Nombres d'items généralisables selon trois conditions			Nombre total (et %) d'items généralisables
		$n_j = 1$ $n_m = 8$	$n_j = 2$ $n_m = 3$	$n_j = 2$ $n_m = 4$	
CCO	14	2	3	1	6 (43 %)
CVC	16	3	2	1	6 (37 %)
FIAC	10	0	2	0	2 (20 %)
OSCAR	74	7	2	3	12 (18 %)
STARS	25	3	2	1	6 (24 %)
Total	139	résultats cumulatifs de gauche à droite			32 (24 %)

Pour l'ensemble des 139 items, 56 d'entre eux ont un coefficient de généralisabilité nul, dû principalement à l'obtention d'une estimation nulle ou négative pour σ^2 (t).

(2.2) Valeurs des composantes de variance

La comparaison des composantes de variance calculées dans les systèmes à faible inférence indique que pour la plupart des items qui ne sont pas généralisables, une proportion substantielle de la variance d'erreur est attribuable à l'interaction σ^2 (tm)

(2.3) La généralisabilité des catégories comportementales

En analysant les définitions fournies dans chaque système, les auteurs ont regroupé les items en 13 catégories comportementales qui ont été ensuite classées selon les coefficients de généralisabilité. Des 13 catégories, 7 contenaient des items qui sont généralisables dans deux systèmes au moins. Ce sont "donner des informations" (5 systèmes - 9 items/17 sont généralisables), "louer et approuver" (4 systèmes - 9/17), "donner ses opinions ou son analyse" (4 systèmes - 5/7), "accepter ou utiliser les idées des élèves" (4 systèmes - 4/14); "poser des questions" (4 systèmes - 5/22), "approuver les sentiments" (2 systèmes - 2/16), "dispenser un feedback négatif informationnel" (2 systèmes - 3/16).

(2) Les systèmes à inférence élevée

Des 39 items qui composent les systèmes d'observation à inférence élevée, 12 (soit 31 %) sont généralisables.

Pour la plupart des items qui ne sont pas généralisables, une proportion importante de la variance erreur est due aux interactions tm et tjm.

3.4. Conclusions et discussion

La recherche a montré que, dans les systèmes d'observation à faible inférence, moins d'un quart des items sont généralisables et moins d'un tiers le sont dans les systèmes à inférence élevée. De plus, le nombre d'items qui sont généralisables dans plus d'un système (pour les items comparables d'un système à l'autre, ceux qui appartiennent à la même catégorie) reste petit, tant pour les systèmes à haute inférence que pour ceux à basse inférence.

D'après les auteurs, la faible proportion des traits généralisables, et donc la fidélité médiocre des systèmes d'observation, expliquent la rareté des relations positives signalées dans la littérature, entre les comportements du maître et le rendement de ses élèves.

Le manque de fidélité des systèmes n'est cependant pas dû aux désaccords entre évaluateurs, mais essentiellement aux interactions des maîtres avec les occasions. La composante d'interaction des maîtres avec les juges est la plus faible de toutes les composantes de variance, quels que soient l'item et le type de système auquel il appartient.

L'étude de Calkins et al. nous amène à formuler deux remarques : la première concerne le choix de la facette de différenciation dans le plan de mesure; la seconde touche à la prise en considération des facettes cachées.

Dans l'étude qui vient d'être décrite, la facette de différenciation est explicitement les maîtres en formation. En effet, le calcul des coefficients de généralisabilité s'opère à partir de la variance vraie qui est $\sigma^2(t)$ et de la variance d'erreur qui provient des interactions entre les maîtres et les conditions d'observation (occasions et juges). En choisissant le coefficient $E\rho^2(t)$ comme indice psychométrique, on cherche à classer les maîtres les uns par rapport aux autres, pour chaque trait (item) mesuré. Or, on peut se demander si le but de la recherche n'est pas d'obtenir une mesure absolue, et non relative, de chaque catégorie comportementale. C'est d'ailleurs ce qu'écrivent les auteurs : "les scores qui nous intéressent, c'est-à-dire les quantifications de comportements d'enseignants, (...) ont été obtenus en calculant pour chaque enseignant la moyenne des scores obtenus à différents moments et attribués par différents juges. Si les scores pour une conduite d'enseignant sont comparables d'un groupe de juges à un autre groupe, et pour tout ensemble d'occasions sélectionnées, alors on peut considérer que la conduite est généralisable" (p. 10). On voit bien que la généralisabilité dont il est question dans cet extrait est celle d'un score individuel et d'une mesure absolue. Elle devrait en tout cas être indépendante de la variabilité inter-enseignants qui définit elle une mesure relative. Or, dans les systèmes à inférence faible, 34 items sur 139 obtiennent un coefficient de généralisabilité nul du seul fait que l'estimation de la variance des scores univers $\sigma^2(t)$ est nulle (p. 13, 2e al.). Comme les systèmes d'observation n'ont pas été conçus pour fournir des mesures qui maximisent la différenciation des enseignants, il eût été préférable de calculer, pour chaque trait et pour l'ensemble des maîtres, des marges d'erreur autour des scores moyens observés (ou mieux autour des scores vrais estimés par équation de régression). Ainsi aurait été réservée la possibilité que les échelles utilisées différencient sur une autre facette, par exemple les situations d'enseignement, ou les styles de curriculum, même si l'ensemble des enseignants présentent des comportements analogues à l'intérieur d'une même situation.

La deuxième remarque concerne la signification ambiguë de la facette Occasions dans le contexte de l'expérience. Pour rappel, les 12 jeunes maîtres étaient invités à traiter le même contenu à 3 moments différents,dont chacun durait approximativement 50 minutes. Dans ces conditions, il est normal que les situations didactiques varient d'un moment à l'autre. On n'imagine pas que la même leçon ait été faite deux fois devant le même groupe. Il s'agissait donc d'élèves différents, et peut-être d'écoles différentes. Rien n'est dit, dans l'étude rapportée, de ces variables dont on sait qu'elles jouent un rôle capital en pédagogie expérimentale, chacune d'elles véhiculant de nombreuses variables associées : une école, par exemple, dispose de ressources particulières, de méthodologies propres, d'un style de vie sociale, etc. L'explicitation de toutes ces facettes cachées, dans le plan d'observation, permettrait de mieux rendre compte des variations observées, en particulier, d'isoler des interactions plus significatives et plus facilement interprétables que la composante indifférenciée maîtres x occasions.

Par ailleurs, au lieu de traiter les variables situationnelles comme des sources d'erreur, on pourra les considérer comme des objets d'étude. A titre d'exemples, il peut être intéressant d'analyser pour elles-mêmes, les interactions entre les catégories de conduites didactiques et le style cognitif des apprenants, ou entre les mêmes catégories et le type de leçon (en fonction de la matière enseignée, des objectifs poursuivis,...).

La plupart des systèmes actuels d'observation des interactions en classe ne tiennent pas compte des facettes qui font partie de la situation didactique. L'étude que nous venons d'évoquer a le mérite de bien indiquer cette faiblesse. Elle précise aussi les services que peut rendre la théorie de la généralisabilité, lorsqu'il s'agit d'affiner un champ scientifique nouveau.

4. UNE RECHERCHE SUR L'UTILISATION PEDAGOGIQUE D'UN MATERIEL DE REFERENCES

4.1. Présentation de la recherche

(1) Le but

Les données ayant servi de base aux analyses que nous présenterons plus loin ont été recueillies dans le cadre d'une expérimentation pédagogique (Frydman, M., 1975) dont l'objectif était de tester l'éducabilité de l'aptitude à exploiter un matériel de références. La recherche s'est déroulée sur l'ensemble de l'année scolaire 1973-1974. Après que 36 classes de 6e année primaire eurent subi deux prétests requérant l'utilisation de références, trois groupes équivalents ont été constitués - sur la base des résultats enregistrés aux épreuves pré-expérimentales - et soumis à des traitements différents.

Les 12 classes du premier groupe (groupe A) ont bénéficié de 6 épreuves d'entraînement comportant chacune 10 items. Les sujets ont donc dû résoudre 60 problèmes avec référentiels présentés selon un ordre de difficulté croissante. Aucune démarche ne leur était suggérée et les élèves se trouvaient, par conséquent, dans une situation de "learning by doing".

Les mêmes épreuves furent administrées aux 12 classes du deuxième groupe (groupe B). Dans celles-ci cependant les maîtres, qui avaient participé préalablement à plusieurs séances de formation, dirigeaient la leçon de correction collective au cours de laquelle ils étaient chargés de multiplier les renforcements. En outre, 6 tests supplémentaires furent également appliqués dans ces classes et suivis, chaque fois, d'une correction immédiate. Il s'agissait, dans ce cas, d'un traitement intensif impliquant, pendant 4 mois environ, un entraînement par semaine en moyenne, les tests alternant avec les séances de renforcement.

Le troisième échantillon, enfin, constituait le groupe de contrôle (groupe C) dont les sujets, en dehors des épreuves pré- et post- expérimentales, ne bénéficièrent que de la didactique traditionnelle.

Au début du mois de juin 1974, trois post-tests, caractérisés par un niveau d'exigences incontestablement élevé, ont été administrés aux 36 classes. La première de ces épreuves était identique au premier prétest et composée des 8 mêmes questions. Elle avait pour objet l'évaluation de l'aptitude à consulter, de manière efficace, un indicateur de chemins de fer. Ce savoir-faire est l'un des objectifs retenus par les rédacteurs des programmes de notre enseignement primaire, mais nous savons que la majorité des élèves - et bien des adultes d'ailleurs - sont loin de le maîtriser. Les différents items impliquaient l'analyse et l'interprétation des données contenues dans le "guide des relations internationales" de la Société Nationale des Chemins de Fer Belges et des documents annexes (carte et fiches avec signes conventionnels notamment). Ce matériel de référence n'avait pas été utilisé pendant la phase d'entraînement et devait permettre, par conséquent, la mise en évidence d'un effet de transfert d'apprentissage, ainsi que des progrès des élèves entre les deux moments (pré- et post- test).

(2) Le plan expérimental

Le plan complet comprend trois dimensions : les sujets, les moments et les items d'évaluation.

La dimension Sujets est structurée en trois facettes incluses l'une dans l'autre : les traitements (T), les classes nichées dans les traitements (C:T) et les élèves nichés dans les classes et donc dans les traitements (E:C:T). Ces facettes ont été constituées de la manière suivante : chaque traitement est composé de 12 classes considérées comme un échantillon aléatoire de classes de 6e année (enseignement primaire) du Brabant Wallon. Le choix d'une classe impliquait le choix de tous ses élèves, différents bien sûr d'une classe à l'autre.

La dimension Moments correspond aux deux évaluations pratiquées, soit un prétest et un post-test, pour contrôler la maîtrise des élèves dans la consultation du guide de la S.N.C.B.

Comme la dimension Moments, la dimension Items d'évaluation ne comporte qu'une seule facette représentée par les 8 items du questionnaire.

Dans le plan complet, la facette Traitements et donc les facettes qu'elle inclut (C et E) sont croisées avec les facettes Moments et Questions, celles-ci étant en plus croisées entre elles.

Les relations existant entre les facettes sont représentées à la figure 17.5 sur laquelle ont été situées les 15 composantes de variance distinctes du plan.

La comparaison de l'efficacité relative des 3 traitements constitue l'objet principal de la recherche. A cette fin, la mesure doit porter sur les gains enregistrés aux 3 traitements entre le prétest et le post-test.

Dans un premier temps, nous présenterons l'apport de la théorie de la généralisabilité à l'étude de la précision, calculable pour chaque traitement, de la mesure des différences entre les moyennes aux 2 moments de l'évaluation. Puisque l'analyse portera sur les données issues de l'application de chaque traitement, la facette T et l'effet de ses interactions avec les autres facettes du plan ne seront pas pris en compte: nous travaillerons sur le dispositif simplifié à 3 dimensions principales qui est représenté à la figure 17.6. La simplification du dispositif clarifiera l'interprétation des résultats : une comparaison entre traitements sur base du dispositif complet camouflerait les progrès attribuables à chacun d'eux puisque la moyenne par traitement serait dans ce cas calculée sur l'ensemble des deux moments.

Nous reviendrons dans un deuxième temps au dispositif complet pour tester la fiabilité lorsqu'on veut différencier à la fois les moments et les traitements.

4.2. Analyses relatives à la dimension Moments

(1) Intentions

Dans une publication déjà citée, Cardinet, Tourneur et Allal (1976) ont montré qu'on pouvait appliquer les principes de la théorie de la généralisabilité pour n'importe quelle facette du plan d'observation.

Lorsqu'on effectue une étude de l'efficacité d'un traitement, c'est la comparaison des scores moyens des élèves obtenus avant et après le traitement qui est prioritaire. Dans ce cas, la facette de différenciation correspond aux deux moments de l'évaluation.

En effectuant des analyses successives correspondant aux différents traitements, on peut déterminer :

1) les marges d'erreur pour les différences observées entre le début et la fin de chaque traitement et, par conséquent, la fiabilité de la comparaison envisagée.
2) dans quelle mesure le plan permet d'effectuer des mesures stables et de quelle façon le plan devrait être adapté pour améliorer la précision des gains entre le prétest et le post-test.

Les analyses relatives à la dimension Moments se fondent sur un plan d'observation à 4 facettes : E dans C, C, M et Q. Le diagramme représentant ce plan (qui apparaît à la figure 17.6) comprend 11 portions de surface qui identifient 11 composantes de variance analysables.

Le tableau 17.6 présente les valeurs calculées des 11 composantes de variance pour chacun des 3 traitements.

Notons que l'évaluation était de type dichotomique puisque le sujet obtenait un point lorsque la réponse à l'item était entièrement exacte et zéro dans tous les autres cas. Toutes les estimations des composantes de variance, des variances d'erreur et des marges d'erreur seront donc exprimées selon une échelle qui varie de 0 à 1.

Nous admettrons qu'une marge d'erreur de 0,05 autour d'un score moyen représente un maximum tolérable. Ceci signifie entre autres que la différence entre deux scores devrait être

Figure 17.5 : Diagramme représentant le dispositif (E:C:T*) x M* x Q

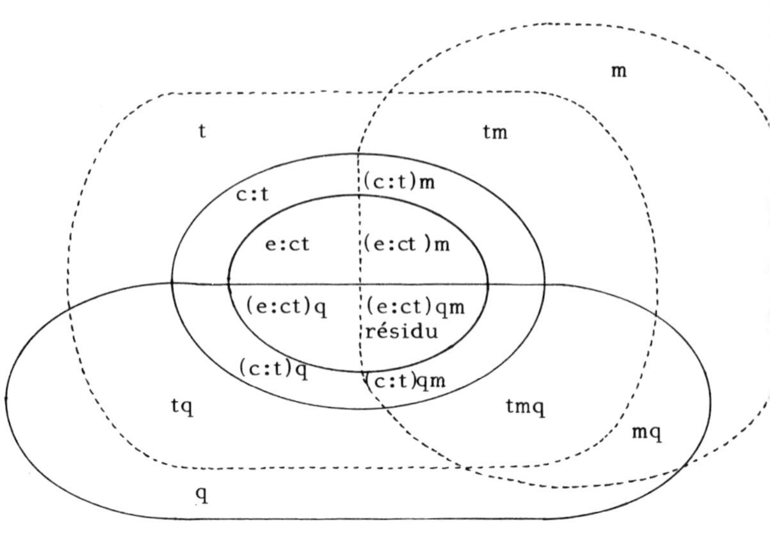

Figure 17.6 : Plan d'observation pour la différenciation des moments dans chaque traitement : (E:C) x M* x Q

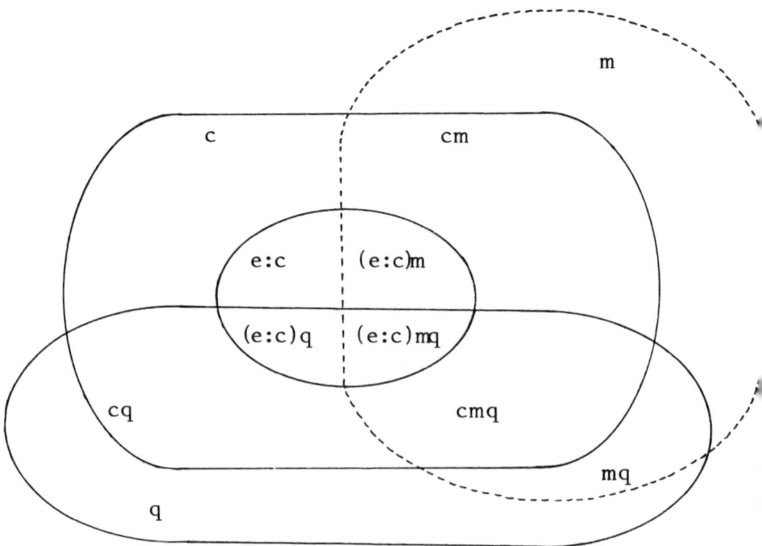

supérieure à 0,10 (approximativement) pour qu'on puisse conclure, avec seulement 5 % de chances de se tromper, que les 2 scores correspondent à des niveaux de réussite qui sont significativement différents. (On suppose un intervalle de confiance fondé sur la distribution normale où Z = 1,96 pour un intervalle de confiance de 95 %).

Notre but est d'estimer les marges d'erreur qui existent lorsque l'on compare les scores moyens des élèves des 3 groupes expérimentaux, aux 2 moments de l'évaluation. L'intérêt de la mesure des progrès effectués par les élèves soumis aux traitements est fonction de la richesse et de la précision de l'information fournie. Il faut tirer des conclusions qui soient valides et stables, c'est-à-dire interpréter des différences qui se maintiennent pour d'autres échantillons aléatoires d'observations. Dans la présente analyse, les conclusions doivent être généralisables à divers échantillons d'élèves et de classes, ainsi qu'à l'univers de tâches dont les items du questionnaire constituent un échantillon: E, C et Q sont donc facettes de généralisation.

(2) Estimation des marges d'erreur relative

La variance d'erreur relative est estimée en calculant une somme pondérée de composantes de variance. Il est possible de déterminer quelles composantes interviennent, en examinant la figure 17.6. Toutes les interactions de M, la facette de différenciation avec les facettes de généralisation C, Q et E correspondent aux 6 portions qui se situent dans l'intersection de la surface m et de l'union des surfaces c, q et e. Après les avoir identifiées, il reste à pondérer chacune de ces 6 composantes qui constituent la variance d'erreur relative. On doit pour cela diviser chacune par le nombre de niveaux des facettes recouvrant sa surface : c'est le nombre d'observations sur lequel est calculée la moyenne étudiée. Par exemple, la portion de surface pour (e:c)m est contenue dans les surfaces c, m et e; la variance correspondance σ^2(em,ecm) doit donc être divisée par n(e), n(m) et n(c) mais n(m) est égal à 1, puisqu'on doit étudier l'erreur sur la moyenne d'un moment. Le produit de ces fréquences doit donner le nombre de valeurs de type (e:c)m qui interviennent dans la moyenne calculée à chaque moment : c'est n(e)n(c), le nombre total d'élèves.

On appliquera la correction de Whimbey à toutes les composantes dont l'indice contient la facette fixée M.

En appliquant les règles rappelées ci-dessus, on trouve la variance d'erreur relative. Pour faciliter l'écriture et la lecture des calculs, les valeurs des composantes de variance sont exprimées en 10^{-5}.

$$\sigma^2\delta_m = \frac{n_m - 1}{n_m}\left[\frac{\sigma^2(cm)}{n_c} + \frac{\sigma^2(qm)}{n_q} + \frac{\sigma^2(cqm)}{n_c n_q} + \frac{\sigma^2(em,ecm)}{n_e n_c} + \frac{\sigma^2\, rés}{n_e n_c n_q}\right]$$

Tableau 17.6 : Valeurs des composantes de variance pour les trois traitements (Tourneur, Y., Frydman, M., 1977, p. 16)

Sources de variation	Composante de variance (x 10^{-5})		
	Trait. A	Trait. B	Trait. C
m	109,5	1260	151,3
cm	84,16	103,8	162
qm	26,67	482	82,8
cqm	933	1126	560
c	365,9	186	477,9
e:c	269	581	625
(e:c)m	188	350	238
(e:c)q	4200	5200	4350
cq	617	430	593
q	2965	3300	2127
(e:c)mq	7800	9000	7500

Tableau 17.7 : Moyennes par traitement au prétest et au post-test (max. 8 points) (Frydman, M., 1975, p.227)

	Trait. A	Trait. B	Trait. C
prétest	0,86	0,80	0,82
post-test	1,18	1,86	1,21

$$\text{Gr. A} = \frac{1}{2}\left(\frac{84,16}{12} + \frac{26,67}{8} + \frac{933}{12 \cdot 8} + \frac{188}{15 \cdot 12} + \frac{7800}{12 \cdot 8 \cdot 15}\right) = 11,9092$$

$$\text{Gr. B} = \frac{1}{2}\left(\frac{103,8}{12} + \frac{482}{8} + \frac{1126}{12 \cdot 8} + \frac{350}{15 \cdot 12} + \frac{9800}{12 \cdot 8 \cdot 15}\right) = 42,9493$$

$$\text{Gr. C} = \frac{1}{2}\left(\frac{162}{12} + \frac{82,8}{8} + \frac{560}{12 \cdot 8} + \frac{238}{15 \cdot 12} + \frac{7500}{12 \cdot 8 \cdot 15}\right) = 16,8044$$

Les marges d'erreur relative autour du score moyen à chaque moment égalent 0,0154 pour le groupe A, 0,0293 pour le groupe B et 0,0183 pour le groupe C.

(3) Estimation des marges d'erreur absolue

La variance d'erreur absolue sur m inclut toutes les composantes qui interviennent dans la variance d'erreur relative, plus les composantes de variance spécifiques aux facettes de généralisation croisées avec M. On ajoutera donc à $\sigma^2(\delta m)$ les composantes $\sigma^2(c)$, $\sigma^2(q)$, $\sigma^2(e{:}c)$, $\sigma^2(cq)$, $\sigma^2(eq{:}c)$, que l'on pondèrera respectivement par n(c), n(q), n(e)n(c), n(c)n(q), et n(e)n(c)n(q).

Il faudra ajouter à $\sigma^2(\delta m)$:

$$\frac{\sigma^2(c)}{n_c} + \frac{\sigma^2(q)}{n_q} + \frac{\sigma^2(e{:}c)}{n_e n_c} + \frac{\sigma^2(cq)}{n_c n_q} + \frac{\sigma^2(eq{:}c)}{n_e n_c n_q} \quad \text{soit :}$$

$$\text{pour A :} \quad \frac{365,9}{12} + \frac{2965}{8} + \frac{269}{15 \cdot 12} + \frac{617}{12 \cdot 8} + \frac{4200}{15 \cdot 12 \cdot 8} = 411,2048$$

$$\text{pour B :} \quad \frac{186}{12} + \frac{3300}{8} + \frac{581}{15 \cdot 12} + \frac{430}{12 \cdot 8} + \frac{5200}{15 \cdot 12 \cdot 8} = 439,3181$$

$$\text{pour C :} \quad \frac{477,9}{12} + \frac{2127}{8} + \frac{625}{15 \cdot 12} + \frac{593}{12 \cdot 8} + \frac{4350}{15 \cdot 12 \cdot 8} = 318,3703$$

On peut maintenant estimer l'erreur absolue $\sigma^2(\Delta m)$, en 10^{-5}, dans chaque groupe expérimental :

Gr. A : $\sigma^2(\delta m) + 411,2048 = 423,114$

Gr. B : $\sigma^2(\delta m) + 439,3181 = 482,1674$

Gr. C : $\sigma^2(\delta m) + 318,3703 = 335,1747$

Les marges d'erreur correspondantes égalent 0,0920 dans le groupe A, 0,0982 dans le groupe B et 0,0819 dans le groupe C.

(4) Interprétation

En examinant ces résultats, quelques conclusions apparaissent. Les estimations de marge d'erreur indiquent que le dispositif fournit une précision acceptable pour les comparaisons relatives entre moments dans chaque traitement. Si la différence entre les moyennes des 2 moments dépasse 0,0308 dans le groupe A, 0,0586 dans le groupe B et 0,0366 dans le groupe C, on peut conclure avec moins de 5 chances sur 100 de se tromper que les réussites aux 2 moments sont différentes et que l'on peut attribuer cette différence à un profit significatif dû au traitement intervenu entre les 2 moments. Or, les différences moyennes observées par question entre le prétest et le post-test étaient 0,04 pour le groupe A, 0,1325 pour le groupe B, 0,04875 pour le groupe C. Ces résultats confirment la supériorité du traitement B sur les 2 autres traitements, dans des conditions expérimentales qui permettaient une précision suffisante de la mesure des gains attribuables à chaque traitement (voir tableau 17.7).

L'importance des marges d'erreur absolue qui dépassent le seuil arbitraire de .05 rend par contre précaire la comparaison des scores moyens absolus enregistrés avant et après les traitements. Dans le groupe B, la différence observée entre les scores moyens au prétest et au post-test devrait atteindre .20 approximativement (le cinquième de la marge totale possible) pour que l'on puisse conclure à un gain totalement généralisable entre les deux moments.

(5) Adaptation du plan de mesure

En examinant les composantes qui entrent dans les formules pour la variance de l'erreur absolue, on s'aperçoit que la composante inter-questions est la source de variance la plus importante : elle explique à elle seule respectivement 85 % de la variance d'erreur dans le groupe A, 78 % en B et 75 % en C. Pour accroître la précision de la différenciation sur la facette M, il serait nécessaire de modifier le dispositif en introduisant l'un ou l'autre des deux changements possibles :
1. augmenter le nombre de questions dans le test ;
2. grouper les questions en objectifs.

La seconde solution nous semble la plus indiquée : elle est d'abord moins aveugle que la première ; elle permet ensuite d'exprimer en termes d'objectifs ou de compétences les bénéfices qu'apporte le traitement. Par ailleurs, la stratification des questions en objectifs opérationnels devrait réduire l'hétérogénéité de difficulté des questions et, à condition de fixer les niveaux ou les objectifs, la seule composante d'erreur liée aux questions qui subsistera sera la variance interquestions dans les objectifs. On pourra réduire encore son influence de deux manières :
1. en échantillonnant plus de questions dans chaque objectif;
2. par un meilleur "découpage" des objectifs de manière que chacun d'eux couvre réellement un espace de difficulté de plus en plus restreint.

Nous avons ainsi montré que le dispositif (E:C) x M* x Q permet une mesure stable des effets d'un traitement. L'adaptation que nous avons proposée pour la mesure des scores moyens absolus, avant et après le traitement, consiste à introduire une facette supplémentaire (objectifs,...) qui stratifierait l'univers des questions et à échantillonner plusieurs questions à l'intérieur de chaque strate (s). Nous aurions ainsi le nouveau dispositif (E:C) x M* x (Q:S*).

(6) Elargissement à la dimension Traitements

Dans le dispositif complet que nous avons présenté au début, la facette T était prise en compte et figurait dans le diagramme de la figure 17.6, croisée avec M et Q et nichant C et E. Nous allons revenir sur ce dispositif complet pour franchir une étape de la théorie de la généralisabilité, celle où plusieurs facettes entrent dans la face de différenciation. Dans le développement précédent, on voulait différencier les moments à l'intérieur de chaque traitement et connaître la précision du dispositif à effectuer des mesures de gains. Dans l'analyse que nous allons présenter maintenant, nous allons montrer qu'il est possible d'apprécier la fiabilité du dispositif complet à différencier à la fois (T) les traitements et (M) les moments. Dans ce cas, la face de différenciation est composée de la matrice des moyennes traitements x moments qui est reprise dans le tableau 17.7. Le tableau complet d'analyse, y compris les valeurs des composantes de variance, est présenté au tableau 17.8. Nos conclusions concerneront la précision des moyennes enregistrées à chaque moment dans chaque traitement et l'univers de généralisation contiendra les facettes Questions, Classes et Elèves.

La variance d'erreur relative égale, en 10^{-5}

$$\sigma^2(\delta_{m,t}) = \frac{1}{n_c}\sigma^2(c{:}t) + \frac{n_m-1}{n_m n_c}\sigma^2(cm{:}t) + \frac{1}{n_c n_q}\sigma^2(cq{:}t) + \frac{n_m-1}{n_c n_q n_m}\sigma^2(cqm{:}t)$$

$$18{,}75 + 3{,}96 + 4{,}17 + 0$$

$$+ \frac{n_t-1}{n_t n_q}\sigma^2(tq) + \frac{(n_m-1)(n_t-1)}{n_m n_t n_q}\sigma^2(tmq) + \frac{1}{n_e n_c}\sigma^2(e{:}ct)$$

$$+ 3{,}49 + 1{,}25 + 3{,}03$$

$$+ \frac{1}{n_e n_c n_q}\sigma^2(eq{:}ct) + \frac{n_m-1}{n_m n_e n_c}\sigma^2(em{:}ct) + \frac{n_m-1}{n_e n_c n_q n_m}\sigma^2(eqm{:}ct)$$

$$+ 0 + 0 + 1{,}60$$

$$= 36{,}25$$

$$\sigma^2(\Delta_{m,t}) = \sigma^2(\delta_{m,t}) + \frac{1}{n_q}\sigma^2(q) = 36{,}25 + 250{,}57 = 286{,}82$$

Tableau 17.8 : Résultats complets de l'analyse pratiquée sur le dispositif (E:C:T*) x M* x Q

Sources de variation	Sommes des carrés	d.l.	C.M.	σ^2 (composantes de variance)
t	4,14	2	2,070	0,000374
q	153,06	7	21,865	0,020046
m	9,8	1	9,800	0,002106
c dans t	27,78	33	0,842	0,002249
e dans c dans t	90,58	504	0,180	0,005450
tm	3,61	2	1,805	0,000989
qm	3,98	7	0,569	0,000731
tq	5,13	14	0,366	0,000419
qmt	3,47	14	0,248	0,000411
(c dans t) m	10,14	33	0,307	0,001725
(c dans t) q	49,57	231	0,215	0,004084
(c dans t) qm	40,16	231	0,174	0
(e dans c) m	60,01	504	0,119	0
(e dans c) q	326,43	3528	0,093	0
rés.	679,20	3528	0,193	0,193000
Total	1086,18	4319		

Les marges d'erreur relative et absolue sont respectivement égales à 0,0269 et 0,0757. Elles indiquent que le dispositif utilisé assure une précision suffisante pour comparer les traitements entre eux, au prétest et au post-test, et pour comparer les progrès dans chaque traitement entre ces deux moments. Le dispositif est moins approprié pour confronter des niveaux absolus de réussite, car l'hétérogénéité des questions y introduit une source importante d'erreur. On réduirait bien sûr l'imprécision en fixant les questions puisque, dans ce cas, l'erreur absolue égale l'erreur relative. Mais une telle adaptation du dispositif enlèverait toute validité à la recherche entreprise qui vise, rappelons-le, à développer la compétence à utiliser un référentiel. Limiter la généralisation des informations aux seuls questions introduites dans le test reviendrait à enlever à l'étude tout son sens.

Une adaptation plus pertinente consisterait, comme nous l'avons déjà dit, à introduire une stratification des questions expliquant leurs différents degrés de réussite. On disposerait ainsi d'un plan à 6 facettes dans lequel la nouvelle facette (les strates ou les objectifs) serait fixée.

On pourrait aussi analyser les résultats, (comparaison des traitements, ou des moments, ou encore des deux à la fois) strate par strate. Ceci autoriserait une interprétation plus détaillée des données en fonction des effets mesurés et préciserait les bénéfices respectifs qu'apportent les divers traitements à la maîtrise des compétences constitutives du curriculum.

Chapitre 18

DISCUSSION ET CONCLUSION

Ce dernier chapitre sera l'occasion de passer en revue l'ensemble des notions présentées dans cet ouvrage, pour montrer en quoi les idées de Cronbach ont fait progresser les conceptions antérieures de la fidélité des mesures, et en quoi aussi le principe de symétrie a élargi encore la théorie de la généralisabilité et ses possibilités d'application.

1. APPORTS CONCEPTUELS DE LA THEORIE DE LA GENERALISABILITE SOUS SA FORME ORIGINALE

Nous allons tenter de synthétiser ici la contribution originale des auteurs du premier ouvrage sur la généralisabilité : Cronbach, Gleser, Nanda et Rajaratnam (1972).

1.1. Unification de la psychométrie

Le but premier de ces auteurs a été de mettre de l'ordre dans la multitude de coefficients qui avaient été développés avant eux pour quantifier la fidélité d'un instrument de mesure. Sans les énumérer, rappelons simplement que ces coefficients se fondaient sur une comparaison entre items, moments, correcteurs, etc.; qu'ils faisaient appel, à des degrés très divers, à l'hypothèse d'équivalence entre ces items, ou moments, etc.; et qu'en conséquence ils semblaient en contradiction entre eux et incapables de mesurer la fidélité réelle d'un instrument.

Cronbach et ses collaborateurs ont pu développer un modèle plus large, admettant la multidimensionnalité des sources de variance affectant le score observé. L'acceptation de facettes multiples permet alors de résoudre les contradictions précédentes, et même de calculer l'effet de combinaisons d'influences. On arrive à une généralisation partiellement multivariée de la formule de Spearman-Brown. La psychométrie reçoit ainsi son outil de base pour toutes sortes d'applications.

1.2. Son insertion dans le modèle statistique classique

L'estimation d'une mesure vraie est considérée par la théorie de la généralisabilité comme un problème statistique classique : l'estimation de la moyenne d'une population arbitrairement grande, mais parfaitement définie.

La psychométrie n'est plus, dès lors, un domaine particulier, une école de pensée relativement ésotérique. Elle peut profiter de tout le développement des concepts et des techniques de la statistique mathématique. On s'aperçoit, par exemple, que la formule de Spearman-Brown retrouve, en fait, la loi des grands nombres.

1.3. Une nouvelle conception de l'erreur

L'erreur sur la mesure était définie de façon vague dans la psychométrie d'avant Cronbach. C'était une sorte d'imperfection, d'accident, une perturbation tombée du ciel et inexplicable.

Dans le contexte théorique qu'apporte la statistique, il n'existe plus d'erreur de ce genre. Elle serait d'ailleurs incompatible également avec le cadre de pensée déterministe des sciences qui cherchent à utiliser la psychométrie.

La mesure observée est bien celle que l'on devait obtenir; seulement elle représente un échantillon aléatoire d'un ensemble de mesures, variant en fonction des moments, des correcteurs, des questions, etc. Comme elle ne comporte plus d'autre indétermination que le caractère aléatoire du choix du niveau observé, la mesure se prête alors aux traitements statistiques habituels.

Même les sources de variance non détectables ont leur place dans le système : elles correspondent aux facettes cachées, sur lesquelles Cronbach attire l'attention, avec raison.

1.4. Une nouvelle conception du score vrai

C'était surtout la mesure "vraie" que la psychométrie ancienne était incapable de définir, ce qui causait des confusions innombrables, car chaque utilisateur avait à l'esprit un concept différent. L'un envisageait une mesure qui soit stable dans le temps; l'autre, au contraire, une mesure sensible à des fluctuations journalières.

Pour la théorie de la généralisabilité, le score vrai n'est plus unique. Il en existe autant que de définitions offertes pour l'ensemble des conditions d'observations admissibles. C'est le choix d'une spécification précise pour les facettes de généralisation qui détermine du même coup la moyenne que l'on cherche à estimer, donc le score vrai.

1.5. Un concept de fidélité renouvelé

Il est important de noter que l'exactitude du score vrai n'est plus liée à la valeur observée, mais à l'interprétation qu'on veut en donner, à l'inférence qu'on fait de l'échantillon à la population parente.

Alors que pour Claparède (1924), par exemple, la fidélité était une propriété du test lui-même, donnée une fois pour toutes lorsque le test était construit, on voit qu'il faut admettre maintenant que la fidélité est fonction de la prudence de l'inférence envisagée. Par rapport à un univers de conditions d'observations défini très étroitement, la généralisabilité doit être bonne. Plus l'univers auquel on veut se référer est large, plus la fidélité tend au contraire à décroître.

1.6. Un progrès vers d'autres types de mesures

La "percée" théorique la plus marquante de son ouvrage est, selon Cronbach lui-même, l'idée qu'il est possible d'estimer les scores vrais. La connaissance de la généralisabilité d'un instrument de mesure donne en effet la droite de régression des scores vrais sur les scores observés. L'emploi de modèles multivariés améliore encore la précision de ces estimations.

Même si l'on n'a pas encore exploité toutes les directions d'application possibles de cette théorie, et notamment cette estimation des scores vrais, la théorie de la généralisabilité n'en constitue pas moins un cadre conceptuel essentiel pour poser les problèmes de fidélité de mesure et pour améliorer les dispositifs d'observation. Nous allons brièvement évoquer ci-dessous ses divers usages possibles.

2. UTILITE PRATIQUE DE LA THEORIE DE LA GENERALISABILITE SOUS SA FORME ORIGINALE

On peut organiser les types d'application de cette théorie de plusieurs façons, en opposant par exemple les applications exploratoires et confirmatoires, ou bien a priori et a posteriori.

2.1. Utilisation exploratoire

Une première direction d'application des analyses de généralisabilité concerne les domaines relativement mal connus. Par l'étude des sources de variance liées aux différentes facettes, il est possible de structurer l'ensemble des données que l'on a recueillies. En effet, lorsqu'on a déterminé les directions principales de variation, celles qui sont les plus généralisables, on peut en conclure quelles sont les facettes qui devraient être prises en compte ultérieurement pour échantillonner ce domaine.

C'était ce genre d'approche que nous proposions pour organiser le domaine des épreuves de connaissances scolaires (Cardinet, Tourneur, Allal, 1976). La recherche de Scallon (1981) illustre bien ce genre d'analyse. L'auteur cherche à organiser le domaine de difficulté d'un objectif, de manière à déterminer les caractéristiques objectives (les facettes), dont dépend la facilité ou la difficulté des questions. L'analyse en composantes de variance de plans d'observations croisés peut renseigner sur les dimensions essentielles à considérer.

L'étude de la généralisabilité des comportements d'enseignants, décrite au chapitre précédent (Calkins et al., 1977), peut aussi servir d'exemple. La valeur des concepts utilisés, leur degré de prise sur le réel, en quelque sorte, est éclairée par les coefficients de fidélité obtenus. Toutes choses égales par ailleurs, un coefficient faible indique que le concept qu'on a employé recouvre un domaine trop hétérogène. Des distinctions seront nécessaires pour arriver à des concepts plus consistants.

Cette utilisation heuristique des coefficients de généralisabilité est en accord avec l'esprit des propositions de J.W. Tukey (1977), ou de H. Rouanet (1977), lorsque ces auteurs parlent d'analyse de données exploratoire.

2.2. Utilisation confirmatoire

Dans d'autres cas, lorsque le domaine est relativement bien connu et permet de constituer des plans expérimentaux, ou des dispositifs d'observation systématiques, la théorie de la généralisabilité permet de tirer des conclusions, un peu comme le font les tests statistiques habituels. Au lieu de s'appuyer sur le fait qu'on a peu de chances de se trouver en face d'une fluctuation aléatoire (statistique inductive), on peut fonder ses conclusions sur le fait que la différenciation des niveaux d'une facette est réalisable avec un coefficient de généralisabilité élevé (statistique descriptive).

Dans l'étude de Frydman (1975), par exemple, il était essentiel de confirmer que le traitement expérimental créait bien une différenciation mesurable entre les groupes expérimentaux et de contrôle.

La puissance du dispositif pour détecter les sources de variation situées sur la face D dépend à la fois de l'importance relative des composantes de variance de la face D par rapport à celles de la face I et du nombre d'observations échantillonnées pour chaque niveau de D. L'optimisation du plan de mesure peut être considérée comme un effort pour accroître la puissance du dispositif.

2.3. Utilisation a priori

Dans l'esprit de Cronbach et de ses collaborateurs, une analyse de généralisabilité devait normalement constituer une étude-pilote, préparant une expérience à plus grande échelle. Le travail préalable d'estimation des sources de variance devait en effet permettre de mettre au point des dispositifs de mesure adaptés aux types de décisions envisagés dans la recherche principale (plans d'optimisation).

La majorité, sans doute, des démarches proposées dans le présent ouvrage visent ce type d'utilisation : mise au point progressive de plans plus puissants, redéfinition de l'univers de généralisation pour mieux cerner les concepts scientifiques étudiés, purification de la face de différenciation, fixation des facettes de cette même face *D* qui induisent un biais excessif, etc.

Il serait faux, pourtant, de privilégier cette seule utilisation prospective, car la majorité des études de généralisabilité effectivement réalisées sont plutôt de type opposé, c'est-à-dire qu'elles ont porté sur les données déjà recueillies de façon définitive.

2.4. *Utilisation a posteriori*

Lorsque l'on procède au dépouillement statistique de l'ensemble des relevés d'une recherche, il est en effet souvent intéressant de contrôler la puissance du dispositif utilisé, par rapport aux facteurs étudiés. Même s'il est trop tard pour améliorer le plan de mesure, il est utile de pouvoir nuancer les conclusions d'après ce que l'on sait des effets aléatoires possibles, selon les facettes considérées. Indiquer les limites d'une affirmation, formuler des réserves, font aussi partie du travail d'interprétation scientifique.

Le fait qu'une analyse ait été faite a posteriori ne signifie pas, d'ailleurs, qu'elle n'ait aucune influence sur la suite des recherches. Au contraire, on voit généralement qu'un chercheur reprend les instruments et les concepts qui se sont révélés utiles dans les travaux de ses prédécesseurs et qu'ainsi une amélioration progressive des dispositifs d'observation se réalise spontanément. Des analyses de généralisabilité peuvent rationaliser ce processus de sélection et de développement des instruments de mesure.

2.5. *Multiplicité des champs d'application*

Cette diversité d'usages possibles, qui vient d'être évoquée, explique aussi que la théorie de la généralisabilité soit appliquée dans les domaines les plus variés des sciences sociales et médicales.

Dans le domaine psychiatrique, on peut citer l'étude des conduites de schizophrènes (Mariotte et Farrell, 1979) et l'étude des dommages psychologiques consécutifs à une catastrophe (Gleser, Green et Winget, 1978).

Pour la recherche fondamentale en psychologie, on citera une étude de la durée et de la profondeur du sommeil (Coates, Rosekind, Strossen, Theresen et Kirmil-Gray, 1979), ainsi que l'exploration du rappel libre (free-recall) chez les enfants (Peng et Farr, 1976). En psychologie médicale, on dispose, par exemple, d'une recherche sur la sensibilité des dentistes aux douleurs de leurs patients (Gershen, 1976), en psychologie sociale d'une étude de l'anxiété sociale (Farrell, Marco, Conger et Wallander); en psychologie industrielle d'une étude des satisfactions professionnelles (Katerberg, Smith et Hoy, 1977).

Il semble cependant que c'est dans les sciences de l'éducation que les applications du nouveau modèle psychométrique soient les plus nombreuses. On retiendra particulièrement les travaux sur la fiabilité des comportements des maîtres en classe (Erlich, O. et R. Shavelson, 1976), l'évaluation de l'enseignement par les étudiants (Gillmore, Kane et Naccarato, 1978). Des propositions sont faites pour appliquer la théorie de la généralisabilité à la construction des tests à référence critérielle (Brennan, 1980; Huynh et Saunders, 1980; Kane et Brennan, 1980). La recherche de Vorkauf (1976) indique bien tout le profit qu'une comparaison internationale des réussites à une banque d'items peut tirer de la théorie de la généralisabilité. Tout récemment, l'I.E.A. a décidé d'entreprendre une étude de généralisabilité dans le cadre d'une recherche internationale sur l'étude de la classe et de son environnement (Bertrand, 1980).

Cette rapide revue des types d'utilisation de la théorie de la généralisabilité, comme de ses domaines d'application, suffit à prouver que sur le plan pratique, tout autant que sur le plan théorique, l'apport de Cronbach et de ses collaborateurs a été des plus marquants. Il nous reste à examiner, dans les pages qui suivent, l'apport, plus récent, du principe de symétrie et ses conséquences théoriques et pratiques.

3. ELARGISSEMENTS APPORTES PAR LE PRINCIPE DE SYMETRIE

Affirmer que les plans factoriels croisés de l'analyse de la variance ne privilégient aucun des facteurs qu'ils englobent, et qu'un coefficient de fidélité intraclasse peut donc être calculé pour chacun de ces facteurs, représente dans un certain sens une banalité.

D'un autre point de vue, il apparaît que le contexte psychométrique dans lequel la théorie de la généralisabilité avait été développée a empêché longtemps les chercheurs de l'appliquer à d'autres objets d'études que des personnes, ou des groupes de personnes. Même la diversité, qui vient d'être relevée, des applications déjà réalisées, pourra être encore grandement élargie, si l'on admet de traiter aussi ce qui était originairement une source d'erreur, comme objet d'étude à part entière.

Mais c'est un autre ordre d'élargissement, plus théorique, qui constitue l'apport conceptuel essentiel du principe de symétrie et qu'on va examiner ci-dessous.

3.1. Clarification des domaines propres à chaque modèle

Dans le livre de Cronbach de 1972, l'étude de généralisabilité recouvre largement le calcul des composantes de variance entre personnes et entre situations d'observation. L'essentiel de l'information recherchée est en effet contenu dans l'estimation de ces valeurs. Du coup, analyse de variance et théorie de la généralisabilité se distinguent mal l'une de l'autre. Le coefficient de généralisabilité n'est après tout qu'un coefficient de corrélation intraclasse et fait partie des techniques statistiques traditionnelles. Seul le cas des facettes fixées nécessite un traitement original et proprement psychométrique. Cronbach justifie en effet qu'on introduise l'interaction personnes x items dans la variance univers par un argument psychologique en disant que si la généralisation ne se fait qu'à ces items fixés, l'interaction avec ces items est intéressante en elle-même et n'est plus de la variance d'erreur.

Si l'on admet le principe de symétrie, les domaines respectifs de l'analyse de la variance et de la généralisabilité sont plus faciles à délimiter. Le premier modèle conduit jusqu'au calcul des composantes de variance. Le second commence lorsque le choix des objets d'études a été fait.

L'interprétation de la variance interaction est alors toute différente de ce proposait Cronbach. Pour des items ou instruments fixés, il n'y a aucune fluctuation d'échantillonnage à attendre de leur interaction avec les personnes, puisque le modèle veut alors que la moyenne des scores d'interaction soit nulle. C'est le calcul de la composante de variance des personnes dans le modèle mixte, qui amène à augmenter l'ancienne estimation de $\sigma^2(p)$ (celle du modèle aléatoire) d'une valeur égale à la composante d'interaction $\sigma^2(pi)$. Le modèle de la généralisabilité n'intervient donc nullement dans ce calcul, qui découle du modèle de l'analyse de la variance et resterait nécessaire, même si les items jouaient un rôle différent par rapport à la mesure. Une distinction claire entre les implications de chacune des phases de l'analyse est ainsi rendue à la fois nécessaire et possible, par le principe de symétrie.

3.2. Explicitation des deux faces de toute mesure

Une autre conséquence fondamentale de ce principe est d'attirer l'attention des chercheurs sur la face de différenciation, celle des objets d'études, qui avait tendance à être oubliée précédemment, parce qu'elle était implicite. Cronbach ne comptait les facettes que sur la face d'instrumentation, par exemple.

L'explicitation de la face de différenciation amène à choisir consciemment la population à laquelle l'instrument peut être appliqué. Il est clair maintenant qu'un coefficient de fidélité n'a de sens que par rapport à ce choix de population bien précis.

Parfois, la nécessité de préciser une face de différenciation peut donner une signification différente à la mesure. Ainsi, beaucoup de tests d'objectifs, en éducation, sont conçus sans perspective de différenciation : l'apprentissage terminé, tous les élèves devraient obtenir le score maximum. Si l'on admet que toute mesure doit avoir deux faces, la différenciation peut alors porter sur des groupes d'élèves (compétents et incompétents), ou sur des objectifs (acquis et non-acquis), ou sur des périodes (début et fin d'études). L'interprétation de la même épreuve en est immédiatement affectée.

3.3. Structuration parallèle des faces de différenciation et d'instrumentation

En prenant conscience du fait que les rôles peuvent s'inverser entre face d'instrumentation et face de différenciation, on est amené à envisager comme possible une multiplicité de facettes aussi bien sur la face *D* que sur la face *I*. Par exemple, une population d'enfants peut être traitée soit comme indifférenciée, (dans ce cas la face *D* est constituée de la seule facette Enfants), soit comme structurée par deux facettes croisées, le Sexe et le Niveau socio-économique, avec une troisième facette, Elèves, nichée dans l'interaction des deux précédentes.

Ce traitement parallèle des deux faces suggère aussi d'appliquer à la face *D* la technique couramment appliquée à la face d'instrumentation sous le nom d'analyse d'items. Il devient donc possible, non seulement de définir, mais d'optimiser, la composition de la population d'objets d'études, comme celle de l'univers des conditions d'observations.

3.4. Apparition de cas nouveaux

La possibilité de traiter n'importe quelle facette comme objet d'étude conduit immédiatement à faire apparaître des facettes fixées sur la face de différenciation. Or ce cas n'avait pas été considéré dans les travaux des auteurs précédents.

Pourtant ce cas correspond bien à la situation expérimentale typique, où le chercheur s'efforce généralement de comparer deux ou plusieurs traitements bien définis, et indiscutablement fixés plutôt qu'aléatoires. La théorie de la généralisabilité devient applicable, par conséquent, aux plans expérimentaux en général, et non plus seulement à des situations d'enquêtes.

La fixation de facettes de différenciation peut avoir des conséquences directes sur l'estimation des composantes d'erreurs pour les facettes croisées avec elles sur la face *I* , mais aussi sur l'estimation de la variance univers, pour les facettes croisées avec elles sur la face *D*.

De nouveaux problèmes d'interprétation peuvent apparaître du fait de l'augmentation prodigieuse du nombre de coefficients de généralisabilité calculables pour un plan d'observation donné, selon les choix que l'on veut faire de plans d'estimation et de plans de mesure, (lorsque la nature des données rend possibles de tels choix, naturellement).

3.5. *Introduction d'un algorithme de calcul général*

De nouveaux problèmes de calcul apparaissent également, si l'on veut traiter les cas complexes suggérés par les multiples combinaisons possibles des facettes aléatoires simples, aléatoires finies et fixées, d'un dispositif.

A condition de travailler avec des estimations de composantes de variance appropriées au modèle mixte, il est possible de trouver une marche à suivre générale, qui constitue un véritable algorithme, valable pour n'importe quelle étude de généralisabilité. Cette marche à suivre a été longuement décrite dans cet ouvrage. Elle permet de traiter des problèmes de dimension quelconque.

Des procédés graphiques facilitent la représentation du problème, la détermination des sources de variation et le contrôle des formules dans les cas simples, ou modérément complexes. Ils ont aussi été présentés dans ce livre.

Ces moyens nouveaux de traiter les problèmes d'analyse de variance peuvent même servir à faciliter la recherche de plans expérimentaux permettant le calcul valide d'un F de Snedecor. Ces applications ont été évoquées au passage.

3.6. *Modification du concept de généralisabilité*

La prise en compte simultanée de la face de différenciation et de celle d'instrumentation conduit à un nouvel élargissement de la notion de fidélité.

Déjà l'idée de généralisabilité différait de celle de fidélité par le fait qu'elle caractérisait non plus l'instrument, mais le jugement que l'on portait à la suite de son emploi. Il suffisait de restreindre la définition de l'univers de généralisation pour accroître la généralisabilité de la mesure.

On voit maintenant qu'on peut aussi accroître la généralisabilité d'un instrument en choisissant une population d'objets d'études plus différenciée, c'est-à-dire en utilisant l'instrument pour des tris plus grossiers.

La généralisabilité devient ainsi une fonction à deux inconnues, un rapport qui s'accroît (i) si l'on élargit l'ensemble à différencier et (ii) si l'on restreint l'ensemble sur lequel on veut généraliser.
Cette double dépendance implique une certaine ambiguïté du coefficient pris isolément. C'est pourquoi une indication de la marge d'erreur sur une mesure vient compléter utilement la description des propriétés métriques d'un instrument.

D'un autre point de vue, le coefficient de généralisabilité résume bien l'adéquation du dispositif choisi aux différenciations envisagées. Il donne une indication assez analogue à celle que l'on obtiendrait en calculant la puissance de ce dispositif, par les méthodes statistiques habituelles.

4. ELARGISSEMENT PARALLELE DU CHAMP D'APPLICATION

Il est normal que les concepts plus englobants et les algorithmes plus généraux, dont on vient de parler conduisent à des possibilités d'action originales. Le lecteur aura pu les imaginer au passage et un certain nombre d'entre elles sont apparues déjà dans le cours de cet ouvrage. Il suffit donc de les évoquer rapidement pour mémoire.

4.1. *Application à de nouveaux objets d'études*

Le concept de fidélité, qui désignait à l'époque de Claparède uniquement la façon dont un instrument permettrait de classer de façon stable des personnes, s'applique maintenant aussi bien à la valeur d'une enquête pour classer de façon stable des objectifs pédagogiques mesurés, ou bien à la valeur d'un dispositif expérimental pour comparer divers traitements étudiés.

4.2. *Application à de nouveaux problèmes*

Dans certains cas, cette symétrisation des procédures de calcul de la fidélité modifie l'approche du problème. C'est le cas avec les tests d'objectifs, par exemple, qui prennent un sens nouveau si on ne les considère plus comme des moyens de distinguer des personnes, mais plutôt de différencier des groupes ou des stades de développement.

4.3. *Application à l'amélioration de la fidélité*

Alors que la psychométrie classique ne connaissait d'autre moyen que l'allongement du test, ou une analyse d'items plus ou moins aveugle, pour améliorer la fidélité d'une épreuve, on a pu voir les possibilités qu'ouvrait déjà la suggestion de Cronbach de redéfinir l'univers des conditions d'observation. Désormais la redéfinition de la population d'objets d'études offre une nouvelle voie d'approche, symétrique à la précédente.

4.4. *Application à l'amélioration de la validité*

La prise en compte de facettes multiples sur la face *D* permet de rechercher la part de variance qui est introduite par des facteurs non pertinents pour la différenciation désirée. Si l'on veut mesurer l'apprentissage obtenu à la suite d'une formation, par exemple, il est important de ne pas confondre avec ce résultat l'effet du sexe ou du niveau socio-économique des élèves. Bien que l'idée de contrôler les sources de variance parasites ait toujours été présente dans les schémas expérimentaux, la symétrisation de la théorie de la généralisabilité permet de l'intégrer directement dans la phase de mise au point d'une procédure de mesure.

4.5. *Application à l'amélioration de la puissance de dispositifs expérimentaux, ou d'enquête*

De multiples exemples ont été donnés dans ce livre illustrant la façon dont il était possible d'exploiter la connaissance de la variance des erreurs d'échantillonnage pour améliorer le plan de mesure original. On a vu en particulier qu'il était possible de tirer certaines conclusions du simple examen des formules d'erreurs. On a vu aussi que lorsque les mêmes données devaient pouvoir être traitées de plusieurs façons différentes, le calcul de marges d'erreur pour chaque différenciation envisagée était une approche plus générale que le calcul classique de la puissance du test de F pour chaque comparaison, du fait que ce dernier test n'était pas toujours possible.

5. *PISTES DE DEVELOPPEMENT ACTUELLES*

Dans cette dernière partie, nous allons examiner quelques points de la théorie de la généralisabilité qui ont posé problèmes et les solutions qui sont proposées dans la littérature.

5.1. *Clarification du concept d'échantillonnage*

Nous évoquerons d'abord le problème de l'échantillonnage des observations et en particulier la difficulté que soulève le fait de traiter, comme facette aléatoire, un ensemble de valeurs qui n'ont pas réellement été tirées au hasard.

Souvent en effet, le concepteur d'un test ou d'un plan d'observation ne dispose que d'un ensemble d'items, ou de traitements, qu'il considère cependant comme un échantillon aléatoire extrait d'un univers plus ou moins bien défini. Le problème se pose alors de la manière suivante : peut-on traiter en toute légitimité cet ensemble d'items comme un échantillon aléatoire, ou faut-il le considérer tel qu'il est, c'est-à-dire, comme une facette fixée (Loevinger, 1965) ?

Une solution satisfaisante a été suggérée par Finetti (1964) qui introduit le concept d'échangeabilité. En bref, cet auteur propose qu'une facette puisse être considérée comme aléatoire, même si ses niveaux n'ont pas été échantillonnés de manière aléatoire, à la condition que les niveaux non observés puissent être échangés avec les niveaux observés. Dans leur application de la théorie de la généralisabilité, Elffers et Tavecchio (1979) affirment même que toute facette peut être considérée comme aléatoire si les niveaux observés ne sont pas très différents de ceux de l'univers plus large qu'ils représentent.

De manière générale, la plupart des auteurs consultés (Kingman, 1978; Lindley et Novick, 1979, Novick, 1976, Davis, 1974; Shavelson et Webb, 1981) considèrent que le concept d'échangeabilité constitue au moins une base suffisante pour décider si une facette est aléatoire ou fixée.

5.2. Estimation meilleure des composantes de variance

Puisque la théorie de la généralisabilité commence à la phase 3, elle dépend de la précision avec laquelle sont estimées à la phase 2 les composantes de variance du modèle d'estimation choisi. De ce fait, la valeur de l'étude de généralisabilité est subordonnée à la stabilité des valeurs obtenues dans l'estimation des composantes de variance. Or, on ne sait pas grand chose dans ce domaine (Cronbach et al., 1972, p. 49). On reconnaît habituellement que les erreurs d'échantillonnage sont minimes dans les situations expérimentales qui portent sur des échantillons de grande taille et où l'on dispose d'un grand nombre d'observations par sujet. Cependant dans la plupart des études de généralisabilité, ces conditions ne sont pas remplies : les applications cliniques, les observations en classe, les situations d'interview par exemple portent sur des échantillons relativement petits et impliquent des plans d'observation ne contenant qu'un petit nombre de niveaux par facette.

Il était intéressant d'analyser les répercussions de certaines conditions expérimentales sur la fiabilité des estimations des composantes de variance et d'en examiner les conséquences sur le choix des plans d'observation et d'estimation. Les recherches de P. Smith (1978) jettent une lumière sur ce problème et fournissent des réponses claires à la question que l'on se posait il y a un instant. Cet auteur montre que les erreurs d'échantillonnage s'accroissent, pour les composantes de variance, avec le nombre de termes que comprennent les équations des carrés moyens attendus. En effet, l'erreur sur une composante de variance est obtenue à partir de la formule générale

$$\text{Var.}\ (\hat{\sigma}^2(k)) = \frac{2}{c^2(k)} \cdot \Sigma_i \frac{(\text{CMA}(i))^2}{\text{d.l.}(i)}$$ (Graybill, 1966, chap. 16)

où $c(k)$ est le coefficient de $\sigma^2(k)$ dans l'expression du CMA de i et d.l.(i) le degré de liberté associé au CMA de i.

Le développement de la formule en termes des valeurs que prennent les composantes de variance dans la population montre que les erreurs d'échantillonnage des estimations des composantes de variance ne dépendent pas seulement du nombre de niveaux de chaque facette utilisée dans le plan de l'étude G préalable, mais aussi de la grandeur relative des composantes de variance (dans la population) qui entrent dans les carrés moyens attendus (P. Smith, 1978, p. 325 et 326).

Par exemple, voici la formule de la variance de l'estimation de $\sigma^2(p)$ dans le plan aléatoire entièrement croisé P x I x J

$$\mathrm{Var}[\hat{\sigma}^2(p)] = \frac{2}{n(p)-1}\left[\left(\sigma^2(p) + \frac{\sigma^2(pj)}{n(j)} + \frac{\sigma^2(pi)}{n(i)} + \frac{\sigma^2(pij,e)}{n(i)n(j)}\right)^2\right.$$

$$+ \frac{1}{n(j)-1}\left(\frac{\sigma^2(pj)}{n(j)} + \frac{\sigma^2(pij,e)}{n(i)n(j)}\right)^2$$

$$+ \frac{1}{n(i)-1}\left(\frac{\sigma^2(pi)}{n(i)} + \frac{\sigma^2(pij,e)}{n(i)n(j)}\right)^2$$

$$\left.+ \frac{1}{(n(i)-1)(n(j)-1)}\left(\frac{\sigma^2(pij,e)}{n(i)n(j)}\right)^2\right]$$

(Smith, 1978,p.326)

De manière générale, le nombre de termes qui entrent dans l'estimation de $\sigma^2(\alpha)$, et donc la variabilité de cette variance elle-même, augmente en passant de la composante d'interaction d'ordre le plus élevé, aux composantes des effets principaux. De ce fait, on peut s'attendre à ce que les estimations de la variance de différenciation soient moins stables que les estimations des composantes de la variance d'erreur

Plusieurs mesures permettent de réduire les erreurs d'estimation des composantes de variance. On peut d'abord échantillonner un plus grand nombre de niveaux des facettes qui jouent un rôle important, celles de la face de différenciation en particulier, qui détermine le numérateur du coefficient de généralisabilité.

On peut aussi échantillonner davantage les facettes qui constituent les sources de variation les plus grandes, puisque ce sont elles qui comportent aussi les erreurs les plus importantes. Smith suggère, comme règle approximative, d'échantillonner pour chaque effet un nombre de niveaux proportionnel à la grandeur de la composante de variance qui lui est liée. Appliquant cette règle, il propose d'échantillonner autrement les trois facettes d'un plan d'observation utilisé par Howe (1969) et réanalysé par Levy (1974). Dans cette étude, 33 psychologues cliniciens avaient noté les réponses de 4 patients sur six échelles. Le tableau 18.1 donne, à côté de l'estimation de chaque composante de variance, l'espérance mathématique de la variance de chacune de ces estimations. Si l'on examine l'ordre de grandeur des composantes, on voit qu'il serait avantageux de doubler le nombre de sujets en divisant inversément par deux le nombre de psychologues. Les résultats apparaissent dans la colonne de droite du tableau 18.1 : les variances attendues des estimations sont ainsi réduites de moitié.

Tableau 18.1 : Effets du nombre de niveaux des facettes sur la variance attendue des estimations des composantes de variance – données de Howe (1969) réexaminées par Lévy (1974) et Smith (1978)

Source de variation	Estimation des composantes de variance $\sigma^2(\alpha)$	Espérance mathématique de variance de σ^2 (α)	
		n(p)=4; n(i)=6 n(j)=33	n(p) = 8; n(i)=6 n(j)=16
Sujets (P)	2,43	5,98	2,57
Sous-tests (I)	0,96	1,38	0,77
Psychologues (J)	0,02	0,00	0,00
P x I	3,31	1,47	0,64
P x J	–	–	–
I x J	–	–	–

Pour augmenter la stabilité des estimations des composantes de variance, Smith a montré qu'on pouvait également réduire le nombre de termes qui interviennent dans l'équation du carré moyen attendu pour une composante. On peut éviter, de cette manière, que les erreurs d'estimation ne s'additionnent dans le calcul de cette composante. Ceci implique de simplifier les plans d'observation et d'estimation.

Smith (1978, p. 343) propose finalement une stratégie qui combine ces trois types d'adaptation. Il suggère en effet de réaliser une série de petites études, comprenant deux ou trois facettes au maximum, dont chacune permet de fournir des estimations stables de la variance d'un ou deux effets principaux et de leur interaction. On peut facilement ainsi augmenter le nombre de niveaux des facettes qui le justifient et obtenir des estimations directes et stables des composantes importantes. Une étude complémentaire, effectuée avec un petit nombre de niveaux, mais pour l'ensemble des facteurs, permet alors d'estimer les composantes d'interaction de niveau plus élevé.

Cette stratégie qui prend le contre-pied des recommandations de Fisher, défenseur des plans expérimentaux englobant de multiples facteurs, surprend au premier abord. Elle est cependant justifiée, si l'on considère les objectifs poursuivis dans chaque cas. Pour Fisher, il fallait obtenir des tests de F puissants en utilisant au dénominateur des carrés moyens d'interaction fondés sur un grand nombre de degrés de liberté. Les plans d'observation complexes augmentaient bien de façon presque exponentielle le nombre de ces degrés de liberté. Au contraire, pour préparer une étude de généralisabilité, il est inutile de multiplier les observations concernant les interactions. L'estimation des composantes pour les effets principaux est plus importante. La proposition de Smith revient donc à échanger des degrés de liberté pour les interactions d'ordre élevé (qui sont en surnombre dans les plans expérimentaux complexes), contre des degrés de liberté pour les effets plus fondamentaux (qui sont obtenus de façon économique par des plans aussi simples que possible).

La variabilité d'échantillonnage des composantes de variance estimées illustre bien le dilemme que l'on rencontre à propos de la précision et de la signification (ou de la portée) de tout instrument de mesure. L'une des forces de la théorie de la généralisabilité réside dans le fait qu'elle peut traiter des plans de mesure complexes, comprenant plusieurs facettes. Elle permet ainsi de contrôler la fiabilité d'une gamme étendue de mesures. Mais en contrepartie, l'instabilité des estimations des composantes de variance tend à augmenter avec la complexité des plans d'observation utilisés. Shavelson et Webb (1981, p.10) signalent à ce propos que les problèmes d'estimation et le dilemme de la fidélité ne sont pas propres à la théorie de la généralisabilité: ils constituent le talon d'Achille de toutes les théories qui recourent à l'échantillonnage.

Un autre problème lié à l'estimation des composantes de variance est posé par l'obtention de valeurs négatives. Il n'est pas rare en effet que l'on obtienne des composantes de variance inférieures à zéro à partir des équations de carrés moyens attendus. Un tel résultat peut traduire soit une fluctuation extrême dans l'échantillonnage des facettes aléatoires, soit une erreur dans la conception du plan d'estimation. Conscient de ce problème, Cronbach et al. (1972, p. 57) ont adopté la solution de remplacer par zéro toutes les estimations négatives et d'utiliser cette valeur comme estimation dès qu'une composante entre dans l'équation d'un carré moyen attendu. Cependant, en procédant de la sorte, on obtient des estimations biaisées des composantes de variance qui sont calculées à partir des composantes négatives (Scheffé, 1959). Afin d'éviter ce biais, nous suggérons d'accepter l'estimation négative de la composante de variance aléatoire. Rappelons que, pour nous, les composantes aléatoires ne sont qu'une étape commode dans le calcul des composantes mixtes. Si l'estimation d'une composante aléatoire donne une valeur négative, celle-ci est conservée pour estimer les composantes mixtes. Si celles-ci sont négatives, on pourra alors les remplacer par une valeur nulle.

L'approche bayesienne constitue une autre procédure pour estimer les composantes de variance (Box et Tiao, 1973, Fyans, 1977). Cependant les premiers résultats obtenus jusqu'à présent indiquent que les estimations bayesiennes sont très proches des estimations traditionnelles (Shavelson et Webb, 1981, p. 51).

5.3. Traitement du cas multivarié

Des mesures en psychologie et en pédagogie impliquent souvent des scores multiples qui décrivent des traits, des aptitudes ou des compétences bien distinctes. Par exemple, les résultats obtenus aux épreuves pédagogiques sont de plus en plus fréquemment interprétés en termes de niveaux de maîtrise à une série d'objectifs qui couvrent des domaines différents à l'intérieur d'une même discipline.

Il est possible de traiter ces résultats dans l'analyse univariée, de deux manières :

1. en traitant chaque trait ou chaque variable séparément et en estimant ensuite la généralisabilité des traits pris isolément;
2. en calculant les marges d'erreur ou la généralisabilité associées à un score composite individuel obtenu par simple sommation des scores non pondérés obtenus aux différentes variables (ou par le calcul d'une moyenne de ces scores). Ceci revient à traiter les divers traits observés comme les niveaux d'une facette fixée supplémentaire, celle des traits.

Une autre manière de faire consiste à traiter le même ensemble de données par une étude de généralisabilité multivariée. Celle-ci décompose les variances et covariances en composantes de variance et de covariance, alors que la théorie de la généralisabilité univariée n'examine que les seules composantes de variance. On dispose ainsi d'informations supplémentaires sur les intercorrélations entre les niveaux des facettes, en particulier sur les covariances communes à plusieurs variables. (Ntereye, 1983).

La signification de cette troisième façon de traiter les données est la suivante : l'ensemble des mesures obtenues est situé dans un même espace multidimensionnel. Chaque combinaison linéaire des variables isolées (c'est-à-dire chaque somme de ces variables pondérées chacune par un coefficient) est une mesure d'un facteur commun à ces variables. Ce score factoriel tient compte de l'information présente dans l'ensemble des variables à la fois. La théorie de la généralisabilité multivariée donne le moyen de calculer la fidélité de ce score "résumé".

On dispose grâce à Joe et Woodward (1976) d'une formule qui permet de calculer le coefficient de généralisabilité maximum d'un score composite atteignable par une pondération optimale des scores observés.

L'application d'un modèle multivarié permettant d'utiliser l'information sur un même facteur qui est présente dans des variables différentes accroît l'efficacité du calcul des scores univers et de la technique de désatténuation, dont il va être question ci-dessous.

5.4. Calcul de scores univers

On a vu au chapitre 2 que le score univers est l'espérance mathématique de la moyenne des échantillons de mesures que l'on peut tirer pour un objet d'étude donné, dans un ensemble d'observations admissibles défini. On a vu en même temps que le coefficient de généralisabilité est égal à la variance de ces scores univers divisée par la variance des scores observés (ou plutôt au rapport des espérances mathématiques de ces deux variances).

Une propriété intéressante du coefficient de fidélité, transposable au coefficient de généralisabilité, est qu'il représente le coefficient de régression à utiliser si l'on veut prédire le score vrai (ou le score univers) à partir du score observé. L'équation d'estimation du score univers varie selon les hypothèses que l'on peut faire sur l'équivalence entre conditions d'observations. La discussion de Cronbach à ce sujet est résumée dans un texte de Cardinet et Tourneur (1978, p. 46 à 57) mais n'est pas reprise ici à cause de son caractère trop technique. Dans le cas relativement simple où les conditions d'observation sont nichées dans les objets d'études, on peut utiliser l'équation d'estimation suivante du score univers $\mu(p)$ du sujet p :

$$\widehat{\mu(p)} = X(PI) + \widehat{E}\rho^2.(X(pI) - X(PI)$$

où (X(pI) - X(PI)) représente l'écart du score observé du sujet (ou objet d'étude) à la moyenne de tous les sujets étudiés X(PI).

Cette possibilité d'estimer le score univers offre des directions d'application multiples lorsqu'il faut comparer des mesures obtenues avec des instruments de fidélité différente. Ceci peut se produire dans le cas où des décisions de placement d'enfants doivent être prises sur la base de procédures d'examen différentes, tantôt collectives, tantôt individuelles, par exemple. Ceci peut se produire aussi lorsque l'examen se fait en plusieurs étapes, de façon séquentielle. Les sujets proches du point de coupure sont alors examinés davantage que les sujets extrêmes, pour lesquels une décision peut être prise immédiatement. La régression du score univers sur la moyenne des scores observés est différente pour ces deux groupes de sujets, puisque la fidélité de la mesure est accrue par le deuxième examen. Il est concevable également, et Ghiselli (1960) en a donné des exemples, de déterminer par un premier examen des groupes plus ou moins prédictibles, puis de fonder la règle de décision relative à l'ensemble des sujets sur leur score prédit, qui tient compte des régressions, différentes selon les groupes, du score univers sur le score observé.

La comparaison de mesures de fidélités différentes peut aussi se produire à l'occasion de l'examen d'une seule personne. Lorsque l'on doit interpréter un profil de résultats, pour conseiller un enfant sur son orientation en lui indiquant ses points forts et ses points faibles, l'emploi de variables de fidélité différente est souvent inévitable. On sait combien est faible, par exemple, la fidélité de la notation de la composition française. Tirer des conclusions, dans ce cas, de la simple comparaison des scores observés donne lieu à plus d'erreurs que si l'on interprète un profil corrigé, établi à partir des estimations des scores univers. Le profil peut alors apparaître différent et conduire naturellement, à d'autres décisions.

La généralisation des micro-ordinateurs rend tout à fait possible d'utiliser les méthodes de la statistique multivariée pour calculer ce profil corrigé. Dans ce cas, chaque point du profil n'est plus estimé simplement à partir du score observé correspondant, mais à partir de tous les scores observés du sujet, de façon à exploiter la redondance d'information présente dans une série de scores corrélés entre eux.

5.5. *Désatténuation*

La logique du calcul des scores univers peut être poussée plus loin, dans l'interprétation, non plus seulement de résultats individuels, mais des coefficients de corrélation entre les variables observées.

Il est évident en effet que plus la part de variance d'erreur s'accroît dans une mesure, moins celle-ci peut corréler avec d'autres variables : à la limite, si la variance d'erreur dominait totalement, la variable ne mesurerait plus rien.

Une corrélation observée manifeste donc le résultat de deux effets combinés, celui de la covariance entre les scores univers pour les deux variables considérées, et celui de la variance d'erreur affectant chacune de ces deux variables. La variance d'erreur tend à "atténuer" la corrélation réelle, en la ramenant vers zéro.

Lorsque l'on connaît la généralisabilité de chaque variable, il est donc possible de tenir compte de cet effet d'atténuation pour corriger la corrélation observée et estimer la corrélation réelle entre les traits sous-jacents, telle qu'elle apparaîtrait si les mesures étaient de fidélité parfaite.

L'emploi d'une procédure de désatténuation est particulièrement important dans l'analyse des pistes causales (path analysis), où le chercheur s'efforce de dégager un modèle précis de l'influence d'une série de variables les unes sur les autres, à partir de l'étude de leurs intercorrélations. Comme certaines de ces variables ne peuvent souvent être estimées que très imparfaitement, négliger les effets d'atténuation qui en résultent peut conduire à des conclusions entièrement erronées sur leurs influences respectives.

5.6. *Perspectives plus lointaines*

Il n'était pas possible de traiter tous les points précédents de façon détaillée dans cet ouvrage. D'une part, il aurait fallu, compte tenu de la technicité de ces problèmes, leur consacrer un nombre de pages important; ceci aurai alourdi un texte qui ne s'adresse pas seulement, en principe, à des spécialistes et doit demeurer lisible. D'autre part, nombre de problèmes restent encore en suspens dans l'application de ces conceptions nouvelles et il aurait été démesurément ambitieux de vouloir en donner une présentation d'ensemble suffisamment organisée. C'est pourquoi nous n'avons fait que citer ces directions de développement actuelles.

A plus longue échéance, on peut penser que la théorie de la généralisabilité aura des prolongements dans le domaine de l'analyse factorielle et de l'analyse de variance multivariée.

Mais plus fondamentalement, c'est sans doute par le modèle conceptuel qu'elle apporte que cette théorie marquera les développements scientifiques futurs. De même que la théorie de la décision sert de cadre de pensée, pour poser clairement les problèmes de risques, plus souvent qu'elle n'est employée dans des applications numériques précises, de la même façon la théorie de la généralisabilité doit permettre de situer l'origine probable des fluctuations aléatoires affectant une mesure, même si l'on ne pousse pas les calculs jusqu'au bout.

Il ne sera plus possible désormais de proposer une procédure d'observation et de prétendre en tirer une mesure sans que l'on se pose immédiatement les deux questions-clés : quel est l'univers de conditions d'observations auquel on désire généraliser cette mesure ? - quelle est la population d'objets d'études à laquelle cette procédure paraît applicable ? Même si un coefficient de généralisabilité n'est pas calculé, le fait d'avoir été confronté à ces deux questions obligera les chercheurs à prendre en compte les facteurs qui limitent la portée des concepts scientifiques qu'ils proposent. Cela les amènera à mieux concevoir leurs plans d'observation et d'estimation, sachant les conditions qui peuvent optimiser chaque plan de mesure.

Chapitre 19

GLOSSAIRE

1. *CONVENTIONS D'ECRITURE ADOPTEES DANS CE LIVRE*

Symboles	Significations
P, I, J, ... (majuscules)	1. la facette P, ou I, ou J, ou ... 2. (en indice) valeur moyenne calculée sur P, sur I, sur J, ou ...
p, i, j, ... (minuscules)	les niveaux particuliers de la facette P, I, ou J, ou ...
D	la face (l'ensemble des facettes) de différenciation
I	la face (l'ensemble des facettes)d'instrumentation
D^R	les facettes de différenciation aléatoires
D^F	les facettes de différenciation fixées
I^R	les facettes d'instrumentation aléatoires
I^F	les facettes d'instrumentation fixées
n_p (ou n_i, ...) ou n(p) (n(i),...)	nombre de niveaux échantillonnés de la facette P (ou I, ...)
N_p (N_i,...) ou N(p) (N(i),...)	nombre de tous les niveaux possibles de la facette P (ou I, ...) : $N_p = n_p$ si P fixé $N_p < \infty$ si P aléatoire fini $N_p \rightarrow \infty$ si P aléatoire infini
P x I	croisement de P et de I
P:I	nichage de P dans I
P,I	confusion de P et de I

Σ	somme de
ε ou E	espérance mathématique de
α	l'indice d'un effet (d'une composante)
$\overline{\alpha}$	les facettes du plan d'observation qui ne se trouvent pas dans α
f (α)	le produit des niveaux des facettes de α ; est égale à 1 si α comprend toutes les facettes du plan
SC(α)	la somme des carrés des écarts à la moyenne, pour α (correspondant à l'effet α)
CM(α)	le carré moyen pour α (correspondant à l'effet α)
$\mu_p, \ldots \mu_\alpha$ ou $\mu(p) \ldots \mu(\alpha)$	le score univers ("score vrai") pour l'effet p,... pour l'effet α
$\tilde{\mu}_p, \ldots \tilde{\mu}_\alpha$	la composante de score due à p, ... à α
μ	la moyenne générale de toutes les observations possibles (ou admissibles)
$\sigma^2(\alpha)$	la composante de variance aléatoire pour α
$\sigma^2(\alpha \mid M)$	la composante de variance de α pour un plan d'estimation donné
$E^2(\alpha)$	l'espérance de variance pour α
$M(D^R/D^F/I^F/I^R)$	plan de mesure défini par une répartition particulière de facettes (D^R, D^F, I^F et I^R)
$O(D^R/D^F/I^F/I^R)$	plan d'optimisation défini par D^R, D^F, I^F et I^R
$\sigma^2(\tau)$	la variance de différenciation (ou "variance vraie") du plan de mesure
$\sigma^2(\tau')$	la variance de différenciation du plan d'optimisation
$\sigma^2(\Delta)$	la variance d'erreur absolue du plan de mesure
$\sigma^2(\delta')$	la variance d'erreur relative du plan d'optimisation

$\sigma^2(\delta)$	la variance d'erreur relative du plan de mesure
$\sigma^2(\Delta')$	la variance d'erreur absolue du plan d'optimisation
$E\sigma^2(X)$	l'espérance mathématique de la variance des scores observés = $\sigma^2(\tau) + \sigma^2(\delta)$
$\widehat{\sigma^2}$	l'estimation de σ^2
$E\rho^2$	le coefficient de généralisabilité

Figure 19.1 : Représentation du champ conceptuel de l'analyse de la variance et de la généralisabilité

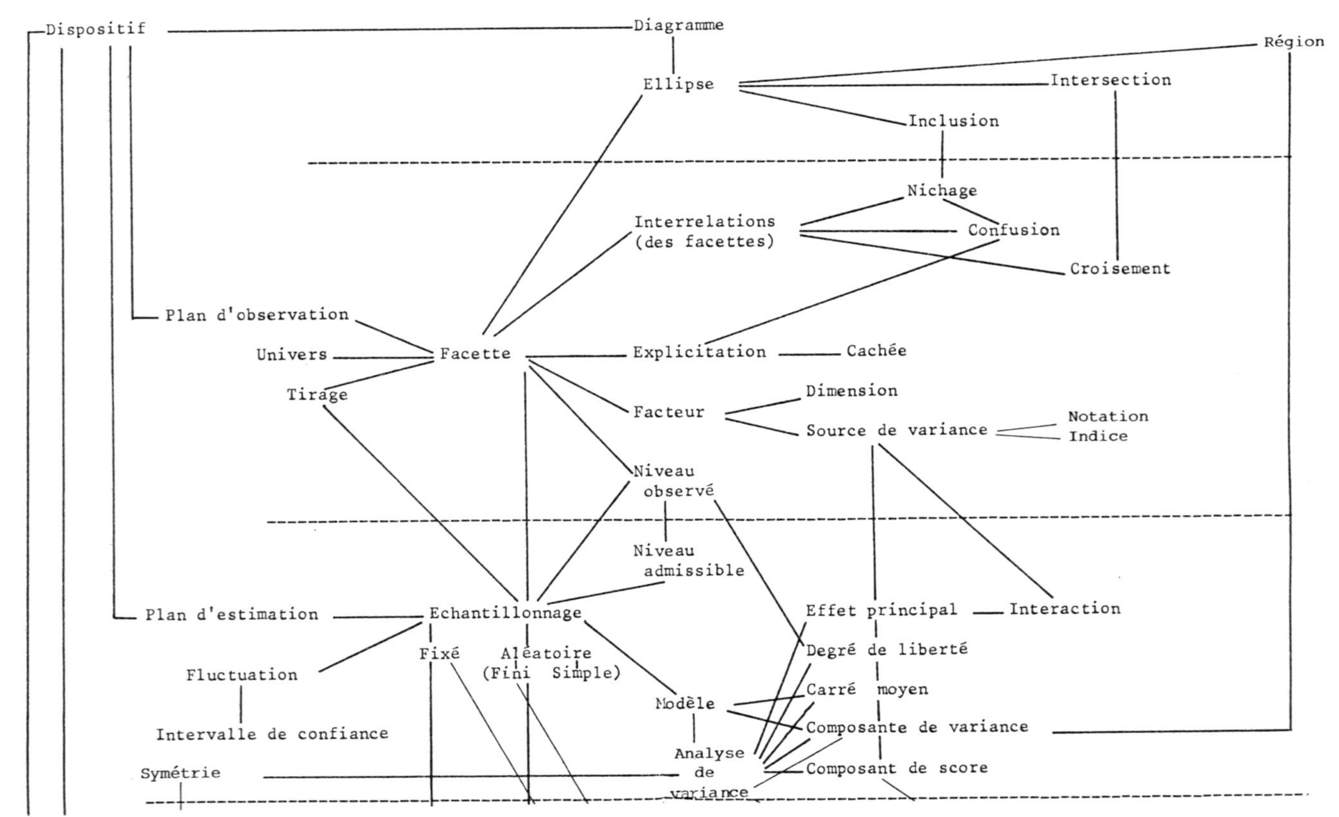

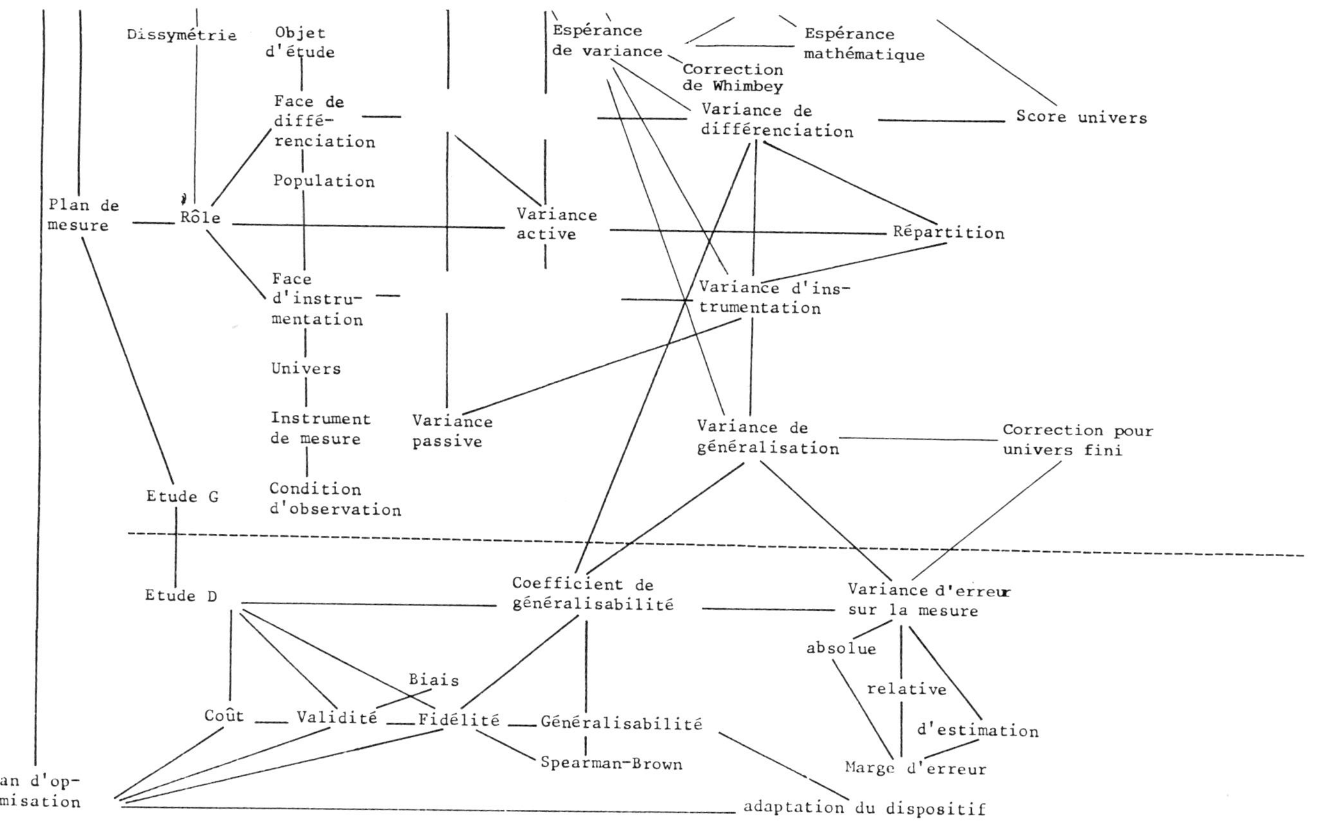
Dissymétrie
Objet d'étude
Espérance de variance
Espérance mathématique
Correction de Whimbey
Face de diffé- renciation
Variance de différenciation
Score univers
Population
Plan de mesure
Rôle
Variance active
Répartition
Face d'instru- mentation
Variance d'ins- trumentation
Univers
Instrument de mesure
Variance passive
Variance de généralisation
Correction pour univers fini
Etude G
Condition d'observation
Etude D
Coefficient de généralisabilité
Variance d'erreur sur la mesure
absolue
relative
d'estimation
Biais
Coût
Validité
Fidélité
Généralisabilité
Spearman-Brown
Marge d'erreur
Plan d'op- timisation
adaptation du dispositif

2. PRESENTATION DU GLOSSAIRE

Une difficulté majeure dans l'utilisation des règles données aux chapitres précédents provient de l'emploi, non seulement de symboles multiples, dont la signification peut être facilement explicitée grâce à la liste ci-dessus, mais surtout de toute une terminologie spécialisée.

Il n'est pas possible cependant de s'en passer, car l'emploi de périphrases ne ferait qu'augmenter les risques de confusion, sans éclairer véritablement la démarche. Nous avons donc choisi d'utiliser les termes techniques existants, souvent même d'en créer de nouveaux; parfois nous redéfinissons à notre façon des termes utilisés un peu différemment par d'autres. Pour aider le lecteur à donner un sens à ce jargon, nous avons décidé de préparer un glossaire.

Nous avons commencé par relever tous les termes qui nous semblaient devoir faire difficulté pour quelqu'un qui aborderait le domaine de la généralisabilité sans une bonne connaissance préalable de l'analyse de la variance. Tout de suite, pourtant, des difficultés sont apparues. Allions-nous définir et expliquer la théorie de la généralisabilité, par exemple ? Cela nous aurait amenés à répéter les pages précédentes et mêmes plusieurs livres de statistiques. Il fallait éviter les répétitions à l'intérieur du glossaire également, entre des termes très englobants, comme Facette, et des aspects essentiels des mêmes concepts, comme Echantillonnage par exemple. Une clarification de la structure du domaine et des interrelations entre les concepts s'avérait nécessaire au départ.

Nous avons donc cherché à organiser les termes relevés en faisant apparaître une série d'emboîtements, certains concepts très généraux, comme analyse de la variance, faisant appel à toute une série de termes plus étroits qui en appelaient d'autres à leur tour. Une autre difficulté nous est apparue alors : un même concept est en relation avec plusieurs concepts plus généraux. De plus il serait dommage de ne pas faire mention de relations horizontales, entre notions de même généralité.

L'ensemble des termes à introduire dans l'index s'organise donc plutôt sous forme de treillis que d'arbre. Nous avons tenté d'établir une représentation de ce treillis à la figure 19.1. On y voit le terme Dispositif se préciser sous cinq termes plus étroits : plans d'observation, d'estimation, de mesure et d'optimisation, plus le terme diagramme. Ces cinq termes ouvrent cinq domaines conceptuels, séparés par des lignes pointillées horizontales. Des relations existent cependant entre concepts appartenant à des domaines différents. Nous les avons marquées par des traits reliant ces concepts, ce qui nous a obligés à redessiner plusieurs fois la figure pour adapter les distances aux relations sémantiques.

C'est seulement à partir de ce graphe qu'il a été possible de décider jusqu'où développer les explications relatives à chaque terme. Connaissant les concepts proches, il nous était alors possible, en définissant chacun, de ne mentionner qu'une partie de l'information, sachant que le reste apparaissait sous d'autres rubriques.

Pour utiliser le glossaire, on partira soit de l'index alphabétique, soit des relations qui apparaissent dans le graphe de la figure 19.1. On aura intérêt à exploiter les relations sémantiques données dans l'index. Sous "g" on trouvera des concepts plus globaux et sous "d" des concepts plus détaillés; "v" est abrégé pour "voir" et renvoie à des concepts de même niveau de généralité, qui ont des rapports avec le concept étudié.

Il ne serait, bien sûr, pas possible de s'initier à l'analyse de la variance ou à la théorie de la généralisabilité simplement à l'aide de ce glossaire. Son rôle peut être simplement de rappeler le sens d'un terme lorsqu'on l'aurait oublié. C'est pourquoi nous avons évité les formules mathématiques, préférant donner une paraphrase en langue naturelle, ou une explication intuitive de la méthode statistique considérée. Qu'on ne demande pas, en conséquence, à ce glossaire de fournir des définitions rigoureuses et formalisées : les lecteurs qui pourraient apprécier cette précision n'ont justement pas besoin du glossaire !

3. INDEX ALPHABETIQUE DU GLOSSAIRE

ANOVA
v : Analyse de variance

Attendu
g : Carré moyen
v : Espérance mathématique

Biais
g : Plan d'optimisation
v : Validité

Cachée (facette)
v : Explicitation

Carré moyen
g : Modèle
v : Composante de variance
Degré de liberté

Coefficient de généralisabilité
g : Etude G
v : Variance de différenciation
Variance de généralisation

Composant de score
g : Analyse de la variance
v : Composante de variance
Score univers

Composante de variance
g : Modèle
Analyse de variance
v : Carré moyen
Espérance mathématique
d : Région

Condition d'observation
g : Face d'instrumentation
v : Instrument de mesure

Confusion
g : Interrelations
v : Nichage
Explicitation

Correction de Whimbey
v : Espérance de variance

Correction pour univers fini
v : Univers fini

Coût
g : Plan d'optimisation
v : Etude D

Croisement
g : Diagramme
v : Interrelations

Degré de liberté
g : Niveau

Diagramme de Cronbach
g : Dispositif
d : Ellipse

Dimension
v : Facteur

Dispositif
d : Plan d'observation
Plan d'estimation
Plan de mesure
Plan d'optimisation
Diagramme
Analyse de variance
Symétrie
Dissymétrie

Dissymétrie
g : Dispositif
v : Symétrie
Rôle

Echantillonnage
g : Plan d'estimation
d : Fixé
Aléatoire fini
Aléatoire simple
Modèle
Niveau
Fluctuation

Effet principal
g : Source de variance

Ellipse
v : Diagramme

Erreur
v : Marge d'erreur
Variance d'erreur

Espérance de variance
g : Espérance mathématique
v : Composante de variance
Fini
d : Correction de Whimbey

Espérance mathématique
g : Modèle
Echantillonnage
d : Espérance de variance

Estimation
v : Plan d'estimation
Composante de variance

Etude D
g : Plan d'optimisation
v : Etude G
Coefficient de généralisabilité

Etude G
g : Plan de mesure
v : Etude D

Explicitation (des facettes)
g : Facette
d : Cachée
Confusion

Face de différenciation
g : Rôle
d : Objet d'étude
Population

Face d'instrumentation
g : Rôle
d : Condition d'observation
Instrument de mesure
Univers

Facette
g : Plan d'observation
d : Univers
Tirage
Explicitation
Interrelations
Ellipse
Facteur
v : Echantillonnage
Niveau

Facteur
g : Facette
d : Dimension
Source de variance
v : Analyse de variance

Fidélité
g : Plan d'optimisation
b : Généralisabilité
Coefficient de généralisabilité

Fini
v : Echantillonnage
Facette
Diagramme
Espérance de variance

Fixé
v : Echantillonnage
Facette
Diagramme
Espérance de variance

Fluctuation
g : Echantillonnage

Généralisabilité
g : Plan d'optimisation
v : Fidélité
Validité
Coefficient de généralisabilité

Inclusion
v : Diagramme

Indice
v : Notation

Instrument de mesure
g : Variance d'instrumentation

Interaction
g : Source de variance
v : Analyse de variance
Effet principal

Intersection
v : Diagramme
Ellipse

Interrelations (de facettes)
g : Facettes
d : Croisement
Nichage
Confusion

Intervalle de confiance
g : Fluctuation

Marge d'erreur
g : Erreur sur la mesure
v : Intervalle de confiance

Mesure
v : Plan de mesure
Rôle

Modèle
g : Echantillonnage
Analyse de variance
d : Espérance mathématique
v : Composante de variance
Carré moyen

Nichage
g : Interrelations
v : Diagramme

Niveau
g : Facette
Echantillonnage

Notation
g : Source de variance
v : Effet principal
Interaction
Facette

Objet d'étude
g : Face de différenciation
v : Variance de différenciation
Population

Observation
v : Plan d'observation
Niveau
Analyse de variance

Observé
g : Niveau
v : Carré moyen

Optimisation
v : Plan d'optimisation

Plan d'estimation
g : Dispositif
d : Echantillonnage

Plan de mesure
g : Dispositif
d : Rôle
Etude G
Répartition

Plan d'observation
g : Dispositif
d : Facette
Interrelations

Plan d'optimisation
g : Dispositif
d : Coût
Biais
Adaptation du plan
Spearman-Brown

Population
g : Face de différenciation
v : Facette
Rôle

Region
v : Ellipse

Répartition (des variances)
g : Rôle
v : Variance active
Variance de différenciation
Variance d'instrumentation

Rôle
g : Plan de mesure
d : Face de différenciation
Face d'instrumentation
v : Dissymétrie

Score observé
g : Analyse de variance
v : Composant de score
Plan d'observation

Source de variance
v : Facteur

Spearman-Brown (formule de)
g : Adaptation du dispositif
Fidélité
v : Généralisabilité

Symétrie
g : Dispositif
v : Analyse de variance
Dissymétrie

Tirage
g : Echantillonnage
v : Facette

Univers
g : Face d'instrumentation
v : Rôle
d : Univers fini

Validité
g : Etude D
d : Biais

Variance active
g : Aléatoire
v : Répartition
Rôle
Variance passive

Variance de différenciation
g : Face de différenciation
Répartition
v : Variance d'instrumentation
Coefficient de généralisabilité
Score univers

Variance de généralisation
g : Variance d'instrumentation
v : Coefficient de généralisabilité

Variance d'instrumentation
g : Face d'instrumentation
Répartition
v : Variance de généralisation
Variance active
Coefficient de généralisabilité

Variance d'erreur (sur la mesure)
g : Variance de généralisation
v : Coefficient de généralisabilité

Variance passive
v : Variance active
Variance d'instrumentation
Fixé

4. EXPLICATION DES TERMES

* Les mots marqués d'un astérisque sont expliqués dans le glossaire.

Adaptation du dispositif

*Façon de parvenir au plan d'optimisation en vue d'une étude de décision particulière. L'adaptation peut porter sur le plan * d'observation, d'estimation ou de mesure. Elle peut viser à réduire le coût ou les marges d'erreur, à accroître la validité, ou la généralisabilité du dispositif.*

Admissible

Se dit d'un niveau d'une facette*, niveau que l'expérimentateur accepte de prendre en compte dans sa définition soit de l'univers*, soit de la population*. Le plan de mesure (étude G*) suppose une première définition des niveaux admissibles, le plan d'optimisation (étude D*) peut en nécessiter une nouvelle, plus étroite, que Cronbach appelle univers de généralisation.*

Aléatoire

Soumis aux lois du hasard. Se dit d'un échantillonnage par tirage* au hasard, ou d'une facette* dont les niveaux sont tirés au hasard.*

Analyse de la variance

Technique statistique permettant de tester la signification de la différence entre deux ou plusieurs moyennes. Son modèle théorique admet que chaque observation élémentaire est la somme de composants de scores indépendants. Les premiers de ces composants correspondent aux effets principaux* des facteurs et à leurs interactions* et le dernier résulte de l'ensemble des autres sources de variation non contrôlées (variance erreur). Il faut éviter de confondre cette variance erreur du modèle de l'analyse de variance et la variance d'erreur* sur la mesure. Au plan de la population (par opposition à celui de l'échantillon observé) les variances de ces composants constituent les composantes* de variance, dont la somme rend compte alors de la variance totale. Ces composantes de variance peuvent être estimées lorsque les observations sont recueillies selon des dispositifs* appropriés.*

ANOVA

Abréviation de "Analysis of Variance", c'est-à-dire "Analyse de la variance".*

Attendu

Traduction de "expected" : le terme techniquement correct serait : "espérance mathématique de ...".*

Biais

- Au sens courant, erreur systématique due à la façon d'utiliser un instrument ou d'en interpréter les résultats. Nous donnons à ce terme un sens plus étroit, pour le distinguer de l'erreur d'échantillonnage, non systématique.

- Source de variance indésirable provenant d'une facette nichante* (ou confondue) située sur la face de différenciation* et qu'il n'est donc pas possible de réduire par une augmentation de la taille de l'échantillon. Rien ne distingue objectivement la variance due au biais du reste de la variance de différenciation*; cette désignation fait appel à un jugement de valeur. Le sexe, le niveau socioculturel de la famille sont des exemples de sources de biais fréquentes dans les épreuves pédagogiques, si les personnes sont les objets d'études*. Par contre ces mêmes facettes ne sont pas sources de biais (mais d'erreur) si ce sont les objectifs éducatifs atteints qui sont les objets d'études: en effet, on peut réduire à volonté l'influence de ces facettes par un échantillonnage* approprié.*

Cachée

Se dit d'une facette dont un seul niveau* est observé, ou dont la variance ne peut être analysée du fait de sa confusion* avec celles d'une facette explicite (voir explicitation*).*

Carré moyen

Il faut distinguer les carrés moyens observés des carrés moyens attendus*, les premiers n'étant qu'une estimation des seconds. Les carrés moyens observés sont obtenus en divisant la somme des carrés des écarts due à chaque source de variation par le nombre de degrés de liberté* correspondant. Ils s'apparentent donc à des variances et dans le modèle* fixé*, ils sont proportionnels à la variance due à chaque effet du dispositif. Dans les modèles qui admettent le tirage* au hasard des niveaux de certaines facettes*, cependant, les carrés moyens subissent l'effet de ces fluctuations* aléatoires*. Les carrés moyens attendus sont donc alors la somme d'une série de sources de variation*: des formules précisent toutes les composantes de variance* qui affectent chacun. En égalisant ces formules d'un côté et les carrés moyens observés de l'autre, on obtient une série d'équations qui permettent d'estimer la valeur de chaque composante de variance.*

Coefficient de généralisabilité

Pour mesurer la précision de la différenciation que l'on obtient sur la face de différenciation, lorsqu'on accepte des fluctuations d'échantillonnage sur la face d'instrumentation*, on utilise un coefficient intraclasse Rho carré. Ce rapport généralise l'ancienne définition de la fidélité*, comme proportion de variance vraie dans la variance* *observée. C'est le rapport de la variance vraie introduite par les facettes* de différenciation (au numérateur), à la variance attendue* des scores observés*, relatifs à ces facettes, dans le dispositif* choisi (au dénominateur). On le calcule en divisant la variance de différenciation* par la somme de la variance de différenciation et de la variance d'erreur* (relative ou absolue selon le score que l'on considère).*

Composant de score

Selon le modèle de l'analyse de la variance, le score observé* X est la somme de composants dus aux effets principaux*, à leurs interactions* et à un effet résiduel lié aux facteurs non contrôlés. Par exemple, dans un plan à deux facteurs croisés i et j :*

$X = \mu + \tilde{\mu}(i) + \tilde{\mu}(j) + \tilde{\mu}(ij) + e(ij)$

où μ *est la moyenne générale*

$\tilde{\mu}(i)$ *l'écart à la moyenne dû à l'effet de la ligne i*

$\tilde{\mu}(j)$ *l'écart à la moyenne dû à l'effet de la colonne j*

$\tilde{\mu}(ij)$ *l'effet d'interaction dû à la combinaison de i et j*

$e(ij)$ *l'effet résiduel*

C'est la variance de ces composants que l'on estime quand on calcule les "composantes de variance". La variance de différenciation* est une estimation de la variance des composants du "score vrai", à l'exclusion des effets dus aux facettes d'instrumentation*.*

Composante de variance (associée à α)

Variance de la partie de chaque score observé qui est due spécifiquement à* α *; on la symbolise par* $\sigma^2(\alpha)$*. Pour mettre en évidence la différence entre une composante de variance et une variance ordinaire, prenons l'exemple du plan C x E x P. La variance des scores observés pour les élèves e est la variance des moyennes X(eCP) (moyenne pour chaque élève des n(p)n(c) valeurs de X(ecp)). La variance des scores observés X(eCP) est* **égale** *à*

$$\frac{1}{n(e)-1} \Sigma_e (X(eCP) - X(ECP))^2$$

Par contre, la composante de variance pour les élèves* $\sigma^2(e)$ *vaut* $\lim_{n(e)\to\infty} \frac{1}{n(e)-1} \cdot \Sigma_e (\mu(e) - \mu)^2$*; où* $\mu(e)$ *est la moyenne de toutes les valeurs admissibles* de X(ecp) pour toute combinaison cp. On ne peut naturellement la calculer exactement, mais on peut l'estimer en soustrayant du carré moyen Elèves l'effet attendu* des fluctuations d'échantillonnage* dues aux autres facettes*. Si on suppose que toutes les facettes du dispositif* sont l'objet d'un tirage* aléatoire* des niveaux observés, on calcule des composantes de variance* selon le modèle* aléatoire. Si on suppose qu'aucune facette ne comporte de tirage aléatoire on est dans un modèle fixe* et les carrés moyens sont proportionnels aux composantes de variance. La majorité des plans d'estimation supposent un modèle mixte, où certaines facettes sont aléatoires et les autres fixes.*

Conditions d'observation

Toute mesure porte sur un objet d'étude* au moyen d'un certain instrument*. L'instrument cependant n'est pas une réalité matérielle immuable. Dans la conception statistique de l'erreur, c'est une procédure générale qui implique, pour chaque prise de mesure, un tirage aléatoire* de conditions d'observation particulières. Ce modèle fait appel à la notion de facettes*, comportant un certain nombre de niveaux*. L'ensemble des combinaisons possibles des niveaux des facettes situées sur la face d'instrumentation* constitue l'univers* des conditions d'observation possibles. L'étude de généralisabilité* peut restreindre cet univers aux "conditions d'observation admissibles".*

Confusion

Type de relation entre deux facettes, tel que à chaque niveau* d'une facette correspond une valeur particulière de l'autre facette. Par exemple, les moments et les élèves sont deux facettes confondues dans un examen où les candidats sont examinés par un même jury, les uns après les autres. La relation de confusion entre les facettes i et j est symbolisée par (i, j); elle est commutative. La confusion peut être considérée comme une forme de nichage* réciproque.*

Correction de Whimbey

Les paramètres de généralisabilité sont définis par nous comme des espérances mathématiques (somme des valeurs des éléments ou d'un ensemble, divisée par N, le nombre d'éléments de cet ensemble). Les composantes de variance* sont définies au contraire par Cornfield et Tukey, avec un dénominateur de N-1. C'est pourquoi il faut multiplier la composante de variance obtenue par l'ANOVA* (pour chaque facette finie dans son indice primaire), par le coefficient (N(f)-1)/N(f)), N(f) étant le nombre de niveaux* de la facette* finie. Les composantes de variance ainsi ajustées sont appelées espérances de variance*.*

Correction pour univers fini : voir univers fini

Coût

Terme général recouvrant toutes les considérations d'utilité et d'opportunité dans le choix d'un dispositif de mesure: acceptabilité, disponibilité, praticabilité, etc. Ces coûts sont rarement quantifiables, mais les décideurs doivent pourtant agir comme s'ils fixaient des utilités à ces divers aspects de la situation.*

Croisement

Type de relation entre deux facettes. Si un dispositif à deux facettes P et I permet d'observer chaque sujet p sous chacune des conditions i, on dit que P est croisé* *avec I, ce qui s'écrit I x P, ou P x I (car la relation de croisement est commutative). De même I x J x P est un plan entièrement croisé : il fournit un score pour chaque sujet p sous chaque paire ij de conditions. De façon générale, deux facettes sont croisées si l'on dispose d'une donnée au moins pour chaque combinaison des valeurs d'une facette avec les valeurs de l'autre. Une croix entre les lettres des facettes symbolise la relation de croisement.*

Degré de liberté

Nombre d'observations indépendantes dans le calcul d'une statistique. Par exemple, la variance devrait se calculer à partir des écarts à la moyenne vraie. Or cette valeur est inconnue. L'estimation de la variance se fait donc à partir de la moyenne observée, mais on perd ainsi un degré de liberté. En effet une fois fixée la moyenne et les N-1 premières observations, la Nième n'est plus libre de varier. C'est pourquoi les carrés moyens des effets principaux* sont obtenus en divisant la somme des carrés* des écarts par le nombre de niveaux* moins un.*

Diagramme de Cronbach

Représentation d'un dispositif de recueil et d'analyse des observations, chaque facette* ou effet principal* est représenté par une ellipse*, (ou autre courbe fermée). Les interrelations* de facettes sont représentées ainsi: le croisement* par deux ellipses qui se coupent (relation d'intersection), le nichage* par deux ellipses concentriques (relation d'inclusion), une facette nichée dans deux autres par une ellipse située dans l'intersection des deux autres. L'interaction de deux facteurs* correspond alors à l'intersection de leurs ellipses. Chaque composante de variance* analysable dans le dispositif correspond à une région élémentaire. Le mode d'échantillonnage* de chaque facette peut être représenté par un trait plein pour les facettes purement aléatoires, un traitillé pour les facettes aléatoires finies et un pointillé pour les facettes fixées. On hachure les régions* qui composent la variance d'erreur* sur la mesure. Les diagrammes de Cronbach facilitent l'identification des composantes de variance à prendre en considération dans les formules d'analyse de variance et de généralisabilité. Quelquefois appelés diagrammes de Venn, ils s'en distinguent par le fait qu'ils ne représentent pas des ensembles.*

Dimension

Terme géométrique utilisé en parlant de la base d'un espace vectoriel, puis d'un facteur dans l'analyse factorielle, et finalement d'une source* de variation principale dans l'analyse* de la variance.*

Dispositif

L'ensemble des dispositions prises pour recueillir, analyser et interpréter les données. Les caractéristiques d'un dispositif sont précisées successivement par les plans d'observation,* *d'estimation*, de mesure* et d'optimisation*. Le modèle de référence pour discuter des dispositifs est celui de l'analyse de la variance* (ANOVA). Les dispositifs simples peuvent être décrits à l'aide de diagrammes* de Cronbach.*

Dissymétrie

Propriété du modèle de la généralisabilité. Dès qu'un plan de mesure* distingue des objets d'études* et des conditions d'observation*, une dissymétrie est introduite parmi les composantes* de variance, certaines jouant alors le rôle de sources d'erreurs tandis que les autres appartiennent à la variance de différenciation* (ou à la variance passive*).*

Echantillonnage

Ce terme désigne le mode de tirage des niveaux observés de chaque facette*, qui peut être de trois types :*

1. une facette est considérée comme facette aléatoire si les niveaux de cette facette qui sont utilisés dans l'étude sont un échantillon aléatoire simple extrait d'une population infinie (de niveaux). Les facettes "Elèves" et "Classes" sont généralement aléatoires. Le nombre de niveaux repris dans l'échantillon est symbolisé par n (avec en indice la désignation de la facette) tandis que N avec le même indice symbolise la taille de la population de référence, c'est-à-dire le nombre de niveaux admissibles*. Dans le diagramme*, les facettes aléatoires sont dessinées en traits pleins.*

2. Une facette est considérée comme finie si les niveaux de cette facette qui sont utilisés dans l'étude sont un échantillon aléatoire simple d'une population finie de niveaux. Les facettes "objectifs" et "chapitres" sont souvent considérées comme des facettes finies d'un programme. Dans le diagramme, les facettes finies sont dessinées en traits discontinus (traitillé).*

3. Une facette est fixée quand tous ses niveaux sont repris dans l'étude (par exemple, garçons et filles; doués, moyens et lents) ou quand le concepteur du plan a intentionnellement sélectionné les niveaux auxquels il s'intéresse (par exemple, la méthode A et la méthode B, lorsqu'il ne s'intéresse à aucune autre méthode). Les facettes "niveaux d'étude" (1ère, 2ème, 3ème,... 6ème année) et "âges" sont souvent fixées. Dans le diagramme, les facettes fixées sont dessinées en pointillé.

Effet principal

Source de variation liée à un facteur et due aux différences de moyennes entre les niveaux* de cette facette. S'oppose à la part de variation attribuable aux interactions* de ce facteur avec d'autres. La composante de variance* pour l'effet principal* i est notée* $\sigma^2(i)$.

Ellipse

L'emploi d'ellipses plutôt que de cercles dans les diagrammes de Cronbach permet de représenter graphiquement quatre facettes croisées, au lieu de trois seulement.*

Erreur

Pour Spearman, un score observé était la somme d'un score vrai et d'une erreur. La théorie de la généralisabilité remplace cette notion vague par l'idée d'un tirage* aléatoire* d'un des niveaux* d'une facette*. La variance d'erreur* est alors la variance due aux fluctuations* d'échantillonnage des conditions* d'observation. Il existe trois formes différentes d'erreur :*
1. l'erreur absolue Δ est la différence entre le score observé et le score univers. Par exemple, dans le plan Personnes x Items, l'erreur sur la mesure absolue $\Delta(p)$ est l'écart entre la valeur observée absolue $X(pI)$ et la valeur univers absolue $\mu(p)$, espérance mathématique de l'ensemble des mesures possibles dans les conditions définies pour les procédures d'examen.
2. l'erreur relative δ est l'écart entre le score de déviation observé et le score de déviation vrai. Par exemple, dans le plan P x I, l'erreur relative sur p, $\delta(p)$, est la différence entre la déviation observée à la moyenne $(X(pI) - X(PI))$ et la déviation vraie à la moyenne vraie $(\mu(p) - \mu)$
3. l'erreur d'estimation ε est la différence entre le score vrai, et son estimation, le score vrai étant estimé à partir d'une équation de régression. Les trois formes précédentes d'erreur sont à distinguer du terme résiduel du modèle de l'ANOVA : $\sigma^2(e)$.

Espérance de variance

Composante de variance ajustée par la correction de Whimbey*. L'algorithme de calcul de ces composantes, proposé par Cornfield et Tukey, est cohérent avec leur définition "moderne" de la variance, qui place le nombre de degrés de liberté au dénominateur, (en général N-1, N étant le nombre de niveaux admissibles* de la facette). Les formules de généralisabilité sont définies par nous en termes d'espérances mathématiques*, donc avec un dénominateur de N, (le nombre de valeurs sommées). Pour calculer les paramètres de généralisabilité il faut donc multiplier les composantes de variance trouvées d'après Cornfield et Tukey par (N-1)/N. Cette correction*, est inutile pour les facettes dont le nombre de niveaux est infini (tirage* aléatoire* simple), ou s'il s'agit d'une facette fixée* sur la face d'instrumentation*.*

Espérance mathématique

Limite vers laquelle tend la valeur moyenne d'une statistique, lorsqu'on la calcule sur un nombre d'échantillons qui tend vers l'infini.

Estimation

Opération par laquelle on donne des valeurs aux paramètres théoriques d'un modèle statistique, à partir d'observations concrètes. Pour distinguer la valeur réelle de la valeur estimée d'un paramètre, on place un "chapeau" au-dessus du symbole de l'estimation.

Etude D

Etude de décision dont le but est de préparer un dispositif optimal pour le type de décision envisagé. Il s'agira notamment de s'assurer une fidélité* et une validité* suffisante, au moindre coût*.*

Etude G

Etude de généralisabilité ayant pour but d'estimer l'importance des diverses composantes de variance qui influent sur les observations, afin de permettre une adaptation ultérieure des instruments de mesure. L'étude G doit permettre de répondre à des questions diverses, notamment de déterminer les dispositifs appropriés à chaque finalité, ou direction d'intérêts. L'étude G va donc plus loin que l'analyse de la variance par le fait qu'elle attribue des rôles* distincts aux facettes*, en distinguant la variance "vraie" (selon la terminologie classique) de la variance d'erreur*.*

Explicitation (des facettes)

Le plan d'observation oblige à définir les facteurs* pris en compte (facettes explicites) et permet généralement l'analyse des sources de variation* liées à l'interaction* des facteurs considérés. A côté de ces facettes explicites, il existe des facettes cachées* qui, si elles ne sont pas identifiées, peuvent amener le chercheur à sous-estimer l'erreur de mesure ou à généraliser de façon abusive. Deux cas au moins peuvent se présenter qui identifient deux types de facettes cachées importantes :*
1. certaines facettes sont cachées parce qu'elles n'ont qu'une valeur : par exemple, la même personne conduit l'expérience, interprète les données et rédige le compte rendu. Dans ce cas, on ne peut estimer l'influence du seul expérimentateur, ni déclarer qu'elle est négligeable.
2. d'autres facettes sont cachées malgré qu'elles prennent plusieurs valeurs, mais elles sont confondues avec les valeurs d'une facette explicite : des contrôles de connaissances comparant les rendements moyens par classe s'étalent quelquefois sur plusieurs mois, chaque classe étant examinée à un moment donné. Les différences entre les classes peuvent alors être imputées aux différences d'avancement dans l'étude au moment de l'évaluation, sans que l'on puisse réfuter cette imputation.

Face de différenciation

Désigne toutes les facettes qui couvrent les objets d'étude*. Ces facettes sont de deux types : (i) les facettes de diffé-*

renciation aléatoires (échantillonnage aléatoire simple, ou fini); (ii) les facettes de différenciation fixées. Cronbach ne considère que le cas où une mesure vise à renseigner sur une personne, cas normal pour les tests pédagogiques ou psychologiques. La face de différenciation peut cependant porter aussi bien sur les objectifs, si la raison de l'étude est de savoir quels objectifs sont mieux ou moins bien atteints, sur les méthodes d'enseignement en pédagogie expérimentale, sur les stades d'apprentissage, etc. D'où la nécessité d'une terminologie indépendante de la nature des objets étudiés, comme "face de différenciation". Ce terme souligne que la variance de différenciation est celle des "différences" entre objets d'études*, mais on peut aussi s'intéresser à des mesures* "absolues" sur la face D, cherchant à estimer des scores univers* avec une erreur minimale.*

Face d'instrumentation

Désigne toutes les conditions ou instruments* d'observation qui se groupent en facettes* de deux types : les facettes d'instrumentation aléatoires*, (ou les facettes de généralisation), et les facettes d'instrumentation fixées*. Les premières sont celles qui accroissent la portée d'une observation, en la considérant comme représentative de tout un ensemble d'autres observations* possibles : elles permettent de généraliser de l'échantillon limité à l'univers* des conditions* d'observation admissibles*. Les secondes limitent la portée de l'observation, mais permettent d'augmenter la précision de la mesure, celle-ci étant naturellement d'autant plus grande que l'univers de généralisation est plus restreint.*

Facette

L'une des caractéristiques en fonction desquelles on peut classer une observation : la personne examinée, la tâche proposée, le chapitre étudié, le moment de l'examen, le correcteur choisi, etc. (voir Explicitation des facettes). Une facette est constituée de l'ensemble des personnes susceptibles d'être examinées, ensemble des tâches susceptibles d'être proposées, etc. Chacune de ces conditions possibles constitue un niveau de la facette. Le mode de tirage d'un niveau observé* peut être aléatoire infini, aléatoire fini ou fixé (voir Echantillonnage). Cronbach appelle univers des conditions admissibles* le produit cartésien des niveaux admissibles pour toutes les facettes relatives aux conditions d'observation. On peut dire symétriquement que la population* des objets d'études est constituée du produit cartésien des niveaux admissibles pour toutes les facettes décrivant les unités d'analyse. Les premières facettes constituent la face d'instrumentation*, les secondes la face de différenciation*. Elles peuvent être considérées comme deux superfacettes, toujours présentes dans toute observation*. Dans le texte, les facettes sont symbolisées par des lettres majuscules. L'ensemble des observations admissibles est le produit cartésien des niveaux de la face de différenciation et de la face d'instrumentation.*

Facteur

Terme synonyme de facette, utilisé en analyse de la variance* pour désigner une des variables du dispositif*, à l'origine une variable expérimentale dont on voulait généralement évaluer l'effet. Ce sens ne recouvre pas celui que lui donne l'analyse factorielle (où le terme désigne plutôt une interaction lignes-colonnes). Dimension, (qui a le même sens que facteur dans le contexte de l'analyse factorielle), est utilisé par nous pour désigner un ensemble de facettes qui se rapportent au même objet d'étude* élémentaire: par exemple les dimensions Personnes, Items , Moments. Source de variation* est plus large, puisque les interactions entre facteurs sont aussi sources de variance, au même titre que leurs effets principaux*.*

Fidélité

Proportion de variance vraie dans la variance observée, selon la théorie classique des tests. Cette définition reste valable pour la théorie de la généralisabilité, avec une grande différence cependant : variance vraie et variance d'erreur* ne sont plus considérées comme liées à l'instrument, mais comme fonction de l'activité de l'évaluateur. Selon son but particulier, il peut être amené à faire varier la population d'objets d'études* acceptables et surtout l'univers des conditions* d'observation admissibles*. Le coefficient de fidélité variera en fonction de ces choix, indiquant la précision des différenciations réalisables dans la population* choisie, sur la moyenne de l'univers* de conditions* qui a été défini.*

Fini

Un échantillon est tiré d'une population statistique soit finie, soit infinie. Si la population est finie, l'échantillonnage peut être effectué par tirage au hasard (aléatoire* fini), ou peut porter sur l'ensemble de la population finie (tirage exhaustif). Dans le premier cas, la variance des moyennes d'échantillons est réduite, (voir correction pour univers fini); dans le second, elle est nulle, (facette fixée).*

Fixé

Une facette est fixée si l'on observe l'ensemble des objets ou des conditions admissibles.*

Fluctuation

Effet de l'échantillonnage aléatoire de certains niveaux* d'une facette*. Le modèle théorique de l'analyse* de la variance distingue les paramètres des moyennes observées sur les échantillons. Si ces derniers sont aléatoires*, on peut estimer en fonction de la taille de l'échantillon l'importance des écarts entre le paramètre et les moyennes observées. C'est sur cette base que l'on peut réduire les sources principales de la variance d'erreur* sur la mesure.*

Généralisabilité

Lorsqu'on utilise un instrument d'évaluation quelconque (test, appréciation, etc), le score que l'on obtient n'a d'intérêt que s'il nous renseigne sur autre chose. Il doit nous informer au moins sur la valeur attendue d'autres mesures* prises dans des conditions* identiques. C'est cette exigence minimum que l'on appelait traditionnellement la fidélité*. Il doit nous informer aussi sur le comportement attendu du sujet dans des classes de situations plus larges que celle qui a été observée. C'est ce qu'on appelait la validité*. Les deux concepts se fondent en un seul, celui de la généralisabilité. Une même observation fait partie d'une multitude d'ensembles. Elle peut nous renseigner avec précision sur la tendance centrale de l'ensemble des observations* prises dans des conditions analogues, car à l'intérieur de cet ensemble défini étroitement, la variabilité d'une observation à l'autre peut être restreinte. Elle nous renseignera avec moins de précision sur des ensembles plus larges, où l'on admet de laisser varier une série de conditions d'observation. La différenciation des objets d'étude* sera très stable dans le premier cas, moins durable dans le second.*

Inclusion

On représente par une ellipse incluse dans une autre, une facette nichée dans une autre (relation de nichage*, ou d'emboîtement), par exemple des élèves dans des classes.*

Indice

Partie d'une expression algébrique littérale qui qualifie la facette, ou le niveau* considérés.*

Instrument de mesure

Pris abstraitement représente les conditions d'observation utilisées pour cerner les objets d'étude : par exemple la tâche ou les stimuli présentés pour évaluer un sujet, le jour et l'heure de l'examen, l'observateur, etc... Dans la théorie classique des tests et même dans la théorie de la généralisabilité proposée par Cronbach et al., les objets d'étude* sont représentés par les personnes et les instruments de mesure* par les conditions de leur observation. L'élargissement de la théorie de la généralisabilité par l'exploitation de la symétrie* du modèle d'analyse* de variance a montré que cette limitation n'était plus du tout nécessaire. On peut aisément citer des cas, particulièrement dans la recherche pédagogique, où l'objet d'étude est la difficulté relative de questions ou l'efficacité de traitements. Dans ces cas, les personnes sont instruments de mesure et leur échantillonnage* introduit une erreur de mesure.*

Interaction

Source de variation liée à la présence simultanée d'un niveau* d'une facette et d'un niveau d'une autre. Exemple:*

deux tâches dont l'une demande de la force et l'autre de la précision sont présentées à des garçons et à des filles. En plus des effets principaux Tâche et Sexe, on observe un effet d'interaction : le pourcentage de réussite des filles est supérieur aux tâches précises et l'inverse est vrai pour les garçons. Le modèle de l'analyse de la variance postule donc pour l'interaction quatre composants de score (deux positifs et deux négatifs) dont la variance constituera la composante de variance* interaction. Il existe des interactions pour les combinaisons à 2, 3,... n facteurs* présentes dans le dispositif*.*

Interrelations (de facettes)

Toute facette d'un plan d'observation* doit être en relation définie avec chacune des autres. Entre deux facettes, deux relations sont possibles, le croisement* (si chaque niveau d'une facette* est observé en combinaison avec tous les niveaux de l'autre) et le nichage* (si les niveaux de la facette nichée ne sont pas appareillés d'un niveau à l'autre de la facette nichante). La confusion* de deux facettes apparaît lorsqu'on peut établir une bijection entre leurs niveaux respectifs. Le croisement est local si les facettes croisées sont nichées à l'intérieur d'une autre.*

Intersection

On représente par deux ellipses qui se coupent deux facettes croisées; leur croisement* signifie que chaque niveau* de l'une peut être combiné avec chaque niveau de l'autre.*

Intervalle de confiance (sur la moyenne)

Limite des fluctuations aléatoires*. Si l'on connaît la variance d'une certaine population, on en déduit facilement la variance de la moyenne d'échantillons tirés aléatoirement dans cette population : c'est la variance originale divisée par la taille de l'échantillon. L'écart-type de la moyenne est la racine carrée de cette variance. En délimitant un intervalle de plus ou moins deux écarts-types, on fixe des limites aux fluctuations aléatoires qui ne seront dépassées que moins de cinq fois sur 100.*

Marge d'erreur

Distance définie sur l'échelle de mesure en fonction de l'importance de la variance d'échantillonnage due aux facettes de généralisation*. La mesure* pour chaque objet d'étude* est généralement la moyenne d'un certain nombre de résultats, correspondant à un échantillon de conditions* d'observation. Les fluctuations* de cette moyenne dues au tirage aléatoire* de l'échantillon d'observations peuvent être calculées : elles déterminent une variance d'erreur* relative, (si on ne considère que les interactions* des objets d'études avec les instruments* échantillonnés), ou une variance d'erreur absolue, (si on considère que les effets principaux* des instruments interviennent aussi dans l'erreur* *de mesure). La variance d'erreur sur la différence de deux moyennes est égale à deux fois la variance d'erreur sur chacune. Nous définissons arbitrairement comme marge d'erreur sur un objet d'étude Y, pour un dispositif* donné, l'écart-type de la différence de deux moyennes de Y obtenues avec ce dispositif. Nous utilisons la notation suivante:*

$ErR = \sqrt{2\,\sigma^2(\delta)}$ = *marge d'erreur relative*

$ErX = \sqrt{2\,\sigma^2(\Delta)}$ = *marge d'erreur absolue*

$\sigma^2(\delta)$ *et* $\sigma^2(\Delta)$ *étant les variances d'erreur relative et absolue sur Y correspondant à ce dispositif.*

Mesure

Attribution d'une valeur numérique (qui peut être simplement 0 et 1 pour absence et présence) pour caractériser un certain objet d'étude d'un certain point de vue (instrument* d'observation). (L'analyse de variance* n'implique pas cette distinction entre objet d'étude et instrument et suppose seulement que des valeurs numériques sont classées selon les niveaux* successifs des facteurs* du plan d'observation*). La mesure peut être relative, si on ne s'intéresse qu'aux différences entre les objets d'étude, ou absolue, si on cherche à estimer le score univers* avec une erreur minimale.*

Modèle

Désigne dans ce texte les présupposés du plan d'estimation en ce qui concerne l'échantillonnage* des facettes. Le modèle fixe est celui pour lequel les niveaux* observés sont les seuls possibles et pour lequel aucune fluctuation* d'échantillonnage n'est venue grossir les carrés moyens* observés; ceux-ci correspondent donc exactement aux composantes de variance*. Le modèle entièrement aléatoire suppose au contraire que toutes les facettes* du dispositif* font l'objet d'un choix au hasard des niveaux observés. Chaque carré moyen est alors augmenté de l'effet des fluctuations aléatoires de toutes les autres facettes qu'il croise ou qu'il niche. Il faut soustraire toutes ces influences pour estimer l'effet spécifique de chaque source de variance*. Le modèle mixte admet que certaines facettes sont échantillonnées au hasard alors que les autres sont fixées*; il donne le moyen d'estimer en conséquence la valeur des composantes de variance.*

Nichage

Forme de relation entre deux facettes, dont des illustrations typiques sont le nichage des élèves dans les classes, des questions dans les objectifs pédagogiques à évaluer, des moments dans les stades d'apprentissages, etc. Les élèves d'une classe ne sont pas appareillés aux élèves d'une autre classe, les questions d'un objectif n'ont pas de relation avec les questions d'un autre objectif, etc. De façon générale, une facette est nichée dans une autre facette si les niveaux* de la première facette (nichée) sont différents d'un niveau à l'autre de la deuxième facette (nichante). Un double point (:) symbolise le nichage;*

il sépare la facette nichée (à gauche) de la facette nichante (à droite). La relation de nichage n'est pas commutative, mais est transitive. Si les élèves sont nichés dans les classes et les classes dans les régions, les élèves sont nichés dans les régions.

Niveau

Un élément de l'ensemble des réalisations possibles d'une facette, par exemple un des élèves à examiner, une des questions susceptibles d'être posées. Le nombre de niveaux observés est défini par le plan d'observation*, celui des niveaux possibles est défini par le plan d'estimation*. Les niveaux admissibles* de chaque facette, (définis par le plan de mesure, puis par celui d'optimisation), délimitent la population d'objets d'étude* et l'univers d'instruments de mesure*. Le nombre de niveaux observés dans l'échantillon est symbolisé par n indicé par la lettre de la facette. Le nombre de niveaux admissibles dans la population ou dans l'univers est symbolisé par N, indicé de la même façon. Quand une facette est fixée N(i) = n(i).*

Notation

Chaque source de variation analysable est représentée par un indice, dont la forme générale est* α . *On parlera de d.l. (* α *) pour les degrés de liberté* de la source* α, *SC(* α *) pour la somme des carrés des écarts à la moyenne due à l'effet* α , *CM (* α *) pour le carré moyen* lié à* α, *etc. Cet indice* α *est généralement complexe, étant constitué lui-même de plusieurs lettres désignant les facettes*. Par exemple* $\sigma^2(\alpha) = \sigma^2(pij)$ *signifie qu'on parle de la composante de variance* de l'interaction* p x i x j. Les relations de nichage* sont toujours explicitées dans l'indice. L'indice total est alors composé comme suit:*

indice primaire : indice secondaire : indice tertiaire etc.

Par exemple, la composante "items nichés dans des objectifs nichés dans les chapitres nichés dans des disciplines" s'écrit (i:o:c:d). On oppose quelquefois l'indice primaire (à gauche du premier ":", ou ne comportant pas de ":") aux indices supérieurs (à droite du premier ":").

Objet d'étude

Elément de la face de différenciation qui fait l'objet de la mesure*. S'oppose à "condition* d'observation" ou "instrument de mesure*". L'un et l'autre sont définis par le plan de mesure*.*

Observation

Recueil de données sur un objet d'étude (niché éventuellement dans d'autres facettes* de la face de différenciation*) selon une combinaison particulière de conditions* résultant du tirage* d'un niveau* pour chaque facette de la face d'instrumentation*.*

Observé

L'étude de généralisabilité porte sur un échantillon pour en tirer des inférences sur la population parente. Les scores observés* dans cet échantillon, ainsi que les statistiques qu'on peut en tirer (les carrés moyens*, par exemple) sont affectés par des fluctuations* d'échantillonnage dont il faut tenir compte.*

Optimisation

L'un des buts d'une analyse de généralisabilité est de mettre au point un dispositif* de mesure optimal, permettant de fonder des décisions ultérieures (Etude D* de Cronbach), ou en tout cas d'ajuster au niveau désiré la précision de la mesure.*

Plan d'estimation

Le plan qui précise la taille (finie ou non) de chaque facette (nombre de niveaux possibles) et le mode de sélection (échantillonnage*) des données observées. On l'appelle ainsi parce que c'est à cette phase d'une analyse de généralisabilité* que sont estimées les composantes de variance*, en fonction des précisions ci-dessus.*

Plan d'observation

Le plan qui identifie les facettes, leurs interrelations* (croisement*, nichage*, confusion*) et le nombre de niveaux* observés par facette.*

Plan d'optimisation

Le plan qui définit les modifications à apporter aux plans d'observation, d'estimation* et de mesure* de l'étude G* pour augmenter ou purifier la variance de différenciation* et diminuer la variance de généralisation* ou pour réduire les coûts.*

Plan de mesure

Le plan qui explicite le rôle de chaque facette* dans la mesure* et classe les facettes selon quatre types. Ces types sont définis d'après 2 critères : le mode d'échantillonnage* (aléatoire ou exhaustif), et le rôle de la facette (caractéristique des objets d'étude* ou des instruments de mesure*).*

Population

Une, ou plusieurs, facettes caractérisent les objets d'études. La combinaison de tous les niveaux* admissibles de ces facettes est appelée la population*. La population admissible du plan d'optimisation peut être plus étroite que celle du plan de mesure*.*

Région

Partie d'une ellipse. Chaque région élementaire correspond à une composante* de variance unique, (ou a plusieurs sources de variance* confondues dans les plans nichés).*

Répartition (des variances)

Le choix des objets d'études, défini par le plan de mesure*, ne permet pas de répartir immédiatement la variance totale entre la variance de différenciation* et la variance de généralisation*. Il faut d'abord soustraire la variance passive* qui n'intervient pas dans les fluctuations* d'échantillonnage*. Il faut ensuite déterminer quel rôle jouent les diverses sources de variation analysées. Des algorithmes sont proposés dans ce texte pour systématiser et simplifier cette répartition.*

Rôle

Le plan de mesure précise quelle(s) facette*(s) constitue(nt) l'objet d'étude* privilégié. Cette intention de mesure crée une dissymétrie entre les facettes dont les unes vont jouer dès lors ce rôle de sources de variation* souhaitables et les autres vont devenir sources de fluctuations* aléatoires gênantes, synonymes d'erreurs. Les objets d'étude* admissibles (les unités d'analyse de Brennan) constituent la population*. Les instruments de mesure*, (ou conditions d'observation* admissibles* de Cronbach) constituent l'univers*. Les premiers se situent sur la face de différenciation*, car la variance "vraie" provient des différences entre objets d'études. Les seconds se situent sur la face d'instrumentation*, car les conditions de la mesure sont comme des moyens ou des instruments de cette mesure.*

Score observé

On rend compte d'un résultat observé en le considérant comme la somme de tous les composants de scores* prévus dans le plan d'observation*.*

Score univers

L'intérêt attaché aux scores observés n'existe que dans la mesure où ces scores sont représentatifs d'un ensemble de scores observables. Le concept de score univers (qui remplace celui de score vrai dans la littérature classique) exprime le fait que celui qui prend une mesure infère à partir d'un échantillon de données observées pour estimer une valeur théorique inobservable. Il cherche à connaître la moyenne de toutes les valeurs que l'on obtiendrait si l'on effectuait les observations dans toutes les conditions possibles (moyenne de l'univers* des observations admissibles*). La démarche est celle des statisticiens qui cherchent toujours à estimer une certaine valeur en la situant dans un intervalle de confiance*.*

Source de variance, ou source de variation

L'analyse de variance est le modèle qui permet de répartir la variance totale d'un ensemble de mesures observées entre toutes les sources de variation prévues dans le dispositif* ou plan d'observation*, (effets principaux et interactions).*

Spearman-Brown (formule de)

Formule de la théorie classique indiquant quel est l'effet de l'allongement d'un test sur sa fidélité. Le coefficient de généralisabilité* est une sorte de généralisation de ce coefficient : on peut calculer ainsi l'effet qu'auraient sur la généralisabilité diverses modifications dans le nombre de niveaux* observés sur chaque facette*.*

Symétrie

Propriété du modèle de l'analyse de la variance, de ne pas privilégier un facteur* par rapport à d'autres, toutes les sources de variation* contribuant parallèlement à la variance totale.*

Tirage

Selon le modèle statistique habituel, le choix d'un niveau d'une facette, pour parvenir à une observation, est censé être fait par le moyen d'un tirage* (aléatoire* ou exhaustif) dans une urne (comportant un nombre fini*, ou infini, de niveaux).*

Univers

Les variations dans les conditions d'observation sont considérées comme les niveaux* différents d'une ou plusieurs facettes*. Toutes les combinaisons admissibles des niveaux de ces facettes constituent l'univers des conditions d'observation admissibles.*

Univers fini (correction pour)

Lorsque les conditions d'observation admissibles sont en nombre fini, les moyennes d'échantillons fluctuent moins que pour des univers infinis, surtout lorsque l'échantillonnage s'approche d'un tirage exhaustif. Le coefficient de réduction de la variance est égal à $(1-n/N)$, si la variance a été définie avec $(N-1)$ au dénominateur. Il est de $(N-n)/(N-1)$, pour une définition classique avec N au dénominateur.

Validité

Qualité métrologique d'un instrument qui mesure bien ce qu'il est censé mesurer. La validité peut être contrôlée par un coefficient de corrélation lorsqu'il existe une mesure comparable que l'on peut prendre comme critère. Souvent cependant d'autres approches de type plus qualitatif sont nécessaires pour valider un instrument,(pour la validité de contenu,par exemple). La validation conceptuelle (construct validation) est sans doute la forme de contrôle la plus générale : elle consiste à insérer l'instrument dans un ensemble de relations scientifiques. L'étude, proposée dans ce texte, des sources de variance de différenciation* en vue d'éliminer les biais* éventuels dans la mesure, va bien dans ce sens.*

Variance active

Partie de la variance totale qui intervient dans le calcul de la fidélité, ou généralisabilité* de l'instrument* de mesure. Le complément de la variance active est la variance passive*.*

Variance de différenciation

Variance due spécifiquement aux différences entre les objets d'étude. Cronbach l'appelle variance des scores univers*, alors que précédemment on parlait de "variance vraie". On l'estime en totalisant les composantes de variance* pour les effets principaux* et les interactions* des facettes situées sur la face de différenciation*. Son complément par rapport à la variance totale est la variance d'instrumentation*. Son complément par rapport à la variance active* est la variance de généralisation*.*

Variance d'erreur

Variance d'échantillonnage s'ajoutant à la variance des scores univers (variance de différenciation*) pour donner la variance attendue des scores observés*. Elle résulte de sources de variation différentes selon le type d'erreur* qu'on considère. On l'obtient en divisant chaque composante de la variance de généralisation* par le nombre de composants de score* échantillonnés pour cette source de variation*.*

Variance de généralisation

Somme des composantes de variance liées aux facettes d'instrumentation aléatoires. Cette variance est due au choix aléatoire des niveaux des facettes* de généralisation. Son ampleur dépend donc de la variabilité de ces facettes (qui dépend à son tour de la définition des conditions d'observation* admissibles*). La variance de généralisation représente le complément de la variance passive* par rapport à la variance d'instrumentation*. En général, elle n'est pas égale à la variance d'erreur*, à cause des coefficients qui pondèrent cette dernière.*

Variance d'instrumentation

Variance due aux facettes (aléatoires* ou fixées*) situées sur la face d'instrumentation*. Elle est définie comme le complément de la variance de différenciation* par rapport à la variance totale. Elle n'est <u>pas</u> égale à la variance d'erreur*.*

Variance passive

Les facettes d'instrumentation fixées* contribuent à la variance totale, mais n'affectent pas les scores observés* des objets d'étude*, parce que la somme des composants de score* pour une facette* fixée (effets principaux* et interactions*) est toujours nulle. Ces facettes ne contribuent donc ni à la variance de différenciation*, ni à la variance d'erreur*. Leur variance est dite passive.*

Tableau 20.1 : Structure générale du programme ETUDGEN

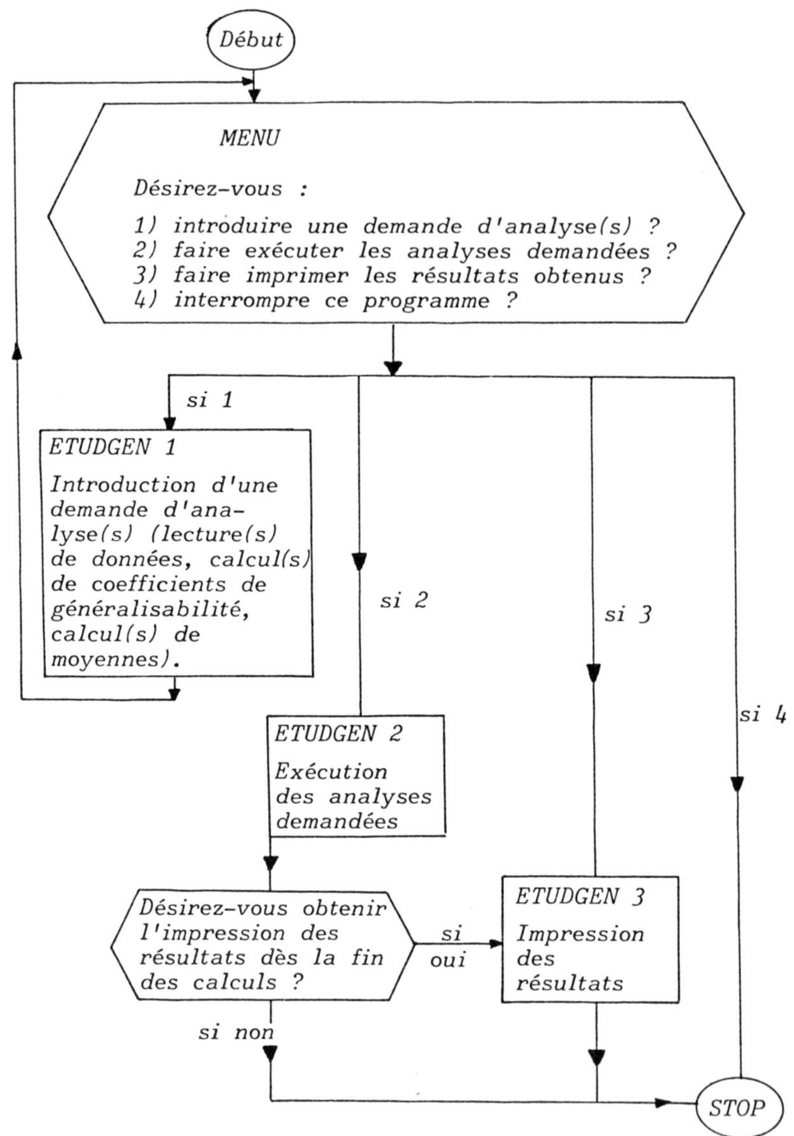

Chapitre 20

DESCRIPTION D'UN PROGRAMME DE CALCUL (*)

1. *INTRODUCTION*

1.1. *Analyses réalisées par ETUDGEN*

Le programme ETUDGEN est un programme d'étude de généralisabilité qui a été développé sur micro-ordinateur de type Apple II 48 K (ou 64 K).

Il peut analyser les données de plans d'observation du type de ceux présentés dans les précédents chapitres. Il s'agit donc de plans équilibrés dont les facettes, prises deux à deux, peuvent être soit croisées, soit nichées, soit localement croisées (c'est-à-dire croisées à l'intérieur des niveaux d'une facette nichante ou d'une interaction de facettes nichantes). Cependant le nombre de facettes est limité de 2 à 8.

ETUDGEN peut donc analyser des plans complètement croisés (de type factoriel), ou comprenant des facettes nichées, de même que des plans comprenant des croisements locaux (par exemple, des élèves recevant des questions qui sont différentes de classe à classe, mais portant sur des objectifs communs à toutes les classes). Tous ces plans peuvent être représentés par les diagrammes de Cronbach.

Par contre, les plans de type carré-latin, ne peuvent être analysés par ETUDGEN. Ces plans ne peuvent être représentés par les diagrammes de Cronbach.

Au cours de son exécution, ETUDGEN développe la liste des sources de variation du plan et calcule pour chacune d'elles:
- la somme des carrés des écarts
- le nombre de degrés de liberté
- le carré moyen
- la composante de variance aléatoire
- l'espérance de variance mixte.

(*) Ce chapitre a été entièrement rédigé par François Duquesne, l'auteur du programme ETUDGEN. Ce travail remarquable facilitera grandement l'utilisation des méthodes présentées dans les chapitres précédents.

Ensuite, ETUDGEN indique les valeurs de la variance de différenciation, des variances d'erreur absolue et relative ainsi que des coefficients de généralisabilité correspondants.

Parallèlement, ETUDGEN permet de calculer la moyenne générale des données, ainsi que les moyennes des données correspondant à chacun des niveaux d'une facette, ou à chaque combinaison des niveaux de plusieurs facettes.

De plus, les calculs de coefficients de généralisabilité comme les calculs de moyennes peuvent porter, soit sur l'ensemble du plan d'observation, soit sur une partie seulement de celui-ci. Il est donc possible d'exécuter des analyses partielles.

Le nombre total de données pouvant être traitées par ETUDGEN dépend du nombre de caractères des données. Il est au maximum d'environ 20.000 données de 3 caractères (ex.: 107; -10; 1,5; ...) ou 10.000 données de 7 caractères,... Par contre, le nombre de niveaux de chacune des facettes n'est pas limité.

1.2. Comment obtenir le programme ?

Le programme ETUDGEN a été développé sur Apple II 48 K (ou 64 K) équipé de 2 unités à disquette ("drives") et d'une imprimante. L'impression des résultats n'intervenant qu'à la fin du programme, les analyses peuvent être effectuées sur une configuration sans imprimante; les résultats auront néanmoins été mémorisés. Une configuration avec imprimante n'est donc nécessaire qu'au moment de l'impression des résultats.

Les personnes qui disposent d'un tel équipement peuvent obtenir une copie du programme directement utilisable sur Apple II (version en Basic compilé).

Si des utilisateurs désirent adapter le programme à d'autres micro-ordinateurs, ils pourront obtenir la liste des instructions en Basic et/ou un fichier alphanumérique lisible sur Apple II.

Le manuel d'utilisation du programme ETUDGEN est le présent chapitre.

Tout contact peut être pris avec l'auteur du programme:
François DUQUESNE,
Faculté des Sciences Psychopédagogiques,
Service de Psychologie de l'apprentissage et de Psychométrie,
Place du Parc, 21,
B.- 7000 MONS (Belgique) Tél.: 065/31.30.91.

1.3. Illustration

Pour rendre plus aisée la lecture de ce manuel d'utilisation de ETUDGEN, nous nous référerons souvent à un exemple concret.

Pour plus de facilité, nous nous rapporterons à "l'étude détaillée d'un exemple simple" qui fait l'objet du chapitre 15.

Rappelons très brièvement que l'analyse porte sur un plan d'observation comprenant 3 facettes croisées (Elèves, Problèmes, Correcteurs). Les nombres de niveaux des facettes E, P et C sont respectivement 3, 4 et 20. Nous considérerons la facette E aléatoire infinie et les facettes P et C aléatoires finies (N(p) = 100; N(c) = 100), et nous nous intéresserons à la différenciation entre problèmes : la formule du plan de mesure sera donc (P/-/-/E,C)

2. STRUCTURE GENERALE DE ETUDGEN

Pour pouvoir effectuer des calculs de coefficients de généralisabilité ou de moyennes, le programme ETUDGEN a besoin qu'on lui fournisse certaines informations. En effet, il faut par exemple que le programme sache quelles sont les données à traiter, où il peut les lire, combien de facettes décrivent le plan d'observation, etc...

L'utilisateur doit donc fournir à l'ordinateur un certain nombre d'informations avant de demander une exécution d'analyses. Ceci peut être réalisé au cours de la première partie du programme qui permet "d'introduire une demande d'analyse(s)".

Lorsque l'introduction de la demande d'analyse(s) est terminée, l'ordinateur peut alors exécuter les calculs demandés et, enfin, imprimer les résultats obtenus.

Compte tenu du peu de place mémoire dont on dispose (48 K), le programme ETUDGEN a dû être divisé en trois parties:
- ETUDGEN 1 qui réalise l'introduction d'une demande d'analyse(s)
- ETUDGEN 2 qui exécute les analyses demandées
- ETUDGEN 3 qui imprime les résultats

Le tableau n° 20.1 montre comment ces différents sous-programmes sont organisés les uns par rapport aux autres.

Lors de la mise en route de ETUDGEN, un "menu" est présenté à l'utilisateur. Normalement, on commence par choisir d'introduire une demande d'analyse(s). Cette réponse entraîne l'exécution du sous-programme ETUDGEN 1.

A la fin de l'introduction de la demande d'analyse(s), le programme renvoie automatiquement l'utilisateur au MENU.

Si l'utilisateur demande l'exécution des analyses, sa réponse provoque le lancement de ETUDGEN 2 qui les réalise. Si l'utilisateur dispose d'une imprimante, ETUDGEN 2 lance ensuite le sous-programme ETUDGEN 3 qui imprime les résultats. Dans ce cas, dès la demande d'exécution des analyses, l'ordinateur travaille donc seul jusqu'à l'impression finale des résultats.

Mais, au cours du MENU, l'utilisateur peut aussi interrompre le programme. Dans ce cas, l'ordinateur sort du programme, mais la demande d'analyse(s) a été mémorisée. Quant il le désire, l'utilisateur peut donc reprendre ETUDGEN à son début et, dès l'apparition du MENU, demander immédiatement l'exécution des analyses.

Par contre, si l'utilisateur choisit à nouveau d'introduire une demande d'analyse(s), l'ordinateur enregistrera cette nouvelle demande, mais détruira la demande d'analyse(s) précédente.

Si l'utilisateur ne dispose pas d'une imprimante au cours de l'exécution de ETUDGEN 2, le programme s'interrompt dès que les calculs sont terminés. L'utilisateur peut ensuite obtenir l'impression des résultats sur une machine équipée d'une imprimante en choisissant l'option "3" du MENU. En réitérant cette procédure, on peut obtenir une copie du listing des résultats.

Remarquons encore que si ETUDGEN 1, ETUDGEN 2 et ETUDGEN 3 sont des sous-programmes séparés, certaines informations doivent cependant être communiquées de l'un à l'autre. Ceci est réalisé par la création de fichiers (*) sur disquette.

Lors de l'introduction d'une demande d'analyse(s), ETUDGEN 1 enregistre les informations nécessaires à l'exécution ultérieure des analyses sur un fichier appelé "DATA EXEC". Lors de l'exécution des analyses, ETUDGEN 2 pourra ainsi lire sur DATA EXEC les informations dont il a besoin.

Tant qu'une nouvelle demande d'analyse(s) n'est pas formulée, le fichier DATA EXEC est conservé sur la disquette: c'est ce qui permet de demander une exécution d'analyse en différé.

Par contre, lors d'une nouvelle demande d'analyse(s), le fichier DATA EXEC est effacé avant de recevoir les nouvelles informations. La demande d'analyse(s) précédente est donc détruite.

De la même manière, chaque fois que ETUDGEN 2 obtient certains résultats, il les inscrit sur un fichier appelé "DATA PRINTER". Après l'exécution des analyses, ETUDGEN 3 pourra alors lire les résultats sur ce fichier pour les mettre en page sur le papier de l'imprimante.

(*)Un fichier est une suite d'informations enregistrées sur un support (le plus souvent une disquette). Ces informations constituent donc le contenu du fichier, auquel on attribue, d'autre part, un nom. Le nom, désignant le fichier, est librement choisi par l'utilisateur.

3. ENREGISTREMENT PREALABLE DES DONNEES

L'organisation générale de ETUDGEN prévoit que le programme se trouve sur une disquette placée dans l'unité à disquette n° 1 et que les données aient été enregistrées sur une autre disquette placée dans l'unité n° 2.

La disquette "données" est donc indépendante de la disquette "programmes". Ceci permet de mettre au point les fichiers de données sans encombrer la disquette "programmes" et de conserver isolément la disquette "données".

Avant toute exécution de ETUDGEN, l'utilisateur doit donc enregistrer ses données sur une disquette. Celles-ci doivent être inscrites dans un ou plusieurs fichiers séquentiels*.

L'ordre d'inscription des données est très important et doit correspondre à l'ordre dans lequel on présentera, lors de l'exécution de ETUDGEN, la liste des facettes du plan d'observation. Voici comment déterminer l'ordre d'enregistrement des données :

1) choisir un ordre de présentation des facettes et attribuer un numéro d'ordre à chaque facette ;
2) numéroter les niveaux de chacune des facettes ;
3) partir de l'observation correspondant au niveau n°1 de chacune des facettes ($O_{11\ldots1}$) et l'inscrire. Inscrire ensuite l'observation $O_{11\ldots2}$, et ainsi de suite, en suivant l'ordre habituel de numérotation.

Dans notre exemple, choisissons de présenter les facettes dans l'ordre suivant :

N° de la facette	Nom de la facette
1	E
2	P
3	C

Les données devront alors être inscrites selon l'ordre suivant :

(*) On parle de "fichier séquentiel" lorsque les données du fichier sont écrites les unes à la suite des autres et qu'elles ne peuvent être relues que dans cet ordre. Par contre, dans un fichier dit "à accès direct", chaque donnée est enregistrée avec un numéro de référence. Ceci permet de relire à tout moment une quelconque donnée en faisant référence à son numéro.

N° des niveaux des facettes E P C			N° d'ordre des données correspondant aux niveaux	Liste ordonnée des données
1	1	1	1	5
1	1	2	2	5
1	1	3	3	5
:	:	:	:	:
1	1	20	20	5
1	2	1	21	5
1	2	2	22	5
:	:	:	:	:
1	4	20	80	1
2	1	1	81	5
2	1	2	82	5
:	:	:	:	:

Rappelons que seules les données, et non leurs numéros d'ordre, doivent être inscrites en fichiers. Et, puisqu'il s'agit de fichiers séquentiels, il n'y a pas de format d'écriture à respecter (les données peuvent être de longueurs différentes), mais elles doivent toutes être suivies d'un 'return'.

Les données peuvent être inscrites en un ou plusieurs fichiers séquentiels, mais elles doivent toutes se trouver sur une seule disquette. Si plusieurs fichiers séquentiels sont utilisés, il est nécessaire de conserver l'ordre dans lequel ils devront être relus lors de l'exécution du programme.

Par contre, le choix de l'ordre des facettes et des niveaux de celles-ci est strictement arbitraire. Cependant, dans la réalité, certains ordres peuvent faciliter l'introduction des données. Dans notre exemple, la feuille des résultats (voir tableau 15.1) reprend dans chaque colonne les notes accordées par les 20 correcteurs à un élève pour un problème. Si l'on choisit de présenter les facettes dans l'ordre E-P-C, ceci nous amène à entrer les données colonne par colonne. Si l'on avait choisi de présenter les facettes selon l'ordre C-E-P, on aurait dû entrer les données ligne par ligne.

Attention : les fichiers séquentiels de données ne peuvent être appelés "DONNEES".

4. POUR UNE PREMIERE UTILISATION DE ETUDGEN

Quand les données ont été enregistrées sur une disquette, on peut commencer à travailler avec ETUDGEN.

Nous verrons que ETUDGEN présente de multiples possibilités d'analyses. Mais, afin de faciliter l'accès au programme nous présenterons d'abord comment utiliser le programme ETUDGEN dans des cas simples. Dans ce paragraphe, nous ne détaillerons donc pas les utilisations particulières de ETUDGEN qui feront l'objet du paragraphe 5.

4.1. Début

Placer la disquette "programmes" dans l'unité n° 1; placer la disquette "données" dans l'unité n° 2. Frapper l'ordre "IN#6 ", suivi de 'return'. Cet ordre charge une partie du du programme et fait apparaître le MENU à l'écran.

4.2. Menu

Le programme indique à l'écran
Désirez-vous :
1) introduire une demande d'analyse(s) ?
2) faire exécuter les analyses demandées ?
3) faire imprimer les résultats obtenus ?
4) interrompre ce *programme ?*
? ▮

Avant que de pouvoir faire exécuter des analyses ou en imprimer les résultats, il faut d'abord en introduire la demande, c'est-à-dire donner à l'ordinateur un certain nombre d'informations qui vont lui permettre de savoir quelle(s) analyse(s) il doit exécuter, sur quelles données,...

Normalement, on choisit donc d'abord l'option "1". Pour l'indiquer à l'ordinateur, il suffit de frapper sur le clavier le chiffre 1, puis la touche 'return'.

Le choix de l'option provoque le lancement du sous-programme ETUDGEN 1 qui permet d'introduire une demande d'analyse(s).

4.3. ETUDGEN 1 : introduction d'une(e) demande(s) d'analyse(s)

Note : en cas d'erreur de frappe au cours de l'introduction d'une demande d'analyse, le lecteur se reportera au § 7: "En cas d'erreur".

Au cours de son exécution, ETUDGEN 1 va poser à l'utilisateur une série de questions par l'intermédiaire de l'écran. L'utilisateur répond en frappant au clavier sa réponse, puis la touche 'return'.

ETUDGEN 1 permet de formuler des demandes de calculs de coefficients de généralisabilité ou de moyennes. Cependant pour que ETUDGEN puisse effectuer de telles analyses, il faut d'abord qu'il prenne connaissance des données à traiter. Nous dirons qu'il doit d'abord <u>lire les données.</u>

ETUDGEN 1 permet donc d'introduire trois types de demandes: une demande de lecture de données, une demande de calcul de coefficients de généralisabilité et une demande de calcul de moyennes.

Sur l'écran, apparaît :
Désirez-vous entrer des informations en vue de l'exécution:
1) d'une nouvelle lecture de données ?
2) d'un calcul de coefficients de généralisabilité ?
3) d'un calcul de moyennes ?
Pour terminer cette demande d'analyse(s) et retourner au menu, frappez '4'.
Frappez le numéro adéquat, puis 'return'

Choisissons d'abord l'option 1. Nous envisagerons les autres options par la suite.

(1) Lecture de données

Les données ont été inscrites par l'utilisateur sur la disquette "données" placée dans l'unité 2. Cependant, pour pouvoir les traiter, ETUDGEN a besoin de les relire et de les réécrire dans un nouveau fichier appelé "DONNEES" et qui sera placé par le programme sur la disquette "programmes" insérée dans l'unité n° 1.

Cette lecture des données a pour but de placer les données dans le fichier "DONNEES" sous une forme qui correspond au programme de calcul.

Cependant la lecture des données n'est nécessaire qu'une seule fois. Tant que les données à traiter restent les mêmes, on peut demander plusieurs calculs de coefficients de généralisabilité et/ou de moyennes sans réeffectuer la lecture des données.

(1.1) Titre

L'ordinateur va afficher :
*** Lecture de données ***
Sous quel titre puis-je inscrire cette lecture de données ?

Pour répondre, il suffit de frapper le titre sur le clavier, puis de frapper la touche 'return'.

Ce titre sera simplement reproduit sur l'écran en cours d'exécution et sur la feuille des résultats. Il a donc pour seul but d'aider l'utilisateur à se rappeler lors de la lecture des résultats de quelles données il s'agit.

Le titre peut être quelconque. Cependant il est limité à 250 caractères maximum et ne peut comprendre ni virgules, ni doubles points.

(1.2) Fichiers de noms de fichiers

Avez-vous un ou des fichiers comprenant les noms des fichiers de données à lire ? O/N ?

Pour le moment, répondez "N" pour 'non', puis return. Cette option sera envisagée plus loin, au § 5.1.

(1.3) Noms des fichiers de données

Combien avez-vous de fichiers de données à lire ?

Frappez le nombre de fichiers que vous avez préparés sur la disquette "données" de l'unité n° 2, puis 'return'.

Quel est le nom du fichier de données n° 1 ?

Frappez le nom du premier fichier de données à lire, puis return. S'il y a plusieurs fichiers, l'ordinateur repose la question.

(1.4) Choix des données à lire

Dois-je lire toutes les données se trouvant sur vos fichiers ? O/N ?

ETUDGEN peut en effet soit lire l'ensemble des données, soit une partie d'entre elles seulement. Pour le moment, choisissons de faire porter les analyses sur l'ensemble des données donc de lire toutes les données. Répondez donc "O", suivi de 'return'. Cette option sera envisagée au § 5.2.

(1.5) Longueur des données

Combien de caractères sont nécessaires pour lire les données ?

Afin de gérer au mieux la place sur la disquette "programmes", ETUDGEN a besoin qu'on lui indique le nombre minimum de caractères nécessaire pour lire chacune des données. Ce nombre de caractères doit être calculé comme suit :

* nombre maximum de chiffres significatifs par donnée
* + 1, s'il y a des données décimales
* + 1, s'il y a des données négatives

Ainsi lire le nombre -12.34 nécessite 6 caractères. Toutefois 8 ou 10 caractères conviendraient également mais prendraient plus de place en mémoire sur disquette.

La place disponible sur disquette étant d'environ 300 secteurs, le programme permet de traiter quelque 20 000 données de 3 caractères, ou 10 000 données de 7 caractères, ou 5 000 données de 15 caractères, ...

Frappez donc le nombre de caractères nécessaire , puis return.

(1.6) Données complémentaires

Désirez-vous faire lire d'autres données en complément ? O/N ?

Répondez "non", puisque toutes les données ont été lues. L'utilisation de cette option sera envisagée au § 5.3.

Frappez donc "N", puis 'return'.

(1.7) Contrôle

Pour mémoriser la demande d'analyse en cours, frappez 'return'.
Pour la supprimer, frappez 'Ctrl C'.

Si vous avez commis une erreur au cours de la demande de cette dernière analyse, le programme vous donne la possibilité de la supprimer en frappant 'Ctrl C' (touches 'Ctrl' et 'C' appuyées simultanément).

Si, par contre, toutes les informations que vous avez fournies sont correctes, il vous suffit de frapper 'return' pour que la demande soit mémorisée. Après mémorisation, le programme vous renvoie au début de ETUDGEN 1 (début du § 4.3), qui vous permet d'introduire des informations en vue de l'exécution d'une autre analyse. Choisissons l'option 2, en vue de demander un calcul de coefficients de généralisabilité.

(2) Demande d'un calcul de coefficients de généralisabilité

Note : en cas d'erreur de frappe au cours de la demande de calcul, référez-vous au § 7 : "En cas d'erreur".

(2.1) Titre

Sous quel titre puis-je inscrire les résultats de cette analyse ?

Comme lors d'une lecture de données, l'utilisateur peut attribuer un titre à chaque calcul de coefficients de généralisabilité.

Ce titre, quelconque, peut comporter au maximum 250 caractères et ne peut comprendre ni virgules, ni doubles points.

Frappez le titre, puis return.

(2.2) Plan d'observation

Combien y a-t-il de facettes ?

Le nombre de facettes qui peuvent être prises en compte par le programme est limité de 2 à 8.
Frappez le nombre, puis 'return'.

A chaque ligne, écrivez le nom de la facette, puis 'return', le nombre de niveaux, puis 'return'. Le nom de la facette doit mentionner les facettes nichantes s'il y a lieu.

Facettes	*Nom de la facette*	*Nombre de niveaux*
1	[1]	[2]
2	[3]	[4]
3	[5]	[6]

(cas où il y a 3 facettes)

Par ce tableau, vous indiquerez le nom et le nombre de niveaux de chacune des facettes.

Le nom de chaque facette doit être représenté par une et une seule lettre. Toutefois, si une facette est nichée dans une ou plusieurs autres facettes, la lettre de son nom doit être suivie de ":" et de la ou des lettres représentant sa ou ses facettes nichantes. Par exemple, si la facette "Répétitions" est nichée dans la facette "Sujets", elle-même étant nichée dans la facette "Traitements", le nom de la facette "Répétitions" doit s'écrire "R:ST".

Deux facettes ne peuvent évidemment pas être désignées par une même lettre.

Dans le tableau, le curseur (carré clignotant) est en position [1] . Frappez le nom de la facette n° 1, puis return. Le curseur va alors se placer en position [2] . Frappez alors le nombre de niveaux de la facette n° 1, puis return. Le curseur passe alors en position [3], et ainsi de suite.

Si vous frappez un caractère inacceptable dans le nom d'une facette (exemple, un chiffre), le programme refusera de le prendre en considération.

Si vous introduisez une ou des lettres dans le nombre de niveaux, le nombre sera refusé quand vous frapperez 'return' et le curseur reviendra au début de l'information à entrer. Refrappez alors correctement le nombre.

Si vous corrigez votre frappe avec la touche "←", le curseur reviendra au début de l'information à entrer. Reécrivez alors correctement l'information adéquate.

Rappelons que l'ordre de présentation des facettes doit correspondre à l'ordre de présentation des données (voir § 3, "Enregistrement préalable des données").

Ce tableau est-il exact ? O/N ?

Si le tableau est exact, répondez "O"; le programme va continuer.

Si non, frappez 'N' (puis 'return'); le programme revient en arrière et reprend l'introduction du plan d'observation.

Note : Si un plan d'observation a déjà été introduit au cours d'une demande d'analyse précédente, le programme commence par présenter ce plan à l'écran et vous demande si vous désirez le modifier ou non.
Si vous répondez par l'affirmative, le programme reprend toute l'introduction du plan d'observation.
Si vous répondez par la négative, le plan d'observation est conservé et le programme passe au point suivant. "Choix des niveaux à traiter".

(2.3) Choix des niveaux à traiter

L'analyse doit-elle porter sur l'ensemble des niveaux de ce plan d'observation ? O/N ?

Il s'agit d'une option qui permet d'effectuer des calculs sur une partie des données seulement. Mais nous envisagerons cette option au § 5.4.

Demandons, pour le moment, que l'analyse porte sur l'ensemble des niveaux (ou des données) en frappant "O".

(2.4) Plan d'estimation

Pour chaque facette, indiquez le nombre de niveaux de l'univers correspondant. Si cet univers est infini, écrivez 'INF'.

Nom de la facette	*Nombre de niveaux de l'univers*
E	[1]
P	[2]
C	[3]

(cas ou les facettes sont E, P et C)

Ce tableau permet d'indiquer le nombre de niveaux de l'univers qui correspond à chaque facette.

Le curseur est en position [1]. Frappez un nombre, ou "INF", puis 'return'. Le curseur passe en position [2], etc...

Si la réponse est inacceptable (exemple : présence de lettres, sauf "INF"), le curseur se replace au début de l'information à entrer. Réécrivez la réponse adéquate.

Le programme vérifie également que le nombre de niveaux de l'univers soit supérieur ou égal au nombre de niveaux observés.

Ce tableau est-il exact ? O/N ?

Frappez "O" ou "N", puis 'return'.

Si vous répondez non, le tableau est représenté. Reprenez alors l'introduction des nombres de niveaux de l'univers.

Note : Si un plan d'estimation a déjà été introduit au cours d'une demande d'analyse précédente, ce plan vous est représenté. Comme pour le plan d'observation, vous indiquerez si vous désirez le modifier ou non.

(2.5) Plan de mesure

La formule du plan de mesure permet à l'utilisateur d'indiquer les facettes de la face de différenciation et les facettes de la face d'instrumentation,(sans distinguer entre aléatoires et fixées).

La formule doit s'écrire sous la forme :
("diff" / "instr")
avec "diff" = lettre(s) du (des) nom(s) de la (des) facette(s) de la face de différenciation
et "instr" = lettre(s) du (des) nom(s) de la (des) facette(s) de la face d'instrumentation.

Chaque facette doit être représentée par la lettre indiquant son nom, mais les ":" et les lettres suivantes représentant des facettes nichantes doivent être ignorées. Exemple : (P/CE)

Rappelons que toutes les facettes doivent apparaître dans la formule du plan de mesure. La formule doit donc comprendre autant de lettres qu'il y a de facettes, ni plus, ni moins.

Frappez donc la formule, puis 'return'. Si la formule est inacceptable, le programme vous demandera de la réécrire.

Note : Si une formule du plan de mesure a déjà été décrite dans une demande d'analyse précédente, cette formule vous est représentée. Comme pour le plan d'observation, vous répondrez alors si vous désirez la modifier ou non.

(2.6) Contrôle

Pour mémoriser la demande d'analyse en cours, frappez 'return'.
Pour la supprimer, frappez 'Ctrl C'.

Voir § 4.3.1. - (7)

(3) Demande d'un calcul de moyennes

Rappel : En cas d'erreur de frappe, reportez-vous au § 7, "En cas d'erreur".

(3.1) Titre

Comme pour toute autre demande d'analyse, l'utilisateur peut associer un titre à la demande de calcul de moyennes. Maximum 250 caractères sans virgules, ni doubles points.

(3.2) Plan d'observation

La description du plan d'observation des données est identique à celle mise en oeuvre lors d'une demande d'un calcul de coefficients de généralisabilité. Le lecteur se réfèrera donc au § 4.3.2. - (2)

(3.3) Choix des niveaux à traiter

L'analyse doit-elle porter sur l'ensemble des niveaux de ce plan d'observation ? O/N ?

Laissons cette option à plus tard et choisissons de répondre "O", puis 'return'.

(3.4) Choix des moyennes à calculer

Dans notre exemple, on peut être intéressé par la moyenne générale des données, ou par la moyenne des données de chacun des élèves, ou encore par la moyenne des données à la fois pour chaque niveau de la facette "Elèves" et chaque niveau de la facette "Problèmes".

ETUDGEN permet de calculer chacune de ces moyennes. Il permet donc de calculer les moyennes des données correspondant à chaque niveau d'une facette quelconque, ou à chaque combinaison de niveaux d'une interaction quelconque de facettes. Il convient seulement d'indiquer le nom de la facette ou de l'interaction de facettes pour laquelle on désire calculer les moyennes des données correspondant à chacun de ses niveaux.

Ainsi l'indication de la lettre "E" conduit l'ordinateur à calculer la série des 3 moyennes des données correspondant aux 3 élèves. L'indication des lettres "EP" provoque le calcul de la série des 12 moyennes des données correspondant à l'interaction des 3 élèves et des 4 problèmes. L'absence de lettres conduit au calcul de la moyenne générale des données.

Dans ce cas, nous dirons que nous avons alors calculé "3 séries de moyennes" : une <u>série</u> pour "E", une <u>série</u> pour "EP" et une <u>série</u> pour " moyenne générale".

Combien de séries de moyennes désirez-vous calculer ?

Répondez par un nombre (dans notre exemple "3"), puis 'return'.

Introduisez la lettre ou les lettres représentant la facette ou l'interaction de facettes retenue pour le calcul ...
de la série de moyennes n° 1 ?

Frappez par exemple "E", puis 'return'.

L'ordinateur ajoute alors :

de la série de moyennes n° 2 ?

Répondez "EP", puis 'return'.

de la série de moyennes n° 3 ?

Frappez simplement 'return' pour demander le calcul de la moyenne générale.

Si vous aviez à calculer les moyennes d'élèves nichés dans des classes (E:C), demandez les moyennes par "EC" et non par "E" puisque vous désirez connaître la moyenne de chaque élève dans chaque classe.

(3.5) Contrôle

Pour mémoriser la demande d'analyse en cours, frappez 'return'.
Pour la supprimer, frapper 'Ctrl C'.

Voir § 4.3.1. - (7)

Le programme vous renvoie alors au début de ETUDGEN 1. (Début du § 4.3).

Au cours de ce paragraphe 4.3, nous avons introduit une demande de lecture (de données), une demande de calcul de coefficients de généralisabilité et une demande de calcul de moyennes. Nous avons donc formulé 3 demandes qui, au cours de l'exécution de ETUDGEN 2, seront successivement exécutées.

L'option "4" quant à elle permet d'effectuer un calcul de coefficients de généralisabilité à partir des sommes des carrés des écarts déjà calculées. Nous envisagerons cette option au § b.3. Choisissons maintenant l'option "5", afin de terminer cette introduction de demande d'analyses et de retourner au MENU.

En réalité, le nombre d'analyses que l'on peut demander en une fois n'est pas limité. A la suite des 3 analyses déjà demandées, on pourrait en ajouter d'autres, n'importe lesquelles et dans n'importe quel ordre. Cependant, dès que l'on choisit l'option "4" pour retourner au MENU, l'introduction d'une demande d'analyses est terminée, et on ne peut plus rien lui ajouter. Si, dans le MENU, l'utilisateur demande à nouveau d'introduire une demande d'analyses, ceci aura pour effet d'effacer la demande précédente.

Si l'on choisit l'option "4", l'ordinateur pose encore la question :

Désirez-vous obtenir l'impression des résultats dès que les calculs seront terminés ? O/N ?

Répondez par "O" ou "N".

Si vous ne demandez pas l'impression des résultats dès la fin des calculs, vous pourrez néanmoins toujours en obtenir une copie plus tard (voir § 4.5).

Si vous répondez par l'affirmative, vous obtiendrez l'impression immédiate des résultats. Mais il convient dans ce cas que l'imprimante soit prête à l'impression et branchée en slot n° 1.

(4) Retour au menu

Désirez-vous
1) introduire une demande d'analyse(s) ?
2) faire exécuter les analyses demandées ?
3) faire imprimer les résultats obtenus ?
4) interrompre ce programme ?

Au stade actuel, des données ont été préalablement enregistrées sur une disquette "données", et une demande d'analyses a été introduite et mémorisée. Nous pouvons maintenant choisir l'option "2" pour faire exécuter les analyses demandées. Le choix de cette option a pour effet de lancer le sous-programme ETUDGEN 2.

4.4. ETUDGEN 2 : exécution des analyses demandées

Dès que ETUDGEN 2 est lancé (par l'option 2 dans le MENU), l'ordinateur travaille alors seul. L'utilisateur ne doit donc plus intervenir en aucune façon.

Rappelons que la demande d'analyses formulée au cours de ETUDGEN 1 a été mémorisée sur le fichier "DATA EXEC" créé sur le disque 1. ETUDGEN 2 va maintenant relire sur ce fichier les informations qui vont lui indiquer le travail à réaliser.

ETUDGEN 2 se charge d'exécuter les lectures de données,les calculs de coefficients de généralisabilité et les calculs de moyennes.

Dans le cas d'une lecture de données, l'ordinateur indique à l'écran "lecture de données en cours..." et rappelle le titre choisi pour l'analyse. Ensuite il va lire dans le ou les fichiers de la disquette "données" les données à traiter. Toutes ces données sont réécrites sous une forme adéquate dans un fichier appelé "DONNEES" sur la disquette du drive n° 1. Dès la lecture terminée, ETUDGEN n'a plus besoin de la disquette n° 2 car il se servira du fichier "DONNEES" de la disquette n° 1 pour réaliser les analyses.

Dans le cas d'une étude de généralisabilité, l'ordinateur indique "calcul de coefficients de généralisabilité en cours..." puis le titre de l'analyse, développe les sources de variation du plan d'observation proposé, puis calcule pour chacune de ces sources de variation la somme des carrés des écarts, le degré de liberté, le carré moyen et les composantes de variance aléatoire et mixte. Ensuite ETUDGEN 2 calcule pour le plan de mesure choisi la variance de différenciation, les variances d'erreur relative et absolue, et les coefficients de généralisabilité relatif et absolu.

Lors d'un calcul de moyennes, l'ordinateur indique "calcul de moyennes en cours ..." et le titre, puis calcule les différentes séries de moyennes demandées.

Tous les résultats obtenus par ETUDGEN 2 sont écrits sur le fichier "DATA PRINTER" créé sur la disquette n° 1. Lorsque ETUDGEN 2 a réalisé toutes les analyses qui ont été demandées, il lance automatiquement ETUDGEN 3, si l'utilisateur a demandé l'impression des résultats dès la fin des calculs.

4.5. ETUDGEN 3 : impression des résultats

ETUDGEN 3 lit sur le fichier "DATA PRINTER" les résultats des analyses traitées par ETUDGEN 2 et les met en forme sur le papier de l'imprimante.

Pour obtenir une copie des résultats, l'utilisateur choisira simplement l'option "3" du MENU. Et, tant que de nouvelles analyses n'auront pas été exécutées, d'autres copies pourront être obtenues en répétant la procédure.

(1) Résultats d'une lecture de données

ETUDGEN 3 indique le titre de la lecture de données puis le nombre de fichiers lus ainsi que le nombre de données lues.

Ces informations permettent à l'utilisateur de vérifier que les données ont été lues de façon correcte et que leur nombre correspond bien au(x) plan(s) d'observation qui vont suivre.

Exemple

****
* LECTURE DE DONNEES *
****

TITRE: ETUDE DETAILLEE D'UN EXEMPLE SIMPLE

NOMBRE DE FICHIERS LUS = 1 NOMBRE DE DONNEES LUES = 240

****
****

(2) Résultats d'un calcul de coefficients de généralisabilité

Après le titre donné à l'analyse, ETUDGEN 3 reprend les informations données par l'utilisateur quant aux plans d'observation et d'estimation : pour chaque facette, il est indiqué son nom, le nombre de niveaux observés, les numéros des niveaux traités et le nombre de niveaux de l'univers.

Les numéros des niveaux traités concernent les analyses qui ne portent pas sur tous les niveaux du plan d'observation. Comme nous n'avons pas encore envisagé cette option, laissons ces informations momentanément de côté.

En dessous du tableau, on trouve le nombre total de données traitées.

Exemple :

****
* CALCUL DE COEFFICIENTS DE GENERALISABILITE *
****

**** TITRE :ETUDE DETAILLEE D'UN EXEMPLE SIMPLE

**** PLANS D'OBSERVATION ET D'ESTIMATION ****

	ECHANTILLON			UNIVERS
NOMS DES FACETTES	NBR. DE NIVEAUX OBSERVES	NO. DES NIVEAUX TRAITES INF.	SUP.	NBR. DE NIVEAUX
E	3	1	3	INF
P	4	1	4	100
C	20	1	20	100

NBR. TOTAL DE DONNEES TRAITEES = 240

Ensuite, le listing indique pour chaque source de variation sa désignation, sa somme des carrés des écarts (S.C.E.), son degré de liberté (D.L.), son carré moyen (C.M.), sa composante de variance aléatoire et son espérance de variance mixte (composante de variance mixte ayant subi la "correction de Whimbey"). Dans ce tableau, tous les résultats, sauf les degrés de liberté, sont exprimés en notation scientifique (sous la forme N x 10^n).

Exemple :

SOURCES DE VARIATION	S.C.E.	D.L.	C.M.	COMP. VAR. ALEATOIRES	ESP. VAR. MIXTES
E	0.316749 +02	2	0.158374 +02	-0.40022 -02	0.36120 -02
P	0.756111 +03	3	0.252037 +03	0.39326 +01	0.38928 +01
EP	0.973916 +02	6	0.162319 +02	0.77209 +00	0.77219 +00
C	0.144281 +02	19	0.759374 +00	0.16666 -01	0.15983 -01
EC	0.272000 +02	38	0.715789 +00	-0.18567 -01	-0.10559 -01
PC	0.361177 +02	57	0.633643 +00	-0.52138 -01	-0.51100 -01
EPC	0.900666 +02	114	0.790058 +00	0.79005 +00	0.77433 +00

Le listing rappelle alors la formule du plan de mesure puis détaille les composantes qui interviennent dans la variance de différenciation et les variances d'erreur relative et absolue. Si une composante est négative, elle est ici remise à zéro.

Viennent enfin les valeurs de la variance de différenciation, des variances d'erreur et des coefficients de généralisabilité relatifs et absolus. Ici encore les résultats sont exprimés en notation scientifique.

Exemple :

**** PLAN DE MESURE : (P / E C) ****

SOURCES DE VARIATION	CALCUL DE LA VAR. DE DIFFER.	CALCUL DE LA VAR. D'ERREUR REL.	CALCUL DE LA VAR. D'ERREUR ABS.
E			0.1204023 -02
P	0.3892850 +01		
EP		0.2573983 +00	0.2573983 +00
C			0.6458111 -03
EC			0.0000000 +00
PC		0.0000000 +00	0.0000000 +00
EPC		0.1042877 -01	0.1042877 -01

VARIANCE DE DIFFERENCIATION = 0.3892850 +01
VARIANCE D'ERREUR RELATIVE = 0.2678270 +00 COEF. DE GEN. REL. = 0.9356289 +00
VARIANCE D'ERREUR ABSOLUE = 0.2696769 +00 COEF. DE GEN. ABS. = 0.9352131 +00

****
****

Note : Si les données et les plans d'observation et d'estimation sont identiques à ceux de l'analyse précédente, les valeurs des S.C.E., des carrés moyens et des composantes et espérances de variance restent inchangées. Dès lors ETUDGEN 3 ne débutera l'impression des résultats qu'à partir de la description de la formule du plan de mesure choisi.

(3) Résultats d'un calcul de moyennes

ETUDGEN 3 indique le titre de l'analyse, puis décrit le plan d'observation des données.

Exemple :

```
                    *********************
                    * CALCUL DE MOYENNES *
                    *********************


**** TITRE : ETUDE DETAILLEE D'UN EXEMPLE SIMPLE


**** PLAN D'OBSERVATION ****

NOMS DES  *    NBR. DE       *   NO. DES NIVEAUX TRAITES *
FACETTES  * NIVEAUX OBSERVES *        INF.      SUP.     *
----------*------------------*---------------------------*
E         *        3         *          1         3      *
P         *        4         *          1         4      *
C         *       20         *          1        20      *

NBR. TOTAL DE DONNEES TRAITEES = 240
```

Note : Si les données et le plan d'observation sont identiques à ceux de l'analyse précédente, cette description du plan d'observation est supprimée.

S'il s'agit du calcul d'une moyenne générale, le listing indique simplement "Moyenne générale = " et le résultat.

```
**** MOYENNE GENERALE = 2.24375  ****
```

S'il s'agit d'un calcul d'une série de moyennes des données correspondant à chaque niveau d'une facette ou chaque combinaison de niveaux d'une interaction de facettes, le listing indique "moyennes par niveau de" et le nom de la facette ou de l'interaction considérée. Ensuite chaque moyenne calculée est indiquée en face des numéros des niveaux des facettes correspondant aux données utilisées pour ce calcul.

Exemple :

```
**** MOYENNES PAR NIVEAU DE E ****

FACETTES :     E      MOYENNES
-------------------------------
NO. DES
NIVEAUX :      1     0.2531 +01
               2     0.1731 +01
               3     0.2468 +01

**** MOYENNES PAR NIVEAU DE EP ****

FACETTES :     E     P      MOYENNES
-------------------------------------
NO. DES
NIVEAUX :      1     1     0.5000 +01
               1     2     0.4375 +01
               1     3     0.2500 +00
               1     4     0.5000 +00
               2     1     0.5000 +01
               2     2     0.1275 +01
               2     3     0.3750 +00
               2     4     0.2750 +00
               3     1     0.5000 +01
               3     2     0.2175 +01
               3     3     0.1325 +01
               3     4     0.1375 +01
```

Le listing indique les moyennes par Elève (élèves 1, 2 et 3). Ensuite le listing indique les moyennes des résultats de chaque élève à chaque problème : moyennes pour l'élève n° 1 aux problèmes n° 1, 2, 3 et 4, puis viennent les moyennes de l'élève n° 2, ...

5. *OPTIONS PARTICULIERES DE ETUDGEN*

5.1. *Fichiers de noms de fichiers*

Au cours de l'introduction des demandes d'analyse, le programme demande (§ 4.3.1. - (2)) :

Avez-vous un ou des fichiers comprenant les noms des fichiers de données à lire ? O/N ?

Voyons comment utiliser cette option.

Si le nombre de données à traiter est important, il peut être plus facile d'enregistrer l'ensemble des données non pas sur un, mais sur plusieurs fichiers séquentiels. Si les données concernent des élèves, on peut, par exemple, constituer un fichier de données par élève.

Mais alors, à chaque demande de lecture de données, il faudra indiquer la liste des noms des fichiers de données. Ceci peut devenir lourd d'utilisation et risque d'engendrer des erreurs si le nombre de fichiers est élevé.

Dès lors, il peut être intéressant de constituer un ou plusieurs fichiers comprenant la liste des noms des fichiers de données à lire. Ces fichiers (séquentiels) doivent avoir été constitués avant l'utilisation de ETUDGEN et doivent se trouver sur la disquette "données" dans l'unité à disquette n° 2.

L'utilisateur peut alors choisir l'option en répondant "O", puis répond aux questions :

Combien avez-vous de fichiers de ce type ?

puis,

Quel est le nom du fichier n° 1 ?

et ainsi de suite, s'il y a plusieurs fichiers de noms de fichiers.

5.2. *Choix des données à lire*

Au cours d'une lecture de données, le programme peut soit lire l'ensemble des données, soit une partie seulement d'entre elles, si on désire limiter l'analyse à certaines données.

Si le programme ne doit lire que certaines données, l'utilisateur doit définir une "période de lecture" que l'ordinateur respectera lors de la lecture séquentielle des données. Cette période de lecture est définie par une série de nombres positifs et négatifs. Un nombre positif indique un nombre de données à lire, un nombre négatif indique un nombre de données à ne pas lire.

Par exemple, la période de lecture définie par les nombres "+ 5, - 3, + 2", indique qu'il faut "lire 5 données, passer 3 données, lire 2 données". L'ordinateur utilise cette période de lecture tout au long de la lecture des données se trouvant sur les différents fichiers.

Nous appelons informations les nombres qui définissent la période de lecture. Dans notre exemple, trois informations seraient donc nécessaires pour caractériser la lecture, et la séquence d'introduction des informations se présenterait ainsi:

Dois-je lire toutes les données se trouvant sur vos fichiers ? O/N ?

Réponse "N", puis return.

Combien d'informations sont nécessaires pour définir la période de lecture ?

Réponse : "3" puis return

Entrez information n ° 1 :

Réponse : "5" ou "+ 5", puis return

Entrez information n ° 2 :

Réponse : "- 3", puis return

Entrez information n ° 3 :

Réponse : "2" ou "+ 2", puis return.

Seules les données qui doivent être lues sont recopiées dans le fichier "DONNEES" de la disquette n° 1. ETUDGEN travaillera donc à partir de ces seules données et il est nécessaire que la description du plan d'observation des analyses ultérieures corresponde à ces seules données.

5.3. Lecture de données complémentaires

A la fin de l'introduction d'une demande de lecture de données, l'utilisateur peut demander la lecture de données complémentaires. Ces données complémentaires seront enregistrées sur le fichier "DONNEES" à la suite des données déjà lues. Les traitements ultérieurs porteront sur l'ensemble des données lues.

Désirez-vous faire lire d'autres données en complément.? O/N ?

Choisir l'option par "O" puis return.

Le programme renvoie alors au début de l'introduction d'une demande de lecture (§ 4.3.1). Il faudra redéfinir les fichiers à lire ainsi que la période de lecture.

Cette option permet donc d'effectuer une lecture de données en plusieurs étapes. Ceci peut être utile par exemple pour changer de "période de lecture" au cours de la lecture des données.

Imaginons que nous ayons des données concernant huit élèves et que, après une première analyse, on désire regrouper les élèves n° 1, 2, 6 et 8 d'une part, et les élèves 3, 4, 5 et 7 d'autre part. Ceci peut être réalisé en demandant une lecture des données selon la période de lecture "+2 -3 +1 -1 +1" puis en demandant une lecture de données complémentaires portant sur le même fichier de données mais cette fois selon la période de lecture "-2 +3 -1 +1 -1". Ces périodes sont valables s'il n'y a qu'une donnée par élève. Si, par contre, il y avait, sur le fichier de données, 10 données consécutives par élèves, les périodes deviendraient "+20 -30 +10 -10 +10" et "-20 +30 -10 +10 -10".

Ici encore, la description du plan d'observation des analyses demandées ultérieurement devra correspondre à l'ensemble des données lues.

5.4. *Choix des niveaux de facettes à traiter*

Une fois les données lues et le plan d'observation de ces données décrit, un calcul de coefficients de généralisabilité ou de moyennes peut soit porter sur l'ensemble des niveaux du plan, soit sur certains de ces niveaux seulement.

Ceci permet de réaliser des analyses limitées à une partie du plan d'observation.

Dans ce cas, l'utilisateur doit indiquer pour chaque facette les numéros inférieur et supérieur des niveaux à traiter. Si l'analyse est limitée pour une facette à un seul niveau, on indique le numéro de ce niveau comme numéro inférieur et numéro supérieur.

Ces numéros inférieur et supérieur pour chaque facette sont imprimés sur le listing des résultats dans la colonne "n° des niveaux traités".

Exemple :

```
********************************************
* CALCUL DE COEFFICIENTS DE GENERALISABILITE *
********************************************
```

**** TITRE :ETUDE DETAILLEE D'UN EXEMPLE SIMPLE

**** PLANS D'OBSERVATION ET D'ESTIMATION ****

NOMS DES FACETTES	ECHANTILLON NBR. DE NIVEAUX OBSERVES	NO. DES NIVEAUX TRAITES INF.	SUP.	UNIVERS NBR. DE NIVEAUX
E	3	1	3	INF
P	4	1	1	100
C	20	1	20	100

NBR. TOTAL DE DONNEES TRAITEES = 60

Si une étude de généralisabilité est limitée à un seul niveau d'une facette donnée, cette facette ne constitue plus une source de variation. Il n'y a donc plus lieu de lui calculer une S.C.E., un degré de liberté,... : elle est donc ignorée au cours de l'analyse. Néanmoins, cette facette apparaîtra sur le listing dans le tableau des sources de variation avec une somme des carrés des écarts et un degré de liberté égaux à zéro.

Exemple :

SOURCES DE VARIATION	S.C.E.	D.L.	C.M.	COMP. VAR. ALEATOIRES	ESP. VAR. MIXTES
E	-0.476837 -06	2	-0.238418 -06	-0.13175 -07	-0.12924 -07
P	0.000000 +00	0			
EP	0.000000 +00	0			
C	-0.143051 -05	19	-0.752900 -07	-0.33462 -07	-0.33127 -07
EC	0.953674 -06	38	0.250966 -07	0.25096 -07	0.24845 -07
PC	0.000000 +00	0			
EPC	0.000000 +00	0			

Remarquons encore que cette option ne permet de limiter l'analyse qu'à des niveaux de numéros consécutifs. Ainsi, il n'est pas possible de traiter par cette option les niveaux n° 1, 2, 5 et 6 d'une facette. Pour réaliser une telle analyse, il serait nécessaire de demander une nouvelle lecture des données qui, associée à une période de lecture adéquate, permette de rendre consécutives les données correspondant à ces niveaux.

6. UTILISATION OPTIMALE DE ETUDGEN

6.1. Lecture des données

Avant de demander des analyses sur de nouvelles données, il peut être prudent d'effectuer une première lecture des données afin de vérifier que toutes les données peuvent être lues sans erreur et que leur nombre correspond bien au plan d'observation, c'est-à-dire au produit des nombres de niveaux des facettes.

Si la lecture des données s'est déroulée correctement, les données ont été inscrites sur le fichier "DONNEES" sur la disquette "Programmes" dans l'unité n° 1. Tant qu'une nouvelle lecture de données n'est pas demandée, ce fichier reste intact. Il n'est donc pas nécessaire de répéter la lecture des données avant de faire exécuter d'autres analyses.

D'autre part, l'exécution de ETUDGEN sera d'autant plus courte que le nombre de caractères nécessaires à la lecture des données est réduit. Car chaque fois que l'ordinateur doit lire des données sur disquette, il lit en une fois 256 caractères. D'où, plus les données comportent de caractères, plus le nombre de données lues en une fois est diminué, ce qui ralentit l'exécution de l'analyse. Il est donc intéressant de choisir au plus juste le nombre de caractères nécessaires à la lecture des données.

De plus, il est parfois possible de supprimer des constantes inutiles. Par exemple, si toutes les données sont comprises entre 100 et 199, on peut toutes les réduire de 100. Une telle correction accélère la procédure de traitement et engendre également un gain de place en mémoire.

6.2. Calcul de coefficients de généralisabilité

Lors d'un calcul de coefficients de généralisabilité, ETUDGEN exécute les opérations suivantes :

1) Développement des sources de variation du plan
2) Calcul des termes des formules de calcul des S.C.E.
3) Calcul des S.C.E.
4) Calcul des degrés de liberté
5) Calcul des composantes de variance aléatoires
6) Calcul des composantes de variance mixtes
7) Calcul de la variance de différenciation, des variances d'erreur et des coefficients de généralisabilité.

Lorsqu'on demande successivement plusieurs calculs de généralisabilité, certaines étapes du calcul ont parfois déjà été réalisées dans l'analyse précédente. Il est donc inutile de les recommencer.

Concrètement, voici, lorsque deux calculs de coefficients de généralisabilité se suivent, les opérations qui doivent être effectuées ou qui sont évitées, selon les circonstances, au cours du second calcul.

Circonstances :	*N° des opérations de calcul:*	
	à effectuer	*évitées*
- *Seul le plan de mesure a été modifié*	7	1,2,3,4,5,6
- *Le plan d'estimation a été modifié*	6, 7	1,2,3,4,5
- *Le plan d'observation a été modifié, mais le nombre, la désignation (donnant le nichage), et l'ordre de présentation des facettes sont inchangées.*	1,3,4,5,6,7	2
- *Les facettes, leurs relations, ou les niveaux des facettes à traiter ont été modifiés.*	1,2,3,4,5,6,7	-

Si plusieurs calculs de coefficients de généralisabilité doivent être exécutés, l'ordre dans lequel on les demande peut donc influencer considérablement le temps d'exécution.

Si une étude porte sur plusieurs plans de mesure, on aura intérêt à demander ces analyses à la suite l'une de l'autre car les résultats des 6 premières opérations de calcul sont alors conservés et seule l'opération n° 7 doit être réeffectuée.

Si l'on désire reprendre l'analyse des données en nichant certaines facettes (plan d'optimisation), on le demandera ensuite. En effet, dans ce cas les termes des formules de calcul des S.C.E. restent valables : certains termes deviennent simplement inutiles. Si, au contraire, un plan d'optimisation croise une facette qui était nichée précédemment, le programme devra calculer de nouveaux termes non encore obtenus, mais conservera les termes déjà calculés. L'économie en temps d'exécution est considérable, car le calcul de ces termes occupe en général 60 à 90 % du temps total d'exécution.

Cependant cette économie de calcul ne pourra être réalisée que si le nombre, la désignation et l'ordre de présentation des facettes sont inchangés.

Notons encore que si un calcul de moyennes intervient entre temps, tous les résultats intermédiaires d'un calcul de coefficient de généralisabilité sont effacés.

6.3. Calcul de coefficients de généralisabilité à partir de S.C.E. déjà calculées

L'usage de cette option permet de réaliser une étude de généralisabilité pour des plans dont on ne possède pas ou plus les données de base, mais dont on connaît les valeurs des S.C.E. de chacune des sources de variation. Aucune "Lecture des données" n'est donc nécessaire pour effectuer une telle analyse.

Au cours de cette option, l'utilisateur indique comme pour toute autre étude de généralisabilité les informations relatives au titre et aux plans d'observation, d'estimation et de mesure.

Cependant, dès que le plan d'observation a été défini l'ordinateur développe les sources de variation du plan et demande ensuite qu'on indique pour chacune d'elles la valeur de la somme des carrés des écarts. L'introduction se fait en frappant au clavier pour chaque source de variation la S.C.E. puis 'return'. L'ordinateur indique à titre de vérification les nombres de degrés de liberté. Chaque tableau d'introduction des S.C.E. concerne au maximum 10 sources de variation à la fois. Avant de poursuivre, l'ordinateur demande si les nombres introduits sont bien exacts. En cas d'erreur, le programme reprend l'entrée des S.C.E. au début.

Lorsqu'on travaille à partir de S.C.E. déjà calculées, l'étude doit évidemment porter sur l'ensemble des niveaux du plan d'observation choisi et le programme évite de poser la question à l'utilisateur. Par contre le listing des résultats est strictement semblable à celui d'une étude de généralisabilité réalisée à partir des données de départ.

7. EN CAS D'ERREUR

7.1. Au cours de l'introduction d'une demande d'analyse

Si vous commettez une erreur de frappe, mais que vous n'avez pas encore frappé 'return', vous pouvez corriger votre erreur en revenant en arrière avec la touche " ← ", puis en frappant la réponse adéquate, suivi de 'return'.

Si vous avez déjà frappé 'return', il vous est possible de frapper "Ctrl C" (tenir la touche 'Ctrl' appuyée et frapper 'C'), éventuellement suivi de 'return'. Cet ordre aura pour effet d'abandonner l'analyse que vous êtes en train de demander, sans abandonner les précédentes. Le programme retourne alors au début de ETUDGEN 1 (voir § 4.3). Une nouvelle analyse peut alors être demandée.

7.2. Au cours de l'exécution d'une analyse

Erreur n° 5 "End of Data"

Cette erreur se produit lorsque l'ordinateur a eu besoin de lire une donnée qu'il n'a pas pu trouver sur le fichier "DONNEES". Ceci indique une mauvaise adéquation entre les données lues et le plan d'observation proposé. Dans ce cas, l'ordinateur interrompt l'analyse en cours et exécute les analyses suivantes s'il y en a. Lors de l'impression des résultats, l'ordinateur indiquera sur le listing "Erreur de type "end of data" au cours de ce calcul".

Autres erreurs

Si l'ordinateur rencontre une autre erreur, il sort du programme et indique à l'écran "Erreur de Type n° N". Le numéro du type de l'erreur correspond au code Apple.

Il se peut que l'utilisateur rencontre l'erreur n° 9 "Disk Full". En effet, outre le programme ETUDGEN, la disquette "programmes" supporte également les fichiers "DONNEES", "DATA EXEC" et "DATA PRINTER" (voir § 2). Si le nombre de données et/ou le nombre d'analyses à exécuter sont trop importants, on peut dépasser la capacité de mémorisation de la disquette et le programme s'interrompt. Dans ce cas, on peut essayer d'exécuter moins d'analyses à la fois.

Si le programme s'arrête de façon anormale, il peut être éclairant de suivre "en mode moniteur" le cours du programme. Sous ce mode, l'ordinateur indique à l'écran tout ce qu'il exécute en liaison avec les périphériques (disquettes, imprimante).

Pour obtenir ce mode :

1) Avant de demander l'exécution des analyses, choisir l'option 4 du MENU pour interrompre le programme.
2) Frapper l'ordre "MON C, I, O" puis 'return'.
3) Frapper l'ordre "RUN" pour relancer le MENU.
4) Choisir l'option 2 pour l'exécution.

BIBLIOGRAPHIE

Alexander, M. The estimation of reliability when several trials are available. Psychometrika, vol. 12, (1947), p. 79-99.

Allal, L & Cardinet, J. Application of generalizability theory: estimation of errors and adaptation of measurement designs. In: R. Sumner (Ed.). Monitoring national standards of attainment in schools. Slough: NFER Publishing Co., 1977, p. 116-146.

Bertrand, R. Suggestions relatives à une étude de généralisabilité (Etude G) pour le projet "Etude de la classe et de son environnement". (texte destiné à l'I.E.A.). Québec: INRS-Education, septembre 1980. D-109.

Boehm, A. Criterion-referenced assessment for the teacher. Teachers College Record, vol 75, N°1 (1973), p. 117-125.

Box, G. & Tiao, G. Bayesian inference in statistical analysis. Reading, Mass.: Addison-Wesley, 1973.

Brennan, R. Generalizability analyses: principles and procedures. Iowa City: American College Testing Program, 1977. ACT technical Bulletin ;_ N°26.

Brennan, R. Elements of generalizability theory. Iowa City: The American College Testing Program, 1982.

Brennan,R., Jarjoura, D. & Deaton, E. Some issues concerning the estimation and interpretation of variance components in generalizability theory. Iowa City: American College Testing Program, 1980. ACT Technical Bulletin ;_ N°36.

Brennan, R. & Kane, M. Signal/noise ratios for domain-referenced tests. Iowa City: American College Testing Program, The Research and Development Division, 1976. ACT technical bulletin ;_ N°25.

Brennan, R. & Kane, M. Signal/noise ratios for domain-referenced tests. Psychometrika, vol 42, (1977), p. 609-625.

Brennan, R. & Kane, M. Generalizability theory: a review. In: Traub, R. (Ed.). Methodological developments. San Francisco: Jossey-Bass, 1979. New directions for testing and measurement ;_ N°4. p. 33-51.

Burt, C. Test reliability of teacher's assessments of their pupils. British Journal of Educational Psychology, vol. 15, (1945), p. 80-92.

Calkins, D., Borich, G., Pascone, M., Kugle, C. & Marston, P. Generalizability of teacher behaviors across classroom observation systems. The Journal of Classroom Interaction, vol.13, N°1 (1977), p. 9-22.

Cardinet, J. & Tourneur, Y. Le calcul des marges d'erreur dans la théorie de la généralisabilité. Mons: Université de l'Etat, Service d'étude des méthodes et des moyens d'enseignement, 1978. Doc. 780.410/CT.

Cardinet, J., Tourneur, Y. & Allal, L. The generalizability of surveys of educational outcomes. In: De Gruijter D. and Van der Kamp, L. (Ed.). Advances in psychological and educational measurement. New York: J. Wiley, 1976, p. 185-198.

Cardinet, J., Tourneur, Y. & Allal, L. The symmetry of generalizability theory: applications to educational measurement. Journal of Educational Measurement, vol. 13, N°2 (1976), p. 119-135.

Cardinet, J., Tourneur, Y. & Allal, L. Extension of generalizability theory and its applications in educational measurement. Journal of Educational Measurement, vol. 18, N°4 (1981), p. 183-204 et vol. 19, N°4 (1982), p. 331-332.

Claparède, E. Comment diagnostiquer les aptitudes chez les écoliers. Paris: Flammarion, 1924.

Coates, T., Rosekind, M., Strossen, R., Thoresen C. & Kirmil-Gray, K. Sleep recordings in the laboratory and home: a comparative analysis. Psychophysiology, vol. 16, (1979), p.339-347.

Cochran, W. Sampling techniques (3rd edition). New York: J. Wiley, 1977.

Cornfield, J. & Tukey, J. Average values of mean squares in factorials. The Annals of Mathematical Statistics, vol. 27, (1956), p. 907-949.

Cronbach, L. Coefficient alpha and the internal structure of tests. Psychometrika, vol. 16, (1951), p. 297-334.

Cronbach, L. Evaluation for course improvement. Teachers College Record, vol. 65, (1963), p. 672-683.

Cronbach, L. On the design of educational measures. In: De Gruijter, D. & Van der Kamp, L. (Ed.). Advances in psychological and educational measurement, New York: J. Wiley, 1976. p. 199-208.

Cronbach, L. & Gleser, G. Psychological tests and personnel decisions. Urbana: University of Illinois Press, 1957.

Cronbach, L., Rajaratnam, N. & Gleser, C. Theory of generalizability : a liberalization of reliability theory. British Journal of Mathematical and Statistical Psychology, vol. 16, (1963), p. 137-163.

Cronbach, L., Gleser, G., Nanda, H. & Rajaratnam, N. The dependability of behavioral measurements : theory of generalizability for scores and profiles. New York: J. Wiley, 1972.

Davis, C. Bayesian inference in two-way models: an approach to generalizability. Unpublished doctoral dissertation, University of Iowa City, 1975.

De Finetti, B. Foresight: its logical laws, its subjective sources. In: Kyburg, E. & Smokier, G. (Ed.). Studies in subjective probability. New York: J. Wiley, 1964.

D'Hainaut, L. Concepts et méthodes de la statistique. Bruxelles: Labor, 1975-1978, 2 vol.

Ebel, R. Estimation of the reliability of ratings. Psychometrika, vol. 16, (1951), p. 407-424.

Elffers, H. & Tavecchio, L. Variance components in test generalizability research: which, when, why ? Utrecht/ Leiden: Vereniging voor erwijs research (Dutch Association for Educational Research), 1979. VOR-Publikatie, 9, April 1979.

Endler, N. Estimating variance components from mean squares for random and mixed effects analysis of variance models. Perceptual and Motor Skills, vol. 22, (1966), p. 559-570.

Erlich, O. & Shavelson, R. Generalizability of measures: a computer program for two and three facet designs. Behavior Research Methods and Instrumentation, vol. 8, (1976), p. 275.

Farrell, A., Marco, J., Conger, A., et al. Self-ratings and judge-ratings of heterosexual social anxiety: a generalizability study. Journal of Consulting and Clinical Psychology, vol. 47, (1979), p. 164-175.

Fisher, R. Statistical methods for research workers. London: Oliver and Boyd, 1925.

Frydman, M. Le développement de l'aptitude à exploiter un matériel de références: étude expérimentale des conditions requises par un curriculum. Thèse doctorale non publiée. Mons: Université de l'Etat, 1975.

Fyans, L., Jr. A new multi-level approach to cross-cultural psychological research. Unpublished doctoral dissertation. Urbana-Champaign: University of Illinois, 1977.

Gandibleux, M. Etude de quelques variables influençant la perception et la mémoire des couleurs chez des enfants normaux de 6 à 13 ans. Mémoire non publié. Mons: Université de l'Etat, 1975.

Gershen, J. An evaluation of the small group instructional methods for teaching behavioral sciences in the dental curriculum. Unpublished doctoral dissertation. Los Angeles: University of California, 1976.

Ghiselli, E. The prediction of predictability. Educational and Psychological Measurement, vol. 20, (1960), p. 3-8.

Gillmore, G., Kane, M. & Naccarato, R. The generalizability of student ratings of instruction. Journal of Educational Measurement, vol. 15, N°1 (1978), p. 1-13.

Glaser, R. Instructional technology and the measurement of learning outcomes: some questions. American Psychologist, vol. 18, N°8 (1963), p. 519-521.

Glaser, R. & Nitko, A. Measurement in learning and instruction. In: Thorndike, R.E. (Ed.). Educational measurement. Washington: American Council of Education, 1971.

Gleser, G., Green B. & Winget, C. Quantifying interview data on psychic impairment of disaster survivers. The Journal of Nervous and Mental Diseases, vol. 166, (1978), p. 209-216.

Gorth, W. & Hambleton, R. Measurement considerations for criterion-referenced testing and special education. The Journal of Special Education, vol. 6, N°4 (1972), p. 303-313.

Graybill, F. An introduction to linear statistical models (Vol.1). New York: Mc Graw-Hill, 1961.

Gulliksen, M. Theory of mental tests. New York: J. Wiley & Sons Inc., 1950.

Guttman, L. A basis for analyzing test-retest reliability. Psychometrika, vol. 10, (1945), p. 255-282.

Harris, C. An interpretation of Livingston reliability coefficient for criterion-referenced tests. Journal of Educational Measurement, vol. 9, N°1 (1972), p. 27-29.

Hively, W., Patterson, H., & Page, S. A "universe-defined" system of arithmetic achievement tests. Journal of Educational Measurement, vol. 5, N°4 (1968), p. 275-290.

Hoc, J.-M. L'analyse planifiée des données en psychologie. Paris: PUF, 1983.

Howe, A. Inter-judge agreement in scoring the WAIS verbal score. Unpublished doctoral dissertation. Birmingham: University of Birmingham, 1973.

Hoyt, C. Test reliability estimated by analysis of variance. Psychometrika, vol. 6, (1941), p. 153-160.

Ivens, S. An investigation of item analysis: reliability and validity in relation to criterion-referenced tests. Unpublished doctoral dissertation. Ann Arbor, Mi: Michigan State University - University microfilms International, 1970. N°71-7036.

Jackson, R. Reliability of mental tests. British Journal of Psychology, vol. 29, (1939), p. 267-287.

Jackson, R. & Ferguson, G. Studies on the reliability of tests. Toronto: University of Toronto, Department of Educational Research, 1941. Bulletin 12.

Joe, G. & Woodward, J. Some developments in multivariate generalizability. Psychometrika, vol. 41, (1976), p.205-217.

Kane, M. & Brennan, R. Generalizability of class means. Review of Educational Research, vol. 47, (1977), p. 267-292.

Kane, M. & Brennan, R. Agreement coefficients as indices of dependability for domain-referenced tests. Applied Psychological Measurement, vol. 1, (1980), p. 105-126.

Katerberg, R., Smith, F. & Hoy, S. Language, time and person effects on attitude scale translations. Journal of Applied Psychology, vol. 62, (1977), p. 385-399.

Kingman, J. Uses of exchangeability. The Annals of Statistics, vol. 6, (1978), p. 183-197.

Kirk, R. Experimental design: procedures for the behavioral sciences. Belmont, Calif.: Brooks/Cole, 1968.

Kriewall, T. Application of information theory and acceptance sampling principles to the management of mathematics instruction. Technical Report N°103. Madison, Wisconsin: The Wisconsin Research and Development Center for Cognitive Learning, 1969.

Kuder, G. & Richardson, M. The theory of the estimation of test reliability. Journal of Educational Psychology, vol. 15, (1937), p. 193-204.

Levy, P. Generalizability studies in clinical settings. British Journal of Social and Clinical Psychology, vol. 13, (1974), p. 161-172.

Lindley, D. & Novick, M. The role of exchangeability in inference. Iowa City: University of Iowa, Division of Educational Psychology, August 1979. Technical report N°79-8.

Lindquist, E. Design and analysis of experiments in education and psychology. Boston: Houghton-Mifflin Co., 1953.

Livingston, S. Criterion-referenced applications of classical test theory. Journal of Educational Measurement, vol. 9, N°1 (1972), p. 13-26.

Loevinger, J. Person and population as psychometric concepts. Psychological Review, vol. 72, (1965), p. 143-155.

Lord, F. & Novick, M. Statistical theories of mental test scores. Reading, Mass.: Addison-Wesley, 1968.

Mariotto, M. & Farrell, A. Comparability of the absolute level of ratings on the in-patient multidimensional psychiatric scale within a homogeneous group of raters. Journal of Consulting and Clinical Psychology, vol. 47, (1979), p.59-64.

Millman, J. & Glass, G. Rules of thumb for the ANOVA table. Journal of Educational Measurement, vol. 4, N°1 (1967), p. 41-51.

Moxley, R. A source of disorder in the schools and a way to reduce it: two kinds of tests. Teacher & Technology supplement, Educational Technology, 1970.

Novick, M. Bayesian methods in educational testing: a third survey. In: De Gruijter, D. and Van der Kamp, L. (Ed.). Advances in psychological and educational testing. New York: J. Wiley, 1976. p. 17-32.

Ntereye, P. Extension de la théorie de la généralisabilité aux plans multivariés multifacettes. Thèse. Mons: Université de l'Etat, 1983.

Peng, S. & Farr, S. Generalizability of free-recall measurement. Multivar. Behavioral Research, vol. 11, (1976), p.297.

Popham, W. & Husek, T. Implications of criterion referenced measurement. Journal of Educational Measurement. vol. 6, N°1 (1969), p. 1-9.

Rajaratnam, N. Reliability formulas for independent decision data when reliability data are matched. Psychometrika, vol. 25, (1960), p. 261-271.

Rouanet, H. & Lepine, D. Introduction à l'analyse des comparaisons pour le traitement des données expérimentales. Informatique et Sciences Humaines, vol. 33 numéro spécial, (1977), 125 p.

Rulon, P. A simplified procedure for determining the reliability of a test by split halves. Harvard Educational Review, vol. 9, (1939), p. 99-103.

Scallon, G. La construction d'un test diagnostique selon des facettes - partie I: présentation d'un modèle de recherche pédagogique. Québec: Université de Laval, Département de mesure en évaluation, Faculté des Sciences de l'Education, 1981. Monographies en mesure et évaluation.

Shavelson, R. & Webb, N. Generalizability theory: 1973-1980. British Journal of Mathematical and Statistical Psychology, vol. 34, (1981), p. 133-166.

Smith, P. The generalizability of student ratings of courses: asking the right questions. Journal of Educational Measurement, vol. 16, N°2 (1976), p. 77-87.

Smith, P. Sampling errors of variance components in small sample multifacet generalizability studies. Journal of Educational Statistics, vol. 3, N°4 (1978), p. 319-346.

Spearman, C. The proof and measurement of association between two things. American Journal of Psychology, vol. 15, (1904), p. 72-101.

Tuckey, J. Exploratory data analysis. Reading, Mass.: Addison-Wesley, 1977.

Tourneur, Y. & Cardinet, J. Analyse de la variance et théorie de la généralisabilité: guide pour la réalisation des calculs. Mons: Université de l'Etat, 1979. Document 790.803 /CT/9.

Tourneur, Y. & Cardinet, J. L'étude de la généralisabilité d'un survey. Bildungsforschung und Bildungspraxis. Education et Recherche, vol. 3, N°1 (1981), p. 33-50.

Vorkauf, H. International exchange of examination items: the influence of national and medical school effects. Bern: Institut für Ausbildungs- und Examensforschung, Medizinische Facultät, Universität Bern, 1976. Doc. ronéotypé, 16 p.

Whimbey, A., Vaughan, G., & Tatsuoka, M. Fixed effects vs. random effects: estimating variance components from mean squares. Perceptual and Motor Skills, vol. 25, (1967), p. 668.

Woodward, J.A. & Joe, G. Maximizing the coefficient of generalizability in multi-facet decision studies. Psychometrika, vol. 38, N°2 (1973), p. 173-181.

TABLE DES MATIERES

*

* *

TABLE DES TABLEAUX

*

* *

TABLE DES FIGURES

*

* *